FUSSBALL –

Von Big Data zu Smart Data

Allgemeine Hinweise

Aus Gründen der besseren Lesbarkeit wird auf eine geschlechtsneutrale Differenzierung verzichtet. Entsprechende Begriffe geltem in Sinne der Gleichbehandlung für alle Geschlechter ohne Wertung.

Das vorliegende Buch wurde sorgfältig erarbeitet. Dennoch erfolgen alle Angaben ohne Gewähr. Weder der Autor noch der Verlag können für eventuelle Nachteile oder Schäden, die aus den im Buch vorgestellten Informationen resultieren, Haftung übernehmen.

Sollte diese Publikation Links auf Webseiten Dritter enthalten, so übernehmen wir für deren Inhalte keine Haftung, da wir uns diese nicht zu eigen machen, sondern lediglich auf deren Stand zum Zeitpunkt der Erstveröffentlichung verweisen.

Timo Jankowski

FUSSBALL

VON BIG DATA ZU SMART DATA

Mit Bauchgefühl und Key-Performance-Indikatoren zum Erfolg

Meyer & Meyer Verlag

FUSSBALL – Von Big Data zu Smart Data

Bibliografische Information der Deutschen Nationalbibliothek
Die Deutsche Nationalbibliothek verzeichnet diese Publikation in der Deutschen Nationalbibliografie; detaillierte bibliografische Details sind im Internet über <http://dnb.d-nb.de> abrufbar.

Auckland, Beirut, Dubai, Hägendorf, Hongkong, Indianapolis, Kairo, Kapstadt,
Manila, Maidenhead, Neu-Delhi, Singapur, Sydney, Teheran, Wien
Member of the World Sport Publishers' Association (WSPA)
Gesamtherstellung: Print Consult GmbH, München

FSC www.fsc.org MIX Papier | Fördert gute Waldnutzung FSC® C084279

ISBN 978-3-8403-7839-3
E-Mail: verlag@m-m-sports.com
www.dersportverlag.de

INHALT

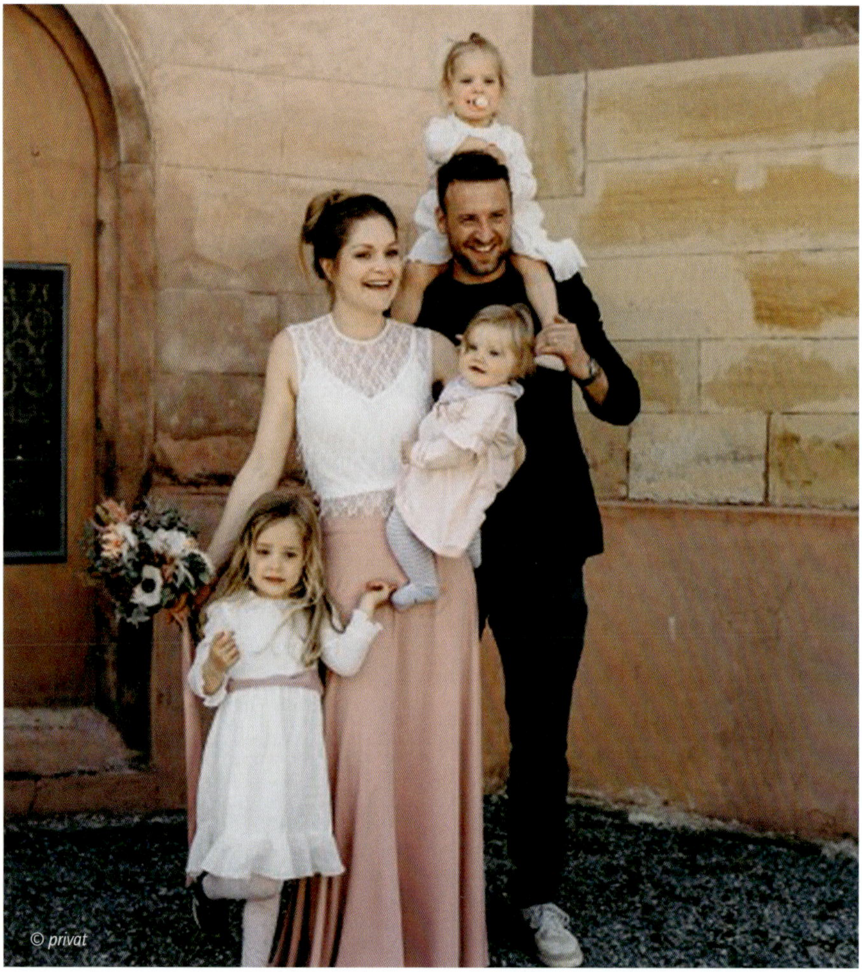

„Das Ganze ist mehr als die Summe seiner Teile."
Aristoteles (griechischer Philosoph, 384-322 vor Christus)

„Nicht alles, was zählt, kann gezählt werden,
und nicht alles, was gezählt werden kann, zählt!"
Albert Einstein (deutsch-amerikanischer Physiker, 1879-1955)

Bevor wir beginnen . . .
Gras ist König!

1 VORWORT

„Der Ball verzaubert alle, alle verzaubert der Ball."

Dettmar Cramer (deutscher Fußballspieler und -trainer, 1925-2015)

Fußball war, ist und wird immer ein Spiel sein, das Milliarden auf der Welt verzaubert.

Die Grundideen des Fußballs in seiner Einfachheit und dass Fußball nahezu immer und überall gespielt werden kann, werden immer erhalten bleiben.

Doch wie alles im Leben so entwickelt sich auch der Fußball permanent weiter . . .

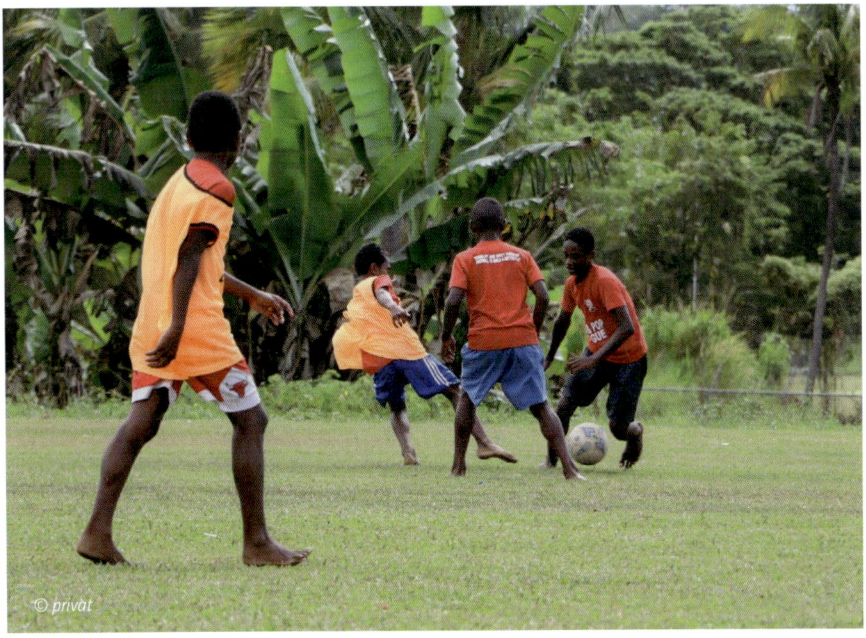

Auch und vor allem beim Fußball in Fidschi gilt: „Gras ist König."

Wohl kaum jemand wird leugnen, dass Raum und Zeit in der Entwicklung des Fußballs immer knapper geworden sind, wodurch sich das Spieltempo weiter rasant beschleunigt hat und die Anforderungen an die kognitiven, technischen und athletischen Komponenten somit extrem gestiegen sind.

Auch Regeländerungen wie die Rückpassregel haben das komplette Spiel und Anforderungen an einzelne Positionen, wie beispielsweise die des Torhüters, stark beeinflusst.

Auch das Interesse und die Vermarktung des Fußballs hat sich enorm entwickelt, so haben beispielsweise ganze 1,12 Milliarden Menschen weltweit das WM-Finale 2018 zwischen Frankreich und Kroatien verfolgt.

Dies ist natürlich in erster Linie dem unaufhaltsamen Aufstieg des Smartphones und der extrem gestiegenen weltweiten Verfügbarkeit des Internets zu verdanken. So geht man mittlerweile davon aus, dass aktuell fast vier Milliarden Menschen ein Smartphone besitzen.

Durch dieses stetig wachsende Interesse steigen auch die Umsätze. 2004/2005 lag der Umsatz aller 18 Teams der deutschen Fußball-Bundesliga noch bei 1,28 Milliarden Euro, ein Wert, der sich innerhalb kurzer Zeit auf über vier Milliarden Euro in der Saison 2018/2019 gesteigert hat *(Quelle: https://www.deutschlandfunk.de/dfl-mit-rekordumsatz-bundesliga-sprengt-vier-milliarden-100.html)*.

Ob diese Entwicklungen, dass der Fußball immer mehr vermarktet wird, gut oder schlecht sind, sei einmal dahingestellt. Es bleibt jedem selbst überlassen, das für sich zu bewerten, jedoch können und sollten diese Fakten nicht ignoriert werden, denn so hat schon der große deutsche Dichter Friedrich Schiller (1759-1805) vor mehr als 200 Jahren gesagt:

„Wer nicht mit der Zeit geht, geht mit der Zeit."

Genauso verhält es sich auch mit dem Thema **Big Data** im Fußball, ob es einem gefällt oder nicht, diese Thematik ist unaufhaltsam in die Fußballwelt eingezogen und wird mit Sicherheit auch nicht mehr verschwinden. Sie wird stattdessen weiterhin an Bedeutung zunehmen, da die Datenqualität und die praktische Umsetzung dieser Daten bereits zahlreiche beeindruckende Erfolge vorweisen kann, die nicht wegdiskutiert werden können.

Die Betonung liegt hierbei jedoch auf der Qualität der Daten und ihrer richtigen praktischen Umsetzung, weshalb dieses Buch auch ein Plädoyer dafür ist, die tief verwurzelten Werte und die Ursprünglichkeit des Fußballs unbedingt beizubehalten. Man sollte nicht in einen Wettstreit mit dem Thema Big Data treten, sondern aufzeigen, wie sich beide Seiten gewinnbringend miteinander verbinden lassen.

Aus diesem Grund wird zu Beginn des Buchs, neben zwei persönlichen Erfahrungen des Autors, auf die Problematik des Schwarz-Weiß-Denkens, das im Fußball weit verbreitet ist, eingegangen, das in jeder Diskussion nicht nur im Fußball zu einem Nullsummenspiel führt, mit dem man nicht weiterkommt.

Im zweiten Teil des Buchs rückt dann das Thema Big Data im Fußball in den Vordergrund. Dies geschieht vor allem immer im Hinblick auf die Umwandlung in Smart Data mit vielen praktischen Beispielen, sodass jeder Trainer und Interessierte zahlreiche Anregungen für die eigene Arbeit in der Planung, auf dem Platz und in der Evaluierung bekommt.

Ziel dieses Buchs ist es, das Thema Big Data im Fußball zu entmystifizieren, weshalb im letzten Abschnitt die erfolgreiche Qualifikation der Juniorennationalmannschaft von Fidschi für die U20-Weltmeisterschaft 2023 beschrieben wird. Dieser Erfolg zeigt, wie Denkweisen und Ansätze aus diesem Buch auf eine einfache Art und Weise erfolgreich in die Praxis umgesetzt wurden.

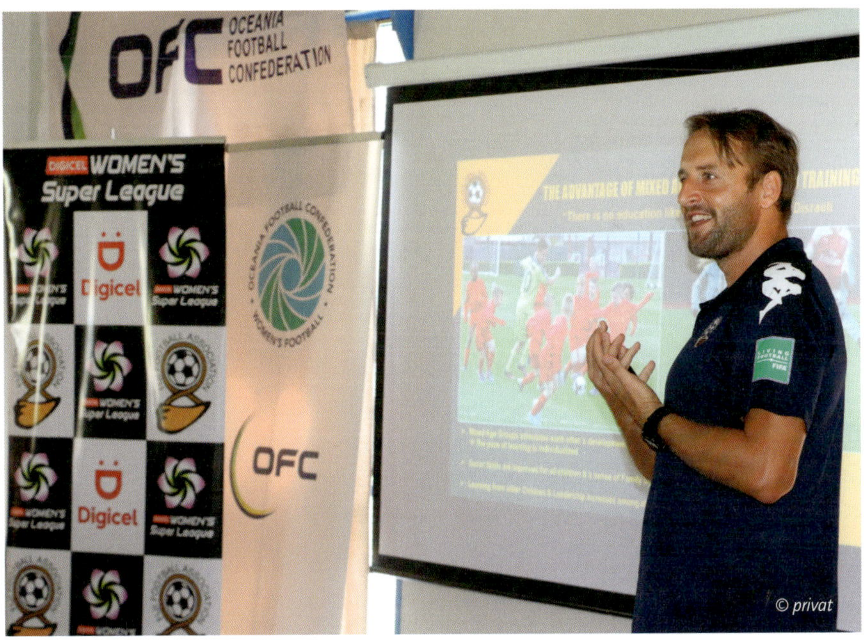

© privat

Viel Spaß beim Lesen, Umsetzen und kritischen Hinterfragen!

Timo Jankowski

2 FUSSBALL ALS POSITIVES ELEMENT UND WARUM SICH BAUCHGEFÜHL UND DATEN OPTIMAL ERGÄNZEN

„Für einen Spieler und für jeden anderen Menschen – gibt es nichts Schöneres zu hören als: Gut gemacht! Dies sind die beiden besten Wörter, die je für den Sport erfunden wurden."

Sir Alex Ferguson (ehemaliger schottischer Fußballspieler und -trainer, *1941)

Die Definition von **Fußball** lautet auf Wikipedia wie folgt:

„Fußball ist eine Ballsportart, bei der zwei Mannschaften mit dem Ziel gegeneinander antreten, mehr Tore als der Gegner zu erzielen und so das Spiel zu gewinnen."

Die Regel 10.2 Sieger des Spiels hält diesen Punkt im Regelwerk des Fußballs fest:

REGEL 10

Bestimmung des Spielausgangs

1. Erzielen eines Tors

Ein Tor wird erzielt, wenn der Ball die Torlinie zwischen den Torpfosten und unterhalb der Querlatte vollständig überquert, sofern das Team, das den Treffer erzielt, kein Vergehen begangen hat.

Wirft ein Torhüter den Ball direkt ins gegnerische Tor, wird auf Abstoß entschieden.

Wenn der Schiedsrichter ein Tor anzeigt, bevor der Ball die Torlinie vollständig überquert hat, wird das Spiel mit einem Schiedsrichterball fortgesetzt.

2. Sieger des Spiels

Das Team, das mehr Tore erzielt, hat gewonnen. Wenn beide Teams keine oder die gleiche Anzahl an Toren erzielen, endet das Spiel unentschieden.

(Quelle: https://www.dfb.de/fileadmin/_dfbdam/265384-Fussballregeln_22_23_GESAMT_online.pdf)

Zahlreiche Studien (vgl. z. B. Csikszentmihalyi, 1997) beweisen, dass Kinder und Erwachsene, die Freude und Spaß an einer Tätigkeit haben, in unserem Fall Fußball, intrinsisch motivierter, konzentrierter sind, weniger schnell aufgeben und mehr Selbstvertrauen in die eigene Qualität haben.

Ein positives Lernumfeld wirkt sich also sehr positiv auf das Ziel des Fußballs, mehr Tore als der Gegner zu erzielen, um somit zu gewinnen, aus.

Wo es das Ziel ist, zu gewinnen und gleichzeitig viel Geld und Interessen vorhanden sind, wie im Fußball, kommt auch Druck auf, was ein Teil des Spiels ist.

Das Problem dabei ist, dass circa 80 Prozent der Aussagen in so einem Umfeld negativer Natur sind, dazu braucht man sich nur einmal die Schlagzeilen in den Medien nach einem Spieltag anzuschauen oder den Diskussionen von Fans zuzuhören.

Auch hier können Daten und statistische Analysen helfen, einen positiveren Dialog unter Fans oder durch die Medien in Gang zu bringen, da es in Zukunft wesentlich mehr positive Fachdiskussionen geben wird.

Erwachsene bewerten und verurteilen nonstop, wodurch es sehr schnell zu emotionalen Blockaden kommt. Dadurch findet weniger Entwicklung statt und folgerichtig sinken die Chancen, am Wochenende das Ziel des Fußballs zu erreichen.

Schaut man sich die besten Trainer der Welt an, wie Carlos Ancelotti, Jürgen Klopp oder Pep Guardiola, sieht man, dass diese Trainer äußerst positive Menschenfänger sind.

Diese Positivität ist sogar oftmals ein extrem stark ausgeprägtes Merkmal, damit sie in einem negativen Umfeld auf ihre Staff und ihre Spieler gerade in Krisen ihre Positivität übertragen können.

Ein tolles Beispiel ist der folgende Videoclip, in welchem Pep Guardiola zu seiner Zeit als Trainer von Bayern München ein Rondo coacht und seine Spieler dabei extrem positiv pusht mit Aussagen wie:

„Badstuber, I love you!"

https://www.youtube.com/watch?v=iyzayw7jYKk

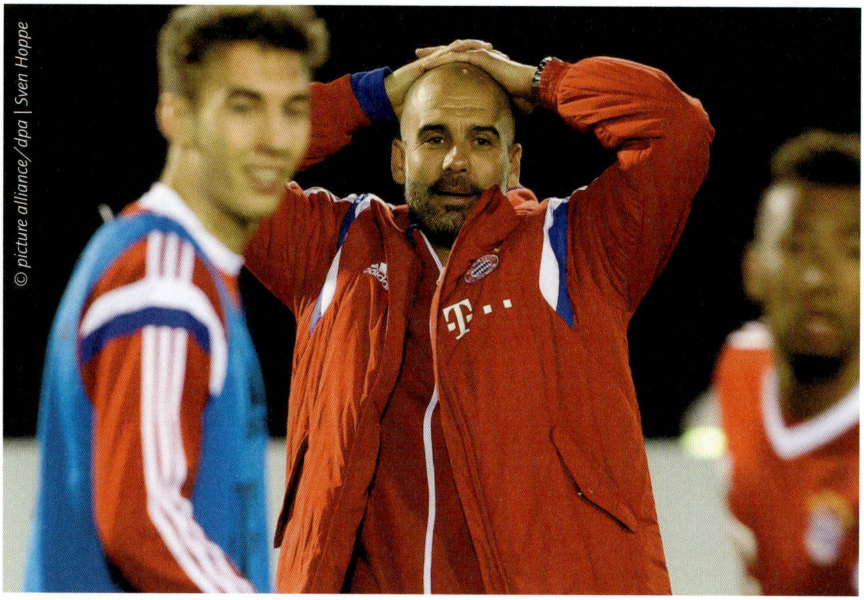

„Der einzige Weg, großartige Arbeit zu leisten, ist zu lieben, was man tut." - Steve Jobs

Ein weiterer wichtiger Punkt ist die Bedeutung der Vorbildfunktion. Jeder Leser, der Kinder hat, weiß, dass nichts einen so starken Einfluss auf den Nachwuchs ausübt wie die eigene Vorbildfunktion.

Daher ist es wichtig, sich immer mit guten Leuten mit einer positiven Energie zu umgeben, denn nichts ist schädlicher, als sogenannte „Energy-Sucker" im eigenen Team zu haben.

Aus diesem Grund hat der englische Premier League Club FC Brentford, der einen auf statistischen Analysen aufbauenden Ansatz verfolgt, bei der Rekrutierung von Spielern und Mitarbeitern eine „No Asshole-Policy" eingeführt. Man weiß dort genau, dass sich ein datenbasierter Ansatz erst in einem positiven Umfeld mit guten Emotionen entfalten kann.

Ein tolles Beispiel, wie wichtig Vorbilder und die direkte Umgebung sind, ist das folgende.

In der Saison 2014/2015 gewannen fünf ehemalige Schützlinge, die unter Louis van Gaal beim FC Barcelona tätig waren, die Meisterschaft in fünf der stärksten Ligen in Europa:

- Pep Guardiola (FC Bayern München),
- José Mourinho (Chelsea London),
- Luis Enrique (FC Barcelona),
- Laurent Blanc (Paris St. Germain) und
- Phillip Cocu (PSV Eindhoven).

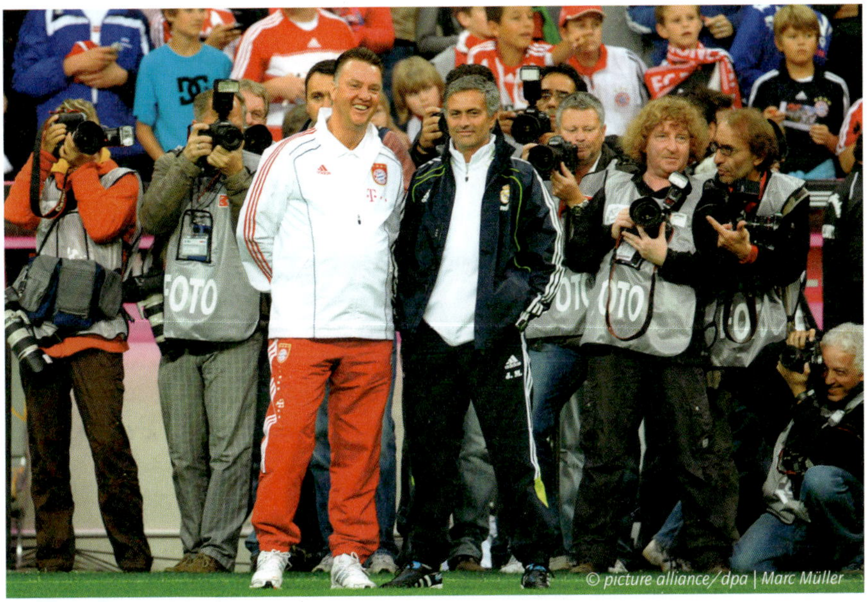

José Mourinho, einer von vielen erfolgreichen Schützlingen von Louis van Gaal

- *Warum ein Kapitel über Positivität in einem Buch, in dem es darum geht, wie man mithilfe von statistischen Analysen erfolgreicher Fußball spielen kann?!*

Technologien und Big Data sind im Fußball angekommen, um zu bleiben und beim Thema Daten im Fußball herrscht nach wie vor eine große Negativität und Abneigung aus vielen verschiedenen Gründen. Ohne eine positive Einstellung macht es nur wenig Sinn, sich auf dieses Thema einzulassen.

Zudem soll mit diesem Kapitel von Beginn an klar und deutlich gemacht werden, dass Daten und Statistiken wertlos sind, ohne positive Menschen mit einem guten Bauchgefühl und Fußball-Know-how, die in der Lage sind, diese Daten gewinnbringend einzusetzen.

Daten sind objektiv und isoliert nur Zahlen, aber Fußball ist ein komplexes, chaotisches und subjektives Spiel, das nie linear verläuft und in dem keinerlei komplett identische Situationen auftreten. Deshalb sind immer Menschen mit Expertenwissen und einem extrem guten Bauchgefühl notwendig, um in den jeweiligen Situationen die richtigen Entscheidungen treffen.

Deshalb muss Fußball immer im Kontext gesehen werden, da alles einen Einfluss haben kann.

„Nothing is the most important thing, but everything is necessary."
Albert Capellas (spanischer Fußballmanager, *1967)

Das Verhalten einer Mannschaft bei einer Niederlage, die Emotionen bei einer schweren Verletzung oder wenn ein Spieler nicht in der Startelf ist und der Umgang mit diesen Situationen lässt sich nicht in Daten erfassen.

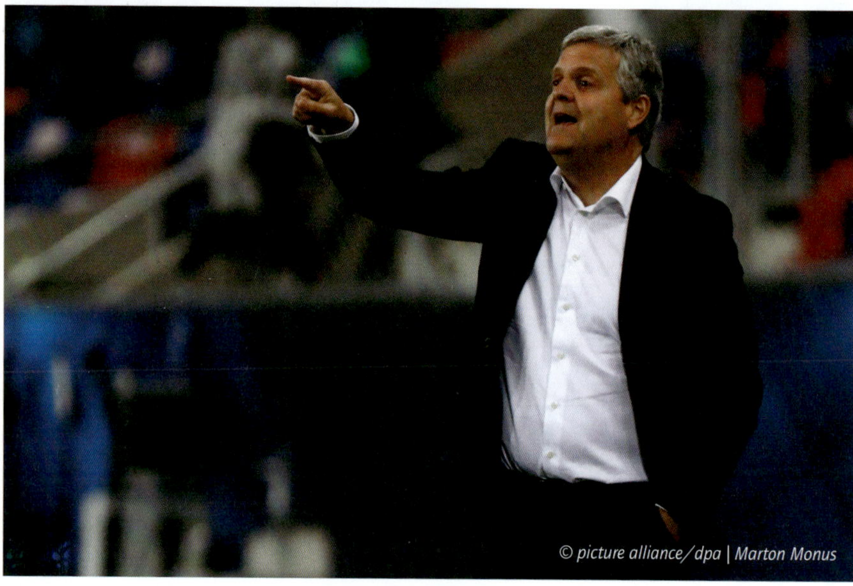

© picture alliance/dpa | Marton Monus

„The more experience and knowledge you have, the easier it is."
Albert Capellas

- *Warum also nicht mit einem Auge auf die objektive Seite wie Statistiken und Daten schauen und sich mit dem anderen Expertenauge auf die subjektive Seite, nämlich die Erfahrung, das Fachwissen und die Gefühle konzentrieren, um aus beiden Welten das Positivste herauszuziehen?*

Expertenauge plus objektive Fakten = bestmöglicher Output

Der ehemalige Arsenal-London-Trainer Arsène Wenger, der aktuell als FIFA's Global Chief of Football Development tätig ist, bringt diese wichtige Kombination bei einer Präsentation auf dem „8th Global Summit" der Aspire Academy in Doha wie folgt auf den Punkt:

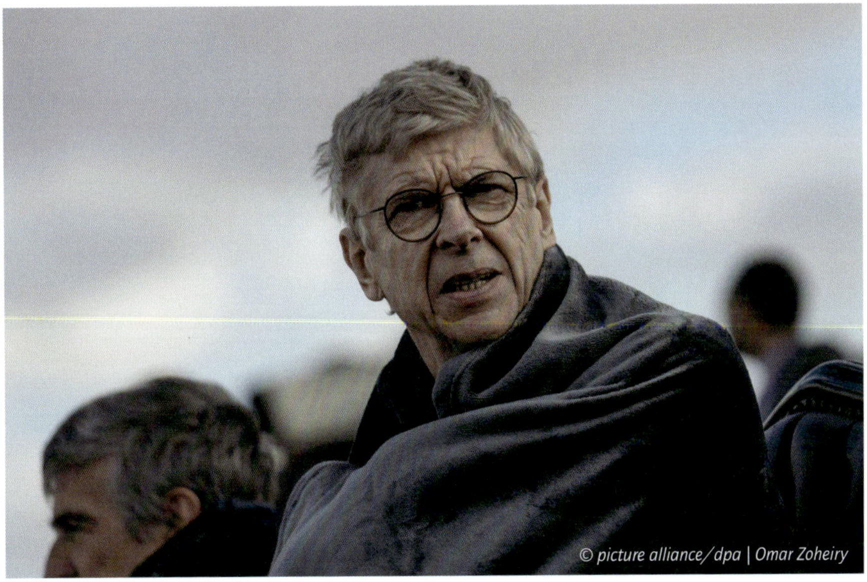

© picture alliance/dpa | Omar Zoheiry

„To improve football understanding and experience by creating Enhanced Football Intelligence through the combination of technical expert observations and football data analytics."

Der Experte trifft die Entscheidungen von innen heraus, aber Statistiken und Wissenschaft können ihn dabei unterstützen, die bestmögliche Entscheidung zu treffen, da sie ihm helfen, den Fußball besser zu verstehen: Warum gewinnen oder verlieren Mannschaften?

Dabei ist es wichtig, dass das letzte Wort immer der Experte hat, denn nur er kann die Zusammenhänge herstellen. So könnten die Daten z. B. aufzeigen, wie gut der linke Flügelspieler gespielt hat, wie viele Dribblings er erfolgreich bestritten hat, wie viel Raumgewinn oder angekommene Flanken in einem Spiel produziert wurden.

- *Was aber, wenn es hauptsächlich daran lag, dass der gegnerische Rechtsaußenverteidiger an diesem Tag extrem schwach war?*

Andersherum kann ein cleverer Experte Daten auch dafür verwenden, um aufzuzeigen, dass er mit seinen Aussagen und seinem Bauchgefühl recht hat.

Wie wir also sehen, Daten und statistische Analysen sind so oder so hilfreich, wobei der Fachexperte mit seinem Bauchgefühl immer der wichtigste Entscheidungsträger sein muss und bleiben wird. Denn diese Leute mit ihrer unbezahlbaren Erfahrung haben sogar die Chance, diese Thematik extrem zu bereichern, wenn sie dem Thema gegenüber positiv eingestellt sind.

3 FAKTOR MENSCH – DER SPIELER UND FAN ALS WICHTIGSTER STAKEHOLDER IM FUSSBALL, AUCH BEIM THEMA DATEN

„Wer die Herzen der Menschen gewonnen hat,
braucht sich um die Köpfe der Menschen nicht zu sorgen."
Dieter Lange (deutscher Autor und Coach, *1951)

Als populärste Sportart der Welt hat der Fußball eine Vielzahl von verschiedenen Interessengruppen oder neudeutsch **Stakeholdern**.

Dazu gehören beispielsweise die Medien, Sponsoren, Ligen, Vereine etc. Oftmals muss sogar der Staat oder der Aktienmarkt hinzugezählt werden, die ebenfalls aus verschiedensten Gründen Interesse am „Produkt" Fußball haben.

Je mehr Geld in den Fußball kommt, desto größer und vielfältiger werden die Interessengruppen, die sich dadurch aber häufig von den wichtigsten Stakeholdern im Fußball entfernen, nämlich den Fans und den Spielern.

Es besteht eine immer weiter zunehmende Gefahr, dass sich die verschiedenen Stakeholder des Rankings nicht bewusst sind:

„Ohne Spieler kein Fußball!"

Gerade auch beim Thema Daten sollte sich also alles darum drehen, wie man helfen kann, das Spiel, einen Verein, die Spieler weiterzuentwickeln, damit sie ihr volles Potenzial entfalten können und die Fans und danach alle weiteren Stakeholder an dieser positiven Entwicklung teilhaben lassen.

Auch die besten Daten und Statistiken sind im Fußball wertlos, wenn zwischen einem Verein, den Mitarbeitern, den Spielern und den Fans keine Beziehung aufgebaut wird.

Stakeholder Nummer eins im Fußball sind die Spieler und die Fans, die Daten und die Statistiken müssen der wichtigsten Interessengruppe dienen.

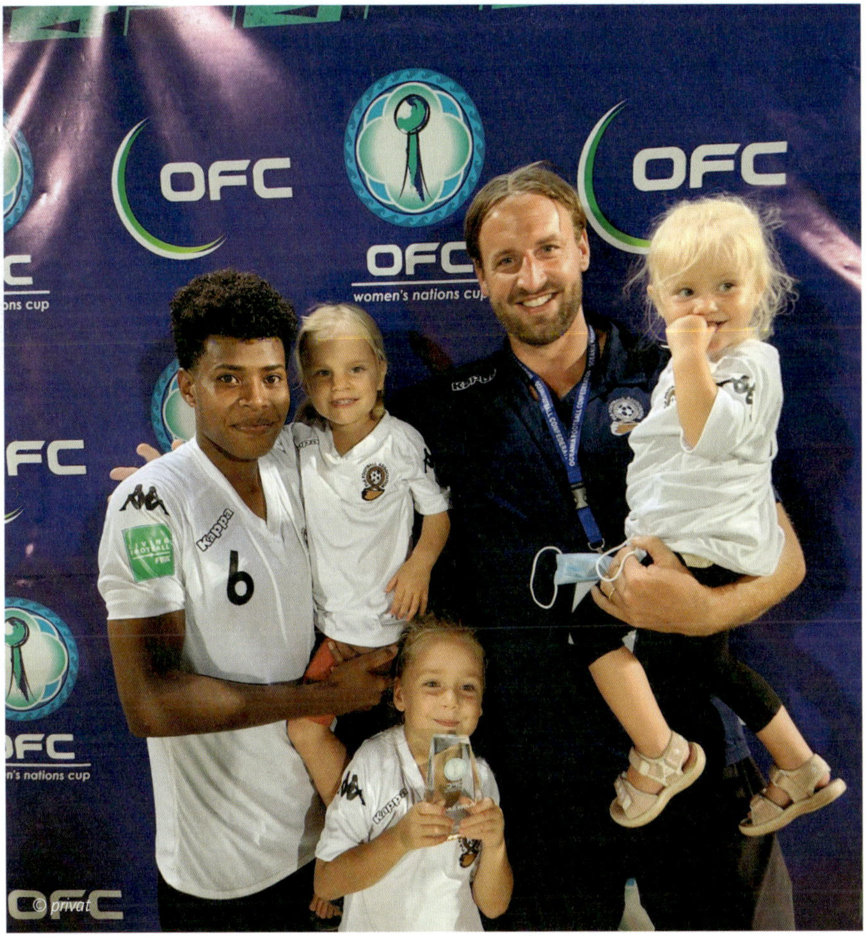

„Der Mensch im Mittelpunkt" – Cema Nassau, Nationalspielerin der Frauennationalmannschaft von Fidschi, mit dem Autor und dessen Töchtern mit der Auszeichnung zur besten Spielerin der Ozeanien-Meisterschaft

"Sport has the power to change the world. It has the power to inspire. It has the power to unite people in a way that little else does. It speaks to youth in a language they understand. Sport can create hope where once there was only despair."

Nelson Mandela

4 FUSSBALL IST EIN „LOW-SCORING-SPORT"

Der Ökonom und Co-Autor des sehr empfehlenswerten Buchs *Soccernomics* Stefan Szymanski von der Universität in Michigan beschreibt in einem Artikel in der New York Times Fußball als die ungerechteste Sportart von allen großen Mannschaftssportarten, da die Differenz der zur Verfügung stehenden finanziellen Mittel in keiner Mannschaftssportart so groß ist wie im Fußball.

https://www.nytimes.com/2014/07/08/science/soccer-a-beautiful-game-of-chance.html

Kennzahlen aus der Fußball-Bundesliga bestätigen die enormen Gegensätze, zum Beispiel beim Personalaufwand. So gibt der FC Bayern München im Schnitt gleich viermal so viel für sein Spielerpersonal aus, als die anderen Bundesligisten. 2020/2021 hatte der FC Bayern an der Spitze mit einem Personalaufwand von über 370 Millionen Euro im Vergleich zum Schlusslicht der SpVgg Greuter Fürth mit 12,5 Millionen Euro das 30-fache Budget zur Verfügung.

https://de.statista.com/statistik/daten/studie/1128812/umfrage/vereine-der-1-fussball-bundesliga-personalaufwand/

Nimmt man stellvertretend als Vergleich die Budgets der Handball-Bundesliga, sieht man, dass die finanzielle „Ungerechtigkeit" lange nicht so extrem ist wie beim Fußball: Der THW Kiel hatte 2018/2019 mit 9,5 Millionen Euro an der Spitze den achtfachen Wert im Vergleich zum Schlusslicht Ludwigshafen mit knapp über einer Millionen Euro Budget.

https://www.handball-planet.com/budget-of-dkb-bundesliga-teams-thw-kiel-still-no-1/

Stefan Szymanski führt in der New York Times zudem auf, dass, wenn man die Größe der Tore im Fußball verdoppeln würde, dann wie bei allen „High-Scoring"-Mannschaftssportarten fast immer die reichere Mannschaft gewinnen würde, aber der Zufall in einem Low-Scoring-Sport wie im Fußball sorgt dafür, dass Underdogs trotz der finanziellen Unterlegenheit dem Favoriten öfters ein Bein stellen können, als es in anderen Teamsportarten der Fall ist.

Bei einem Low-Scoring-Sport erfährt der Glücksfaktor eine höhere Gewichtung, was sich sehr auf die Attraktivität des Spiels auswirkt, da vermeintlich schwächere Teams häufiger stärkere Teams bezwingen können, als es in anderen Mannschaftssportarten der Fall ist. Überraschende Ausgänge, wie es bereits in der biblischen Geschichte bei David vs Goliath der Fall war, sind eine Tatsache, die Menschen seit jeher faszinieren.

In einem Fußballspiel werden im Schnitt lediglich ca. 2,7 Treffer pro Spiel erzielt, wohingegen beispielsweise in den amerikanischen traditionell großen Sportarten wie in der NHL im Eishockey bereits über fünf Tore, der MLB beim Baseball mit über acht „Toren" und in der NFL beim Football mit über 45 „Toren" deutlich mehr Treffer pro Spiel erzielt werden, ganz zu schweigen vom Basketball in der NBA mit im Schnitt fast 200 Punkten pro Spiel.

https://stoopidamerican.com/2013/10/06/how-low-scoring-is-soccer/

Auch bei der im deutschsprachigen Raum sehr populären Sportart Handball werden pro Partie über 50 Treffer erzielt, wodurch deutlich öfter die bessere Mannschaft auch gewinnen wird.

Auch beim Rugby zeigen Statistiken, dass in der Saison 2020-2021 ein Spiel zwischen zwei professionellen Mannschaften im Schnitt mit 27:24 endete.

https://rugbydome.com/average-scores-in-rugby/

Aufgrund der Komplexität des Fußballs, der als einzige Mannschaftssportart mit den Füßen gespielt wird und der auch Wettereinflüssen und einer großen Spieleranzahl unterliegt, gewinnt basierend auf den wichtigsten Key-Performance-Indikatoren im Schnitt nur in 65 Prozent der Fälle auch die bessere Mannschaft.

In Teamsportarten wie im Basketball, welcher mit den Händen, mit weniger Spielern und in einer Halle gespielt wird, gewinnt die statistisch bessere Mannschaft bereits in über 80 Prozent der Spiele und in einer weiteren Hallensportart, dem Handball, liegt diese Quote sogar noch darüber.

Dadurch gewinnt im Fußball, verglichen mit anderen Sportarten, seltener die bessere Mannschaft, wodurch Ergebnisse verzerrt werden. Dies macht auf der anderen Seite den Fußball so extrem spannend, da das Ergebnis weniger vorhersehbar ist und Underdogs vermeintlich größere Teams bezwingen können, was gerade auch den Charakter von Pokalspielen, in denen unterklassige auf höherklassige Teams treffen, ausmacht und für den Spruch sorgt „der Pokal hat seine eigenen Gesetze".

Aus diesen Tatsachen heraus sollten Daten erst recht eine große Rolle spielen, um bessere Entscheidungen treffen zu können, die nicht auf dem reinen Resultat basieren, bei dem in 35 Prozent der Fälle die schwächere Mannschaft trotzdem gewinnt.

Die oben beschriebenen Faktoren der Low-Scoring-Sportart Fußball spielen eine ganz entscheidende Rolle dabei, warum die Themen Big Data, Key-Performance-Indikatoren, wissenschaftliche Modelle, objektive Fakten sowie system- und prozessorientiertes Denken einen großen Mehrwert für den Fußball mit sich bringen können.

5 DAVID-STRATEGIEN – WIE KÖNNEN SICH IM FUSSBALL VEREINE UND VERBÄNDE MIT WENIGER RESSOURCEN BEHAUPTEN?

„We can't outspend our competitors, so we have to outthink them."

Rasmus Ankersen, Fußballdirektor des FC Southampton und Präsident des Göztepe S. K. (* 1983)

Eine der wichtigsten Eigenschaften, die den Fußball zur weltweit beliebtesten Sportart macht, sind die Spiele und Geschichten, bei denen auf dem Papier deutlich schwächere Teams den Favoriten stürzen.

Viele der faszinierendsten Spiele, die in den Köpfen der Fußballfans sind, haben einen David-gegen-Goliath-Charakter:

- WM-Finale 1950: Uruguay schlägt vor 200.000 Fans im Maracanã-Stadion den haushohen Favoriten Brasilien mit 2:1.
- WM-Finale 1954: Deutschland besiegt im Finale Ungarn – „das Wunder von Bern".
- WM 1966: Nordkorea besiegt Italien mit 1:0. Gegen Portugal mit Weltstar Eusebio führt Nordkorea sogar mit 3:0, um am Ende nach vier Toren von Eusebio aber dann noch mit 3:5 zu verlieren.
- Europameisterschaft 1992: Dänemark wird als „Nachrücker" und ohne Vorbereitung völlig überraschend Europameister im Finale gegen Deutschland.
- DFB-Pokal 1994: Vestenbergsgreuth, ein Dorf mit 300 Einwohnern, besiegt den deutschen Meister FC Bayern München mit 1:0.
- Bundesliga 1997/1998: Kaiserslautern gewinnt als Aufsteiger unter Otto Rehhagel die deutsche Meisterschaft.
- Champions-League-Finale 1999: Bayern München geht in der sechsten Minute mit 1:0 gegen Manchester United in Führung und hält diese bis zur 91. Minute, um dann noch in der Nachspielzeit mit 1:2 zu verlieren.

- WM 2002: Senegal besiegt den Weltmeister und die ehemalige Kolonialmacht Frankreich.
- EM-Finale 2004: Griechenland gewinnt gegen Portugal mit 1:0 die Europameisterschaft. Trainer: Otto Rehhagel.
- EM-Achtelfinale 2016: Das Mutterhaus des Fußballs, England, verliert mit 1:2 gegen Island, ein Land mit gerade etwas mehr als 200.000 Einwohnern.
- WM 2022: Saudi Arabien bezwingt den späteren Weltmeister Argentinien mit 2:1 und Marokko wirf im Achtelfinale den ehemaligen Weltmeister Spanien im Elfmeterschießen raus und zieht als erste afrikanische Mannschaft in ein WM-Halbfinale ein.

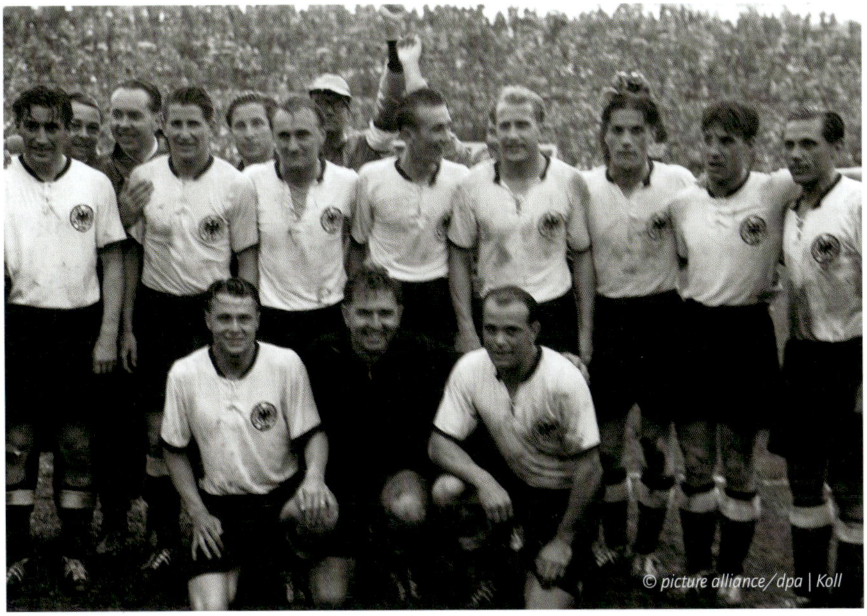

„Das Wunder von Bern 1954" – eine der berühmtesten David-gegen-Goliath-Geschichten im Fußball

Doch Statistiken wie Beobachtungen zeigen auf, dass der Fußball immer unfairer wird, da der Gewinn eines Titels klar mit dem verfügbaren Geld korreliert.

So holte der FC Bayern München bereits den neunten Meistertitel in Folge und Juventus Turin errang in Italien acht Titel in Folge, bevor die Serie 2020/2021 von Inter Mailand unterbrochen wurde, die viel neues Geld durch Investoren aus China zur Verfügung hatten.

In Frankreich holte Paris St. Germain sieben Titel in 10 Jahren. Aber auch in kleineren Ligen, wie in Österreich, wo Red Bull Salzburg ebenfalls neunmal in Folge Meister wurde, verspricht diese Korrelation mit extremen Finanzvorteilen nur wenig Aussicht auf eine Änderung der Hierarchie.

Interessant ist dabei, dass in der Premier League, in der an alle Teams hohe TV-Gelder ausgezahlt werden, in den letzten 10 Jahren immerhin fünf verschiedene Mannschaften die Meisterschaft gewinnen konnten.

Auch in der Champions League gewinnen die finanzstarken Vereine immer öfter und mit einer höheren Tordifferenz, wie ein Report von CIES zeigt, in dem diese Entwicklung in der Champions League zwischen 2003 bis 2019 untersucht wurde.

Finanzstarke Topteams haben sich im Schnitt von 2,11 Punkten auf 2,26 Punkte gesteigert und sie gewinnen gleichzeitig auch immer deutlicher, was sich in der Tordifferenz zeigt, die bei diesen Vereinen von 1,39 Toren auf 1,64 Tore gestiegen ist.

Auch die Spiele, die mit mehr als drei Toren Differenz gewonnen wurden, haben sich innerhalb der letzten 10 Jahre um sechs Prozent gesteigert. Fußball wird also immer unfairer und wird mehr und mehr von den Finanzen bestimmt.

In dem sehr empfehlenswerten Buch *How the weak wins wars* von Ivan Arreguín-Toft ist die spannende Aussage zu finden, dass, wenn vermeintlich schwächere Teams den überlegenen Gegner kopieren, sie in vier von fünf Fällen sicher verlieren werden. Wenn aber die vermeintlich schwächere Partei eine unkonventionelle eigene Strategie entwickelt, gewinnen sie in drei von fünf Fällen!

Mit gut aufgebauten Prozessen und den dazugehörigen Key-Performance-Indikatoren, die diese Prozesse messbar machen und die sich gerade von der finanziell überlegenen Konkurrenz abheben, besteht eine deutlich größere Chance, in „drei von fünf Fällen zu gewinnen," wie Ivan Arreguín-Toft in seinem Buch schreibt.

Auf jeden Fall ist die Chance bedeutend größer, als wenn David versucht, dasselbe zu machen wie Goliath.

Aus diesem Grund sollte jeder Verein und jeder Verband klar für sich definieren, worin die Chancen bestehen, sich von der Konkurrenz zu unterscheiden.

Wer tiefer in diesen Bereich eintauchen möchte, sollte sich mit den Themen **SWOT-Analyse** und **USP** näher beschäftigen. Mit diesen Begriffen werden die Konkurrenz und eigene Stärken und Potenziale definiert und zudem wird ein Alleinstellungsmerkmal definiert. Das ist ein entscheidender erster Schritt, wenn ein David einen Goliath im Fußball schlagen möchte.

„Man kann einen reicheren Verein nicht besiegen?
Ich habe noch nie gesehen, dass eine Tasche voller Geld Tore schießt."

Johan Cruyff (niederländischer Fußballspieler und -trainer, 1947-2016)

6 PRÄGENDE BEGEGNUNGEN UND EREIGNISSE

„Es sind die Begegnungen mit Menschen, die das Leben lebenswert machen."

Guy de Maupassant (französischer Schriftsteller, 1850-1893)

In meiner bisherigen Laufbahn, in der ich hauptberuflich im Fußball in verschiedenen Funktionen tätig sein durfte, hatte ich immer wieder das große Glück, tolle Menschen, Spieler, Trainer, Funktionäre und Vereine kennenzulernen.

Diese verschiedenen Begegnungen haben mich dazu gebracht, dass Respekt das oberste Wort im Fußball ist und man immer jede Meinung, sei sie auch noch so kontrovers, zu respektieren hat, denn im Fußball gibt es bekanntlich nicht nur eine Wahrheit.

Im Mai 2018 setzte ich mich ins Auto und fuhr von der Schweiz nach Dänemark, um etwas hinter die Kulissen des FC Midtjylland zu blicken.

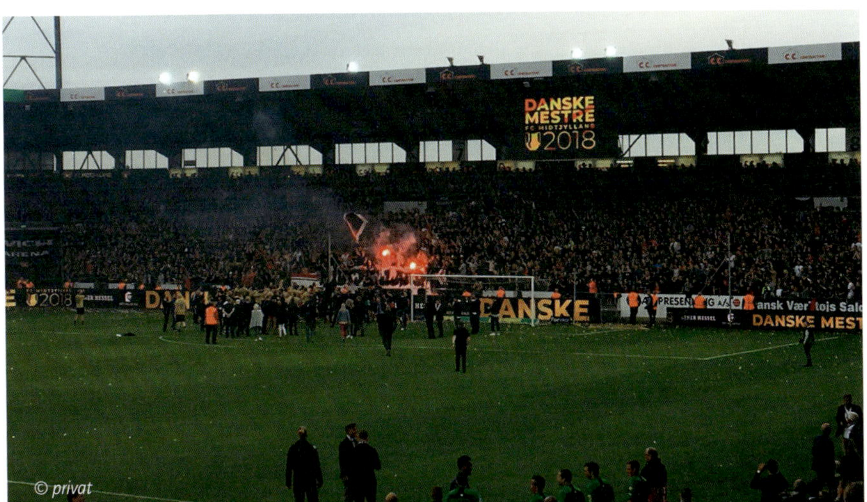

Mit Smart Data und Key-Performance-Indikatoren zum Erfolg – FC Midtjylland

Dieser Verein - der von einem Mann aus England gekauft wurde, der sein Geld mit Fußballwetten gemacht hat und auf dessen Hintergründe im Buch noch näher eingegangen wird - stand kurz vor dem entscheidenden Spiel um die dänische Fußballmeisterschaft und genau dazu sollte es auch später kommen.

Vom FC Midtjylland war mir bekannt, dass der Verein erfolgreich das Thema Daten in seine Arbeit implementiert hat. Er nutzt statistisch höchst erfolgreich z. B. auch das Thema Standardsituationen für sich und zählt seit der Übernahme europaweit in dieser Rubrik zu den absoluten Spitzenmannschaften.

Die Mannschaft schaffte es regelmäßig, zwischen 15-18 Tore per Standards zu erzielen, seit die Wichtigkeit dementsprechend im Verein verfolgt wird. Insbesondere eine Aussage ist mir dabei in Erinnerung geblieben:

- *„Wie viel Geld müssten man ausgeben, um einen Spieler zu verpflichten, der einem jedes Jahr 15-18 Tore garantiert, abgesehen davon, dass ihn vermutlich sofort ein Verein aus einer größeren Liga kaufen und gleich wieder verkaufen würde?"*

Am Morgen des Finales erklärte mir der äußerst sympathische Co-Trainer, der sich auf Standardsituationen spezialisiert hatte, einige Hintergründe seiner Arbeit und ging dabei auch auf die Bedeutung von weiten Einwürfen in den 16-Meter-Raum ein.

Dabei erwähnte er zwei Varianten, die am heutigen Spieltag zum Einsatz kommen sollten und die sogar eine psychologische Komponente beinhalten, damit der Gegner mit einer entsprechenden anderen Variante während des Spiels plant. Wenn es am heutigen Spieltag zu einer entsprechenden Anzahl an Einwurfmöglichkeiten in den entsprechenden Zonen kommen sollte, dann sollten, statistisch gesehen, die Chancen für ein Tor nach einem Einwurf sehr gut stehen.

Ich machte mir zahlreiche Notizen aus diesem äußerst spannenden Gespräch und begab mich auf den Weg ins Stadion, wo die Profis die Meisterschaft gegen den AC Horsens klarmachen wollten.

Der FC Midtjylland war von Beginn an spielbestimmend und drückte auf die Führung, die den Weg zum Titel ebnen sollte. In der 59. Minute gab es einen Einwurf in der Nähe des gegnerischen 16-Meter-Raums.

Alle Spieler positionierten sich, wie es mir am Morgen aufgezeigt wurde, der Ball kam genau in den Zielraum und wurde dort vom zwei Meter großen Paul Onuachu, wie einstudiert, auf den zweiten Pfosten verlängert. Durch ein Überladen der Zone mit gleich mehreren Spielern konnte der Ball über die Torlinie geschoben werden - 1:0 (auch auf die enorme Wichtigkeit des 1:0 wird im weiteren Verlauf des Buchs eingegangen).

Das Spiel endete auch mit 1:0 und machte den FC Midtjylland zum dänischen Fußballmeister der Saison 2017/2018!

Das folgende Foto, das ich mit meinem Handy gemacht habe, zeigt die Ausgangssituation des Tors und bestätigt gleichzeitig, wie eindrücklich das Meeting am Morgen war, bei dem auch auf das Thema Einwürfe eingegangen wurde.

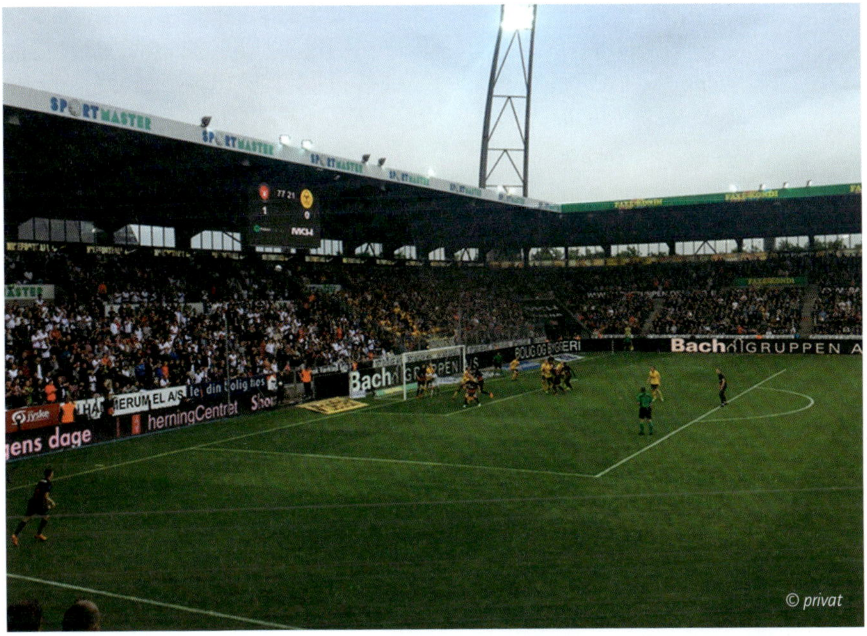

Standardsituationen und speziell Einwürfe als Mittel zum Torerfolg – hier der weite Einwurf, der 2018 die Meisterschaft brachte.

Der auf Standardsituationen spezialisierte Trainer heißt übrigens Mats Buttgereit und arbeitet mittlerweile für die deutsche Fußballnationalmannschaft unter Hansi Flick. Dieser hatte zu seiner Zeit als Co-Trainer von Joachim Löw beim WM-Sieg 2014 eine extrem gute Ausbeute bei Toren nach Standards und ist sich somit der extremen Bedeutung von Standards bewusst.

Die komplette Rückfahrt von Dänemark in die Schweiz faszinierte mich, was ich gesehen hatte und ließ mich tiefer in das Thema der Daten und Key-Performance-Indikatoren einsteigen. Jedoch immer mit folgender Frage vor Augen:

- *Wie könnte der entsprechende Nutzen in der Praxis aussehen?*

Ich persönlich habe zwar durch mein Studium der Betriebswirtschaftslehre eine gewisse Affinität zum Thema Daten und Prozesse und es ist durchaus auch eine Denkweise, die ich für sehr wichtig im Fußball halte. Ohne jedoch aufzeigen zu können, wie ein entsprechender Mehrwert konkret auf dem Platz für den Spieler, Trainer oder Verein aussieht, ist das Thema jedoch nur sehr schwer zu vermitteln und stößt auf Widerstand.

Eine andere Begegnung, die mich sehr fasziniert hat, war ein Treffen mit einem der erfolgreichsten Trainer des afrikanischen Kontinents, Otto Pfister, in seinem Wohnort Mels in der Schweiz.

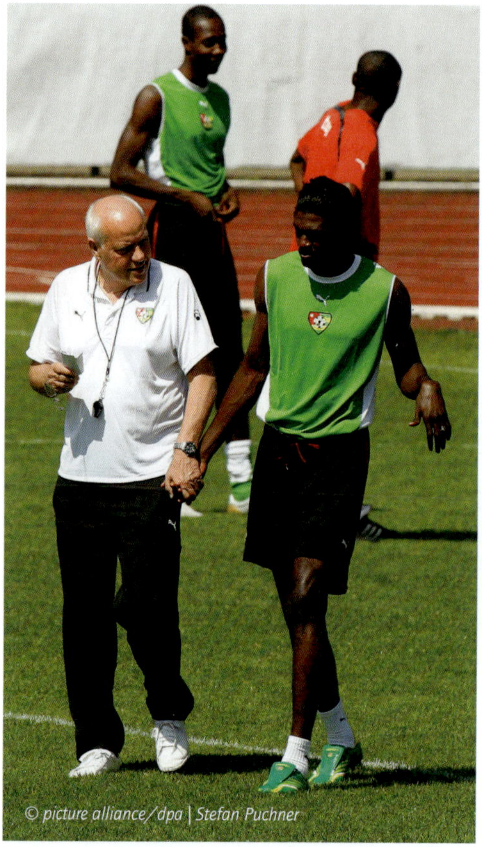

Emotionale Intelligenz – Otto Pfister 2006 beim Training der Nationalmannschaft von Togo mit Superstar Emmanuel Adebayor

Otto Pfister (*1937), der bekannt wurde, indem er 1991 mit Ghana die U17-WM gewinnen konnte, ist der einzige Trainer, der sowohl an einer U17-, U20- (mit der Elfenbeinküste) und an einer A-Weltmeisterschaft (mit Togo) teilnehmen konnte. Er verfügt über einen ungeheuren Erfahrungsschatz.

Bei diesem Gespräch wurde mir so deutlich wie nie zuvor die extreme Wichtigkeit der emotionalen Intelligenz vor Augen geführt und die Erfolgsgrundlage des Themas Mannschaftsführung, bei dem es zwar neben Prozessen ganz oft auch darauf ankommt, was allgemein als **Bauchgefühl** bezeichnet wird.

Otto Pfister, der Weltstars wie Samuel Eto oder Emmanuel Adebayor trainiert hat, nutzt für seine Arbeit ein sogenanntes *Soziogramm*, mit dem er in der Lage ist, ein Mannschaftsgefüge schneller zu analysieren.

Der studierte Fußballlehrer greift auch auf sein Wissen der Trainingslehre zurück, jedoch immer mit der Betonung, dass all dieses Wissen nur von Wert ist, wenn die Mannschaft einen Trainer akzeptiert und die praktische Umsetzung im Vordergrund stehen muss, ansonsten haben alle diese Daten und Prozesse keinen Wert.

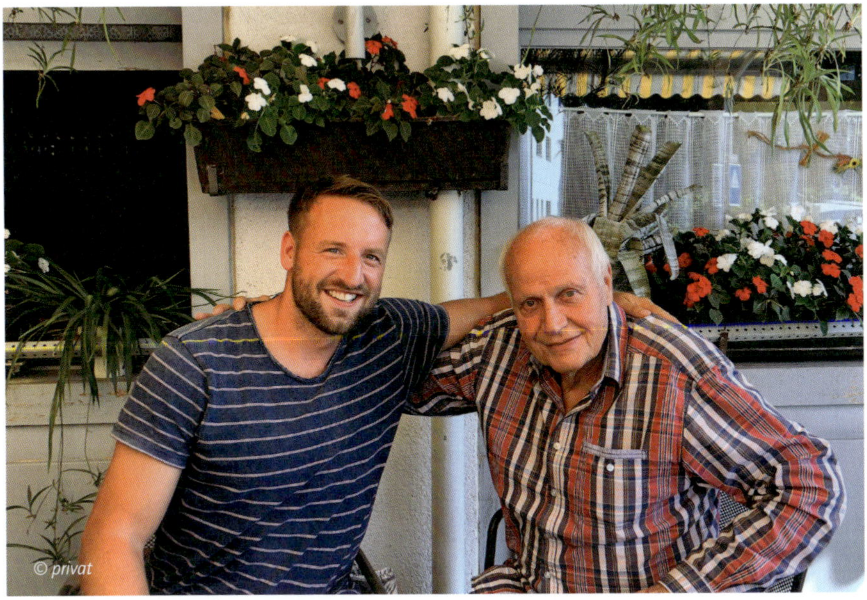

Super Bauchgefühl – der Autor bei einem Meeting mit Otto Pfister

Genauso wie die Erfahrung beim FC Midtjylland hat mich auch diese tolle Begegnung mit Otto Pfister sehr zum Nachdenken gebracht und dafür gesorgt, immer mehr zu erkennen, dass es im Fußball nicht nur eine Wahrheit gibt.

Ein extremes Denken in Schwarz-und-Weiß-Kategorien im Fußball führt dazu, dass es immer etwas länger dauert, bis Innovationen wie der Einsatz von Daten im Fußball ankommen und oftmals auf Ablehnung stoßen, da viel zu viel Schwarz-Weiß gedacht wird.

Der wohl bekannteste und erfolgreichste Trainer, der über eine extrem hohe emotionale Intelligenz verfügt und dabei aber auch Innovationen gegenüber sehr offen ist und einen datenbasierten Ansatz befürwortet, ist Jürgen Klopp.

Der FC Liverpool war einer der ersten Vereine, der erfolgreich auf ein datenbasiertes Scouting zurückgreift und auch sonst eine prozessorientierte Denkweise extrem erfolgreich anwendet.

Unter dem folgenden Twitter-Link sind zwei Videosequenzen, die übereinander gelegt wurden, zu sehen, die unterstreichen, dass Vereine wie der FC Liverpool nichts mehr dem Zufall überlassen.

Sequenz 1 ist die Szene, die nach wenigen Minuten zum Elfmeter für den FC Liverpool im Champions League Finale 2019 geführt hat und darüber ist die erste Minute gegen Benfica Lissabons B-Team zu sehen, das gezielt anhand objektiver Fakten und Gemeinsamkeiten mit der Spielidee des Finalgegners Tottenham Hotspurs für die Spielvorbereitung auf das Finale ausgesucht wurde und wo in einem sehr identischen Muster statt einem Elfmeter ebenfalls das 1:0 erzielt wurde.

Das Video kann hier abgerufen werden:

https://twitter.com/CoachDarian/status/1136587085106896896

Wie immer wird es auch bei diesem Beispiel extreme Schwarz-Weiß-Denkweisen geben. Das eine Extrem, das behauptet, der Champions-League-Sieg wurde erst durch diese neue, datenbasierte Denkweise möglich und die andere Sichtweise, die behauptet, das sei alles Quatsch und das emotionale Coaching von Klopp und etwas Glück hätten dazu geführt . . .

Warum könnte es aber nicht auch einfach eine gute Mischung aus beiden Seiten sein?!

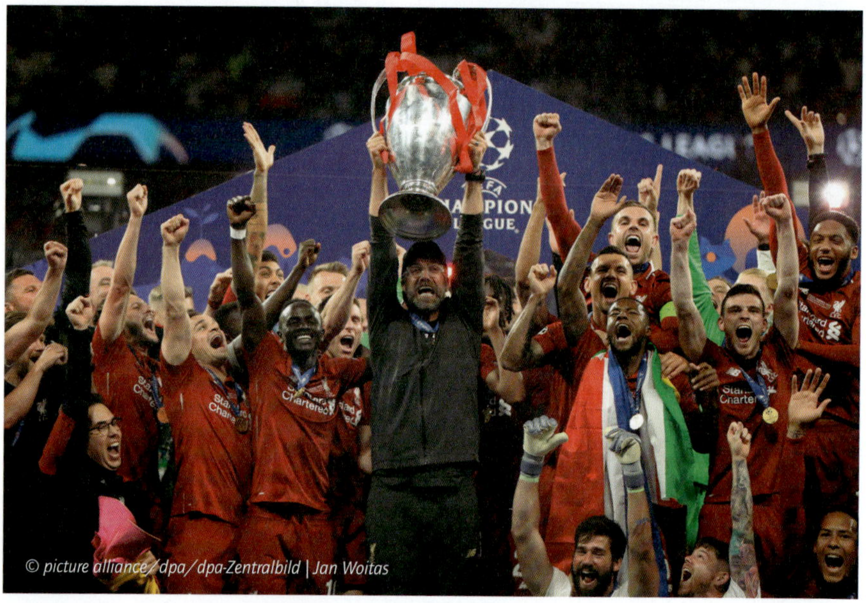

Jürgen Klopp – mit Bauchgefühl und Key-Performance-Indikatoren zum Champions-League-Sieg

„Denn die Zukunft im Fußball wird nicht einfach denen gehören, die über die Daten verfügen, sondern jenen, die aus Informationen die besten Schlüsse ziehen."

Fußballfachmann Christoph Biermann

7 WAS IST MODERN?

„Die Wahrheit liegt auf dem Platz."
Otto Rehhagel (deutscher Fußballspieler und -trainer, *1938)

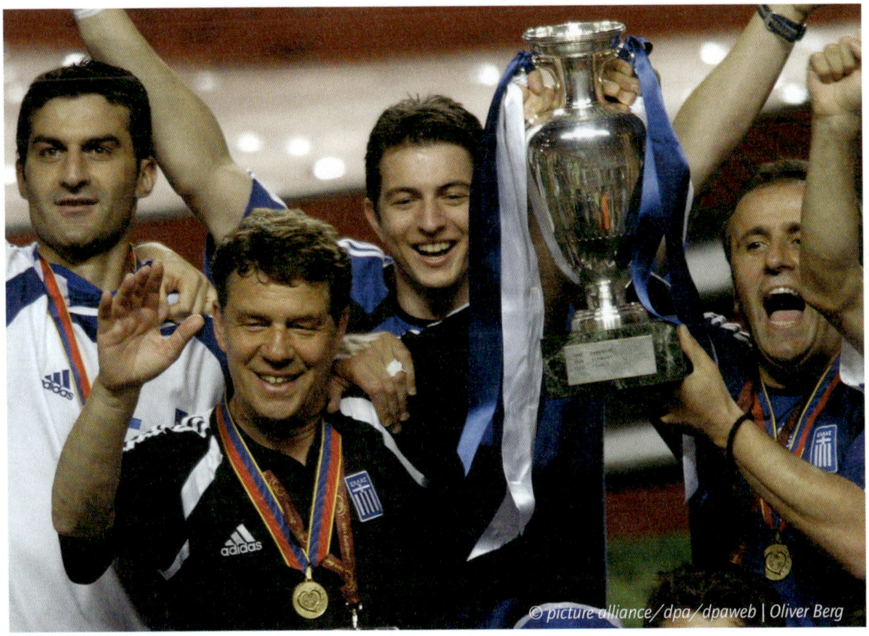

„95 Prozent meiner Spieler merken, dass ich meine Spieler liebe." – Otto Rehhagel

Otto Rehhagel konnte 2004 mit Griechenland überraschend die Europameisterschaft gewinnen. Viele, oftmals jüngere und sich für besonders modern haltende Fachleute äußerten sich kritisch über seinen Erfolg bei der EM, da er auf Methoden zurückgegriffen hat, die im Allgemeinen nicht als modern gelten.

Auch das aktuelle Beispiel von Felix Magath, der bei Hertha BSC in der Saison 2021/2022 in einer extrem brenzligen Situation eingesprungen ist und den Klassenerhalt gemeistert hat, wurde gerade von den Medien und jungen Trainerkollegen sehr kritisch beäugt. Dies bereits, bevor er überhaupt seine Arbeit aufgenommen hat, da seine Methoden und die Art der Mannschaftsführung nicht modern seien.

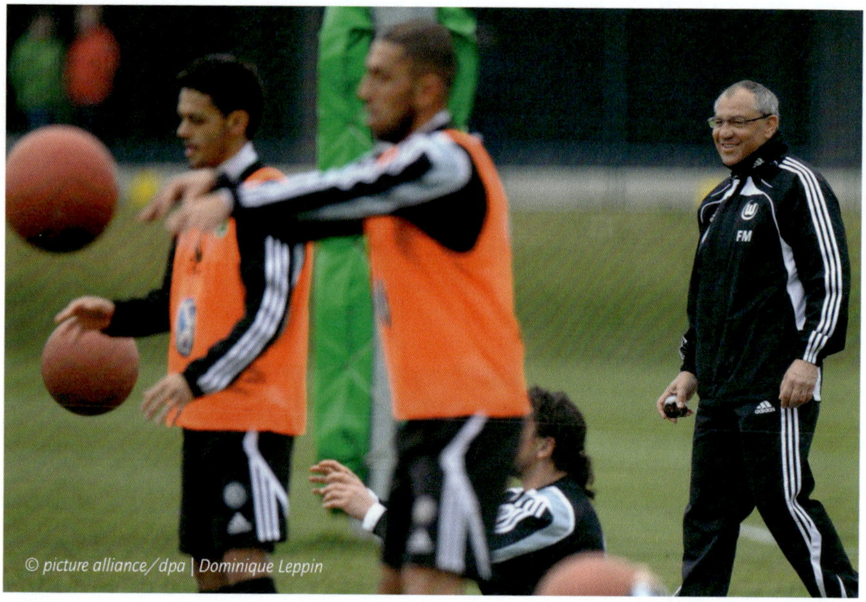

„Old but Gold" – auch wenn die Methoden häufig kritisiert werden, die Mannschaften von Felix Magath sind immer fit.

Dabei ist im Fußball immer Erfolg modern und es gibt verschiedene Wege, um Erfolg zu erreichen.

Sowohl Rehhagel, der mit Werder Bremen und mit dem FC Kaiserslautern die deutsche Meisterschaft gewinnen konnte, wie auch Felix Magath, der mit Wolfsburg und Bayern München Titel eingefahren hat, verfügen über eine extrem erfolgreiche Vita, der jeder Kollege Respekt zollen sollte.

Dieser oftmals fehlende Respekt gegenüber dem Alter gerade aus jüngeren Fachkreisen führt ebenfalls dazu, dass beim Thema Daten im Fußball zwei Extreme aufgebaut werden, anstatt dass beide Seiten näher zueinander finden und voneinander lernen.

Ein weiteres tolles Beispiel ist Jupp Heynckes, der mit seiner ganzen Erfahrung erst richtig aufblühte und Bayern München zum Tripplesieger machte und 2018 mit über 70 Jahren noch einen deutschen Meistertitel feiern konnte.

Im Gegensatz dazu steht Julian Nagelsmann, der mit 28 Jahren das erste Mal Bundesligatrainer bei der TSG Hoffenheim wurde und mit gerade einmal 34 Jahren ebenfalls die Meisterschaft mit Bayern München gewinnen konnte und der, wenn es mal nicht läuft, gerne schnell in die Kategorie „Laptoptrainer" gesteckt wird, wie es auch bei seiner Entlassung im April 2023 der Fall war.

Gerade diese beiden Trainerpersönlichkeiten zeigen die spannende Breite im Fußball auf und beweisen, dass im Fußball nur der Erfolg modern ist und eine Generation die andere immer respektieren sollte, um die Entwicklung des Fußballs weiter voranzutreiben.

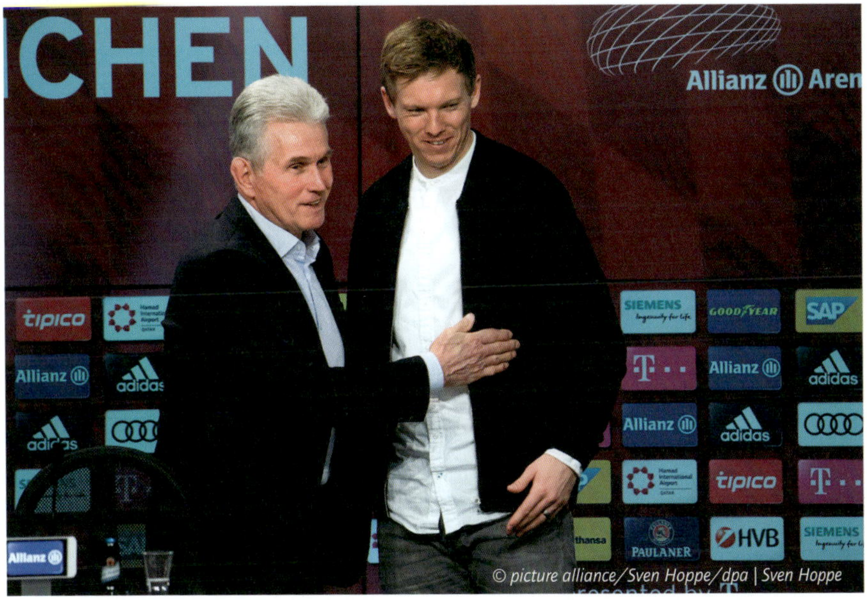

Die alte und junge Generation könnte sich auch beim Thema des Umgangs mit Daten im Fußball extrem bereichern.

„Modern ist, wenn du gewinnst."

Horst Hrubesch (deutscher Fußballspieler und -trainer, *1951)

8 SCHWARZ-WEISS-DENKEN IM FUSSBALL UND DIE OFFENHEIT FÜR NEUES

„Viele Wege führen nach Rom und nichts ist ohne sein Gegenteil wahr."

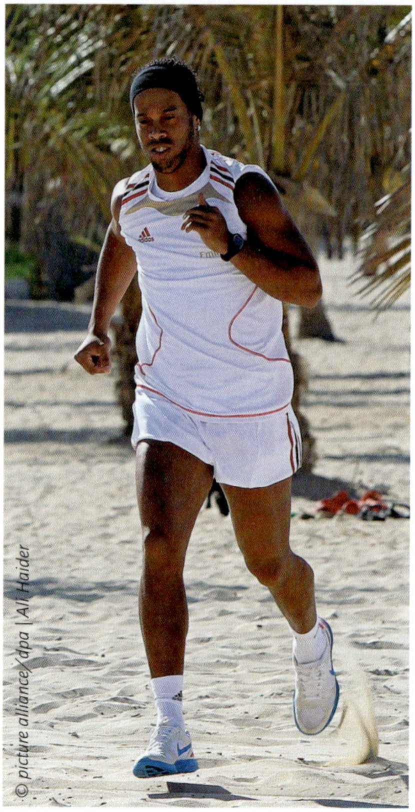

© picture alliance/dpa | Ali Haider

Weltfußballer Ronaldinho beim Training am Strand, wo sich viele Brasilianer neben dem Futsal ihre technischen Fähigkeiten angeeignet haben.

Schaut man auf die Länder, die es geschafft haben, eine Fußball-Weltmeisterschaft zu gewinnen, sieht man, wie facettenreich der Weg zum Erfolg im Fußball sein kann:

- Spanien wurde Weltmeister mit Tikitaka,
- Italien mit Catenaccio,
- Deutschland mit Disziplin und Kraft,
- Frankreich dank dem Ausbildungszentrum Clairefontaine und afrikanischem Naturtalent,
- die Niederlande wurden trotz „Total Voetbal" und Johan Cruyff zwar Europameister, aber noch nie Weltmeister,
- dafür aber England mit „Kick and Rush" und dem Wembley-Tor
- und Rekordweltmeister Brasilien dank einer Mischung aus Fußball, Futsal und Beachsoccer, das zum „Joga Bonito" geführt hat.

Auch wenn diese Auflistung stark überspitzt ist, stellt sich im Fußball folgende Frage:

- *Was ist der Weg zum Erfolg und gibt es überhaupt den einen richtigen Weg oder ist das Ganze vermutlich wesentlich komplexer?*

Aufgrund der Komplexität des Fußballs - der als einziger Ballsport mit den Füßen gespielt wird und das nicht in einer Halle mit stabilen Wetterverhältnissen und zusätzlich mit einer sehr hohen Spieleranzahl - wird extrem kontrovers über ihn diskutiert. Das trägt zur Popularität des Fußballs sicher bei, jedoch verlaufen gerade im Zeitalter von Social Media immer mehr Diskussionen in einer extremen Schwarz-Weiß-Denkweise, die viel Negativität mit sich bringt.

Übertriebene Zuspitzungen, wie beispielsweise der in Deutschland entstandene Begriff des „Laptoptrainers", sind ein Beispiel für diese extreme Schwarz-Weiß-Denkweise:

„Je mehr ich die Kandidaten beobachtet habe, die mit Bestnoten abschließen, die dieses typische Kursbestergesicht haben und die Kursinhalte aufgesogen haben, desto mehr sträubten sich bei mir die Nackenhaare. Bei denen ist Taktik oberstes Gebot, das sind Laptoptrainer", sagte der ehemalige Starspieler Mehmet Scholl von Bayern München im *Spiegel*-Interview.

https://rp-online.de/sport/fussball/bundesliga/mehmet-scholl-kritisiert-traineraus bildung-zu-viele-laptop-trainer_aid-22037575

Die Diskussionen, die um den Laptoptrainer geführt werden, zeigen die Problematik auf, denn ganz sicher hat ein Laptop oder eine PowerPoint-Präsentation noch keinen Spieler praktisch besser gemacht. Jedoch sind diese beiden Tools genauso wie das Thema Daten nicht mehr wegzudenkende Zubringer in der Planung, Analyse und Evaluierung.

Bei einem Schwarz-Weiß-Denken kann es immer nur Gewinner und Verlierer geben, da ein sogenanntes *Nullsummenspiel* stattfindet, wo mehr gekämpft als gespielt wird.

Das führt wiederum dazu, dass viele Themen im Fußball zu selten kritisch auf objektive Fakten durchleuchtet werden. So könnten z. B. Daten und Key-Performance-Indikatoren eine Orientierung in der Grauzone zwischen den beiden Polen Schwarz und Weiß bieten.

Oftmals wird aber eine fast religiöse Haltung zu einem gewissen Thema eingenommen, die häufig durch die Macht der Aussage des jeweiligen „Gottes" bestimmt wird, dem, ohne dessen Meinung kritisch zu hinterfragen, gefolgt wird.

Die Gefahr, die sich unabhängig vom Fußball in der Historie bei einer solchen extremen Schwarz-Weiß-Denkweise gezeigt hat, gipfelt oftmals im Negativen in rassistischen Tendenzen. Als Beispiel kann das Apartheid-System in Südafrika angeführt werden, wo es für „Schwarze" und „Weiße" getrennte Toiletten gab.

Dabei steht gerade der Fußball wie keine andere Sportart auf der Welt für völkerverbindende Maßnahmen, was auch in einer freien Interpretation des Kürzels der **FIFA** schön zum Ausdruck gebracht werden kann:

„**F**ootball **I**s **F**or **A**ll"/„**F**ußball **I**st **F**ür **A**lle".

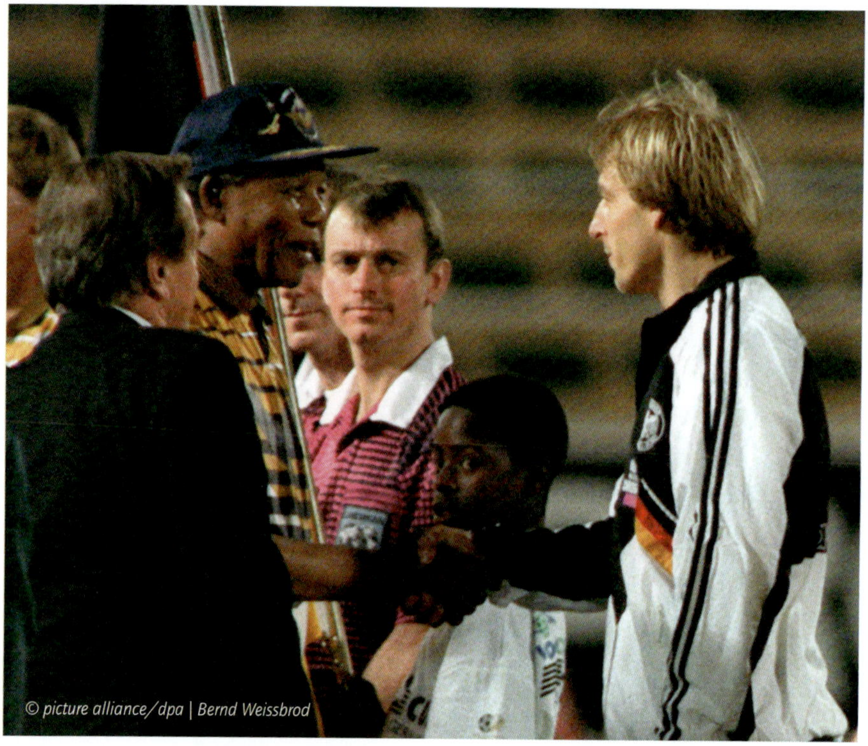

„Nothing is black or white" – Nelson Mandela (ehemaliger südafrikanischer Freiheitskämpfer und Präsident, 1918-2013)

Das Zitat des deutschen Schriftstellers Martin Walser (deutscher Schriftsteller, *1927): „Nichts ist ohne sein Gegenteil wahr", unterstreicht, dass alles im Leben immer zwei Pole hat, man muss nur eine entsprechende Perspektive einnehmen, um die Grauzone dazwischen zu erkennen:

- Tag und Nacht;
- unten und oben;
- Himmel und Hölle;
- Ying und Yang;
- einatmen und ausatmen;

- Leben und Sterben;
- Anfang und Ende;
- gewinnen und verlieren;
- Angriff und Verteidigung;
- Ballbesitz und Ballverlust;
- etc.

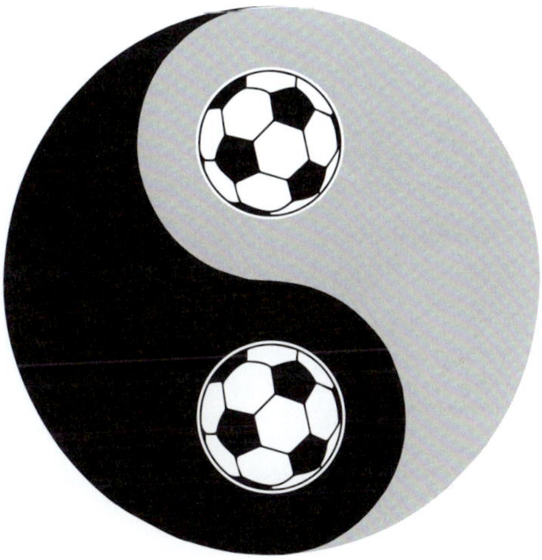

Auch im Fußball gilt: „Nichts ist ohne sein Gegenteil wahr." (Abb. modifiziert nach https://www.zazzle.de/yin_yang_fussball_poster-228560818659992069)

Es existieren immer beide Seiten, weshalb viel mehr in der Kategorie Sowohl-als-auch anstatt in der Kategorie Entweder-oder gedacht werden sollte.

Nachfolgend werden einige fußballspezifische Beispiele aus dem Bereich des Schwarz-Weiß-Denkens aufgezeigt und gleichzeitig wird versucht, darzustellen, dass eine Denkweise, die beide Extreme in Betracht zieht, eine positive Orientierung geben kann. Dies ist ein extrem wichtiger Punkt, um das Thema Daten im Fußball richtig zu implementieren. Ansonsten wendet man, wenn man nur einen datenbasierten Ansatz zugrunde legt, die falsche Sichtweise an.

In der Definition heißt es, dass Fußball per se ein Spiel ist, dementsprechend spielerisch und respektvoll sollte auch über alle Facetten des Fußballs gesprochen werden, wodurch es zu einem für alle Seiten positiven Ergebnis und Erlebnis kommen wird.

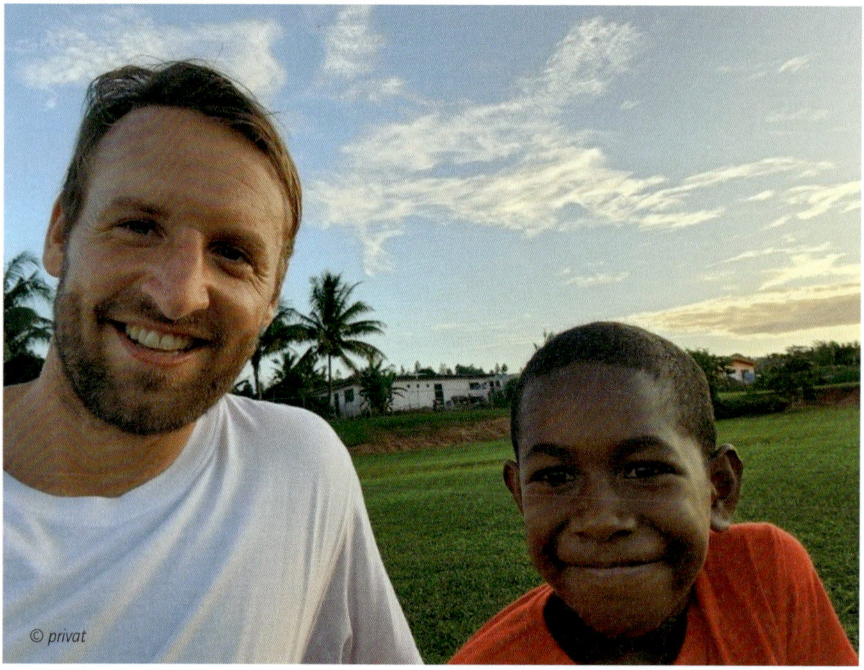

Fußball ist für alle - Schwarz UND Weiß statt Schwarz oder Weiß. Der Autor Timo Jankowski mit dem Nachwuchsspieler Pate in Fidschi

„Für Schwarz-Weiß-Denker hört die Welt dort auf, wo sie bunt zu werden beginnt."

Ernst Ferstl (*1955 Schriftsteller)

8.1 LAPTOPTRAINER VS. FELDTRAINER

„Stets muss die Praxis auf guter Theorie beruhen."

Leonardo da Vinci (italienischer Renaissancekünstler und Philosoph, 1452-1519)

Das bereits erwähnte Beispiel der beiden Extreme Laptoptrainer und Feldtrainer ist typisch für ein Schwarz-Weiß-Denken.

Kein Trainer auf der Welt könnte Erfolg haben, wenn er lediglich auf einer Seite der beiden Extreme stehen würde. Jedes Training und jedes Spiel bedarf eines Mindestmaßes an theoretischer Vorbereitung, die dann immer bestmöglich in die Praxis umgesetzt werden muss.

Weder ein reiner Laptoptrainer noch ein reiner Feldtrainer würde zum Erfolg führen, sondern immer die bestmögliche Mischung aus beiden. Die besten Trainer lassen sich wohl deshalb in der Kategorie sowohl Laptoptrainer als auch Feldtrainer finden. Ein Trainer also, der das Spiel perfekt analysieren und vorbereiten und ein entsprechendes Training konzipieren und dann auf höchstem Niveau praktisch umsetzen kann und diese Prozesse permanent evaluiert, um die Praxis immer besser und besser umsetzen zu können.

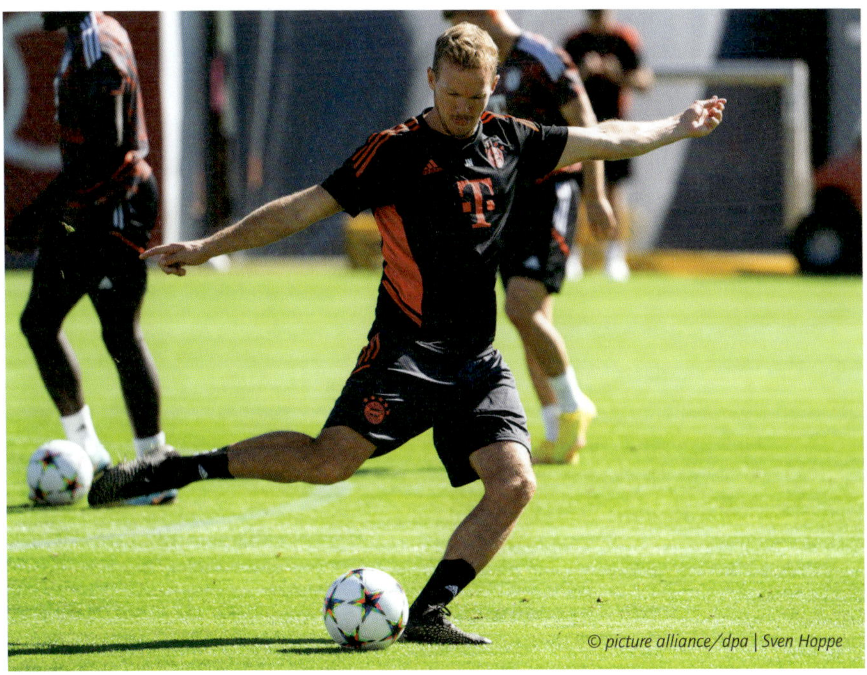

Laptoptrainer als auch Feldtrainer auf Topniveau – Julian Nagelsmann demonstriert seine perfekte Schusstechnik.

8.2 WELCHEN FUSSBALL HABE ICH PERSÖNLICH GERN VS. MIT WELCHER ART VON FUSSBALL GEWINNT MAN SPIELE?

„Ich stehe für eine Ära, in der bewiesen wurde, dass Fußball gleichzeitig attraktiv und erfolgreich sein kann."

Johan Cruyff (niederländischer Fußballspieler und -trainer, 1947-2016)

- *Geht es im Fußball darum, sich selbst als Trainer zu verwirklichen oder darum, das Ziel und Potenzial einer Mannschaft und eines Vereins zu verwirklichen?*

Im Idealfall trifft sicher beides zu und im schlechtesten Fall sind die persönlichen Wünsche eines Trainers, wie er das Spiel persönlich gerne sieht und wie es der Verein sieht, weit voneinander getrennt. Das schlägt sich meistens in einer kürzeren Arbeitszeit nieder, vor allem dann, wenn die Punkte ausbleiben.

Um Extreme zu vermeiden, suchen sich gute Vereine und Sportdirektoren immer mehr Trainer gezielt danach aus, die in die vom Verein entwickelten Ideen, sowie in das favorisierte Spielmodell und das dazugehörige passende Spielermaterial passen.

Doch oft ist immer noch zu beobachten, dass Vereine die Grauzone nicht klar definiert haben und dann von einem Trainer zum nächsten von Extrem zu Extrem wandeln. Das führt in den seltensten Fällen zu langfristiger Stabilität und somit zu Erfolg.

Bei aller Romantik, wer die Mechanismen des Fußballs verfolgt, weiß, dass gerade auf höchstem Niveau es in erster Linie darum geht, Spiele zu gewinnen. Ein Trainer, der aus Sicht eines Vereins unansehnlich spielen lässt, aber viele Punkte mit einem realistischen Fußball einfährt, hält sich garantiert länger im Job als ein Trainer, der zwar äußerst ansehnlich spielen lässt, jedoch keine Punkte auf dem Konto hat.

Auch hier kann ein datenbasierter Ansatz sehr hilfreich sein, um Licht in die Grauzone zwischen zwei weiteren Extremen zu bringen. Der Trainer kann nachweisen, die vom Verein und vom Spielstil vorgegebenen Key-Performance-Indikatoren zu erfüllen - was, wenn die richtigen Key-Performance-Indikatoren ausgewählt wurden - statistisch gesehen, kurz oder langfristig zum Erfolg führen wird.

Im weiteren Verlauf des Buchs wird in einem eigenen Kapitel auf die Bedeutung der Key-Performance-Indikatoren eingegangen und wie diese auch im Amateur- und Nachwuchsbereich effizient und effektiv eingesetzt werden können.

8.3 GEWINNEN VS. AUSBILDUNG

„Man läuft Gefahr, zu verlieren, wenn man zu viel gewinnen möchte."

Jean de La Fontaine (französischer Schriftsteller, 1621-1695)

Ein Trainer hat zwei Hauptaufgaben:

1. Möglichst viele Spiele zu gewinnen.
2. Die Mannschaft und die Spieler weiterzuentwickeln.

Diese beiden Punkte gehen gerade kurzfristig nicht immer Hand in Hand. Darüber wird gerade im Nachwuchsbereich häufig diskutiert und oftmals wird extrem in Schwarz oder Weiß gemalt, wie das Verhältnis von Ausbildung zu Gewinnen gerade im Jugendbereich gehandhabt werden soll.

Das eine Extrem sind Trainer, die bereits in den jüngsten Alterskategorien alles über den Erfolg stellen, was sich z. B. in mangelnder Spielzeit, im Bevorzugen von körperlich weiterentwickelten Spielern sowie in der Wahl eines entsprechenden Spielstils und Coachings niederschlägt.

Auf der anderen Seite will das andere Extrem z. B. Tabellen abschaffen, um Spieler optimal zu fördern und wodurch der „Druck" von den Spielern genommen werden soll. Das führt dazu, dass Fehler keine Konsequenzen mehr haben und Jahre später dann festgestellt wird, dass es den Spielern an „Mentalität" fehlt, um unter Druck zu performen.

Schaut man sich beide Extreme an, trifft man auf das Grundproblem, dass, wenn man die Tabellen um der Ausbildung willen abschafft, nicht das eigentliche Problem angegangen wird. Dies ist nämlich die mangelhafte Ausbildung der Trainer. Die Eltern können die trainingsspezifischen Aspekte der Nachwuchsausbildung nicht nachvollziehen, da auch sie in erster Linie am Erfolg ihrer Kinder interessiert sind.

Denn viele werden beobachtet haben, dass selbst ohne Tabellen sich am Verhalten der Trainer und Eltern wenig ändert, die diese Einstellung im Negativen auf die Kinder übertragen.

Gewinnen und Verlieren und somit eine Tabelle sind unumgängliche Bestandteile des Spiels und das Weglassen dieser Elemente wird nicht dazu führen, dass Kinder besser ausgebildet werden.

Tabelle oder keine Tabelle führt nicht zu einer besseren Ausbildung und somit im Erwachsenenalter zu einer besseren Tabellenposition. Hier hilft nur eine Denkweise, die sowohl die Tabelle als auch die Ausbildung berücksichtigt.

8.4 FUSSBALL VS. FIGHTBALL

„Football is war."

Rinus Michels (niederländischer Fußballspieler und -trainer, 1928-2005)

Die folgende Betrachtungsweise stammt von Flemming Pedersen, dem aktuellen Trainer des FC Nordsjælland in der dänischen Superliga.

Eine wichtige strategische Frage, die sich jeder Trainer und Verein stellen sollte, ist, wo man sich selbst auf dem folgenden Strahl zwischen den beiden Extremen „reaktiver Fightball" und „proaktiver Fußball" sieht:

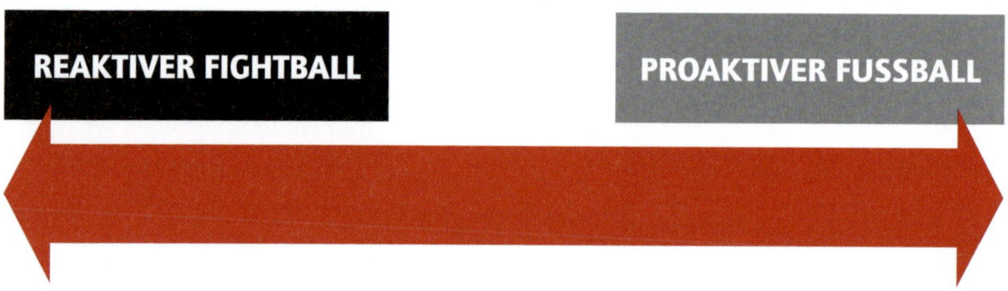

Bei der Strategie geht es in erster Linie darum, welche generelle Sichtweise man auf den Fußball hat.

Aber auch Vorsicht hier vor einer Denkweise in Extremen, denn viele Wege führen nach Rom und es gibt Beispiele auf beiden Seiten des Strahls, mit denen im Fußball sehr erfolgreich agiert wurde.

Atletico Madrid mit Trainer Diego Simeone wird vermutlich mehr auf der linken Seite in Richtung Fightball zu finden sein, wohingegen Manchester City mit Trainer Pep Guardiola sich deutlich mehr auf der rechten Seite in der Nähe eines proaktiven Fußballs ansiedeln würde.

Analysiert man jedoch entsprechende Key-Performance-Indikatoren von Topteams, auf die im weiteren Verlauf des Buchs noch eingegangen wird, ist ein starker Trend zu erkennen. Nämlich, dass die Mannschaften sich zwar eher in die eine oder andere Richtung strategisch bewegen, doch gerade wenn diese Spitzenteams aufeinandertreffen, sind sie in der Lage, auf dem Strahl von Spiel zu Spiel wie auch innerhalb eines Spiels sehr flexibel zu agieren.

„Ein Chamäleon bleibt immer ein Chamäleon, muss aber in gewissen Situationen die Farbe wechseln, bleibt aber auch dann immer dasselbe Chamäleon."

Vitor Frade (portugiesischer Fußballtrainer, *1944)

8.5 TAKTIKEXPERTEN VS. MENSCHENFÄNGER

„Die Einstellung ist wichtiger als die Aufstellung."
Matthias Sammer (deutscher Fußballspieler und -trainer, * 1967)

Betrachtet man verschiedene Trainertypen, die es im Fußball gibt, so erkennt man die beiden Extreme: der „Taktikexperte" und auf der anderen Seite der „Menschenfänger".

In die erste Kategorie würde man wohl aktuell Thomas Tuchel einordnen und in die zweite Kategorie Carlo Ancelotti.

Beide gewannen aber die Champions League auf ihre Art und Weise. Man sollte sich also auch hier die Frage stellen, was nun die Wahrheit ist oder ob der größte Vorteil nicht darin liegen würde, von beiden Seiten zu lernen!

Hierbei können gerade bei der Zusammenstellung eines Trainerteams Gegenpole erzeugt werden, die sehr wichtig für den Erfolg einer Mannschaft sind, um beide Trainertypen als Gegenpol in einem Trainerstab zu vereinen.

Das wird aber nur möglich sein, wenn man sich vom Schwarz-Weiß-Denken verabschiedet und beispielsweise einen guten Persönlichkeitstest durchführt und diesen von einem Experten auswerten lässt. Dies ist mittlerweile bei vielen prozessorientierten Vereinen der Fall, die eine klare Vorstellung davon haben, wie eine ideale Zusammensetzung für ihre Erfolgsprozesse aussehen sollte.

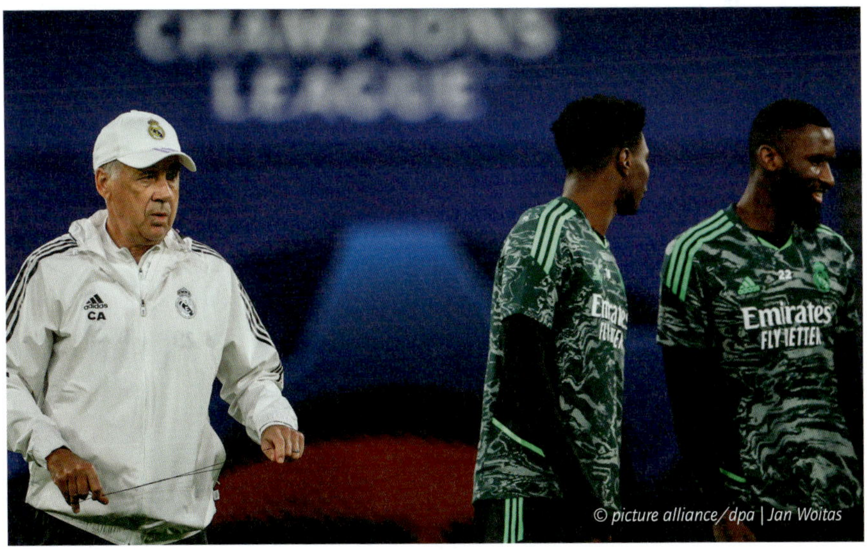

In erster Linie Menschenfänger, aber auch mit Sicherheit Taktikexperte – Carlo Ancelotti mit seinen Real-Madrid-Spielern Aurélien Tchouameni und Antonio Rüdiger.

8.6 EINFACH VS. SCHWIERIG

„It is simple but not easy."

Von keinem Geringeren als vom großen Johan Cruyff kommt die Aussage, dass Fußball einfach ist, es jedoch sehr schwierig ist, einfach zu spielen.

Bereits in diesem Satz, der wohl eines der bekanntesten Zitate im Fußball überhaupt ist, steckt die Bedeutung, dass immer von beiden Seiten her gedacht werden muss.

Der Schwierigkeitsgrad im Training sollte hoch angesetzt werden, damit nach dem Gesetz der Superkompensation auch ein Trainingsreiz gesetzt wird.

Dieser Reiz muss jedoch optimal gesetzt werden, ist er nämlich viel zu hoch gewählt, kann dies ebenfalls negative Folgen haben.

Ist der Reiz viel zu gering gesetzt, kann kein Trainingseffekt erwartet werden.

Eventuell gibt es aber auch hier eine goldene Mitte oder die eine Seite kann die andere Seite unterstützen.

- *Wie wäre es zum Beispiel, verschiedene Reize zu setzen, um ein einfaches Prinzip wie Gegenpressing möglichst komplex und mit einem hohen Schwierigkeitsgrad zu trainieren?*

SIMPLE ≠ EASY

- *Oder aber umgekehrt komplexe Spielauslösungen mit vielen kollektiven Bewegungen erst einmal so einfach herunterzubrechen, dass jeder Spieler die Abläufe mit minimalem Gegner- und Raumdruck kennenlernt?*

Auch wenn sich viele Trainer oft klar zu einer Seite bekennen, sind in unterschiedlich stark ausgeprägter Form immer auch beide Seiten zu erkennen.

- *Warum also gegen ein Extrem ankämpfen, wenn man beide Seiten gewinnbringend für seine Mannschaft nutzen kann?*

„Das Einfachste ist das Schwerste und das Schwerste ist das Einfachste."

Kurt Maus (deutscher Fußballtrainer, *1944)

8.7 TORSPIELER VS. TORHÜTER

„Für Torhüter hat sich nichts geändert. Sie dürfen immer noch kein Tor zulassen."

Lew Jaschin (russische Torwartlegende, 1929-1990)

Im deutschsprachigen Raum ist der Begriff des Torspiels in aller Munde, da sich gerade durch die Änderung der Rückpassregel 1992 das Anforderungsprofil des Torhüters extrem weiterentwickelt hat.

Torhüter spielen heute in etwa siebenmal so viele Aktionen mit dem Ball am Fuß, als dass sie Defensivaktionen durchführen müssen, was die Bedeutung der fußballerischen Qualitäten in der Spieleröffnung eindrucksvoll unterstreicht.

Jedoch ist und wird es immer die Hauptaufgabe eines Torhüters sein, das Tor zu verteidigen und Gegentore zu verhindern.

Also auch hier geht es darum, sowohl in der Kategorie Torspieler als auch in der Kategorie Torhüter zu denken, will man den Gegebenheiten des Spiels bestmöglich gerecht werden. Aufschlüsse können heute über Profilanalysen der weltbesten Spieler auf einer Position gewonnen und heruntergebrochen werden, wo man sehr oft auf einen goldenen Mittelweg zwischen Torspieler und Torhüter stoßen wird à la Manuel Neuer, Yann Sommer, Thibaut Courtois, Alisson Becker oder Jan Oblak.

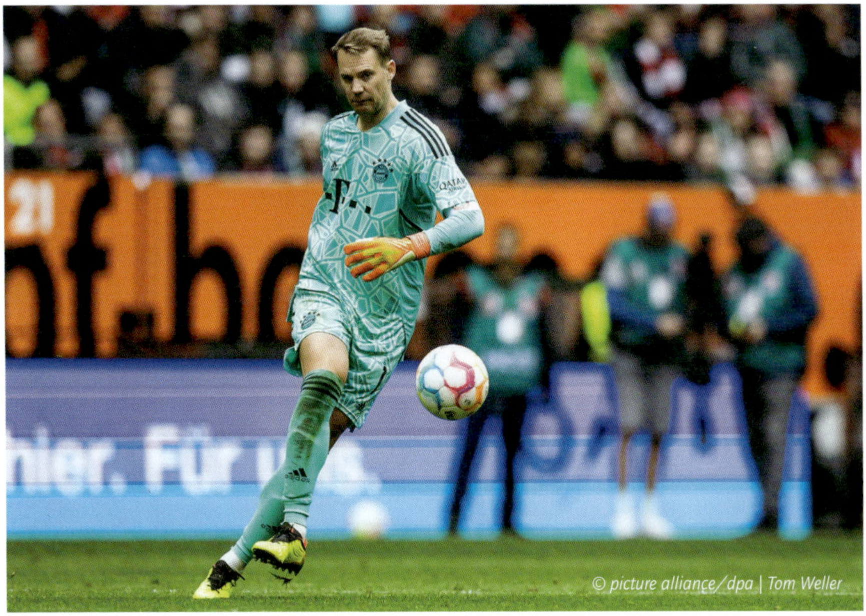

Manuel Neuer – die vermutlich beste Mischung aus Torspieler und Torhüter

8.8 MANNDECKUNG VS. RAUMDECKUNG

„Spielt man Manndeckung, dann hat man elf Esel auf dem Platz."
Ernst Happel (österreichischer Fußballspieler und -trainer, 1925-1992)

Eine weitere heiße Debatte wird in Fußballfachkreisen um das Thema geführt, wie man am besten gegnerische Standards verteidigt.

Wo, vereinfacht gesagt, früher im Fußball generell mehrheitlich als Verteidigungsstrategie die Manndeckung beim Verteidigen von gegnerischen Standards verwendet wurde, gab es dann in der Entwicklung des Fußballs einen immer stärkeren Hang zur Raumdeckung zu beobachten. Dieser spiegelt sich auch in Extremen mit einer kompletten Raumdeckung wider, die durchaus auch auf höchstem Niveau bei entsprechender Spielerqualität erfolgreich angewendet wird.

Aber auch hier gilt: „Jeder Vorteil hat seinen Nachteil."

- *Warum also nicht auf eine Mischform zurückgreifen, wie es aktuell viele Weltklasseteams handhaben?*

Zudem muss dabei wie immer bei der Wahl einer Strategie die eigene Spielerqualität berücksichtigt werden, oder sie muss auch situativ je nach den Stärken des Gegners angepasst werden.

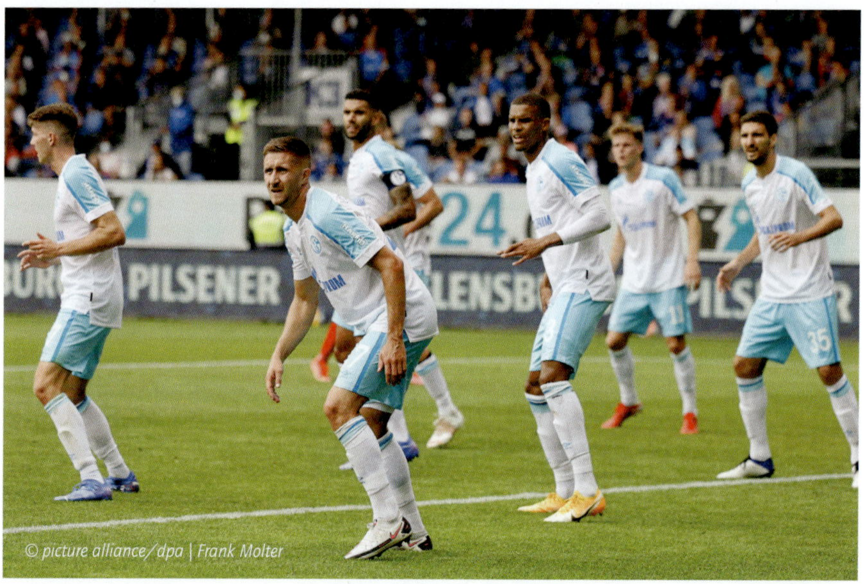

Raumdeckung – jeder Vorteil hat seinen Nachteil und im Fußball sollten immer die Qualitäten der zur Verfügung stehenden Spieler berücksichtigt werden.

8.9 STRUKTUR VS. KREATIVITÄT ODER AUCH NACHWUCHSLEISTUNGSZENTRUM VS. STRASSENFUSSBALL

„In order to be creative you have to know how to prepare to be creative."

Twyla Tharp (amerikanische Ballettmeisterin und Choreografin, *1941)

Ein Punkt, der immer wieder gerade im deutschsprachigen Raum zu hören ist, ist die mangelnde Kreativität im Spiel und dementsprechend auch von einzelnen Spielern und dass eine Überorganisation in der Ausbildung die Kreativität der Spieler ersticken würde.

Dabei sollte man sich hier zunächst dem Begriff der **Kreativität** nähern.

Nehmen wir z. B. den Spieler Neymar, der für einen der kreativsten Spieler gehalten wird, den es jemals im Fußball gab.

- *Woher hat Neymar die Fähigkeit erlangt, so extrem kreativ und unberechenbar zu sein?*
- *Ist die Fähigkeit, überraschende und neuartige Momente auf dem Platz zu kreieren, eine Fähigkeit, die Neymar von Kindesbeinen an sich hat?*
- *Oder ist es vielmehr eine Fähigkeit, die er sich durch ein jahrelanges, intensives Training in einer die Kreativität fördernden Lernumgebung angeeignet hat?*

„Futsal has been very important in my life. In developing my technique, quick thinking, short movements. I think futsal is fundamental in a footballer's career. It was very important in mine."

(https://losgatosunited.com/futsal/)

Vermutlich wie bei allem ist auch hier eine Mischung aus verschiedenen Faktoren der Fall. Auch die Tatsache, dass Kreativität alleine bei Weitem nicht zum Erfolg führt, was sich in Neymars Mannschaft Paris St. Germain, die mit Messi, Mbappé und vielen anderen über das eventuell sogar kreativste Spielerpotenzial verfügt, niederschlägt.

In den entscheidenden Spielen auf Topniveau scheiterte die Mannschaft bereits mehrfach in Folge an einer zu kreativ ausgelegten Spielweise in der Defensive.

Generell ist die Wissenschaft sich zur Zeit einig darüber, dass Kreativität immer einer gewissen Struktur bedarf.

Am Beispiel Neymars könnten das das stundenlange Üben von verschiedenen Tricks mit dem Ball gewesen sein, die er zunächst bei älteren Mitspielern oder im Fernsehen gesehen hat.

Nach und nach hat er diese Tricks immer mehr perfektioniert und ständig im Futsal und in kleinen Spielformen unter häufig wechselnden Bedingungen spielgerecht angewandt. So war er immer mehr in der Lage, neue Lösungen zu finden, die aber auch hier auf einer gewissen Struktur beruhen.

Spricht man über Kreativität, ist das Thema **Straßenfußball** nicht weit entfernt. Die Aussage, dass uns gerade im deutschsprachigen Raum die Straßenfußballer fehlen, steht im Raum. Also wurden einige tolle kleine Minispielfelder mit Kunstrasenplätzen gebaut und man dachte, das Problem sei gelöst, was natürlich bei Weitem nicht der Fall ist.

Hier könnte man sich einmal in Ruhe folgende Frage stellen:

- *Wo sind die Chancen größer, einen jungen Fußballspieler zu einem Profispieler mit einem entsprechend großen Maß an Kreativität zu entwickeln?*
- *10 Jahre Straßenfußball, wo ein Talent seiner „Kreativität" freien Lauf lassen kann und in der Regel relativ schnell auf zu wenig ausreichenden Widerstand stößt, welcher die Kreativität fördert?*
- *Oder 10 Jahre eine Topausbildung in einem NLZ mit altersspezifischen Spezialisten absolvieren, die nach neuesten Kenntnissen die Kreativität des Spielers fordern und fördern und der Spieler durch andere Toptalente permanent gereizt wird, um kreative Lösungen aufzuzeigen?*

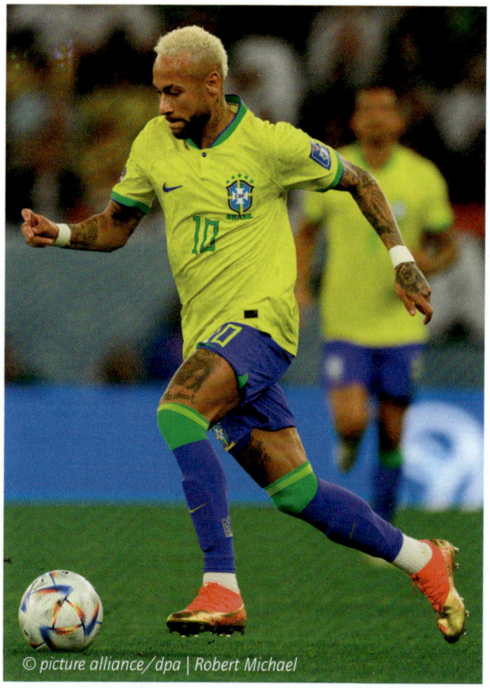
© picture alliance/dpa | Robert Michael

Auch hier zeigt sich wieder einmal, dass vermutlich nicht das Denken in Extremen nützlich ist, sondern, Licht von beiden Seiten in die Grauzone zu bringen, eine bessere Alternative darstellt.

Neymar: Kreativität durch jahrelanges Training

8.10 ABSOLUTE ZAHLEN VS. RELATIVE ZAHLEN

„Das Training unter Tuchel ist so komplex, dafür benötigt man Abitur."

Eugen Polanski (ehemaliger Bundesligaspieler, *1986)

- *Geht es im Fußball um absolute oder relative Zahlen?*
- *Ist es das Ziel, einen Spieler oder eine Mannschaft relativ gut oder absolut gut zu entwickeln?*

Gerade in der Wissensvermittlung, was natürlich auch beim Lehren und Lernen des Fußballspiels eine Rolle spielt, gibt es für beide Bereiche absolute und relative Zahlen.

Versuche ich beispielsweise, in einem Training einem Spieler drei Prinzipien zu vermitteln und er hat alle drei Prinzipien verinnerlicht, so ist das relativ gut. Aber im Vergleich zu einem Spieler, der 10 Prinzipien vermittelt bekommen hat, aber nur vier davon verinnerlicht hat, absolut gesehen, trotzdem besser, um im Spiel zu performen.

Dieses Muster wird auch als gewollte Überforderung genutzt, was Trainer wie Thomas Tuchel, Jürgen Klopp und auch Julian Nagelsmann bewusst anwenden.

Dem gegenüber steht die Tatsache, dass gerade in der jüngeren Generation die durchschnittliche Aufmerksamkeitsspanne in voller Konzentration mit 11 Sekunden niedriger ausfällt als die eines Goldfischs. Das spricht dafür, Schlüsselbotschaften sehr konstant zu wiederholen, damit diese von den Spielern verinnerlicht werden, womit wir beim Thema des differenziellen Lernens angekommen sind.

8.11 EINSCHLEIFEN VS. DIFFERENZIELLES LERNEN

„Der Mensch ist alles durch Übung."

Johann Heinrich Pestalozzi (Schweizer Pädagoge, 1746-1827)

Beim *differenziellen* Lernansatz, der von Prof. Schöllhorn an der Universität in Mainz entwickelt wurde, geht es, vereinfacht gesagt, darum, dass man nur aus der Differenz einer Wiederholung lernt und darum „zu wiederholen, ohne zu wiederholen".

(https://dls-sports.com/)

Durch die beiden späteren Champions-League-Sieger Jürgen Klopp und Thomas Tuchel, die zu Beginn ihrer Trainertätigkeit beide den Bundesligisten FSV Mainz trainierten und mit den Methoden des differenziellen Lernansatzes vertraut sind, wurde die Thematik einer breiteren Öffentlichkeit bekannt.

Ein weiterer Verfechter, der diese Methode bereits seit längerer Zeit erfolgreich nutzt, war Paco Seirullo, der Leiter Methodologie des FC Barcelona. 2009 hat er mit dieser Methode dazu beigetragen, dass der FC Barcelona im Fußball, Handball und Basketball die Champions League gewinnen konnte.

Im krassen Gegensatz dazu steht die Methode des sogenannten *Einschleifens*, wie es beispielsweise in der Coerver-Methode der Fall ist, die nach der perfekten Wiederholung einer Musterbewegung strebt.

Auch diese Methode ist in der Geschichte des Fußballs höchst erfolgreich und nahezu jede Akademie, die in regelmäßigen Abständen Weltklassespieler hervorbringt, wie Dinamo Zagreb oder KRC Genk, schwört auf die Wichtigkeit dieser Methode. Sie bringt stabile Bewegungsmuster hervor und sie bildet die Grundlage, wodurch der Spieler mit steigender Komplexität dem Raum- und Zeitdruck standhält.

Auch hier gilt:

- *Was ist die Wahrheit?*
- *Oder wäre es nicht unglaublich spannend, das Beste aus beiden Methoden in eine einzigartige Methodologie zu verpacken, um auf Bewährtem aufzubauen und neue Erkenntnisse in die Arbeit einfließen zu lassen?*

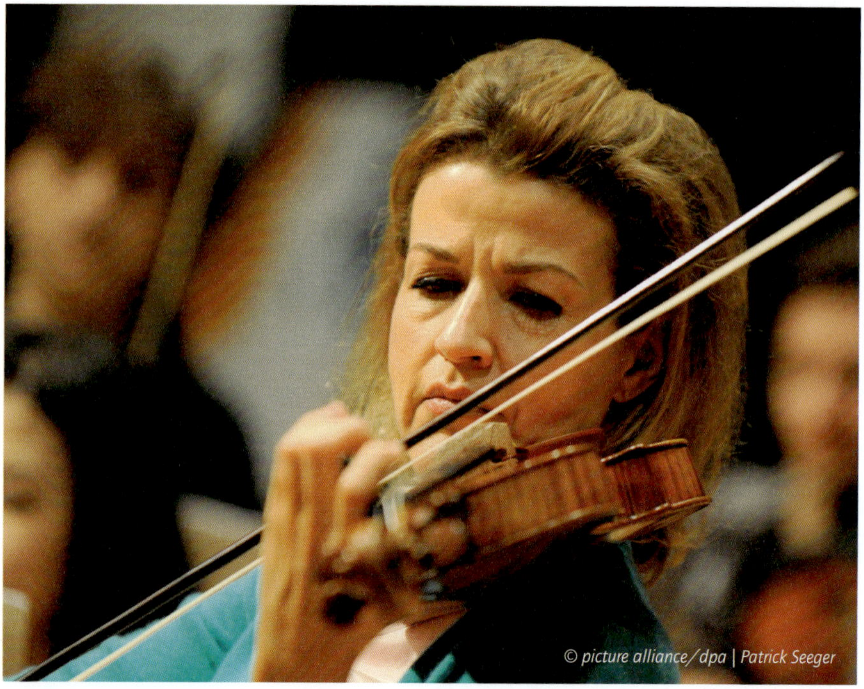

Weltklasse durch „Einschleifen": Anne-Sophie Mutter

8.12 OPPOSED VS UNOPPOSED

„I don't believe skill was, or ever will be, the result of coaches. It is a result of a love affair between the child and the ball."

Roy Keane (irischer Fußballspieler und -trainer, *1951)

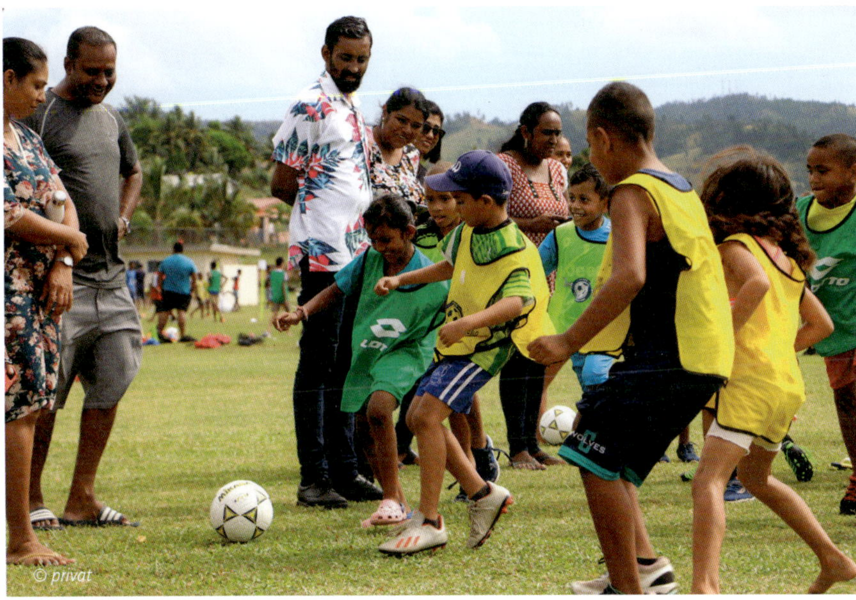

„Beim Spiel kann man einen Menschen in einer Stunde besser kennenlernen als im Gespräch in einem Jahr." - Platon (griechischer Philosoph, 428-348 v. Chr.)

Beschäftigt man sich mit dem Themenkomplex **Einschleifen vs. differenzielles Lernen**, stößt man schnell auf dieselben Positionen, die auf Social Media um das Thema **Opposed** (mit Gegner) und **Unopposed** (ohne Gegner) streiten.

Auch das Kämpfen in dieser Gegenüberstellung um Richtig oder Falsch macht nur wenig Sinn.

Keiner wird verneinen, dass Fußball als Endprodukt unter maximalem Gegnerdruck im 11 gegen 11 stattfindet.

Der Weg, um Spieler und eine Mannschaft dorthin zu entwickeln, ist jedoch äußerst vielfältig. Gerade Formen mit teilaktivem Widerstand als Zwischenschritt oder auch Rondos oder Positionsspiele, wie z. B. ein 4 gegen 2 oder ein 6 gegen 3, zeigen die Möglichkeit an Zwischenschritten in der Grauzone der beiden Extreme auf. Sie werden wohl von fast jedem Trainer in einer unterschiedlichen prozentualen Verteilung genutzt.

Ein Fußballspiel setzt sich aus einer Vielzahl an aufeinanderfolgenden Fußballaktionen zusammen, bei denen immer erst kommuniziert wird, dann eine Entscheidung getroffen wird und diese dann ausgeführt wird und was ausschließlich mit Gegenspielern trainiert werden kann.

Um jedoch den Ball am Fuß zu meistern und dadurch ausreichend kognitive Kapazität zur Verfügung zu haben, gibt es etliche, wissenschaftlich begründete Ansichten. Gerade wenn man mit professionellen Spielern spricht, stellt man fest, dass sie dem Einsatz der Methode ohne Gegnerdruck mit vielen stabilen Wiederholungen im Techniktraining eine sehr hohe Bedeutung beimessen.

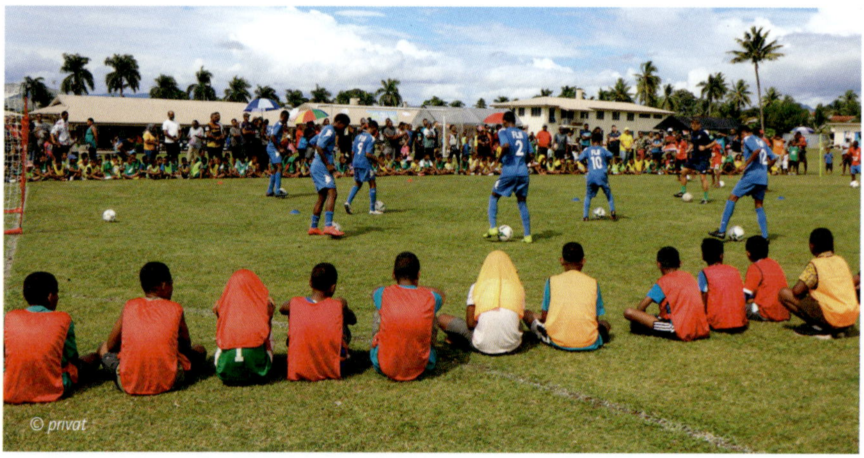

Ballmastery aus der Coerver-Methode, die in die Methode des Unopposed Trainings fällt.

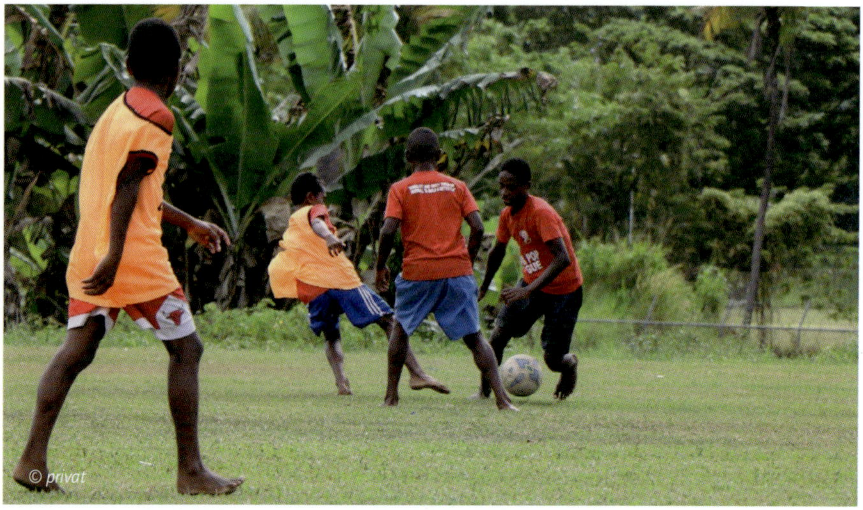

Small Sided Games, wie ein 3 gegen 3, fallen in die Kategorie Opposed Training.

8.13 BARFUSS VS. SCHUHE

> ***„I once cried because I had no shoes to play football with my friends, but one day I saw a man with no feet and I realised how rich I am."***
> Zinédine Zidane (französischer Fußballspieler und -trainer, * 1972)

Auf diesen gegensätzlichen Themenkomplex wurde ich erst seit meiner Zeit als Technischer Direktor des Fußballverbandes in Fidschi aufmerksam.

Ich selbst vertrat die Meinung, dass es ein Nachteil ist, keine guten Fußballschuhe zu haben. Doch mittlerweile würde ich nach den hier gemachten Erfahrungen jede Akademie in Europa dazu anhalten, mindestens einmal die Woche barfuß zu trainieren.

Ein Mix aus Übungen der Coerver-Methode und diese dann barfuß auszuführen, was dem differenziellen Lernen zuzuordnen ist, sorgt für extrem schnelle Fortschritte gerade im Bereich der Schusstechnik, die ich in dieser Form noch nicht erlebt habe.

Ohne es beweisen zu können, denke ich, dass die Chancen gut stehen, dass circa 40-50 Prozent der Spieler, die im Champions-League-Finale 2022 zwischen Real Madrid und dem FC Liverpool im Kader standen, einen Großteil ihrer fußballerischen Anfänge in Südamerika und Afrika barfuß verbracht haben. Einige Jahre später wurden sie für viele Millionen Euro von europäischen Vereinen gekauft, oftmals aufgrund von Attributen, für die das Barfußspielen mitverantwortlich ist.

Bei den Recherchen zu dieser Thematik trifft man auf den ehemaligen französischen Nationalspieler Jean-Marc Guillou, einen engen Vertrauten von Arsène Wenger, der in Abidjan an der Elfenbeinküste wohl eine der produktivsten Fußballschulen für spätere Profispieler aufgebaut hat.

Über 80 Prozent der Nationalmannschaft der Elfenbeinküste, die sich für die WM qualifiziert hat, wie auch den Afrika-Cup gewinnen konnte, kommt aus der Fußballschule von Jean-Marc Guillou.

https://www.jmgfootball.com/un-homme-jean-marc-guillou/

Darunter befinden sich absolute Weltklassespieler wie Yaya und Kolo Touré, die für den FC Barcelona oder Manchester City gespielt haben oder auch Gervinho vom AS Rom oder Emmanuel Eboue (Arsenal London).

In der von Jean-Marc Guillou entwickelten Methode trainieren die Spieler, bis sie 16 Jahre alt sind, ausschließlich barfuß und verbringen dabei viele Stunden mit Jonglierübungen und spielen 7 gegen 7 immer ohne einen Torhüter. Stoff genug für viele Kritiker, um diese Methode infrage zu stellen. Doch am Ende vom Tag gibt ihm der Erfolg recht und ist es allemal wert, sie genauer zu analysieren.

Beim persönlichen Gespräch mit Spielern aus Afrika oder Südamerika, die in ihrer Jugend viel barfuß gespielt haben, ist oft zu hören, dass der Moment, wo sie ihre ersten guten Schuhe bekommen haben, vergleichbar damit ist, Flügel bekommen zu haben.

Ein weiterer Vorteil des häufigen Barfußspielens, der auch wissenschaftlich bestätigt wird, ist das Kräftigen der Bänder und Sehnen und der Fußmuskulatur, was eine sehr gute Verletzungsprophylaxe darstellt. Neben den weiteren Vorteilen sind eine verbesserte Koordination und ein Gespür für verschiedene Platzverhältnisse zu nennen.

An diesem Beispiel zeigt sich sehr schön, was passieren kann, wenn sich nicht auf eine Sichtweise versteift und dadurch, wie in diesem Fall, aus einem vermeintlichen Nachteil ein Vorteil wird.

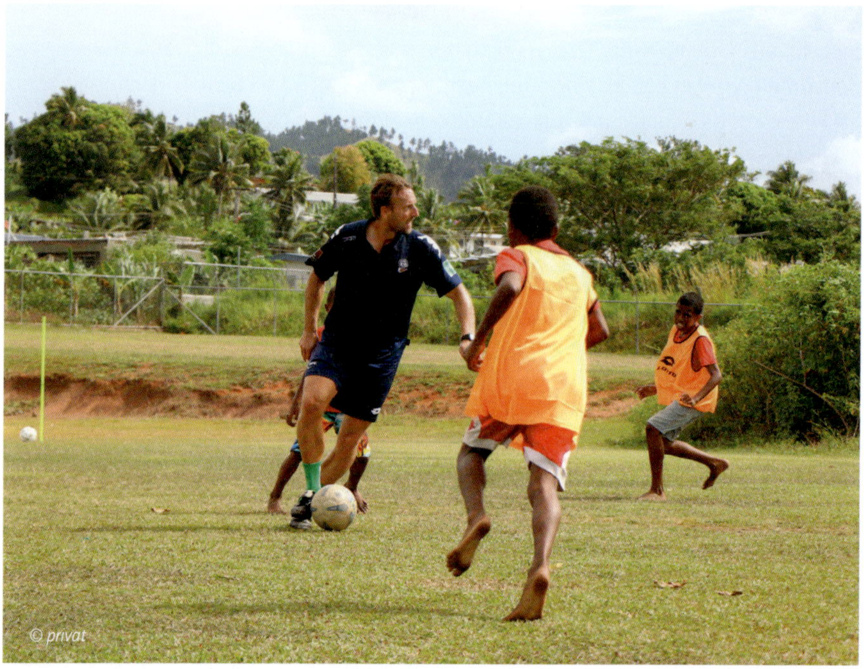

Barfuß vs. Schuhe - der Autor beim Fußballspielen mit jungen Nachwuchstalenten auf Fidschi

8.14 METHODE VS. METHODOLOGIE

„It is not a method", he says, almost as soon as he sits down. „It is a methodology. You have a methodology so that you don't need methods."

Dieses Zitat von Vitor Frade, dem Erfinder der taktischen Periodisierung, aus der *New York Times*, deutet auf einen weiteren Aspekt hin, der auf keinen Fall schwarz-weiß betrachtet werden sollte:

https://www.nytimes.com/2017/04/26/sports/soccer/cybernetics-cesarean-sections-and-soccers-most-magnificent-mind.html

Vitor Frade beschreibt in dem Zitat, dass die taktische Periodisierung auf keinen Fall eine Methode ist, sondern eine Methodologie.

Gerade im deutschsprachigen Raum werden diese beiden Begriffe nicht klar definiert und voneinander unterschieden, was aber eine wichtige Bedeutung beispielsweise in der Entwicklung und praktischen Anwendung eines eigenen Spielmodells hat.

Eine **Methode** ist, vereinfacht gesagt, ein einzelnes Puzzleteil, nach dem man Ausschau hält, das in das große Gesamtgefüge des kompletten Puzzles **(Methodologie)** passt.

Es geht also darum, vom Fußball ausgehend, verschiedene Methoden zu erforschen, um das Beste daraus in eine eigene Methodologie verschmelzen zu lassen.

Mehr über diese Thematik kannst du hier finden:

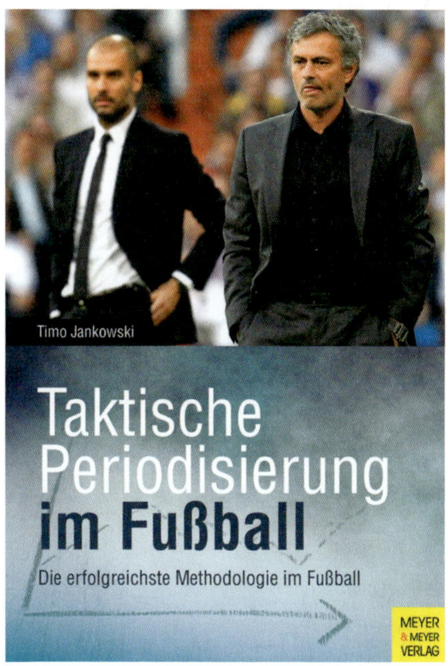

8.15 DRINGEND VS. WICHTIG

„Ich habe zwei Arten von Problemen, die dringenden und die wichtigen. Die dringenden sind nicht wichtig, und die wichtigen sind niemals dringend."

Dwight D. Eisenhower (amerikanischer General und 34. amerikanischer Präsident, 1890-1969)

Nehmen wir an, wir sind in Afrika alleine in der Wildnis und wir müssen etwas trinken, da wir sehr durstig sind. Dann scheint uns dieses Bedürfnis sehr wichtig zu sein, um zu überleben. Wenn dann aber an der Wasserstelle ein wildes Krokodil auf uns zukommt, das uns verspeisen möchte, rückt dieses wichtige Bedürfnis in den Hintergrund, weil etwas sehr Dringendes dazwischengekommen ist.

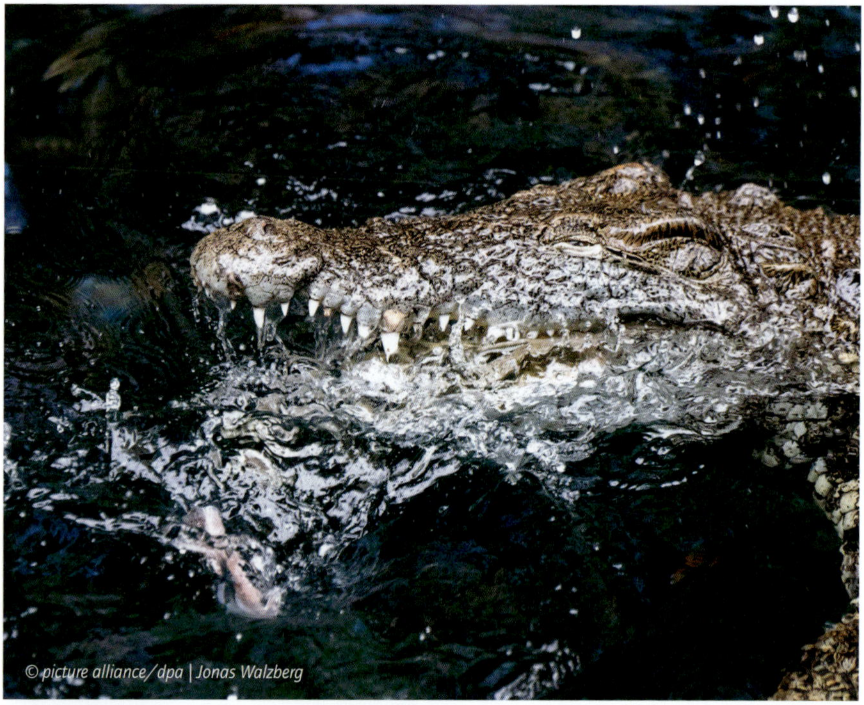

Ein hungriges Krokodil – wenn aus dringend wichtig wird.

Im Fußball ist es immer noch zu oft der Fall, dass operative Hektik strategische Intelligenz ersetzt und zu viele inhaltliche statt strukturelle Maßnahmen ergriffen werden.

Bei allen als wichtig definierten Tätigkeiten, die oftmals einen längeren strategischen Zeithorizont haben, ist es sehr bedeutsam, die dringenden Dinge nicht aus den Augen zu verlieren.

Gerade hierbei sind im Fußball Daten und das Definieren von Key-Performance-Indikatoren äußerst wertvoll, da diese Key-Performance-Indikatoren kurz- und langfristig sehr bedeutsam sind. Dadurch kann auf kurzfristige und dringende Abweichungen eingegangen werden, wodurch statt Hektik, die oftmals unter Dringlichkeit aufbricht, weiterhin ruhig und überlegt agiert werden kann.

Hierbei werden mittlerweile immer mehr sogenannte *OKRs = Operational Key Results*, angewendet, eine Methode, die aus dem Silicon Valley kommt und mit deren Hilfe langfristige Prozesse in kürzere Zeitabschnitte heruntergebrochen werden können und auf die im späteren Teil des Buchs noch genauer eingegangen wird.

8.16 DATA DRIVEN VS. CULTURE DRIVEN

„Kultur isst Strategie zum Frühstück."

Peter F. Drucker (Ökonom, 1909-2005)

Aufgrund der weiterhin stark wachsenden Kommerzialisierung des Fußballs haben verständlicherweise gerade viele Fans von Traditionsvereinen Sorgen um das kulturelle Erbe ihres Vereins, das für viele eine identitätsstiftende Rolle einnimmt.

Bei dieser Wertschätzung für die Kultur eines Vereins spielen Aspekte wie Emotionen und die Vereinsgeschichte immer eine wichtige Rolle.

Oftmals versuchen sich Traditionsvereine gerade dadurch von sogenannten künstlichen *Retortenclubs* abzugrenzen, bei denen Daten und marktwirtschaftliches Kalkül im Vordergrund zu stehen scheinen.

Ein hervorragendes Beispiel, wie der Spagat zwischen zwei Extremen erfolgreich ablaufen kann, ist die Entwicklung des FC Liverpool. Dieser Verein agiert in vielen Aspekten als ein in die Zukunft blickender und top aufgestellter Verein, der Vorreiter bei vielen Innovationsthemen wie Datenscouting oder beim Einsatz von Spezialisten wie einem Einwurftrainer ist. Dabei weicht man aber keinesfalls auch nur ansatzweise von der Wichtigkeit der Kultur ab.

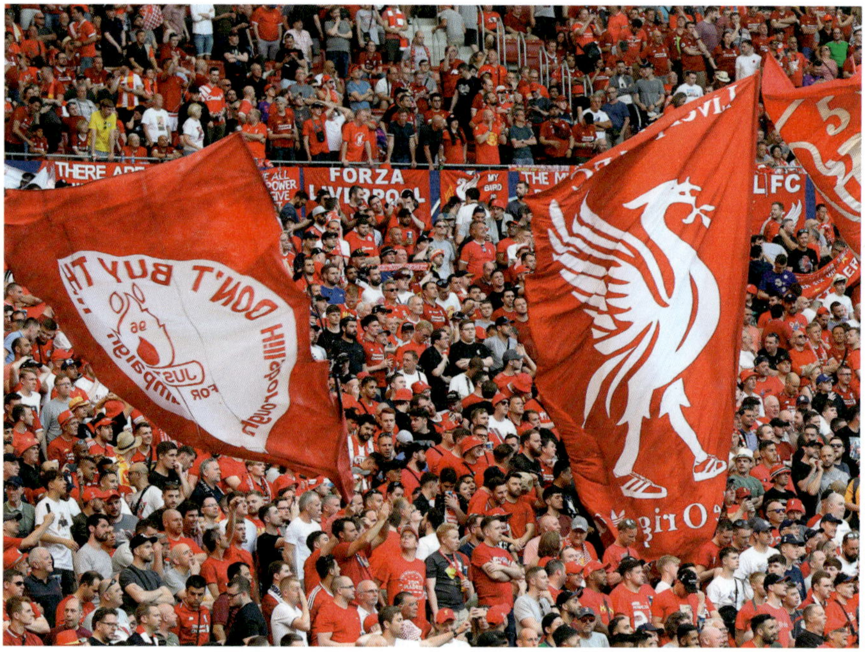

Fußballkultur als Stärke: „You never walk alone!"

Im Gegenteil, der FC Liverpool wird mittlerweile weltweit als Sinnbild für ein hervorragendes Zusammenspiel zwischen Historie und Innovation gesehen und hat in diesem Bereich Maßstäbe gesetzt und viele Vereine inspiriert.

Zu einem Musterbeispiel für einen umgekehrten Weg wird immer mehr RB Leipzig aus der deutschen Bundesliga. Der Club konnte 2022 mit dem DFB-Pokal erstmals einen Titel gewinnen und hatte vor dem Ausbruch von Corona einen Zuschauerschnitt von fast 40.000 Menschen, die sich immer mehr mit dem Verein zu identifizieren scheinen.

„Tradition ist eine Laterne, der Dumme hält sich an ihr fest, dem Klugen leuchtet sie den Weg."

George Bernard Shaw

8.17 QUALITÄT VS. QUANTITÄT

„Es ist mehr die Qualität als die Quantität, die zählt."

Seneca (römischer Philosoph, 4 vor Christus – 65 nach Christus)

- *Ist Fußball ein „Qualitätssport" oder ein „Quantitätssport"?*

Wäre Fußball ein Quantitätssport, so müsste sich folgerichtig das Spielfeld vergrößern und die Spielzeit verlängern mit aufsteigender Spielklasse.

Doch, wie wir alle wissen, geht ein Spiel 90 Minuten und auch das Spielfeld ist bis auf kleine Abweichungen innerhalb der Vorgaben immer gleich groß.

Was sich verändert, ist die Qualität der Aktionen, die zunimmt, da Raum und Zeit bei höherem Niveau immer knapper werden.

Man könnte also sagen: Mehr ist mehr → mehr ist nicht besser → besser ist besser!

Aus dieser Grundüberlegung heraus findet oft ein Kampf um die richtige Trainingslehre im Fußball statt:

- *Wie viele Einheiten?*
- *Wie lang sollten sie sein?*
- *Wie intensiv sollten diese sein?*
- *Sind zwei Trainingseinheiten am Tag möglich oder ist dies sogar schädlich?*

Aber auch hier gilt wiederum:

- *Warum um extreme Ansichten kämpfen, wenn man von verschiedenen Best-Practice-Fällen lernen kann?*

Bei der *taktischen Periodisierung* gilt die Meinung, dass nicht häufiger als einmal am Tag trainiert werden sollte und auch nie mehr als 90 Minuten lang. Hier gilt das Gesetz der Spezifität, das hierbei als oberste Leitlinie agiert, weshalb auch immer das Spielmodell im Training berücksichtigt werden sollte.

Vertreter dieser Denkweise, wie José Mourinho, sind extrem erfolgreich damit.

Pep Guardiola geht mit seinem integrierten Trainingsansatz in eine ähnliche Richtung mit enormem Erfolg.

Genauso erfolgreich ist aber auch Diego Simeone mit Atletico Madrid, oder auch der FC Liverpool und Real Madrid, zu deren Erfolgsgrundlage auch isoliertes Training mit Grundlagenläufen, Ausdauertests, Sprintintervallen, kombiniert mit Krafttraining, gehört.

Der Italiener Antonio Pintus, der aktuell bei Real Madrid als Konditionstrainer tätig ist, hat eine beeindruckende Erfolgsbilanz vorzuweisen. Er kam mit Mannschaften, die er betreut hat, gleich achtmal in das Endspiel der UEFA Champions League, neben zahlreichen Meisterschaften und das mit einer Arbeitsweise der isolierten Konditionsarbeit, die in einem starken Kontrast zu anderen Ansichten zu stehen scheint.

Auch Atletico Madrid hat mit dem Uruguayer Oscar „El Profe" Ortega einen Konditionstrainer, der mit einer überwiegend isolierten Methodologie extrem erfolgreich ist.

Dazu gehören beispielsweise auch Hügelsprints bis zur Erschöpfung, über die sich auf Social Media viele Leute lustig gemacht haben und eifrig darüber diskutiert haben, mit was für „veralteten Methoden" bei Atletico Madrid gearbeitet wird.

Selbst Weltmeister Antoine Griezmann kommt nicht um diese hochintensiven Einheiten herum und die Spieler vertrauen „Profe" Ortega und äußern sich in Interviews durchaus positiv über das enorme Fitnesslevel, das sie durch diese Art des Trainings erreichen.

https://twitter.com/atletiuniverse/status/1546869125238095873

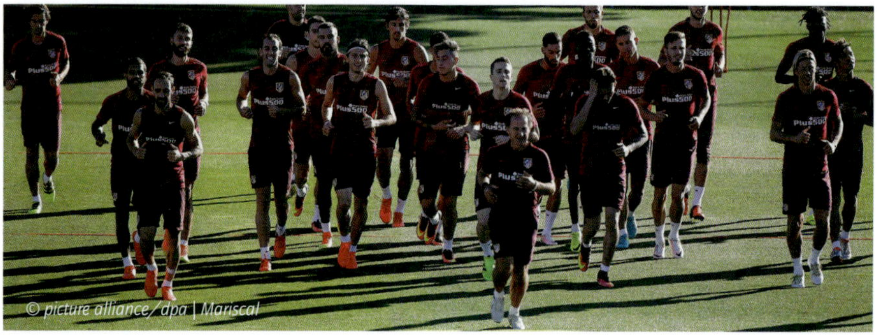
© picture alliance/dpa | Mariscal

Ob Real Madrid und Atletico Madrid komplett isoliert trainieren? Mit Sicherheit nicht . . .

Genau so wenig werden jedoch die Mannschaften von Pep Guardiola und José Mourinho nicht ausschließlich integriert trainieren . . .

Es gilt also auch hier, einen goldenen Mittelweg passend für die jeweilige Situation zu finden und offen für verschiedene Methoden zu sein, um dadurch eine höhere Chance zu haben, eine eigene bestmögliche Methodologie zu entwickeln.

8.18 INDIVIDUALITÄT VS. KOLLEKTIV

„Das Ganze ist mehr als die Summe seiner Teile, aber jede Kette ist nur so stark wie ihr schwächstes Glied."

Leo Held (Judoka und Judotrainer, * 1963)

Das Ganze ist mehr als die Summe seiner Teile . . .

Fußball ist per Definition eine Mannschaftssportart und selbst der für viele vermutlich beste Spieler der Welt, Lionel Messi, ist davon nicht ausgenommen, wie das folgende Fragespiel, das von Raymond Verheijen stammt, beweist:

„Wo spielte Messi besser?"

A: Argentinien

B: Barcelona

Wie wohl die allermeisten wirst auch du Barcelona geantwortet haben, was aufzeigt, dass eine gute und richtig zusammengesetzte Mannschaft über einem Spieler wie Messi mit seiner enormen individuellen Qualität steht.

Jedoch ist jede Kette nur so stark wie ihr schwächstes Glied . . .

„No eggs – no omelettes! It depends on the quality of the eggs. In the supermarket you have class one, two or class three eggs and some are more expensive than others and some give you better omelettes. So when the class one eggs are in Waitrose and you cannot go there, you have a problem." – José Mourinho

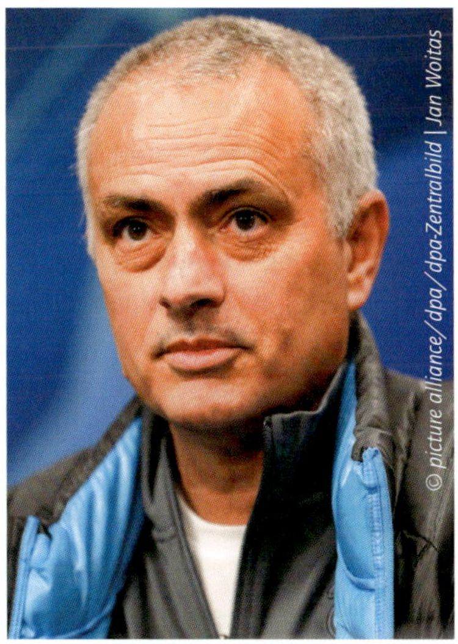

Ohne gute Eier kann auch der beste Koch kein gutes Omelett zubereiten.

Diese Aussage von Mourinho, dass man ohne eine entsprechende Qualität an Eiern kein gutes Omelett zubereiten kann, selbst wenn man ein guter Koch ist, zeigt die Bedeutung der Spielerqualität für eine Mannschaft auf, es geht also auch hier darum, die richtige Mischung zwischen zwei Extremen zu finden.

Durch den Einsatz von Daten können mittlerweile Konstellationen zwischen einzelnen Spielern gebildet werden, die aufzeigen, in welcher Zusammensetzung die Chance besteht, gewisse Key-Performance-Indikatoren mit einer höheren Wahrscheinlichkeit zu erreichen.

8.19 OFFENSIVE VS. DEFENSIVE

„Offensive gewinnt Spiele, aber die Defensive gewinnt Meisterschaften."

Sprichwort aus dem US-Sport

Ein wichtiger Punkt, um aus einem Schwarz-Weiß-Denken herauszukommen, ist es, eine gesunde Balance zu finden. Um im Fußball Erfolg zu haben, ist es essenziell, eine gute Balance zwischen Offensive und Defensive zu finden.

Je nach der Historie eines Vereins oder auch je nach den verfügbaren Qualitäten der Spieler einer Mannschaft kann diese Balance sicherlich tendenziell mehr in die eine oder andere Richtung gehen.

Geht man zu stark in ein Extrem, wird der Erfolg auf lange Sicht darunter leiden. Wenn ich zwar in jedem Spiel drei Tore im Schnitt erziele, aber dafür vier Tore im Schnitt bekomme, wird das in keinem Verein der Welt lange funktionieren. Es gilt also, eine Balance zwischen Offensive und Defensive herzustellen.

Schaut man sich Torverhältnisse an, auf deren Bedeutung wir im weiteren Verlauf noch zu sprechen kommen, befinden sich in fast allen Top-fünf-Ligen die Mannschaften mit den meisten Toren auf einem Abstiegsplatz und die Mannschaften mit der größten Differenz zwischen erzielten und erhaltenen Treffern auf den Champions-League-Plätzen.

Analysiert man weltweit Spitzenteams, ist eine sich immer mehr festigende Tendenz festzustellen, dass diese Mannschaften über eine extrem gute Balance zwischen Offensive und Defensive verfügen. Hierbei herrschen z. B. in der offensiven Phase in Ballbesitz extrem gute Strukturen für eine Restverteidigung vor, um gegnerische Konter zu sichern.

Dasselbe kann in der defensiven Phase beobachtet werden. Es geht nicht nur alleine darum, keinen Treffer zu erhalten, sondern vielmehr darum, die Defensive so zu strukturieren, dass man den Ball so gewinnt, um direkt im Anschluss einen Konter zu fahren.

Auch bei Standardsituationen sind diese Spitzenteams extrem gut ausbalanciert und können positive Bilanzen aufweisen und für viele scheint immer mehr zu gelten:

„Eine offensive Defensive und eine defensive Offensive."

8.20 WISSEN VS. WEISHEIT ODER WISSENSCHAFT VS. MEISTERLEHRE

„Wissen verhält sich zur Weisheit wie Kerzenschein zum Sonnenlicht."

Ernst Ferstl (deutscher Schriftsteller, *1955)

Die Meisterlehre ist im deutschsprachigen Raum häufig noch in Verbindung mit handwerklichen Berufen bekannt und stellt einen hohen Qualitätsnachweis dar. Wenn ein Schüler den Meistertitel erwirbt, so muss er von einem Meister lernen.

Dabei gibt der Meister dem Schüler neben Wissen vor allem viele seiner eigenen Weisheiten weiter, die er sich selbst angeeignet hat oder von seinem eigenen Meister bekommen hat.

Im Fußball ist zu beobachten, dass eine sehr große Diskrepanz zwischen Wissenschaft und Meisterlehre herrscht, was sich auch im Thema Daten im Fußball niederschlägt.

Dabei könnte ein großer Gewinn darin bestehen, das geschulte Auge und das Wissen des Meisters mit objektiven Fakten und Daten abzugleichen und voneinander zu lernen und sich gegenseitig zu bereichern.

Hierfür braucht man Respekt und Offenheit von beiden Seiten anstelle von Schwarz-Weiß-Denken, wobei sich beide Seiten gegenseitig angreifen.

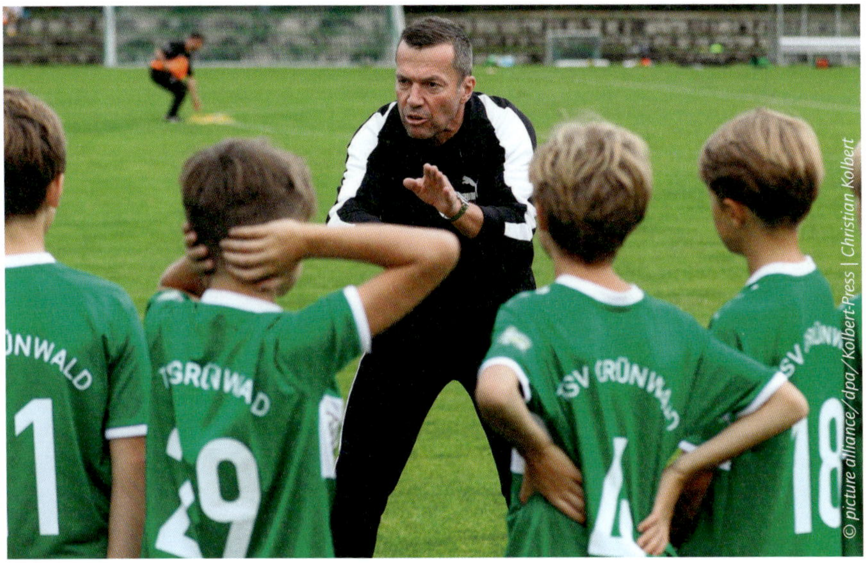

Meisterlehre – Lothar Matthäus, TV-Experte und ehemaliger Weltfußballer beim Training der E-Junioren des TSV Grünwald

8.21 ABFANGEN VS. TACKLING

„Wir haben zumindest die Zweikämpfe nicht verloren. Aber nur, weil wir nicht in sie hineingekommen sind."

Thomas Schaaf (deutscher Fußballspieler und -trainer, * 1961)

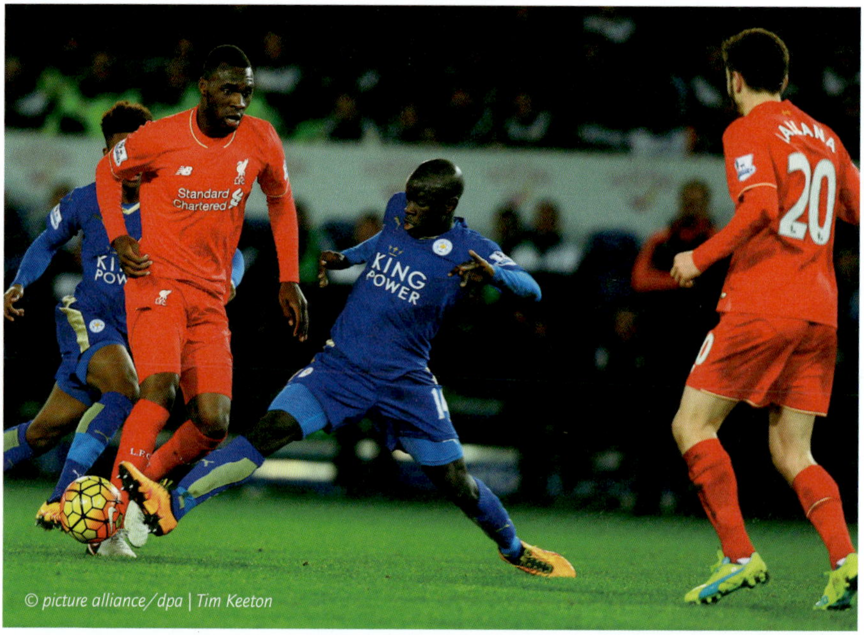

N'Golo Kanté, einer der weltbesten Ballerober, bei der Arbeit

Die Anzahl gewonnener Zweikämpfe zählt wohl vermutlich zu den ältesten Fußballstatistiken überhaupt.

Doch auch hier gibt es verschiedene Arten, einen Zweikampf anzugehen.

Bei einem **Tackling** wird der Ball dem Gegenspieler in einem direkten Duell abgenommen, wohingegen es bei einer sogenannten *Interception* (Abfangen), wie es im Datenjargon heißt, darum geht, den Ball nach einem Pass oder Torschuss abzufangen.

Dies bietet eine deutlich bessere Ausgangslage für eine offensive Folgeaktion, da der Gegenspieler oftmals nicht in unmittelbarer Nähe ist und größere Abstände zwischen den gegnerischen Mannschaftsteilen herrschen.

Ein Klassiker im Fußballcoaching ist die Aussage: „. . . nicht zu grätschen und auf den Beinen zu bleiben".

Nehmen wir einmal an, ein Spieler wie Kylian Mbappé oder Gareth Bale gehen mit einem Tempodribbling und viel Raum auf einen Gegenspieler zu und legen den Ball nach einer Finte vorbei. Auch hier wäre das Idealszenario, den Ball abzufangen und direkt einen Konter einzuleiten, doch die Realität sieht oftmals anders aus.

Ein gutes Tackling gehört nach wie vor zum Standardrepertoire eines jeden guten Spielers und kann in nahezu jedem Spiel in den Topligen beobachtet werden. Dies natürlich genauso wie ein gutes Stellungsspiel, dass das Abfangen von Bällen ermöglicht.

Man könnte auch sagen: „Abfangen, wenn möglich, und Tackling, wenn nötig."

8.22 ANALYSE VS. SYNTHESE

„Analyse ist kein Säurebad."

Manfred Hinrich (deutscher Schriftsteller, 1926-2015)

Eine spannende Aussage, die im Fußball immer wieder zu vernehmen ist, ist, dass Trainer behaupten, sie arbeiten in ihrer Analyse holistisch.

Oft kann man aber beobachten, dass Folgendes passiert:

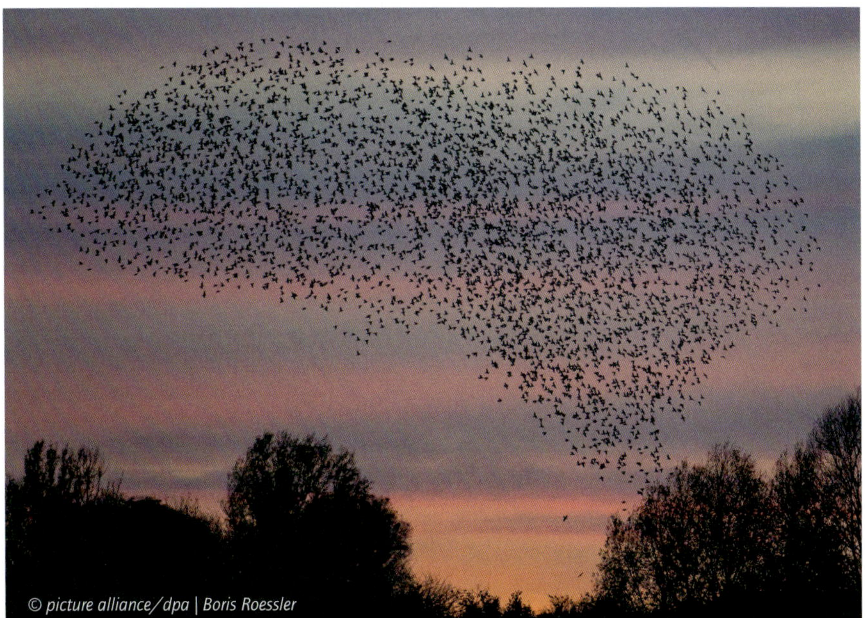

„Wenn man einen einzelnen Vogel analysiert, weiß man noch lange nichts über den Schwarm."

Ein großes Ganzes wird analysiert und in viele einzelne Bestandteile heruntergebrochen. Je weiter man es herunterbricht, desto weniger erkennt man das große Ganze.

Bereits das genaue Betrachten des Wortes **Analyse** könnte Aufschluss über mögliche Gefahren aufzeigen:

„Untersuchung, bei der etwas zergliedert, ein Ganzes in seine Bestandteile zerlegt wird."

(https://de.wikipedia.org/wiki/Analyse)

Im Gegensatz dazu steht das Wort **Synthese**, bei dem es um das Zusammensetzen von Elementen zu einem System geht.

Gerade bei der Entwicklung einer eigenen Methodologie besteht die große Gefahr darin, dass man zu stark nur von einem Standpunkt aus denkt und dabei entweder das große Ganze aus den Augen verliert oder das große Ganze nicht gut genug vor Augen hat.

Hier kommt wieder der Begriff der Key-Performance-Indikatoren ins Spiel, der eine Art Guideline darstellt, an der man sich in der Komplexität des Fußballs orientieren kann.

8.23 KEEP IT SIMPLE VS. HIGHTECH

„What a great day for football, all we need is some green grass and a ball."

Bill Shankly (schottischer Fußballspieler und -trainer, 1913-1981)

Fußball ist in seinen Grundzügen und Regelauslegungen ein einfacher Sport, der nahezu immer und überall ausgeübt werden kann, weshalb viele Fußballliebhaber dafür plädieren, den Fußball auch im Training einfach zu halten.

Auf der anderen Seite kommen durch das Thema **Hightech** ständig neue Möglichkeiten hinzu, das Training beispielsweise mit dem Messen der Herzfrequenz oder durch den Einsatz von GPS-Trackern messbarer zu machen.

Sogar riesige Investitionen in einen sogenannten *Footbonauten*, wie sie die TSG Hoffenheim oder Borussia Dortmund getätigt haben, sind immer mehr an der Tagesordnung, da sich erhofft wird, durch solche Innovationen einen Vorteil zu erarbeiten.

Der neueste Trend in diesem Bereich ist der *SoccerBot360*, wie ihn RB Leipzig hat und mit dem die Handlungsschnelligkeit und Orientierung im Raum geschult werden sollen:

https://rblive.de/news/soccerbot360-schult-kognitive-faehigkeiten-bei-rb-leipzig-3301445

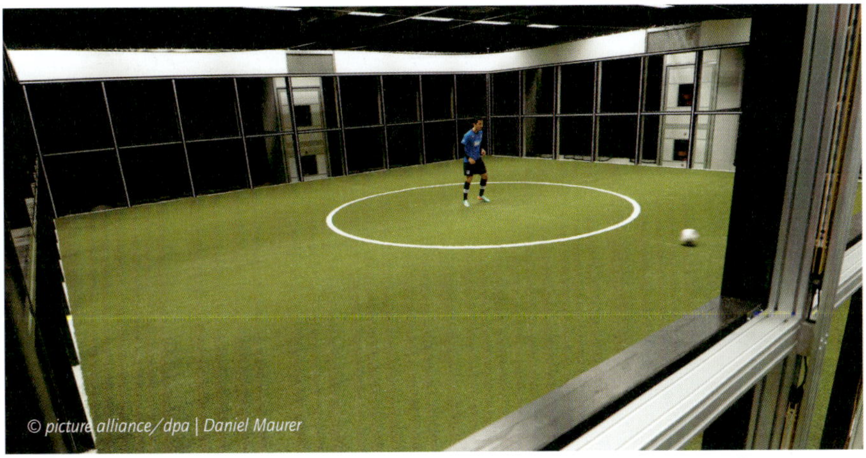

Footbonaut der TSG Hoffenheim

Für viele Fachleute zählen diese Hightechgeräte zur Rubrik „Impression Management“ und verweisen darauf, dass es bereits vor über 50 Jahren die sogenannte *Sweatbox* beim FC Liverpool, erfunden vom großen Trainer Bill Shankly, gab, der von der Grundidee dem „Footbonauten“ sehr ähnlich ist.

https://twitter.com/keepitonthedeck/status/1150936233591201792

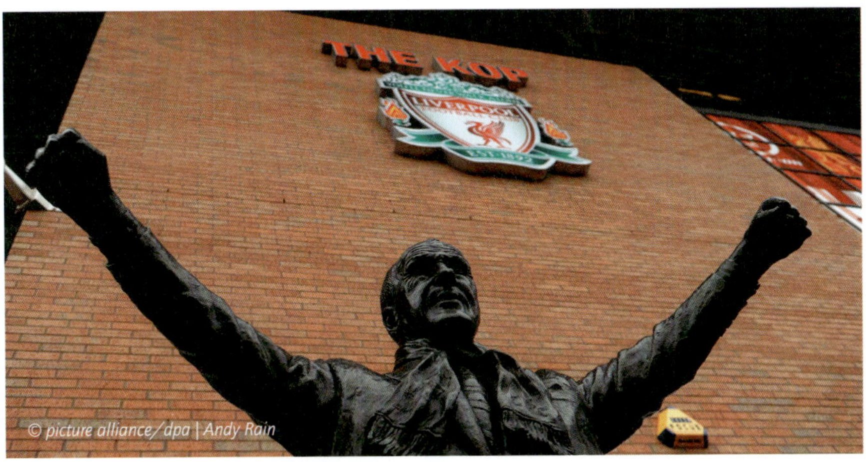

Liverpool Trainerlegende Bill Shankly erfand vor über 50 Jahren die „Sweatbox“, der dieselben Grundideen des modernen Footbonauten zugrunde liegen.

Könnte man aber diese Ansicht nicht auch aus einem positiveren Blickwinkel sehen und sagen, dass bereits vor 50 Jahren Trainer bestrebt waren, Möglichkeiten und Fakten zu finden, mit denen der Fußball durch Innovationen weiterentwickelt werden kann?!

8.24 GOD GIVEN VS. MAN MADE

> ***„Talent is important but not the key point."***
> Cristiano Ronaldo (portugiesischer Fußballspieler, *1985)

Eine Diskussion, die es vermutlich spätestens seit den Anfängen der Religion gibt, ist folgende Frage:

- *Wie viel Talent in einem Menschen ist „gottgegeben" und wie viel davon ist der eigenen Leistung zuzuschreiben?*

Vergleicht man Wissenschaft, Literatur und Meisterlehre, gibt es unzählige Erklärungen um den Mythos der Talentdefinition, was bereits aufzeigt, dass man für verschiedene Ansätze offen sein sollte und kein Extrem als Glaubensgrundsatz heranziehen sollte.

Viel wichtiger ist vermutlich eine positive Haltung gegenüber dem menschlichen Potenzial, denn wohl in keinem anderen Sport auf höchstem Niveau wie im Fußball sind so viele verschiedene Spielertypen präsent, die es an die Spitze geschafft haben.

Während beim Basketball und Volleyball z. B. die Körpergröße eine wesentlich wichtigere Rolle einnimmt oder beim Rugby die körperliche Konstitution, gibt es beim Fußball eine große Vielfalt anzutreffen, was zur weltweiten Beliebtheit des Fußballs beiträgt.

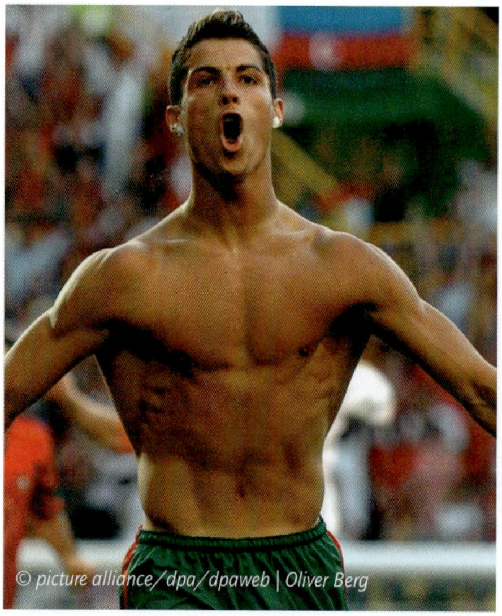

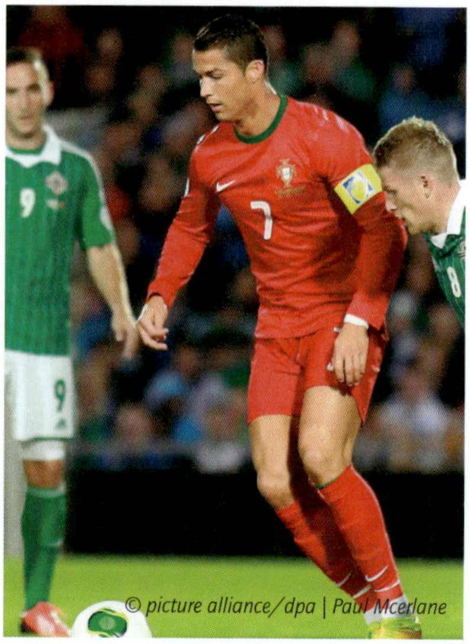

Cristiano Ronaldo: Talent und harte Arbeit: Unglaubliche 18 Jahre liegen zwischen diesen beiden Bildern.

8.25 TALENT-ID: WIE GUT MUSS EIN SPIELER SEIN VS. WIE SCHLECHT DARF ER MAXIMAL SEIN?

„Talent wins games but teamwork and intelligence win championships."

Michael Jordan (amerikanischer Basketballspieler, *1962)

2013 saßen mit James Vardy, Harry Kane und Danny Drinkwater gleich drei spätere englische Nationalspieler auf der Auswechselbank von Leicester City bei einem Spiel in der zweiten englischen Liga.

Einige Jahre später:

Harry Kane ist auf einem guten Weg, zum besten Torschützen aller Zeiten in der englischen Premier League und in der englischen Nationalmannschaft zu werden.

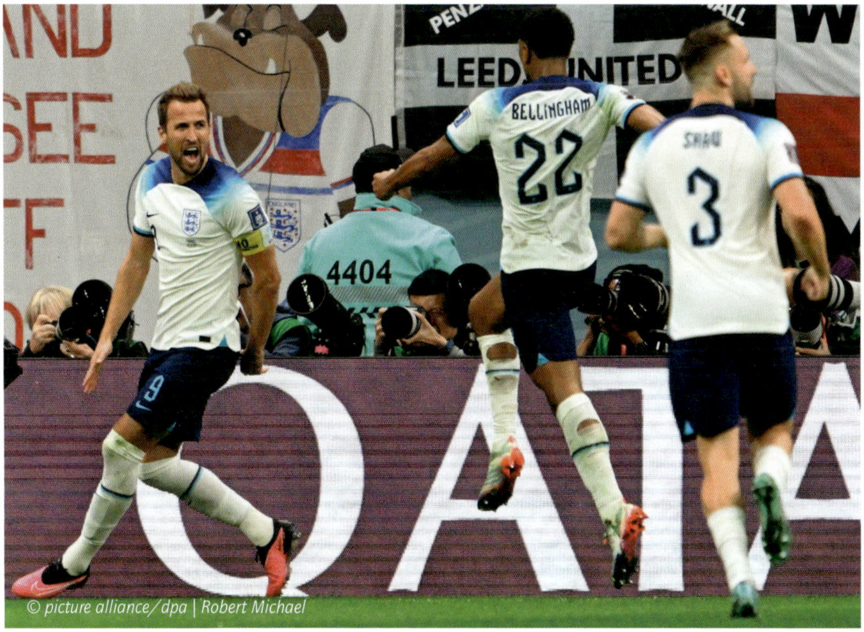

Fußball-WM 2022: Bei der Partie England – Frankreich im Viertelfinale jubelt Harry Kane nach seinem Treffer zum 1-1.

James Vardy wurde ebenfalls englischer Nationalspieler, spielte Champions League und zählt seit Jahren zu den besten Stürmern in der vermutlich stärksten Liga der Welt.

Danny Drinkwater wurde ebenfalls englischer Nationalspieler und spielte für Chelsea London, einen der weltweit größten Vereine.

Viele fragen sich nun sicherlich:

- *Wie konnten scheinbar gleich dreimal Spieler von so einem großen Kaliber übersehen werden?*

Dieses Beispiel zeigt die Schwierigkeit mit Talentprognosen selbst in einem fortgeschrittenen Alter auf. Man kann sich vorstellen, wie viel schwieriger und komplexer es ist, Talent im Grundlagenalter mit neun oder 10 Jahren zu erkennen.

Auch bei dieser Thematik ist es entscheidend, die Grauzone zu definieren und sich Fragen zu stellen, die von beiden Seiten kommen:

- *Wie gut muss ein Spieler zu einem Zeitpunkt X sein, aber auch gleichzeitig wie schlecht darf er maximal sein, was eine neue interessante Perspektive mit sich bringt?*

Auch hier können Daten von Erfahrungswerten und aktuelle Bestandsaufnahmen durch Tests und Beobachtungen und Rückmeldungen von erfahrenen Experten einen guten Ansatz für ein Talentprognosetool bilden.

Im weiteren Verlauf des Buchs wird ein solcher Ansatz, der in der Praxis erfolgreich angewendet wird, vorgestellt.

8.26 FRÜHENTWICKLER VS. SPÄTENTWICKLER

„Nichts ist weniger verheißend als Frühreife;
die junge Distel sieht einem zukünftigen Baume viel ähnlicher als die junge Eiche."
Marie von Ebner-Eschenbach (österreichische Dichterin, 1830-1916)

Eine heiße Debatte dreht sich auch um das Thema Frühentwickler und Spätentwickler und den sogenannten *Relative Age Effect.*

Wie durch Daten objektiv belegt werden konnte, ist die Anzahl von sogenannten *Spätentwicklern*, die vom biologischen Alter her zum Teil gegen bis zu fünf Jahre ältere Frühentwickler in derselben kalendarischen Altersstufe antreten müssen, in Juniorennationalmannschaften und im Profifußball immer noch stark unterrepräsentiert.

Der positive Trend, den man beobachten kann, ist, dass immer mehr Maßnahmen ergriffen werden, um dieser Problematik entgegenzuwirken. Diese Probleme lassen sich oftmals auch innerhalb desselben Kalenderjahres finden, da viele Jugendnationalmannschaften und NLZ-Teams ein starkes Übergewicht an Spielern haben, die in den ersten vier Monaten geboren sind.

Das spricht statistisch dafür, dass in unseren Breitengraden mit einer über alle Monate ausgeglichenen Geburtsrate etliche Talente übersehen werden aufgrund des körperlichen Nachteils. Ein typisches Beispiel für einen Spätentwickler, dessen Fall positiv verlaufen ist, ist der englische Nationalspieler Jesse Lingard.

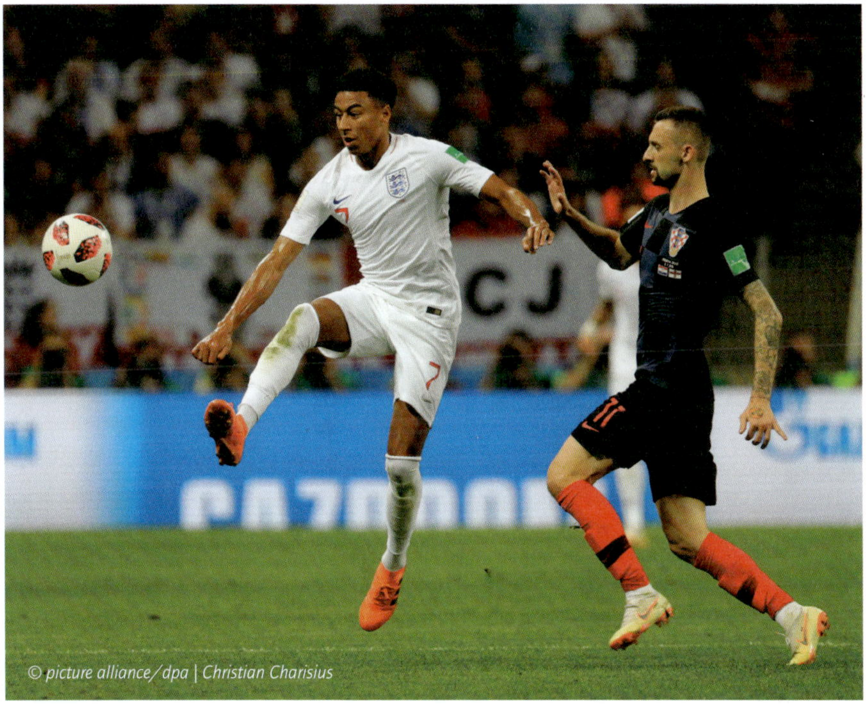

Vom Spätentwickler zum Topstar – Jesse Lingard

So positiv diese Entwicklung ist, fällt sie mittlerweile immer mehr in ein Extrem, wodurch andere Probleme auftreten und wichtige Details übersehen werden.

Zieht man hier eine datenbasierte Denkweise heran, könnte man unter anderem sehen, dass seit vielen Jahren die Verteilung der Geburtsmonate bei den zur Auswahl stehenden Kandidaten, die zur Wahl des Weltfußballers des Jahres ausgewählt werden, sich nahezu komplett ausgleicht.

Vielleicht gibt es sogar viele große Vorteile, wenn Spätentwickler auf Frühentwickler treffen, da sie dort ganz spezielle Fähigkeiten entwickeln müssen, damit sie gegen körperlich überlegene Spieler mithalten können. Viele der besten Spieler, die es jemals gab, angefangen mit Pelé über Maradona, Messi, Neymar oder bei uns in Deutschland Phillip

Lahm, sind alle unter 1,70 Meter groß und gehörten auch im Nachwuchs immer zu den körperlich schwächsten Spielern.

Zudem besteht die große Gefahr, dass aufgrund einer extremen Denkweise in Richtung Spätentwickler die Frühentwickler, wie es ein Lukaku mit extrem ausgeprägten physischen Fähigkeiten war, aussortiert und in Zukunft benachteiligt werden können. Will man die Zukunft gerecht gestalten, muss von beiden Seiten her gedacht werden und Daten können diesen Prozess perfekt unterstützen.

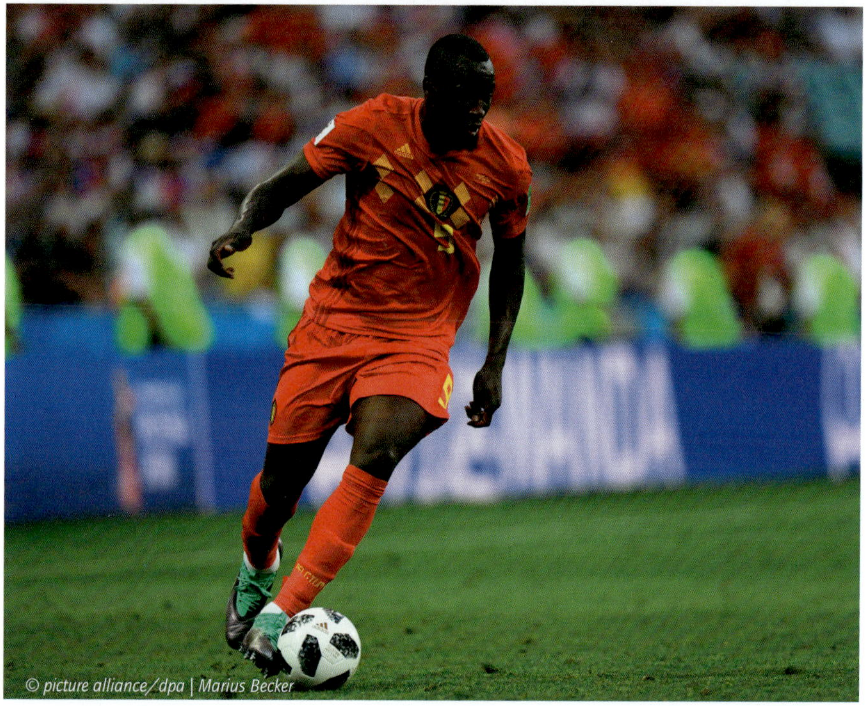

© picture alliance/dpa | Marius Becker

Belgiens Superstar Lukaku verfügte bereits im Juniorenbereich über herausragende körperliche Merkmale, die auch heute noch sein Spiel prägen.

8.27 BOTTOM-UP VS. TOP-DOWN

„Führung heißt, andere groß zu machen, nicht, andere klein zu machen."

Hermann Simon (deutscher Unternehmer, *1947)

Auch beim Thema Führung gibt es verschiedene Ansätze, wobei hierbei der sogenannte *Bottom-up-Ansatz* und der *Top-down-Ansatz* die beiden Extreme bilden.

Beim Top-down-Ansatz werden, wie es der Name schon sagt, Entscheidungen ausschließlich von oben gefällt, wohingegen beim Bottom-up-Ansatz alle Ebenen in die Entscheidungsfindung eingebunden werden.

Je nach Land, Kultur, Vereinshistorie, Spielertyp etc. muss flexibel mit diesen beiden Extremen gespielt werden, oftmals sogar situativ. Wenn sich zum Beispiel eine Mannschaft verunsichert im Abstiegskampf befindet, ist vermutlich mehr der Top-down-Ansatz gefragt, als wenn man eine Mannschaft mit etlichen Spitzenspielern trainiert, die alle Erfolge vorzuweisen haben, ist wohl eher mehr der Botton-up-Ansatz gefragt.

Auch zu dieser Thematik gibt es in der Wissenschaft zahlreiche Studien (vgl. z. B. Totzauer, 2014), die man heranziehen kann. Genauso spannend sind aber auch die Biografien großer Trainer, wie Alex Ferguson oder Carlo Ancelotti, um auch hier das Beste aus Meisterlehre und Wissenschaft herauszuholen.

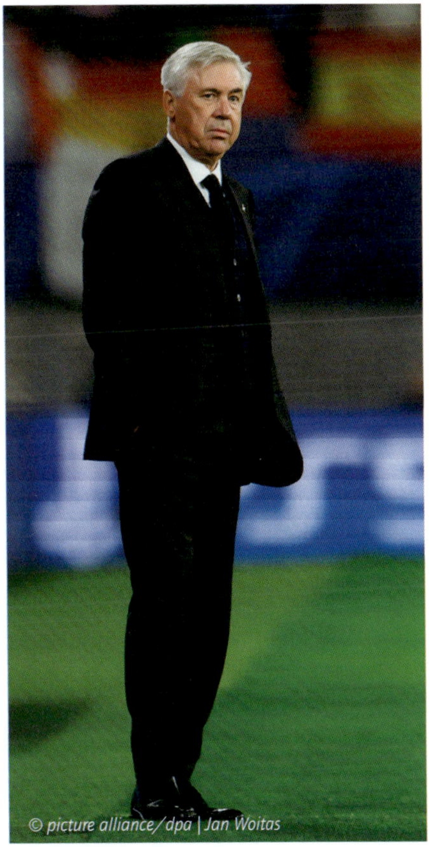

Erfolgreich mit dem Bottom-up-Ansatz: Carlo Ancelotti

8.28 EQ VS. IQ

„Every coach knows about football. The difference is made in other areas."

José Mourinho (portugiesischer Fußballtrainer, *1963)

- *Ist es wichtiger, einen möglichst hohen Intelligenzquotienten (IQ) zu haben oder einen möglichst hohen emotionalen Quotienten (EQ)?*
- *Oder ist es als Trainer, Funktionär etc. am besten, eine perfekte Mischung aus beiden zu haben?!*

Der **EQ** ist die Fähigkeit, Mitmenschen zu verstehen, Bescheid zu wissen, was sie motiviert und wie man gut mit anderen Menschen kooperieren kann.

Der **IQ** hingegen ist ein Test, der die Fähigkeit misst, wie ausgeprägt das logische Denken ist und wie gut Probleme gelöst werden können.

Ein Großteil der Menschen hat einen IQ zwischen 85 und 115 und nur ein sehr kleiner Anteil hat einen sehr tiefen (unter 70) oder einen sehr hohen IQ (über 130). Das lässt darauf schließen, dass die Kombination des IQ mit dem EQ entscheidend ist und das natürlich immer in einem Fußballkontext.

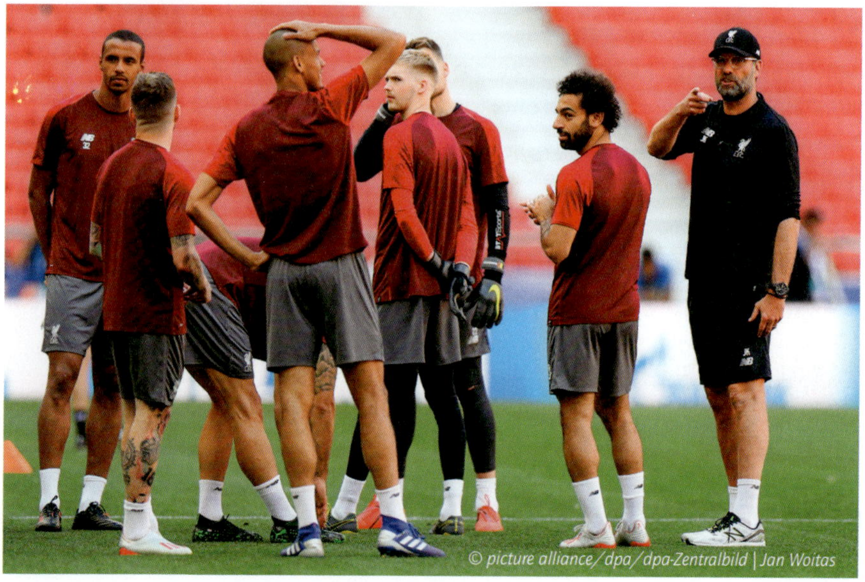

Jürgen Klopp – perfekte Mischung aus EQ und IQ

Auch um das Thema **Daten im Fußball** und deren Integration zu vermitteln, benötigt man eine perfekte Mischung aus IQ und EQ. Dafür müssen die Daten verstanden und richtig implementiert werden. Dafür müssen spezifische Filter für die Vielzahl von Daten aufgebaut werden, was unter anderem einen hohen Fußballverstand und eine große Klarheit bezüglich des eigenen Spiel- und Trainingsmodells erfordert und welche Spielertypen man dafür benötigt.

Um diese Punkte dann erfolgreich zu kommunizieren und alle Beteiligten mit an Bord zu holen, spielt der EQ eine entscheidende Rolle. Dieser wird oftmals beim Thema Big Data völlig unterschätzt, um eine entsprechende Strategie erfolgreich einzusetzen.

8.29 SPRINTSCHNELLIGKEIT VS. HANDLUNGSSCHNELLIGKEIT

„Der schnellste Spieler ist der Ball."

Sepp Herberger (deutscher Fußballspieler und -trainer, 1897-1977)

Im professionellen Fußball tendieren die meisten Spieler im Schnitt entweder mehr zu herausragenden Fähigkeiten in der Handlungsschnelligkeit oder vermehrt in der Sprintschnelligkeit.

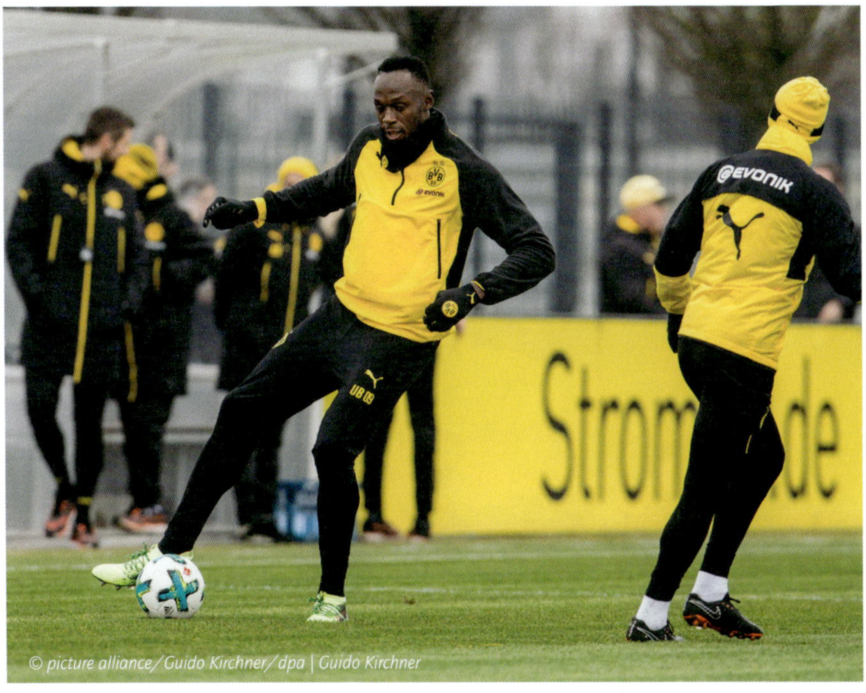

Der schnellste Mann der Welt, aber auf dem Fußballplatz immer zu spät

Das beste Beispiel für das Schwarz-Weiß-Denken in diesem Bereich und dass eine Fähigkeit alleine bei Weitem nicht ausreicht, ist Usain Bolt, der schnellste Mann der Welt und Weltrekordhalter über 100 Meter, also das absolute Extrem für reine Sprintschnelligkeit.

Nach seiner Sprintkarriere wollte Usain Bolt in der australischen Profiliga einen Vertrag als Fußballprofi ergattern und agierte in einigen Testspielen, wo er jedoch so gut wie gar nicht in Erscheinung trat. Aufgrund einer zu stark limitierten Handlungsschnelligkeit kam er kaum in entsprechende Spielsituationen, um seine Sprintschnelligkeit auszuspielen.

Als ein Extrembeispiel für Handlungsschnelligkeit kann man Sergio Busquets vom FC Barcelona heranziehen, dem oftmals die reine Sprintschnelligkeit abgesprochen wird.

Hier können z. B. Daten zu einer objektiven Diskussion sehr gut beitragen.

Als Orientierung für eine hohe Sprintschnelligkeit kann die maximale Geschwindigkeit herangezogen werden und hier erreichte Busquets 2019 im Champions-League-Spiel mit 33,3 Stundenkilometern sogar den besten Wert der kompletten Mannschaft des FC Barcelona.

Analysiert man die Attribute der weltbesten Spieler, verfügen diese nahezu immer über eine top ausgeprägte Handlungs- und Sprintschnelligkeit, wodurch sie sich von anderen Profispielern abheben, also sie können sowohl handlungsschnell als auch schnell sprinten.

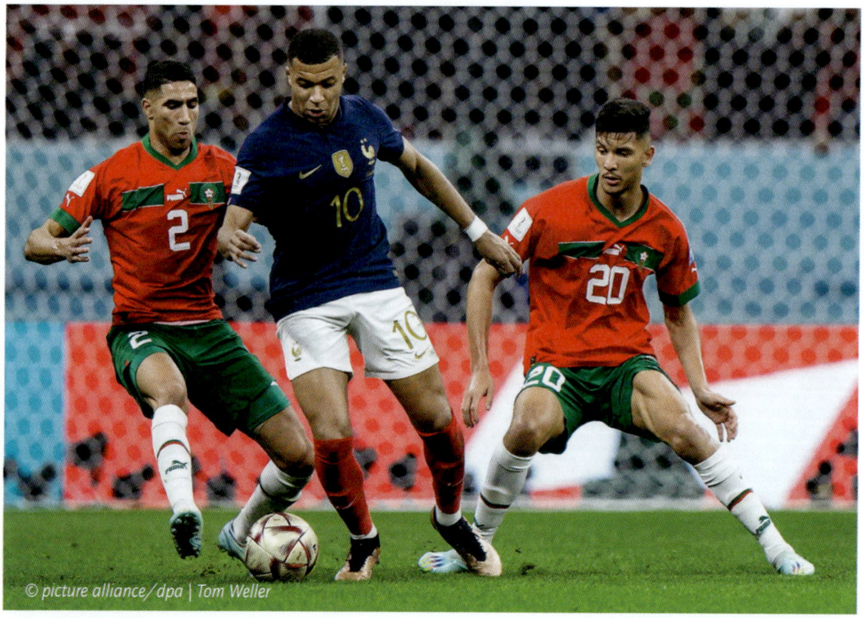

Kylian Mbappé: Wenn Handlungsschnelligkeit und Sprintschnelligkeit auf höchstem Niveau zusammenkommen.

8.30 FRÜHSPEZIALISIERUNG VS. MULTI-SPORT-ANSATZ

„Früh übt sich, was ein Meister werden will."
Friedrich Schiller (deutscher Dichter, 1759-1805)

Rasmus Ankersen, der aktuelle Director of Football des Premier-League-Vereins FC Southampton und Präsident von Göztepe S. K., wurde bekannt durch seine Arbeit beim FC Brentford und beim FC Midtjylland. Diese war gekennzeichnet durch ihren datenbasierten Ansatz. Er selbst hat sein Geld mit professionellen Fußballwetten verdient, worauf im Laufe des Buchs noch detailliert eingegangen wird.

Ursprünglich erlangte Ankersen Bekanntheit durch sein Buch *Goldminen-Effekt: Vom Talent zum Star - 8 Prinzipien zum nachhaltigen Erfolg*, in welchem er seine Erfahrung beim weltweiten Besuch von verschiedenen Talenthotspots schildert. Z. B. hospitierte er beim Training der weltbesten Langstreckenläufer im Dorf Bekoji in Äthiopien oder in Iten in Kenia, aber auch bei den schnellsten Sprintern der Welt in Kingston/Jamaika oder beim Fußballspielen in den Favelas in Brasilien.

Eines der zentralen Prinzipien aus dieser Recherche, was Athleten aus den verschiedenen Goldminen gemeinsam haben, ist, laut Ankersen, die Tatsache, dass sie alle sehr jung und unter professionellen Bedingungen angefangen haben zu trainieren, was er mit folgender Aussage verdeutlicht:

- *„Start early or die soon?"*

Also, früh anfangen, wenn man die Spitze in einem Sport erreichen will oder man stirbt jung auf dem Weg dahin.

Auch, dass man Eltern braucht, die ihre Kinder pushen, wenn man die Weltspitze erreichen will, betont er. Die Einstellung und der Wille sind zentrale Faktoren und eben nicht die komfortabelste Trainingseinrichtung.

Diese Ansichten finden aktuell in den Diskussionen über die Nachwuchsausbildung grundsätzlich eher wenig Anklang und es gibt etliche Verfechter, die sogar einen Multi-Sport-Ansatz bis zu einem gewissen Alter bevorzugen würden. Außerdem ist zu beobachten, dass es eine steigende Zahl von Petitionen gibt, die die Bundesjugendspiele in den Schulen am liebsten abschaffen würden.

Auch hier ist wieder die Frage:

- *Wer ist im Recht und geht es überhaupt darum, recht zu haben?*
- *Oder geht es vielmehr um neue, positive Wege, z. B. wie koordinative Elemente und verschiedene Ballsportarten systematisch in ein Fußballtraining mit top ausgebildeten Altersspezialisten zu integrieren wären?*
- *Ist dies die bessere Alternative?*
- *Lassen sich beide Extreme sinnvoll in einem Fußballkontext miteinander vereinen?*

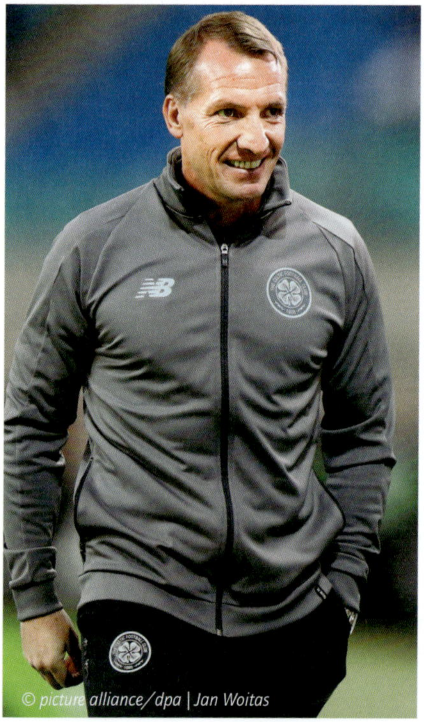

© picture alliance/dpa | Jan Woitas

„My way of working is different. It doesn't make it right. It doesn't make it wrong either."

Brendan Rodgers
(nordirischer Fußballtrainer, *1973)

9 BIG DATA – SURFEN ODER UNTERGEHEN?

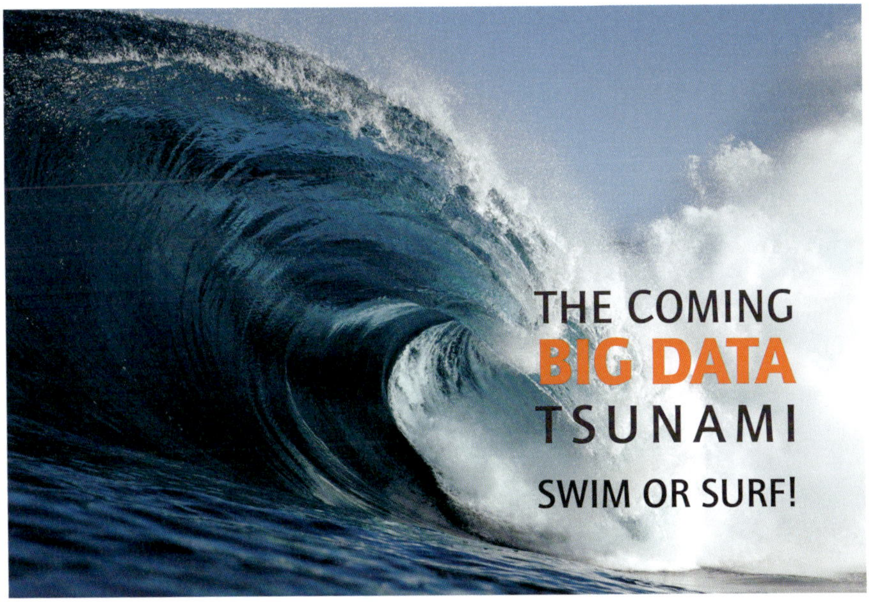

(modifiziert nach https://slideshare.net/jrdennis/big-data-tsunami-12605039)

„These are not opinions to be debated. These are facts to be dealt with."

Barack Obama (44. Präsident der USA, *1961)

Das Thema **Big Data** spielt mittlerweile in nahezu allen wichtigen Lebensbereichen eine enorme Rolle und wird nicht wieder verschwinden. Im Gegenteil, Big Data wird eine immer größere Rolle in der Zukunft einnehmen, dafür bedarf es keines spezifischen Fachwissens, sondern lediglich eines gesunden analytischen Verstands, wie sich der technologische Fortschritt in nahezu allen Bereichen unseres Lebens manifestiert.

Auch hier gilt, dass jeder Leser selbst darüber urteilen sollte, wie sehr dieser Fortschritt in die eine oder andere Richtung geht. Jedoch kann die Tatsache, dass das Thema Big Data auch im Fußball gekommen ist, um zu bleiben, nur schwer abgestritten werden, dafür sind die positiven Erfolgsstorys bereits zu groß.

Als ein guter Vergleich kann das Thema **Big Money** im Fußball herangezogen werden. Geld ist per se weder gut noch schlecht, sondern erst einmal Geld. Viel Geld heißt auch noch lange nicht, dass automatisch Erfolg in einem Fußballverein einkehrt.

Doch auch hier ist es unmöglich, abzustreiten, dass in nahezu allen Ligen weltweit in den allermeisten Fällen auch die Mannschaft mit dem meisten zur Verfügung stehenden Geld an der Tabellenspitze stehen wird, denn mehr Geld bedeutet in der Regel mehr bessere Spieler und auch einen besseren Trainer.

Ohne spezielle Sicht auf den Fußball beschreibt Big Data vereinfacht nichts anderes, als dass immer mehr Daten erzeugt werden. Mehrere Umstände haben dazu beigetragen, dass sich das Thema Daten in vielen verschiedenen Bereichen unseres Lebens extrem rasant entwickelt hat.

Die verfügbare Kapazität von Speichermedien, wie beispielsweise USB-Sticks, hat sich extrem erhöht. Über einen USB-Stick mit mehreren Gigabyte Speicherkapazität hätte man vor noch nicht allzu langer Zeit reichlich gestaunt.

Einhergehend damit, sind die Preise für Speicherkapazität extrem gesunken, was zu einem schwindelerregenden Wachstum des Themas Big Data beigetragen hat.

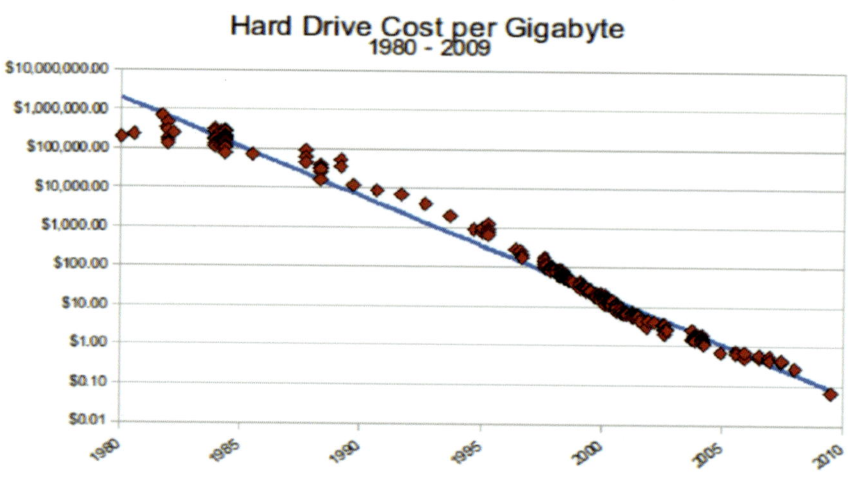

https://www.researchgate.net/figure/Hard-drive-cost-per-Gigabyte-Source-Komorowski--undated_fig1_341459974

Allein die folgenden beiden Zahlen sollten jedem verdeutlichen, welche Rolle das Thema Big Data spielt und dass es unaufhaltsam ist: Schätzungen zufolge nutzen 2022 fast fünf Milliarden Menschen das Internet und fast vier Milliarden Menschen nutzen ein Smartphone und das mit immer schneller arbeitendem Wi-Fi-Netzwerk.

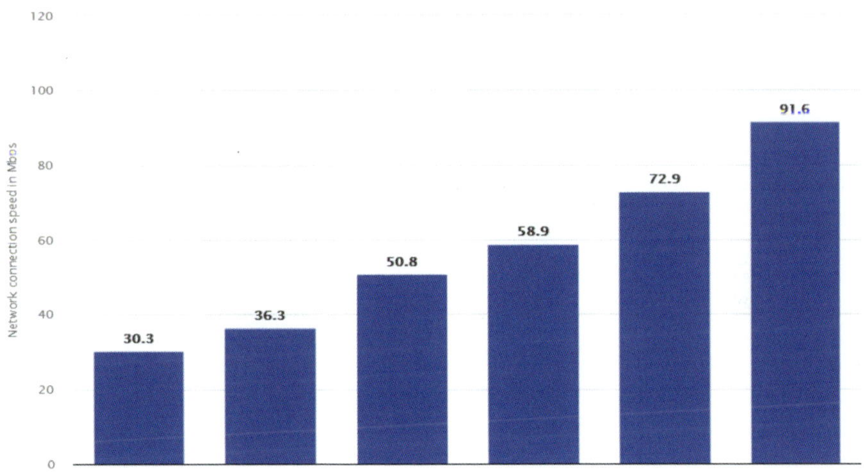

Average Wi-Fi network connection speeds worldwide from 2018 to 2023 (in Mbps)

https://www.statista.com/statistics/1190225/average-mobile-speeds-download-and-upload-global/

Dadurch nimmt das Tempo, in dem immer mehr neue Daten generiert werden, rasant zu und gleichzeitig können Daten in immer geringeren Abständen erfolgreich genutzt werden. Das führt dazu, dass Daten im Idealfall in Echtzeit („Fresh like Sushi") zur Verfügung stehen und gewinnbringend interpretiert werden können, wie beispielsweise bei einem Life-Tracking im Training die Anzahl der zurückgelegten Sprints.

Auch die Vielfalt an Daten hat enorm zugenommen. Während bereits schon länger sogenannte *strukturierte Daten* im Fußball verwendet wurden, wie z. B. das Führen einer Mannschaftsliste, die die Trainingsteilnahme aufzeigt.

Beim Thema Big Data geht es in erster Linie um unstrukturierte Daten, wie der Videoclip eines Spiels, die dazugehörigen Spieldaten und die GPS-Daten, die jedoch erst dann wertvoll werden, wenn sie durch einen entsprechenden Expertenfilter laufen und dadurch strukturiert werden.

Eng mit diesem Punkt ist das Thema der **Datenqualität** verbunden. Ein schönes Beispiel ist das *Google-Translator Tool* für diejenigen, die bereits seit mehreren Jahren darauf zurückgreifen und die qualitative Entwicklung verfolgen.

Mit diesem Tool können automatisch Texte von der einen in die andere Sprache umgewandelt werden. Je öfter vergleichbare Suchwörter angefragt werden, desto treffsicherer wird der Translator und die Qualität der Übersetzung nimmt rasant zu, weshalb mit hoher Sicherheit schriftliche Übersetzungsarbeiten in naher Zukunft nicht mehr von Menschen durchgeführt werden.

Auch andere Berufe wie der des Taxifahrers werden zeitnah verschwinden. Genauso, wie es klar ist, dass ein Großteil der Finanzbeamten und Juristen durch künstliche Intelligenz ersetzt werden kann.

Der Anwalt, der jedoch ein leidenschaftliches Plädoyer vor der Staatsanwaltschaft halten kann, um seine Fakten zu stützen, wird in Zukunft wichtiger denn je.

Big Data in Smart Data durch Expertenwissen zugänglich zu machen und dieses dann auf eine menschlich gute Art und Weise zu vermitteln, wird immer mehr in allen Bereichen des Lebens der Schüssel sein, da künstliche Intelligenz noch weit davon entfernt ist, Emotionen auf Menschen zu übertragen.

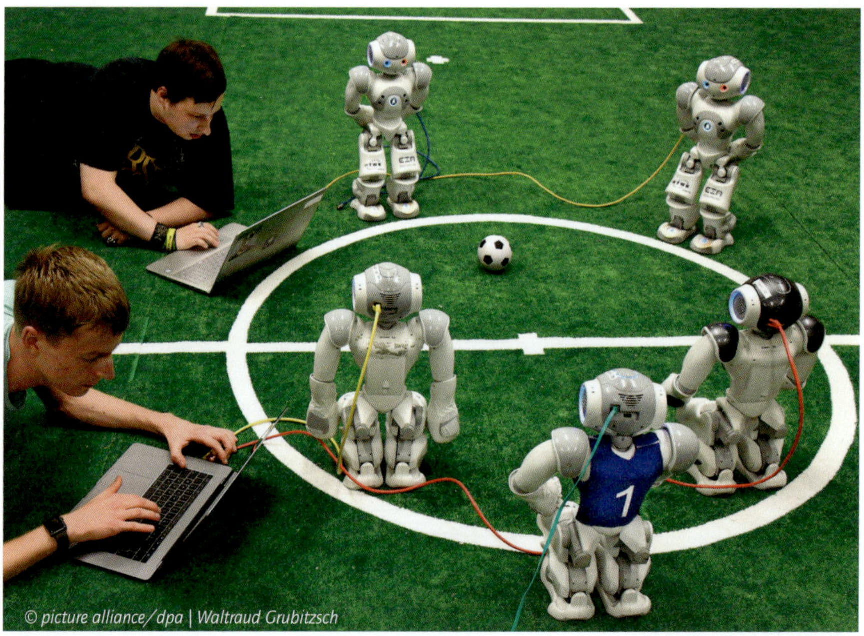

© picture alliance/dpa | Waltraud Grubitzsch

Roboterfußball – werden Roboter irgendwann in der Lage sein, die beste Mannschaft der Welt zu schlagen?

10 DER MONEYBALLEFFEKT

„No matter how successful you are, change is always good."
Billy Beane (ehemaliger amerikanischer Baseballspieler, * 1962)

Moneyball, auf kaum einen anderen Ausdruck trifft man so schnell, wenn man sich für das Thema Big Data, Statistiken und Key-Performance-Indikatoren interessiert.

Billy Beane ist die prägende Person hinter dem Begriff Moneyball. Der ehemalige Baseballprofi arbeitete in den 1990er-Jahren für die Oakland Athletics in der Major Baseball League in den USA zunächst als Scout und stieg dort später 1997 zum Manager auf. Er wurde bekannt dafür, dass er vor allem auf statistische Analysen in seiner Arbeit setzte.

Mit diesem Ansatz formte Billy Beane die Oakland Athletics zu einer der kosteneffektivsten Mannschaften in der Geschichte des Baseballs.

2006 belegte die Mannschaft Platz 24 von 30 Major League Baseball Teams, was die Höhe der Gehälter angeht und konnte auf Platz fünf abschließen.

In den Jahren 2000 bis 2003 erreichte die Mannschaft jedes Mal die Play-offs.

2002 schrieb die Mannschaft Geschichte und konnte zum ersten Mal in über 100 Jahren Baseball in den USA 20 Spiele in Folge gewinnen.

Michael Lewis brachte 2003 ein Buch mit dem Titel *Moneyball* heraus, das auf der ganzen Welt gefeiert wurde und dann 2011 mit Hollywood-Star Brad Pitt in der Hauptrolle sogar verfilmt wurde und seither nahezu auch jedem Fußballfan ein Begriff ist.

Was viele Leute nicht wissen, ist, dass Billy Beane ein Fußballfan ist, der Arsène Wenger als sein persönliches Vorbild erachtet und sich auch mit Alex Ferguson austauschte. Er beschäftigt sich schon lange intensiv damit, wie der Moneyballansatz aus dem Baseball in den Fußball implementiert werden kann.

2015 nahm Beane erfolgreich eine Beratertätigkeit beim niederländischen Verein AZ Alkmaar auf. Ein Verein, der mittlerweile über die Grenzen hinaus für seine überragende Jugendarbeit und die gute Führung bekannt ist, bei der ein datenbasierter Ansatz eine wichtige Rolle spielt.

Die Profimannschaft von AZ Alkmaar findet sich seit Jahren konstant im vorderen Bereich der Tabelle wieder und sorgt mit einem attraktiven und zielgerichteten Spielstil mit vielen jungen Spielern für Begeisterung.

Der Ansatz von Beane ist es, mithilfe von guten Prozessen im Verein sowie intelligenten Daten und Statistiken Strukturen zu schaffen und Spieler zu finden, die bestmöglich in das Teamgefüge passen.

Dadurch können finanzielle Nachteile ausgeglichen werden und AZ Alkmaar rückt in den letzten Jahren kontinuierlich näher und näher an Ajax Amsterdam heran.

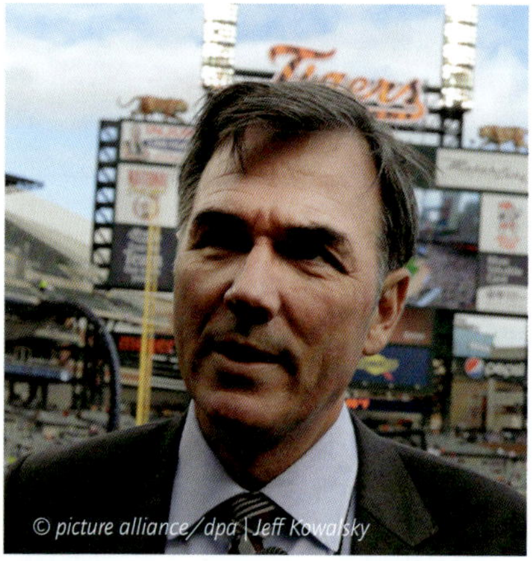

© picture alliance/dpa | Jeff Kowalsky

„Adapt or die."

Billy Beane

In Interviews mit Billy Beane ist zu erfahren, dass aus seiner Sicht im Fußball Bereiche wie die defensiven Fähigkeiten eines Spielers und die Qualität der medizinischen Abteilung eine sehr hohe Gewichtung haben, ganz im Gegensatz zum Thema Ballbesitz, das laut Billy Beane überbewertet ist.

Der Verein AZ Alkmaar hat sich zum Ziel gesetzt, bis 2025 zu den besten 25 Vereinen in Europa zu gehören und den Pokal und die Meisterschaft in den Niederlanden zu gewinnen und dass mit einer hohen Anzahl eigener Spieler, die im Nachwuchs ausgebildet werden.

Im Internet ist ein sehr inspirierender Vortrag des ehemaligen Sport Development Directors Marijn Beuker zu finden, wie AZ Alkmaar in der Nachwuchsarbeit systematisch Prozesse und Statistiken einsetzt, um Talente zu finden und zu entwickeln. Mit Sicherheit stecken hier auch Ansätze und Ideen von Billy Beane dahinter, der nach wie vor beim AZ Alkmaar als Berater tätig ist.

https://www.youtube.com/watch?v=xT5xsf2qOAE

11 „MONEYBALL“ FUNKTIONIERT AUCH IM FUSSBALL – DIE ERFOLGSGESCHICHTEN DES FC MIDTJYLLAND UND DES FC BRENTFORD

„Be data informed, don't be data driven."

Ben Bartlett (Fußballentwickler u. a. englischer Fußballverband, Chelsea London, Houston Dynamo FC, *1977)

2012 übernahm der studierte Oxford-Physiker und Geschäftsmann Matthew Benham 500.000 Pfund der Schulden seines Herzensvereins FC Brentford, der in der Championship gegen den Abstieg spielte, um diesen vor der Pleite zu retten und wenig später komplett aufzukaufen.

Dass dies eine Herzensangelegenheit war, zeigt die Tatsache, dass Benham bereits im Alter von 11 Jahren sein erstes Spiel des FC Brentford verfolgte und sich noch heute an das Resultat erinnern kann.

10 Jahre später schlägt der FC Brentford am 14. August 2022 Manchester United mit Cristiano Ronaldo in der Premier League mit 4:0.

Vergleicht man die beiden Kaderwerte und Gehälter der Spieler – ein klarer Fall von David gegen Goliath.

11.1 WAS STECKT HINTER DIESEM ERFOLG?

Matthew Benham verbrachte seine ersten Arbeitsjahre im Investmentbanking und in der Versicherungsbranche, nachdem er an der renommierten Oxford-Universität studiert hatte.

2001 nahm Benham einen Job in der Firma *Premier Bet* an, wo er von Tony Bloom, einem der erfolgreichsten Gambler, sein Handwerk erlernte, wie man mit professionellen Sportwetten Geld verdienen kann.

Übrigens ist dieser Tony Bloom ein weiterer Besitzer in der Premier League, der so viel Geld mit Pokern und professionellen Sportwetten verdient hat, dass er sich den Verein Brighton & Hove Albion kaufen konnte.

Mit Union Saint-Gilloise aus Belgien hat er zudem einen weiteren Verein erworben.

Ähnlich wie Mathew Benham arbeitet auch Brighton & Hove Albion datenbasiert sehr erfolgreich. Alleine die Tatsache, dass gleich zwei Personen, die so viel Geld mit professionellen Sportwetten, die auf KPIs und statistischen Analysen aufbauen, verdienen konnten, um sich einen Premier-League-Verein kaufen zu können, macht nachdenklich.

Diese Vereine sollten dann auch noch mit einem ähnlichen Ansatz, sowohl wirtschaftlich wie auch auf dem Platz, performen. Das sollte selbst dem größten Zweifler einen spannenden Denkansatz geben.

2004 gründete Benham seine Firma *Smartodds*, die mithilfe von Statistik und Daten systematisch auf Fußballspiele wettete und Klienten beriet, wie man mit Algorithmen und Statistiken Geld beim Wetten auf Fußballspiele verdienen kann.

Diese Tätigkeit muss so extrem erfolgreich gewesen sein, dass Matthew Benham nicht nur den FC Brentford kaufen konnte, sondern auch 2014 für rund 10 Millionen Euro ebenfalls den dänischen Verein FC Midtjylland, wo er viele Konzepte seiner Firma in die Praxis umsetzte.

Eine Rolle bei diesem Kauf spielte sicherlich der smarte Däne Rasmus Ankersen, ein ehemaliger talentierter Nachwuchsspieler und erfolgreicher Buchautor. Dieser schildert seine erste Begegnung mit Matthew Benham 2015 wie folgt: Als er ihn fragte, wie er die Chancen für einen Aufstieg des FC Brentford für diese Saison einschätzt, ließ diese Frage viel Raum für verschiedene Ausführungen.

Die knappe Antwort von Benham hat Ankersen beeindruckt und den Grundstein für eine erfolgreiche Zusammenarbeit gelegt:

„Die Chancen liegen aktuell bei 42,3 Prozent."

„Brentford can't win by outspending the competition so we have to outthink them. And the question that comes from that is how can we be different? How can we do things in a different way? So, what are the inefficiencies in the system in football, and how can we exploit those?"

Rasmus Ankersen

Der FC Midtjylland ist ein Verein, der aus den beiden traditionsreichen Vereinen Herning Fremad und Ikast FS entstanden ist und bis zur Übernahme durch Benham ein tristes Dasein in der dänischen Profiliga fristete.

Neben der Investition von Geld brachte Benham jedoch etwas in den Verein, das wohl wesentlich entscheidender für den Erfolg war. Er implementierte eine Denkweise, mit der die beiden von ihm gekauften Vereine eine Vorreiterrolle im Fußball einnahmen, was das Thema Daten und statistische Analysen betrifft.

Statistiken zufolge wird in neun von zehn Profivereinen bei wichtigen Entscheidungen oft auch mit großer finanzieller Tragweite situativ anstatt konzeptionell entschieden.

Benham veränderte den Verein von Grund auf und setzte auf Key-Performance-Indikatoren, um die Entwicklung seiner Teams zu messen, statt auf das reine Resultat.

Vor allem aber das Thema Datenscouting war seitdem ein großer Erfolgsgarant, der dem FC Midtjylland sowohl Erfolge in Form von Titeln brachte wie auch große Transferüberschüsse.

2018 wechselten zum Beispiel Alexander Sörloth für neun Millionen Euro zu Crystal Palace und Rasmus Kristensen für 5,5 Millionen Euro zu Ajax Amsterdam.

Ein Jahr später brachte Bubacarr Sanneh acht Millionen Euro mit seinem Wechsel zum RSC Anderlecht ein und 2022 wechselte Raphael Onyedika für 10 Millionen Euro zum FC Brügge.

Aber nicht nur die Transferschüsse entwickelten sich extrem positiv, sondern gleichzeitig wurden auch die ersten Titel in der Clubgeschichte eingefahren.

Seit der Übernahme wurde gleich dreimal die Meisterschaft gewonnen und zweimal der dänische Pokal und der Verein schaffte es sogar in die Gruppenphase der Champions League und gewann 2016 in der Europa League gegen Manchester United!

Gerade beim Thema Standardsituationen, das ein wichtiger Key-Performance-Indikator in diesem Erfolgsmodell ist, machte sich der FC Midtjylland einen Namen (siehe Kap. 6).

Gleich im ersten Jahr der Übernahme, als die große Gewichtung auf Standards für viele Gegner wohl noch sehr überraschend und neu war, konnte die Mannschaft auf dem Weg zur Meisterschaft mittels Standards mehr als einen Treffer pro Spiel erzielen!

Bereits über viele Jahre hinweg kann der Verein konstant zwischen 15-20 Tore pro Saison nach Standards erzielen.

Alleine wenn man sich überlegt, wie viel Geld für einen Stürmer bezahlt werden müsste, der jedes Jahr dieselbe Trefferquote aufweisen kann, zeigt, wie effektiv und effizient eine höhere Gewichtung auf Standards sein kann.

Viele dieser Learnings implementierte Benham und sein Team dann auch beim FC Brentford, der sich kontinuierlich in der zweiten englischen Profiliga nach oben arbeitete, mit dem großen Ziel, in die Premier League aufzusteigen, was in etwa 300 Millionen Euro an Zusatzeinnahmen bringt.

Auf dem Weg dorthin bewies Benham Weitsicht und Geduld, zwei äußerst wichtige Eigenschaften für einen datenbasierten Ansatz im Fußball, da die Zeit immer auf der Seite von klar durchdachten Prozessen ist.

Im Gegensatz zu vielen anderen reichen Vereinsbesitzern, die den schnellen Erfolg durch den Einkauf teurer Spieler forcieren wollen, setzte Benham darauf, sich durch smarte Analysen, Daten und gute Strukturen abzuheben. Dies hat dazu geführt, dass medial der Begriff „Moneyball" immer häufiger in Bezug auf die Herangehensweise des FC Brentford genannt wurde.

Zu Beginn traf Benham auf einige Widerstände mit seinem modernen Ansatz und zeigt dann auch, dass er in der Lage ist, durchzugreifen.

2015 trennte sich der Verein vom Aufstiegstrainer Mark Warburton, der den Verein gerade erst wieder zurück in die Championship geführt hatte und auch von Sportdirektor Frank McParland, da sich diese beiden Personen mit dem neuen Ansatz und den sich daraus ergebenden Prozessen nicht anfreunden konnten.

Für noch viel mehr mediales Interesse sorgte die Tatsache, dass der Verein 2016 seine Nachwuchsakademie schließen ließ und stattdessen ein sogenanntes *B-Team* installierte.

Der Hintergrund: Seite 2005 hatte kein Nachwuchsspieler aus der eigenen Akademie mehr in der ersten Mannschaft debütiert und die größten Talente wurden regelmäßig von finanzkräftigeren Topteams frühzeitig abgeworben. Dagegen standen vergleichsweise geringfügige Summen, mit denen sich die Akademie nicht selbstständig tragen ließ.

Die Akademie kostete den Verein 1,5 Millionen Pfund pro Saison, was sicherlich weiterhin getragen hätte werden können. Doch Brentford traf die Entscheidung, dass es darum geht, was das Beste und Nachhaltigste für den Verein ist. Man kam zu dem Schluss, dass diese Summe sich in 10 Jahren auf ganze 15 Millionen Pfund aufsummiert und die Chancen zum Aufstieg in die Premier League steigen werden, wenn man das Geld in diesen Zweck investiert.

Rasmus Ankersen weist immer wieder darauf hin, dass, wenn David Goliath schlagen will, er nicht auf die gleichen Waffen zurückgreifen kann, er muss seine eigenen Waffen finden.

Beim Aufbau eines B-Teams wurden in erster Linie Spieler zwischen 17-20 Jahren rekrutiert. Hinzu kam ein Mix aus Spielern, die in guten Nachwuchsakademien in England ausgebildet wurden, plus Spieler aus Fußballmärkten, aus denen viel Qualität für wenig Geld zu haben ist, wie z. B. Tschechien oder aus Skandinavien.

Der große Vorteil ist, dass die Erfolgschancen dieser Spieler auf Profifußball mit diesem Ansatz sehr hoch liegen, da sich der Verein und die Staff auf nur etwa 20-25 junge Talente konzentrieren kann. Bei diesen Spielern kann man altersmäßig eine deutlich klarere Aussage treffen, ob es für eine Karriere im Profifußball reicht. Große Akademien hingegen müssen sich ab der U9 um über 200 Spieler kümmern, von denen es nur sehr wenige in den Profifußball schaffen werden.

In Brentford geht man zudem davon aus, dass ein junger Spieler zunächst einmal mindestens 35 Spiele absolviert haben sollte, bevor man genau weiß, wohin die Reise geht und wie der tatsächliche Marktwert aussieht.

Dies ist ein Weg, für den große und reiche Vereine im Fußball keine Zeit haben und worin Brentford eine große Chance sieht, günstig an vielversprechende junge Spieler heranzukommen. Insbesondere gerade dann, wenn es nach außen so aussieht, als ob diese vorerst gescheitert wären.

Das B-Team spielt in ganz Europa regelmäßig gegen gute Nachwuchsakademien wie Bayern München oder FC Bordeaux, aber auch gegen englische Topakademien wie Chelsea London oder Manchester United, bei denen der FC Brentford B häufig als Sieger vom Platz geht.

Auch während meiner Zeit als Nachwuchsleiter des Schweizer Rekordmeisters Grasshopper Club Zürich spielten wir zwei hochintensive Spiele gegen das B-Team des FC Brentford.

Dabei ist mir neben den guten Strukturen und Prozessen vor allem die Offenheit und Herzlichkeit der Mitarbeiter in Erinnerung geblieben und die tolle Zusammenarbeit zwischen der Profimannschaft und dem B-Team. So hat sich die komplette Staff der Profis das ganze Spiel sehr interessiert angesehen und war auch uns gegenüber sehr offen und hilfsbereit.

Auch die Qualität der Videoanalysten war herausragend und der Austausch äußerst spannend.

So, wie ich es persönlich erlebt habe, ein toller Mix zwischen einer positiven Kultur im Verein und gut strukturierten Prozessen mit Key-Performance-Indikatoren, Datenscouting und statistischer Analyse.

„The idea that I should trust my eyes more than the stats, I don't buy that because I have seen magicians pull rabbits out of hats and I know that the rabbits are not in there."

Billy Beane

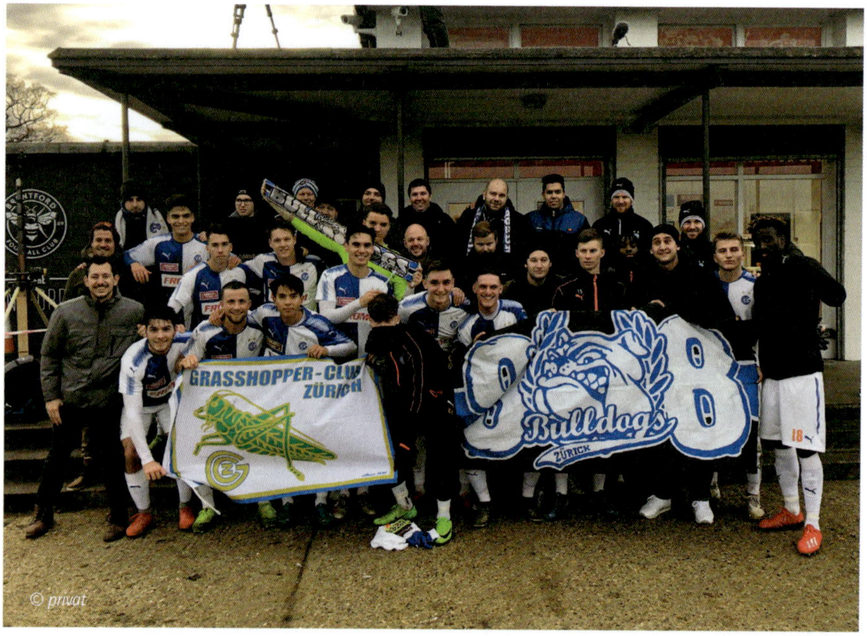

Spiele gegen internationale Gegner: FC Brentford B gegen Grasshoppers Zürich U21, wo der Autor als Nachwuchsleiter tätig war.

Zudem wird auch gegen Männermannschaften gespielt, in denen die jungen Spieler lernen, was englische Härte ist und was Herrenfußball bedeutet.

Die jungen Talente bekommen auch in viel regelmäßigeren Abständen die Möglichkeit, mit und gegen die Profis zu trainieren, als es in anderen Akademien der Fall ist.

Dass sich dieses Modell trotz der anfänglichen Kritik bereits ausgezahlt hat, zeigt das folgende Beispiel:

Der Finne Marcus Forss wurde 2018 von West Bromwich Albion zum B-Team geholt und konnte 2020 das entscheidende Tor erzielen, das den FC Brentford in das Play-off-Finale zur Premier League führte.

Zudem feierten seit Start des B-Teams bereits zahlreiche Spieler ihr Debüt bei den Profis des FC Brentford.

Bereits in der Saison 2016/2017 debütierten vier Spieler aus dem B-Team bei den Profis, mehr als die ganzen 10 Jahre zuvor aus der eigenen Akademie.

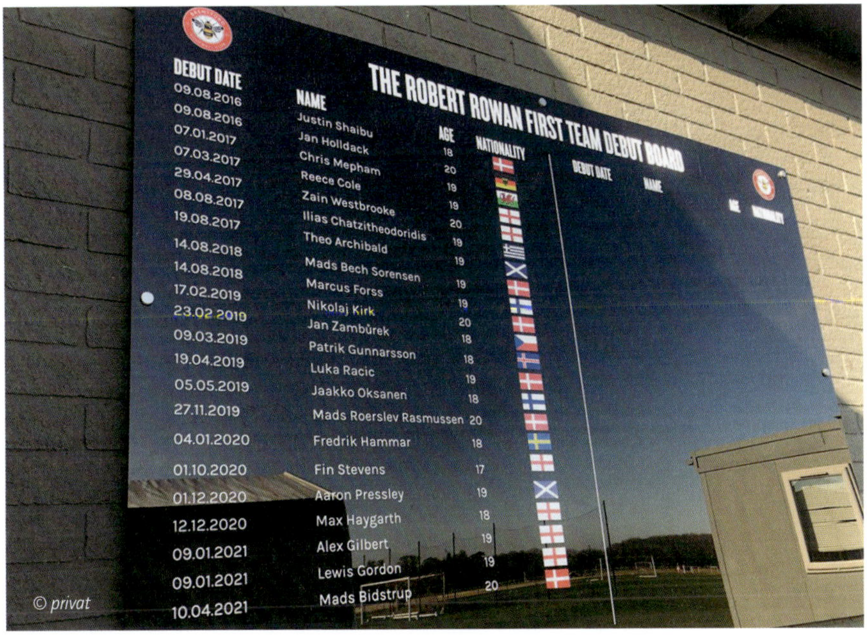

FC Brentford – First Team Debut Board auf dem Vereinsgelände

Dass Benham sich aber ganz sicher nicht gegen eine gute Nachwuchsarbeit und aufgrund von Situationsanalysen entscheiden wird, zeigt das Beispiel FC Midtjylland. Bei diesem Verein erfährt die Nachwuchsarbeit eine hohe Gewichtung und die U19 hat in der UEFA Youth League Mannschaften wie AS Rom oder Manchester United bezwungen.

Aktuell gibt es Gerüchte, dass auch der FC Brentford nach der Rückkehr in die Premier League wieder in eine eigene Akademie investieren wird, was aufzeigt, dass dort immer flexibel auf verschiedene Situationen reagiert wird.

Wie beim FC Midtjylland ist auch das Datenscouting beim FC Brentford extrem erfolgreich.

Ein wichtiger KPI sind dabei die sogenannten *Expected Goals*, auf die im Buch noch näher eingegangen wird. Mit diesem Wert kann die Quantität und Qualität der Torchancen erklärt werden. Das hilft dabei, gerade Offensivspieler zu finden, die unterbewertet sind, weil die tatsächlich erzielten Treffer tiefer liegen als die „erwarteten Tore".

Hier ein paar beeindruckende Beispiele, welche Transfererlöse der FC Brentford mit dieser neuen Denkweise erzielen konnte:

- Said Benrahma wurde für 1,7 Millionen Euro gekauft und für 23 Millionen Euro an West Ham United verkauft.
- Für Stürmer Ollie Watkins wurden sieben Millionen Euro bezahlt und er wurde dann für 34 Millionen Euro an Aston Villa verkauft.
- Neal Maupay kam für unter zwei Millionen Euro und wechselte dann für 15,5 Millionen Euro zu Brighton & Hove Albion.

Seit 2020 spiel Ivan Toney für den Verein und konnte, Stand November 2022, in 103 Spielen bereits 55 Treffer verbuchen und wurde bereits zur englischen Nationalmannschaft eingeladen. Dadurch wird sich der Marktwert aktuell wohl auf über 50 Millionen Euro belaufen und er wird dem Verein zeitnah wohl einen weiteren Rekordtransfer einbringen.

2019/2020 schaltete der FC Brentford in den Aufstiegsspielen Swansea City im wohl teuersten Fußballspiel der Welt aus, wodurch der Sieger allein für den Aufstieg in die englische Premier League fast 300 Millionen Euro erhält.

Je nachdem, wie lange sich der FC Brentford in der Premier League halten wird, kann dieser Betrag noch deutlich anwachsen. Bereits durch den Klassenerhalt im ersten Jahr kamen nahezu noch einmal weitere 100 Millionen Euro hinzu.

Dass sich der einzigartige Ansatz von Matthew Benham sowohl finanziell wie auch am Erfolg gemessen ausgezahlt hat, bedarf keines besonderen Know-hows im Bereich der statistischen Analyse.

Der FC Brentford ist zudem durch diesen Ansatz weltweit bekannt geworden und spielt mittlerweile in einem neuen, hochmodernen Stadion. Das zeigt erneut die Weitsicht auf, nicht nur in Spieler, sondern auch in „Steine und Beton" zu investieren und somit den Verein nachhaltig zu stärken.

Er hat es geschafft, mit beiden Vereinen durch einen einzigartigen Ansatz in kurzer Zeit und auch nachhaltig extrem erfolgreich zu sein. Er hat daran geglaubt, dass ein datenbasierter Ansatz in einem „Low-Scoring-Sport" zum Erfolg führen wird, gerade weil die Konkurrenz nicht darauf zurückgreift und die beiden Vereine somit lange Zeit ein Alleinstellungsmerkmal hatten.

„Hier sind 25 Spieler, die einfach übersehen wurden, wie ungeliebte Spielzeuge. Darin steckt ein Meisterteam. Eins, das wir uns leisten können."

Zitat aus dem Film Moneyball

12 STATSBOMB

„Es ist ein großer Fehler, zu theoretisieren, bevor man Daten hat. Man beginnt unsinnigerweise, Fakten so zu verdrehen, dass sie zu Theorien passen, statt Theorien zu Fakten."

Sherlock Holmes (Romanfigur des britischen Schriftstellers Arthur Conan Doyle)

Seit das Thema Daten im Fußball angekommen ist, gibt es eine stetig wachsende Anzahl an Datendienstleistern, aber auch Internetseiten und Social-Media-Kanäle, die sich dem Thema angenommen haben.

Beobachtet man die Szene, stellt man oft auch starke Abweichungen fest, wie verschiedene Spiele, Spieler oder Key-Performance-Indikatoren gedeutet werden, was zum einem mit der Datenqualität, aber auch mit der Interpretation zu tun hat, welche Statistiken wichtig sind und wie KPIs genau erklärt werden.

Absoluter Vorreiter ist die Firma *StatsBomb*, die neben der Datenqualität auch praktische Erfolgsgeschichten vorweisen kann, weshalb ein Großteil der im Buch zu findenden Beispiele und Ideen auf den im Internet frei zur Verfügung gestellten Datensätzen der Firma *StatsBomb* Bezug nimmt.

Ted Knutson gründete 2017 die Firma *StatsBomb.com* mit dem Ziel, Fußballvereine mit intelligenten Daten zu versorgen, mit denen sie bessere Entscheidungen treffen können.

Bereits im ersten Jahr 2017 erkannte Paris St. Germain die große Chance und nutzt seither die Dienste von *StatsBomb*.

Im Laufe der Zeit sind weltweit Vereine bis in die höchsten Ebenen als Kunden hinzugekommen, um auf dieses spezielle Know-how zurückzugreifen.

Spannend ist für viele der Hintergrund von Ted Knutson, der als „Head of Player Analytics" sowohl beim FC Brentford wie auch beim FC Midtjylland gearbeitet hat. Bei den beiden Vereinen, deren Erfolgsgeschichte auf einem datenbasierten Ansatz beruht.

Knutson zählt weltweit zu den führenden Köpfen, wenn es um Datenscouting, Datenvisualisierung und Standardsituationen geht. Bereiche, die den Unterschied im modernen Fußball ausmachen können.

Auf der Firmenwebseite gibt es viele spannende Einblicke in das Thema Daten im Fußball und qualitativ sehr hochwertigen Content, der absolut empfehlenswert ist, für jeden, der sich mit dieser Thematik näher auseinandersetzen möchte.

https://statsbomb.com/de/

Vor allem die hochwertigen Visualisierungen alleine sind einen Blick wert. Besonders bekannt und beliebt sind die sogenannten *Radars*, mit deren Hilfe es eine Freude ist, z. B. Spielerprofile zu analysieren wie dasjenige von FC-Barcelona-Star Pedri, eines der größten Talente im Weltfußball:

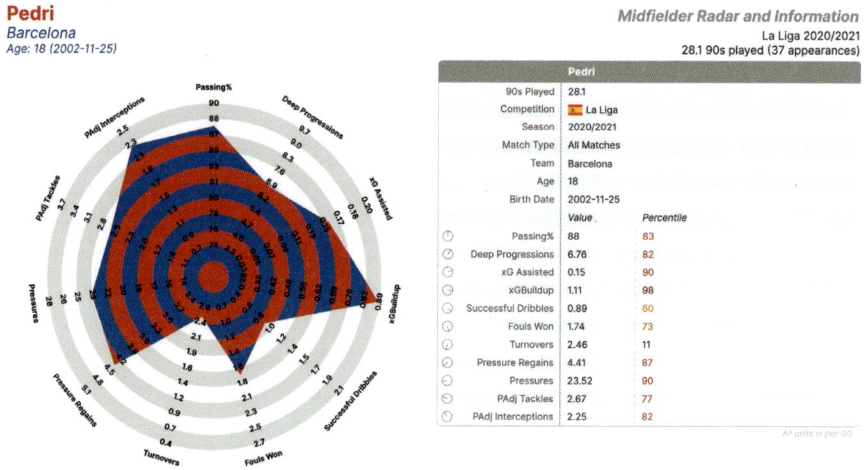

StatsBomb

https://statsbomb.com/articles/soccer/understanding-statsbomb-radars/

Je intensiver die Farben auf dem Radar in einem KPI ausgeprägt sind, desto größer sind die Stärken eines Spielers in diesem Bereich. Diese Tatsache ist extrem hilfreich, gerade wenn man sich über die Gestaltung von Spielerprofilen oder Datenscouting Gedanken macht.

Man sieht auf einen Blick, welche Fähigkeiten Topspieler innerhalb eines gewissen Spielmodells mitbringen.

Hier ein weiteres Beispiel von Weltklassestürmer Harry Keane von Tottenham Hotspurs, das sich spezifisch an den wichtigsten KPIs eines Stürmers orientiert. Dazu zählt beispielsweise die Anzahl der Abschlüsse, die Anzahl der Ballkontakte im 16-Meter-Raum und der xG, auf den wir noch ausführlich zu sprechen kommen werden.

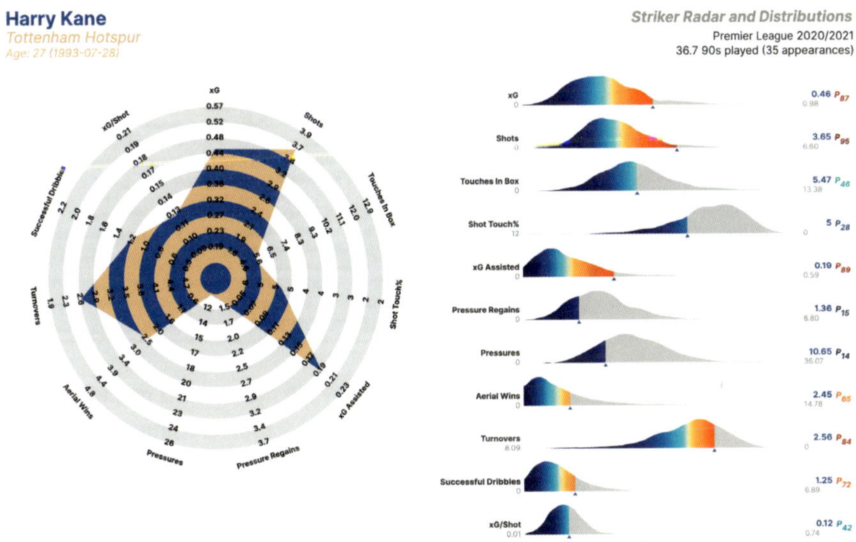

StatsBomb

https://statsbomb.com/articles/soccer/understanding-statsbomb-radars/

„Es gibt Daten ohne Informationen, aber keine Informationen ohne Daten."

Daniel Keys Moran (*1962 amerikanischer Programmierer)

Mittlerweile findet eine jährliche sogenannte *StatsBomb Conference* statt, für die Tickets erworben werden können und die ein hochwertiges Referentenfeld zu bieten hat.

Unter anderem spricht auf der Konferenz auch Ted Knutson selbst und der folgende Vortrag liefert einen interessanten Einblick in die Denkweise eines weltweit führenden Experten, wie man Daten im Fußball gewinnbringend einsetzen kann:

https://www.youtube.com/watch?v=XrRT5btA6Rg

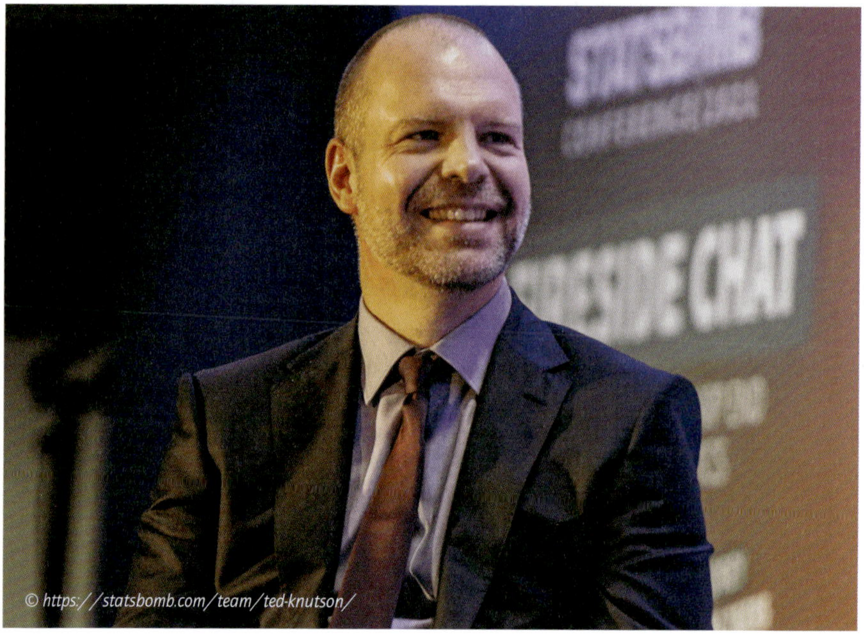

Und wer Lust auf mehr hat, kann sich in folgenden Onlinekurs weiter in das Thema vertiefen:

https://courses.statsbomb.com/courses

„There are a lot of smart people out there producing models and charts with wrong conclusions, not because the models are wrong, but because the DATA is."

– Ted Knutson

13 DATENQUALITÄT STATT DATENQUANTITÄT

„Data is like garbage. You had better know what you are going to do with it before you collect it."
Mark Twain (lateinamerikanischer Schriftsteller, 1835-1910)

Das Thema Big Data ist nicht nur in unserem Alltag fest verankert, sondern mittlerweile auch tief und fest im Fußball angekommen.

Ein zentraler Punkt, der dabei aber oft übersehen wird, ist das Thema der **Datenqualität**, denn mit steigender Datenmenge nimmt Stück für Stück auch die Verwirrung zu.

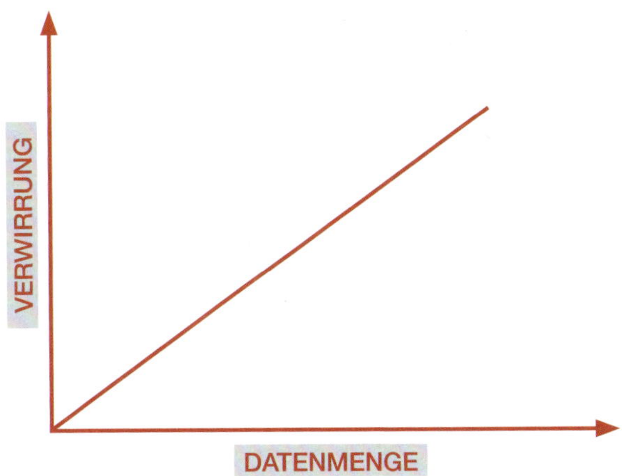

Ohne spezifische Expertise und entsprechend aufgebaute Datenfilter mit ausgewählten Key-Performance-Indikatoren und einem klar definierten Spielmodell und Trainingskonzept ist selbst die größte Datenmenge nutzlos und sorgt dementsprechend für mehr Verwirrung als Klarheit. Dies ist einer der Hauptpunkte, warum vom Thema Big Data Abstand genommen wird.

Aus diesem Grund ist die Qualität der Daten und das Verbinden mit Expertenwissen und Erfahrungsschatz der Erfolgsfaktor Nummer eins. Jeder Fußballfan, Fußballverein, jede Fußballmannschaft, jeder Fußballtrainer und als wichtigster Stakeholder der Fußballspieler selbst wird durch das Thema Big Data einen Qualitätsgewinn erleben.

„Es ist mehr die Qualität als die Quantität, die zählt."

Seneca (römischer Philosoph, 4 vor Christi Geburt bis 65 nach Christi Geburt)

Es geht also darum, Big Data zu Smart Data zu transformieren . . .

Bei Smart Data spricht man von intelligenten Daten, die aus großen Datenmengen anhand von Algorithmen gemäß bestimmter Strukturen extrahiert werden und verwertbares Wissen enthalten.

Auf den Fußball bezogen, heißt das:

Werden große Datenmengen spezifisch durch einen Datenfilter ausgewählt und in Form von sogenannten *Key-Performance-Indikatoren* festgehalten und in letzter Distanz immer durch das Expertenauge und den Erfahrungsschatz eines Fußballtrainers eingesetzt, so macht dies Sinn. Er muss in der Lage sein, die entsprechenden Schlüsse zu ziehen, um die ausgelesenen Daten im Training und am Spieltag richtig anzuwenden.

Dann wollen wir hier im Buch von **Smart Data** sprechen, wodurch sich die beiden Extreme „Datennerd" und „Feldtrainer" gegenseitig bereichern können und dadurch die große Chance haben, die Qualität ihrer Arbeit auf ein neues Niveau zu heben.

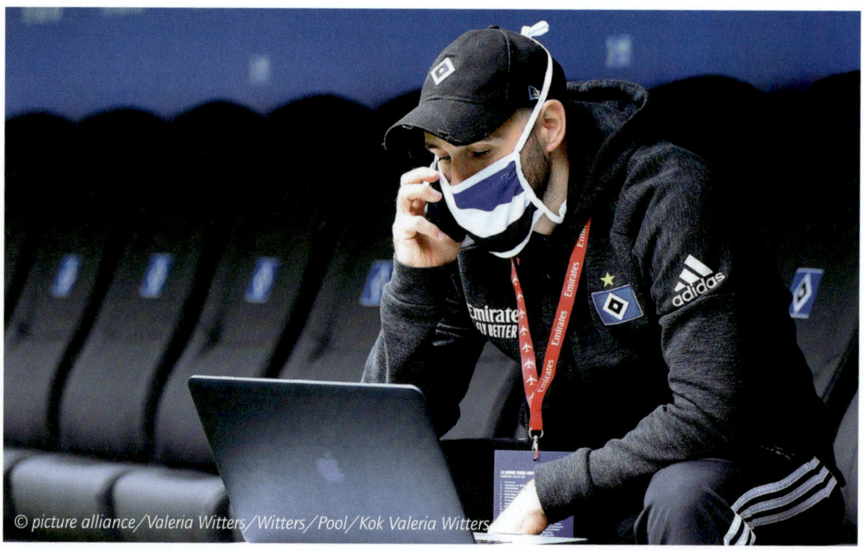

Trifft Big Data auf Smart Data, sind „Laptoptrainer" aus dem Fußball nicht mehr wegzudenken.

14 PROZESSDENKEN

„Ein Prozess – ein Weg, Probleme zu lösen."
John F. Kennedy (35. Präsident der USA, 1917-1963)

Unter einem **Prozess** versteht man laut *Wirtschaftslexikon*:

„Die Gesamtheit aufeinander einwirkender Vorgänge innerhalb eines Systems. So werden mittels Prozessen Materialien, Energien oder auch Informationen zu neuen Formen transformiert, gespeichert oder aber allererst transportiert."

Wichtig in dieser Definition in Bezug auf das Thema Big Data ist vor allem die Aussage, dass Informationen transformiert werden, womit wir erneut beim Thema der Qualität der Daten sind, die man herausfiltert.

Ein weiterer wichtiger Gedanke für den Aufbau von Prozessen, durch die Daten eingesetzt werden, ist das **exponentielle Wachstum**.

Für viele Leser wie auch für mich selbst, die das Fußballspielen auf dem Pausenhof mathematischen Formeln vorgezogen haben, wird nachfolgend die Macht des exponentiellen Wachstums durch einen cleveren Aufbau eines Prozesses in einer indischen Legende über Reis auf einem Schachfeld verdeutlicht:

In Indien lebte vor langer Zeit ein König mit dem Namen Sher Khan. Während dieser Zeit wurde das Schachspiel erfunden, wovon der König so sehr begeistert war, dass er den Erfinder zu sich holen ließ.

Der König sagte zum Erfinder des Schachs – einem sehr weisen und erfahrenen Mann, dass er ihm jeden Wunsch erfüllen würde, wie groß er auch immer sein mochte, da er dieses tolle Spiel erfunden habe.

Der weise Mann bat um etwas Bedenkzeit, bevor er dem König seinen Wunsch mitteilte.

Er hätte gerne auf dem ersten Schachfeld ein einziges Reiskorn. Da lachte der König und fragte, ob das alles sei. Darauf antwortete der weise Mann, dass er auf dem zweiten Feld zwei Reiskörner und auf dem dritten Feld vier Reiskörner haben wollte, auf dem vierten Feld acht Reiskörner und auf dem fünften Feld 16 Reiskörner.

Der König lachte erneut, da er diesen Wunsch für einen Scherz hielt, da sich der Mann alles hätte wünschen können, worauf er ihm sein Wort gab.

Der König teilte dem weisen Mann mit, dass sein Wunsch dämlich wäre und er nicht geizig wäre. Deshalb wollte er ihm zumindest für jedes der Schachfelder doppelt so viele Reiskörner wie auf dem Feld zuvor geben.

Der weise Mann ging mit einem Schmunzeln aus dem Palast, um auf seine Reiskörner zu warten.

Am Abend fragte der König seine Berater, ob der weise Mann seinen Lohn schon erhalten habe, worauf seine Berater nervös wurden und dem König erklären mussten, dass sie diese Menge an Reiskörnern unmöglich zusammenbekommen könnten.

Der König wurde wütend, da er dem Mann sein Versprechen gegeben hatte. Aber seine Berater teilten ihm mit, dass es nicht nur in seinem Königreich, sondern auf der ganzen Welt nicht so viele Reiskörner geben würde, um den Wunsch zu erfüllen.

Der König wurde noch wütender und schrie die Berater an, wie viele Reiskörner denn auf dem letzten Schachfeld sein müssten?!

Die Berater nahmen ein Blatt hervor, auf dem geschrieben stand:

18.446.744.073.709.551.615 Reiskörner.

In Worten ausgedrückt, sind das 18 Trillionen, 446 Billiarden, 744 Billionen, 73 Milliarden, 709 Millionen, 551 Tausend, 615 Reiskörner.

Der König Khan musste nun laut lachen und rief den weisen Mann zu sich, um ihn zu seinem neuen Berater zu machen!

Er ließ den Weisen zu sich rufen und machte ihn zu seinem neuen Berater.

Um sich annähernd vorstellen zu können, was diese Menge Reis bedeutet, ein Beispiel zur Visualisierung:

Die weltweite Erntemenge an Reis betrug 2018 ganze 782 Millionen Tonnen Reis.

Hätte der König dem weisen Mann die Reiskörner bis zum letzten Feld ausgezahlt, wäre das 433-mal die komplette Reismenge, die weltweit 2018 produziert wurde. Das ist die Macht des exponentiellen Wachstums und Prozessdenkens.

Aus dieser spannenden Geschichte kann man einige sehr interessante Punkte für den erfolgreichen Einsatz von Prozessdenkweisen herausziehen, die auch im Fußball hilfreich sind:

- Es ist besser, klein anzufangen, als gar nicht anzufangen.
- Hochmut kommt vor dem Fall.
- Der entscheidende Faktor ist der weise Mann, der diesen Prozess entwickelt hat und der auch in der Lage war, diesen Prozess dem König clever zu verkaufen.
- Langfristige Strategien, heruntergebrochen in kleine Schritte, sind der Schlüssel zum Erfolg und hierfür muss man Geduld haben, was im Fußball leider immer noch ein großer Mangel ist.
- Visualisierung von abstrakten Zahlen und Daten ist sehr wichtig, um diese zielgerichtet zu vermitteln. 18.446.744.073.709.551.615 Reiskörner sind kaum zu visualisieren. Dass dies die 433-fache Menge der weltweiten Reisproduktion wäre, ist schon wesentlich hilfreicher.

James Clear ist der Autor des Buchs *Die 1 % Methode*, das weltweit, Stand 2022, bereits über neun Millionen Mal verkauft wurde.

In diesem Buch beschreibt der Autor, dass es zunächst scheinbar keinen Unterschied macht, ob man eine Entscheidung trifft, die ein Prozent besser oder ein Prozent schlechter ist, zumindest bei einer sehr kurzfristigen täglichen Betrachtung.

Langfristig gedacht, stellt sich jedoch nach einem Jahr ein enormer Unterschied heraus, zwischen systematisch aufgebauten Prozessen, die kontinuierlich wachsen und wenn diese nicht verwendet werden.

James Clear erklärt anhand eines Schaubildes die Schlüsselaussage seines Buchs:

Wenn man jeden Tag ein Prozent besser wird, so ist man nach einem Jahr 31-mal besser geworden als zu Beginn des Jahres.

The Power of Tiny Gains

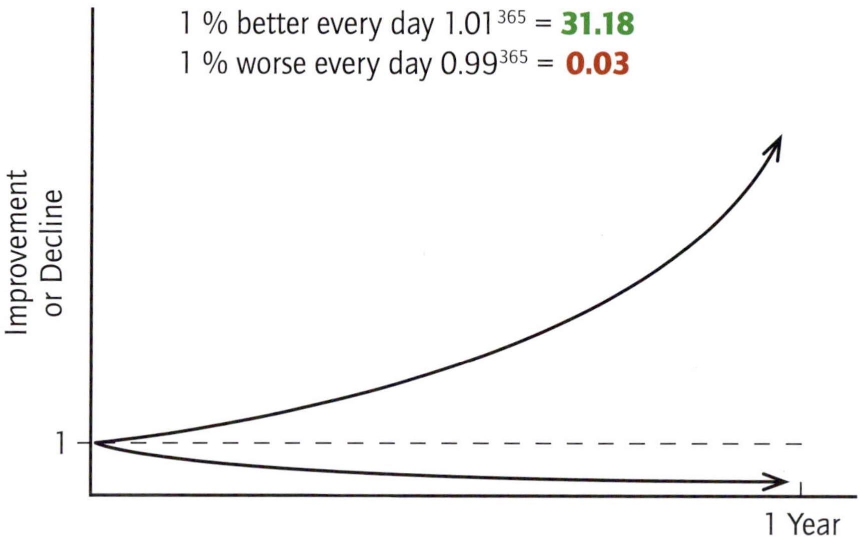

The Power of Tiny Gains (modifiziert nach https://jamesclear.com/continuous-improvement)

Alle Prozesse, die auf und neben dem Platz geschehen, tragen dazu bei, das langfristige Ziel zu erreichen. Gute Gewohnheiten zahlen sich auf lange Sicht immer aus und selbst eine kleine Verbesserung von einem Peozent addiert sich enorm auf über eine komplette Saison.

Für Fergus Connolly, einen weltweit angesehenen Perfomancespezialisten im Leistungssport, besteht die große Gefahr beim Einsetzen von Prozessen darin, den Spieler zum Objekt werden zu lassen. Spieler vertrauen keinem Prozess alleine als solchem, die Spieler vertrauen Menschen, die diese verschiedenen Prozesse implementieren.

Das Einsetzen von Prozessen und Prozessdenken wird erst erfolgreich, wenn man die menschliche Komponente hinzunimmt, da das Gewinnen im Fußball am Ende immer damit zu tun hat, wie gut ein Mensch die Prozesse in der Trainingssteuerung, in der Spielvorbereitung usw. implementieren und sie den Spielern vermitteln kann.

Wie in der Geschichte mit dem Reis auf dem Schachfeld: Der weise Mann hat auf den König einen solchen Eindruck gemacht, dass dieser ihn als Berater einstellte, um in Zukunft für ihn Prozesse aufzubauen und verständlich zu machen.

Dabei geht es zunächst nicht darum, anders zu denken, sondern logisch zu denken, was die Grundvoraussetzung für einen guten Prozessaufbau ist.

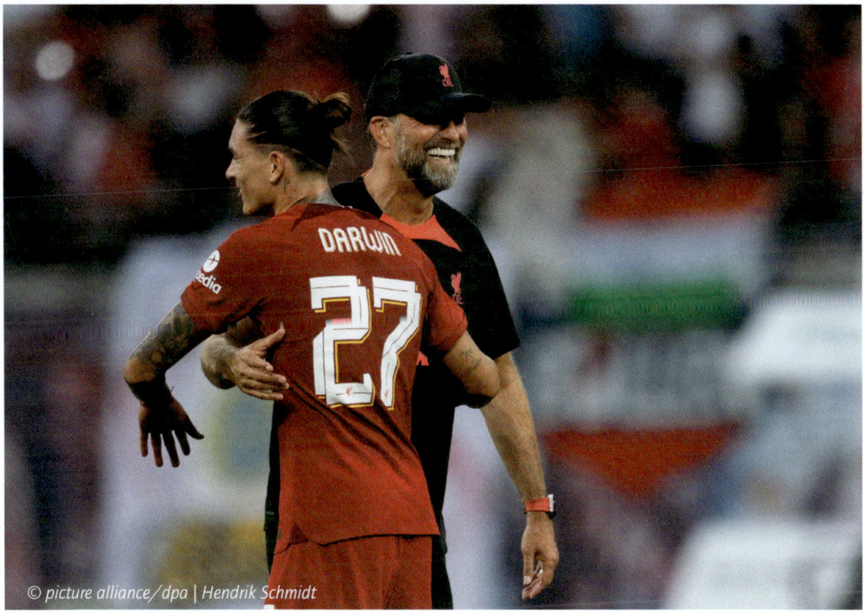

© picture alliance/dpa | Hendrik Schmidt

„Winning is still a people business."

„Sei streng mit dem Prozess, aber sanft mit den Mitarbeitern."
TOYOTA Motor Corporation

https://global.toyota/en/company/vision-and-philosophy/philosophy/

15 KRITISCHE EVALUIERUNG UND REFLEXION

„Nur Kritik schafft Wissen."
James Smith (amerikanischer Sport Consultant)

Ein weiterer wichtiger Punkt bei der Implementierung von Big Data zu Smart Data durch strukturierte Prozesse und Topexperten, die diese richtig anwenden, ist das ständige Reflektieren und kritische Evaluieren.

Diese Kritik und Reflexion muss immer von der Seite des Experten kommen und sollte möglichst breit abgestützt sein, um Prozesse zu verbessern. Deshalb ist auch die Zusammensetzung eines Trainerteams wichtig, in welchem möglichst kontrovers diskutiert werden sollte, jedoch immer mit dem Ziel, den Prozess ständig weiterzuentwickeln.

Der große Vorteil beim Einsetzen von Daten ist, dass objektiv diskutiert werden kann, wodurch es leichter wird, auf menschlicher Ebene ein gutes Verhältnis zu wahren.

Beispielsweise statt wie früher einem Spieler mitzuteilen, dass er ein „fauler Hund" ist und mehr laufen muss, kann man dem Spieler in aller Ruhe heute die GPS-Werte mit der Anzahl der zurückgelegten Sprints vorlegen. Durch diese Strategie wird eine Referenz kreiert, die dem Spieler einleuchtet und man kann dem Spieler auch aufzeigen, in welche Richtung es gerne gehen sollte.

Ähnlich verhält sich dies bei der Beurteilung des Trainers durch den Sportdirektor oder bei der Beurteilung des Sportdirektors durch den Besitzer eines Vereins.

Im weiteren Verlauf des Buchs wird auf die Tatsache eingegangen, dass Fußball ein extrem komplexes Spiel ist, bei dem gerade bei einer kurzfristigen Betrachtung der Zufallsfaktor eine sehr große Rolle spielt, der jedoch mehr und mehr im Laufe einer Saison ausgeglichen wird.

Aus diesem Grund sollten unbedingt immer die sogenannten *Hard Facts* wie Prozesse und die von einem Verein definierten Key-Performance-Indikatoren mit hoher Priorität analysiert werden, anstatt einen Trainer nach drei Niederlagen in Folge zu entlassen, obwohl er die Key-Performance-Indikatoren in diesen drei Spielen stark verbessern konnte. Aber das Spielglück war nicht auf seiner Seite und das würde sich nach einer größeren Zahl von Spielen langfristig statistisch auszahlen.

Emotionen sind wichtig, können aber oftmals gerade bei Kritik schnell in eine falsche Richtung gehen, was einen negativen Einfluss auf persönliche Beziehungen hat. Wird stattdessen sachlich über den Prozess gesprochen und wie man diesen verbessern kann, ist es wesentlich leichter, ein menschlich gutes Verhältnis zu wahren.

„Wer Kritik übel nimmt, hat etwas zu verbergen."

Altkanzler Helmut Schmidt (1918-2015)

16 DAS PARETO-PRINZIP – FOKUS AUF DAS WESENTLICHE

„Mit 20 Prozent des Aufwandes erreichen wir 80 Prozent unseres Erfolges."

Vilfredo Pareto (italienischer Ingenieur, Ökonom und Soziologe, 1848-1923)

Eine der wichtigsten Betrachtungsweisen beim Implementieren von Daten in eine komplexe Spielsportart ist es, den Fokus extrem zu schärfen, wobei das sogenannte *Pareto-Prinzip* eine sehr wichtige Gedankenstütze darstellen kann.

Das Pareto-Prinzip beschreibt ein statistisches Phänomen, benannt nach dem italienischen Ökonomen Vilfredo Pareto, und besagt, dass 80 Prozent der Ergebnisse mit 20 Prozent des gesamten Aufwandes erreicht werden.

Pareto fand heraus, dass in Italien 20 Prozent der Bevölkerung 80 Prozent des Bodens besitzen.

Es gibt endlose weitere Beispiele, die dieses Prinzip belegen:

- 80 Prozent der Stadtbewohner eines Landes leben in 20 Prozent der Städte.
- 80 Prozent der Anrufe führt man mit 20 Prozent seiner gespeicherten Kontakte.
- 80 Prozent des Umsatzes eines Unternehmens entfallen auf 20 Prozent der Produkte.
- 80 Prozent des Umsatzes von Unternehmen werden von 20 Prozent der Kunden erzielt.

Für die Umsetzung einer erfolgreichen Strategie wird es also entscheidend für uns sein, dass wir die 20 Prozent des Inputs identifizieren, der uns 80 Prozent des Erfolgs bringen wird:

- Welche 20 Prozent sind die Topspieler, die herauskommen werden?
- Welche 20 Prozent der Übungen machen unsere Spieler wirklich besser?
- Welche 20 Prozent unserer Prinzipien führen zu 80 Prozent des Erfolgs?
- Welche 20 Prozent unserer täglichen Arbeit bringen uns 80 Prozent des Erfolgs?

Ist eine solche prozessorientierte Denkweise erst einmal installiert, wird es erst richtig interessant, da die Pareto-Verteilung natürlich noch weiter spezifiziert werden kann:

Wenn 20 Prozent des Inputs 80 Prozent des Outputs ergeben, dann müssten vier Prozent Input für 64 Prozent Output sorgen und ein Prozent Input für ganze 51 Prozent Output.

Diese Denkweise der Pareto-Verteilung ist ein praktisches Denkwerkzeug, das den Fokus in jedem Verein und in jedem Trainerstab intensiv schärfen kann, vor allem auch beim Thema Daten im Fußball. Es muss permanent geprüft werden, ob die ausgewählten Key-Performance-Indikatoren auch die entsprechende Wichtigkeit für den Erfolg haben und wie diese untereinander korrelieren und gelistet werden.

Wichtig in diesem Zusammenhang ist die Trennung und Erklärung der Begrifflichkeiten **Effizienz** und **Effektivität**:

- **Effizienz:** „Die Dinge richtig tun."
- **Effektivität:** „Die richtigen Dinge tun."

„Efficiency is doing things right, effectiveness is doing the right things."
Peter Drucker (amerikanischer Ökonom österreichischer Herkunft, 1909-2005)

Falsche Dinge, die keinen Erfolg bringen, effizient zu erledigen, führt nicht zum Ziel.

Zusätzlich kann dann auch immer mehr das Thema **Produktivität** spezifisch für einen Verein oder einzelne Personen wie Spieler oder Trainer definiert werden:

Produktivität = Effektivität x Effizienz

Es geht, einfach gesagt, darum, die wichtigen Dinge so gut wie möglich zu erledigen. Das führt zu einer prozessorientierten Denkweise mit einer höheren Produktivität, was sich wiederum bei entsprechender Geduld auch in Resultaten niederschlagen wird.

Ist das Pareto-Prinzip verankert, sollte jeder Stakeholder im Fußball sich nun permanent hinterfragen, ob die Tätigkeit oder die Sitzung oder die Trainingseinheit, die man gerade ausführt, uns wirklich zum Ziel führt!

Das Pareto-Prinzip (Die 80/20-Regel)

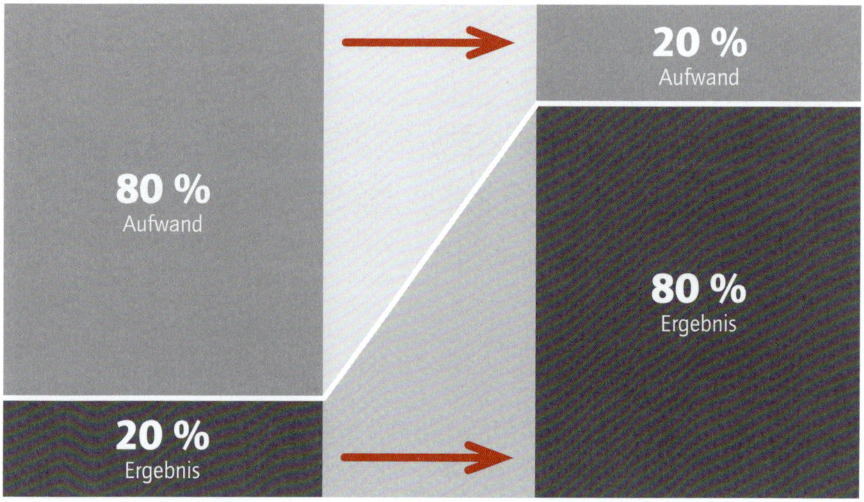

„Focus on being productive, instead of being busy." (modifiziert nach https://der-prozessmanager.de/aktuell/wissensdatenbank/pareto-prinzip)

„Fokussiere dich darauf, produktiv zu sein und nicht beschäftigt."

Tim Ferriss

17 KOGNITIVE VERZERRUNGEN

„Die Intuition steht dem klaren Denken im Weg."

Nobelpreisträger Daniel Kahneman (israelisch-amerikanischer Psychologe, *1934)

- *Wie heißt die Hauptstadt von Frankreich?*
- *Und wie viel ist 243 x 88?*

Wie vermutlich jeder Mensch haben Sie bei der zweiten Frage deutlich länger als bei der ersten Frage gebraucht, bei der wahrscheinlich bereits im Moment des Lesens die Antwort klar war.

Was Sie gerade erfahren haben, sind die zwei verschiedenen Arten des Denkens, das schnelle, intuitive und unbewusste Denken und das langsame, aber bewusste Denken.

Oder auf den Kontext des Buchs bezogen Bauchgefühl und objektive Daten.

Matthew Benham, der Besitzer des FC Brentford, empfiehlt seinen Mitarbeitern das Buch *Schnelles Denken, langsames Denken* von Professor Daniel Kahneman, Princeton-Universität, zu lesen.

In diesem Buch geht es neben der Unterscheidung zwischen zwei verschiedenen Arten des Denkens vor allem um das Aufzeigen von kognitiven Verzerrungen gerade bei Entscheidungen, die schnell getroffen werden, wie es im Fußball oftmals der Fall ist.

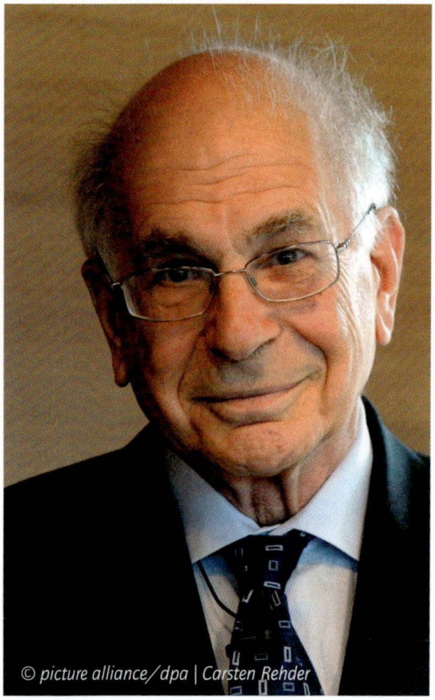

„Wir machen alle immer wieder extreme Voraussagen auf der Basis von sehr wenigen Informationen."

Nobelpreisträger Daniel Kahneman

Wer sich etwas schneller über diese kognitiven Verzerrungen informieren möchte, dem ist das Buch des Schweizer Erfolgsautors Rolf Dobelli *Die Kunst des klaren Denkens* zu empfehlen, das mit einer Vielzahl von Beispielen aus dem Alltag auf diese kognitiven Verzerrungen eingeht und wie wir diese für uns nutzen können.

Gerade für ein schnelllebiges Geschäft wie den Fußball ist der Prozess des Bewusstwerdens dieser kognitiven Verzerrungen ein wichtiges Tool, um bessere Entscheidungen zu treffen.

Nachfolgend sind ein paar Beispiele aus diesen Büchern mit einem Bezug auf den Fußball aufgeführt, um dem Leser die Bedeutung dieser beiden Bücher und die positiven Auswirkungen für die Arbeit im Fußballbereich schmackhaft zu machen:

Attributionsfehler

Hier wird die kognitive Verzerrung beschrieben, dass bei Beobachtungen zu schnell Rückschlüsse auf die Charaktereigenschaften gezogen werden, anstatt die jeweilige Situation mit einzubeziehen. Beispiel aus dem Fußball: Interpretation des Verhaltens eines Spielers bei einer Roten Karte.

Auswirkungsverzerrung

Sie beschreibt die Verzerrung der Intensität und Dauer einer zukünftigen emotionalen Reaktion. Beispiel aus dem Fußball: Verhalten der Spieler nach einer Serie von Niederlagen.

Beharren auf Überzeugungen

Dies beschreibt das Festhalten an einer ersten Hypothese, obwohl neue Informationen dieser Überzeugung widersprechen (siehe Kap. 23.1).

Bestätigungsfehler

Eine der im Fußball wohl am häufigsten auftretenden Verzerrungen, die beschreibt, Informationen so auszuwählen und zu interpretieren, dass sie die eigenen Erwartungen bestätigen. Beispiel aus dem Fußball. Eine Mannschaft hat mehr Ballbesitz und gewinnt ein Spiel und man schreibt den Erfolg dieser Tatsache ohne Kontext zu, da man selbst gerne Ballbesitzfußball hat.

Dunning-Kruger-Effekt

Dies beschreibt den Effekt, dass weniger kompetente Menschen ihr eigenes Können überschätzen. Beispiel aus dem Fußball: Trainernovizen, die die Meinungen erfahrener Experten nicht ernst genug nehmen.

Status-quo-Verzerrung

Sie beschreibt die Bevorzugung des Status quo gegenüber Veränderungen. Zum Beispiel die Aversion gegen einen datenbasierten Ansatz im Fußball.

Überlebenden-Verzerrung

Sie beschreibt eine Verzerrung zugunsten der „Überlebenden". Ein Beispiel aus dem Fußball wäre der Relative-Age-Effekt.

Verlustaversion

Dies ist die Tendenz, Verluste höher zu gewichten als Gewinne. Beispiel aus dem Fußball: extreme Niedergeschlagenheit nach einer Niederlage.

18 DAS SPIELMODELL – DIE GRUNDLAGE FÜR EINEN DATENBASIERTEN ANSATZ

„Siegen wird der, dessen Armee in allen Rängen vom gleichen Geist beseelt ist."

Sunzi, *Die Kunst des Krieges* (ein Buch über Militärstrategien, wohl um 500 vor Christus in China entstanden)

Im nächsten Kapitel geht es darum, die Grundlage zu schaffen, damit Daten, Statistiken und KPIs überhaupt angewendet werden können. Der Kardinalfehler Nummer eins beim Umgang mit Daten ist:

- Es liegt kein ausgearbeitetes Spielmodell und keine Trainingsmethodologie vor!

Ohne ein definiertes Spielmodell, das durch eine passende Trainingsmethodologie umgesetzt wird, sind Daten völlig wertlos, weil man nicht weiß, was man denn überhaupt messen soll und wie man die Daten gewinnbringend auf dem Platz einfließen lassen kann.

Oder wie ein Informatiker sagen würde: „Garbage in, garbage out", oder kurz: GIGO („Müll rein, Müll raus").

Hat ein Verein oder ein Trainer kein eigenes Spielmodell entwickelt, kann Big Data nicht in Smart Data umgewandelt werden. Daher sind die folgenden Seiten enorm wichtig und sollen dabei helfen, wie man ein eigenes Spielmodell in fünf Schritten entwickeln kann oder welche Fragen man sich stellen kann, um es zu verbessern.

Dabei ist wichtig, festzuhalten, dass eine Spielidee und ein Spielmodell immer pragmatisch flexibel an Situationen angepasst werden soll, ohne dabei langfristig die eigene Identität zu untergraben.

„Flexibel sein durch Akribie!"

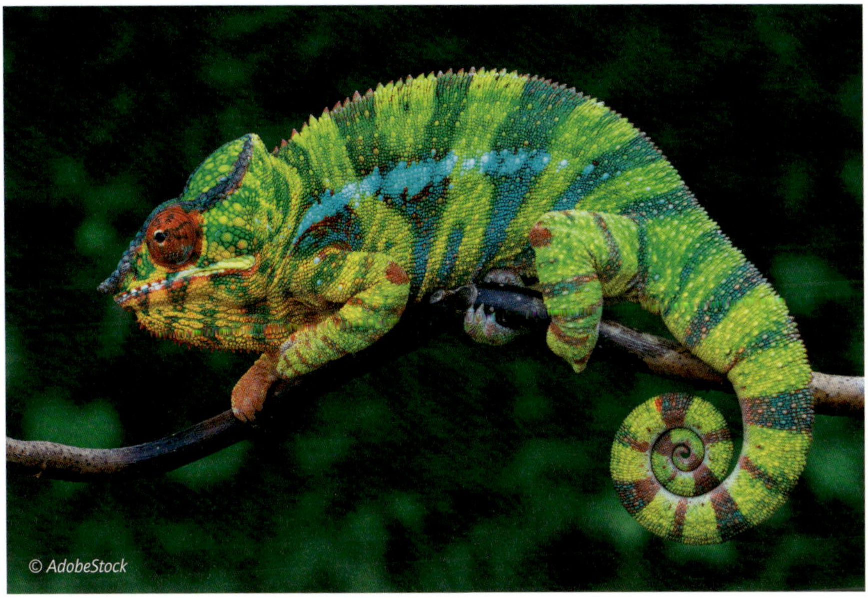

„Ein Chameleon wechselt die Farbe, bleibt aber immer ein Chameleon."

Vitor Frade (portugiesischer Fußballtrainer, *1944)

18.1 IN FÜNF SCHRITTEN ZUM EIGENEN SPIELMODELL UND ZUM PLAYBOOK

Eine der häufigsten Fragen, die mir im Laufe meiner Tätigkeit als Ausbildungschef und Technischer Direktor begegnet ist, lautet folgendermaßen:

- *Wie kann ein eigenes Spielmodell, abgestimmt auf die jeweiligen Gegebenheiten, entwickelt werden?*

Dabei ist grundsätzlich festzuhalten, dass es keine Rolle spielt, ob eine Mannschaft in der Champions League oder in der Kreisliga spielt. Fußball ist immer dasselbe Spiel mit denselben Regeln.

Ob in der Kreisliga, bei den F-Junioren oder den B-Juniorinnen, alle üben dieselben Fußballaktionen aus: Sie passen, sie pressen, sie schalten um, sie schießen etc.

Der einzige Unterschied ist, dass, je höher das Spielniveau ist, alle Aktionen und Situationen unter einem höheren Raum-, Zeit- und Präzisionsdruck ausgeführt werden müssen.

Aus diesem Grund ist das „WAS?", also die Vorgehensweise, der Aufbau und die Fragestellung unabhängig von der Spiel- und Altersklasse gleich.

Beim „WIE?", also beim Füllen des Spielmodells mit konkreten Prinzipien, müssen dann natürlich situativ die Umstände wie Alters- und Leistungsstufe und auch die Trainingshäufigkeit berücksichtigt werden. Wichtig ist auch, wie sehr man bei den Sub- und Subsub-prinzipien in die jeweiligen Details geht.

Wichtig ist, dass, wie im Buch aufgezeigt, das eigene Spielmodell nie als unumstößliches Paradigma angewendet werden darf und man sich immer nach den jeweiligen Gegebenheiten richten muss. Dazu zählen die zur Verfügung stehenden Spieler, der Tabellenplatz, die Ziele des Vereins, die Art des Fußballplatzes (z. B. großer Kunstrasen oder kleiner Naturrasen) und viele weitere Faktoren, die im Buch aufgezeigt wurden.

Die bereits erwähnte Chamäleonmetapher von Vitor Frade ist hierfür eine hilfreiche Gedankenstütze: Ein Chamäleon (das Spielmodell) bleibt immer ein Chamäleon, muss aber in gewissen Situationen (externe Faktoren, oftmals auch nur für ein Spiel) die Farbe wechseln, bleibt aber auch dann immer dasselbe Chamäleon.

Dasselbe gilt auch für die Wahl der Grundordnung, die dabei hilft, das Spielmodell und die Prinzipien passend auf die verfügbaren Spieler und weitere Faktoren erfolgreich abzustimmen. Es lassen sich sowohl im 1-3-5-2 wie auch mit einem 1-4-3-3 dieselben Prinzipien umsetzen.

Die folgenden fünf Schritte sollten unbedingt alle schriftlich festgelegt werden, denn nicht nur in der Bibel gilt, dass am Anfang das Wort steht. Dieser Grundsatz sollte auch zwingend für ein gutes Spielmodell gelten, damit einzelne Schritte und Reflexionen jederzeit nachvollzogen werden können.

An dieser Stelle möchte ich explizit das Buch *How hard can it be?* des Dänen Mads Davidsen erwähnen, der zu den weltweit führenden Fachleuten zählt, wenn es darum geht, einen datenbasierten Ansatz mit einem Spielmodell zu verknüpfen und dessen Wissen und Umsetzung eine große Inspiration für dieses Buch und die folgenden Schritte war.

18.2 SCHRITT 1: DIE ACHT GRUNDSATZFRAGEN – SPIELEN WIR, UM ETWAS ZU ERREICHEN ODER UM ETWAS ZU VERHINDERN?

Im ersten Schritt muss die Antwort auf diese elementare Grundsatzfrage gegeben werden.

Von dieser Grundausgangslage habe ich das erste Mal von Flemming Pedersen, dem Technischen Direktor und ehemaligen Trainer der Profimannschaft des FC Nordsjælland, gehört. Sie ist eine enorme Gedankenstütze, auch in der späteren Analyse der Verhaltensweise der eigenen Mannschaft.

Hier gibt es kein Richtig oder Falsch, beide Wege führen zum Erfolg. In der Ausbildung junger Spieler sollte logischerweise die Grundidee, Spieler mit einer Spielidee auszubilden, im Mittelpunkt stehen. Es darum geht, etwas zu erreichen, was die größere Chance bietet, dass ein Spieler sein volles Potenzial entfalten kann.

Weitere wichtige Grundsatzfragen zu dieser Thematik können wie folgt aussehen:

SPIEL ODER KAMPF?

- *Nehme ich Fußball als ein schönes Spiel wahr oder denke ich, dass Kampf die Grundvoraussetzung für Erfolg ist?*

POSITIV ODER NEGATIV?

- *Nehme ich auftretende Situationen als Problem oder als Chance wahr?*

KONSTRUKTIV ODER ZERSTÖREND?

- *Möchte ich konstruktiv von Zone zu Zone das Spiel aufbauen oder lege ich mein Spiel auf „Kick and Rush" aus, um mit vielen Duellen und zweiten Bällen Chaos zu erzeugen?*

PROAKTIV ODER REAKTIV?

- *Möchte ich, dass meine Mannschaft das Spiel in allen Phasen kontrolliert oder richte ich mein Spiel nach dem Gegner aus, um dessen Spiel zu zerstören und auf Fehler zu warten?*

KOLLEKTIV ODER INDIVIDUELL?

- *Gehe ich davon aus, dass Fußball ein Mannschaftssport ist, wobei das Ganze größer als die Summe seiner Teile ist?*
- *Oder ist es meine Überzeugung, dass jede Kette nur so stark wie ihr schwächstes Glied ist und Spiele durch Einzelspieler entschieden werden?*

SCHNELLER FUSSBALL ODER LANGSAMER FUSSBALL?

- *Möchte ich ein schnelles, flüssiges Spiel mit möglichst vielen Aktionen oder ein langsames Spiel mit vielen Unterbrechungen und langen Spielpausen?*

KOGNITIV ODER KÖRPERLICH?

- *Gehe ich davon aus, dass ich mehr Spiele mit handlungsschnellen Spielern gewinne oder indem wir körperlich in den Duellen stärker sind?*

Am besten markiert man auf einer Skala von 1-10, wo man sich bei den jeweiligen Fragen positioniert.

Wichtig ist hierbei, dass die Diskussion nie dogmatische Formen annimmt und immer in der Konstellation „Sowohl-als-auch" gedacht wird, anstatt „Entweder-oder". So können die Antworten auf die Fragen auch selbstverständlich voneinander abweichen.

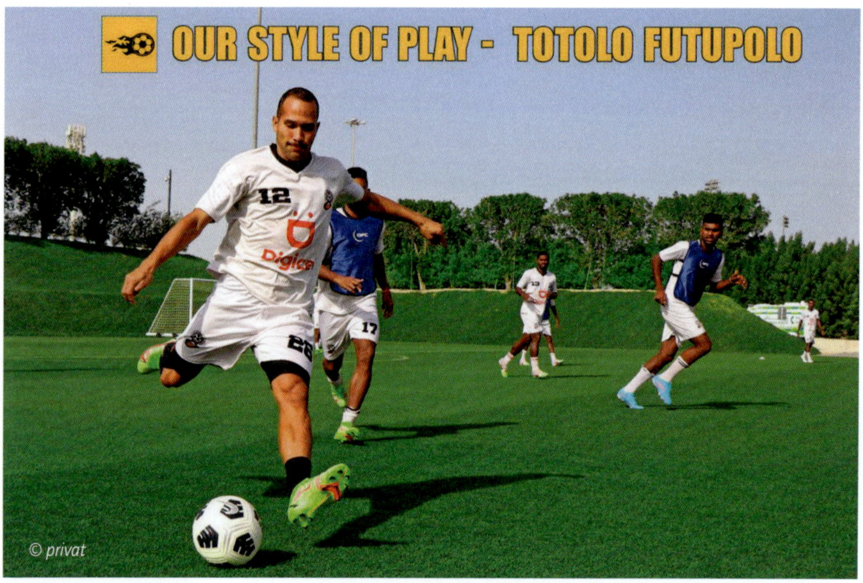

Auch beim Fußballverband in Fidschi bildet das Spielmodell die wichtigste Grundlage.

18.3 SCHRITT 2: DIE GRUNDAUSSAGE DER EIGENEN SPIELIDEE

Nach der Beantwortung der Grundsatzfragen werden im nächsten Schritt, darauf aufbauend, in kurzen, prägnanten Sätzen die folgenden Fragen beantwortet, die dabei helfen, wie das Spiel generell interpretiert werden soll:

- *Welchen Fußball erwarten die Fans?*
- *Für welchen Fußball möchte ich selbst stehen?*
- *Welchen Fußball können wir mit den vorhandenen Möglichkeiten spielen?*
- *Wie wollen wir Tore erzielen?*
- *Wie wollen wir Gegentore verhindern?*
- *Wie wollen wir den Ball zurückerobern, wenn wir ihn verloren haben?*
- *Wie wollen wir bei Ballgewinn agieren?*

Die Antworten auf diese Fragen werden dann zu einer markanten Grundaussage verschmolzen, die die grundlegende Spielidee beschreibt und als Orientierung für die nächsten Schritte wie auch ein einprägsames internes und externes Kommunikationsmittel darstellt.

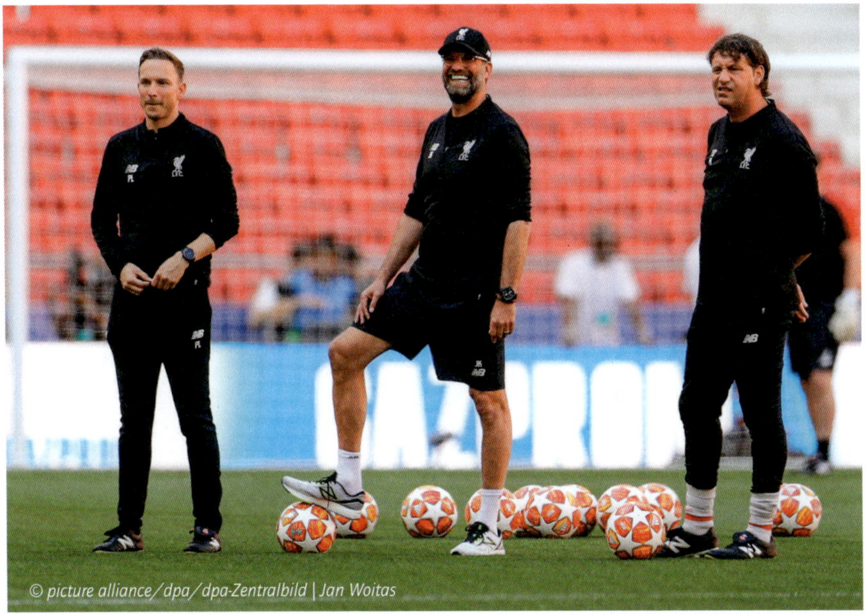

Pepijn Lijnders – „attack, attack, attack": die Grundsatzhaltung der Spielidee des FC Liverpool

Hier ein Beispiel von Pepijn Lijnders, dem Co-Trainer von Jürgen Klopp beim FC Liverpool:

„Our style is to attack, with and without the ball. We realize that the game is played with one ball, our ball, and we steal it back wherever on the pitch and we use it to attack the opponent. It doesn't matter who we play against, we will press them high and aggressively and we will attack and attack them again."

18.4 SCHRITT 3: DIE BAUSTEINE FÜR DAS 10-PHASEN-MODELL

Im dritten Schritt gilt es nun, für diese 10 Bausteine, aufbauend mit der Haltung aus den acht Grundsatzfragen aus Schritt 1 und der Grundaussage der eigenen Spielidee, die wichtigsten Prinzipien und Verhaltensweisen für jeden Baustein zu definieren.

Das Grundgerüst mit den 10 Bausteinen sieht wie folgt aus:

Offensive: Wir haben den Ball – der Gegner ist organisiert.
Phase 1: Spieleröffnung und Spielaufbau
Phase 2: Überbrücken und vorbereiten
Phase 3: Finalisieren und abschließen

Umschalten auf Defensive:
Der Gegner hat den Ball – wir sind unorganisiert.

Defensive: Der Gegner hat den Ball – wir sind organisiert.
Phase 1: Forechecking und Angriffspressing
Phase 2: Situatives Angriffspressing und Mittelfeldpressing
Phase 3: Abwehrpressing und Torverteidigung

Umschalten auf Offensive:
Wir haben den Ball – der Gegner ist unorganisiert.

Standardsituationen:
Offensive Standardsituationen
Defensive Standardsituationen

18.5 SCHRITT 4: DETAILARBEIT – DIE SUBPRINZIPIEN

Nachdem im dritten Schritt das Grundverhalten und die wichtigsten großen Prinzipien den 10 Bausteinen zugeordnet wurden, geht es nun eine Schicht tiefer in die Subprinzipien.

Dabei hilft die Beantwortung der folgenden Fragen, die dann unter den großen Prinzipien, die für die 10 Bausteine definiert wurden, als Subprinzipien genauer konkretisiert werden:

- *In welchen Phasen möchte ich dominant auftreten? In allen vier oder wähle ich eine konkrete Phase aus?*
- *Wie sehen die kollektiven und simultan stattfindenden Verhaltensmuster aus? Welche Spieler haben welche Aufgabe in entsprechenden Situationen?*
- *Wie ordne ich die Reihenfolge für eine bessere Orientierung der Spieler für Referenzpunkte wie Ball, Raum, Mit- und Gegenspieler?*
- *Wie wollen wir generell das Spielfeld aufteilen?*
- *Wie viele Linien wollen wir horizontal und vertikal kreieren?*
- *Welche Räume und Zonen wollen wir im Idealfall bespielen? Wollen wir eher durch das Zentrum oder über die Außenbahnen kommen?*
- *Wie sollen die gewünschten Abstände zwischen den einzelnen Linien und den Spielern in den entsprechenden Phasen aussehen?*
- *Wollen wir grundsätzlich aus einem Mittelfeldpressing agieren oder eher aus einem hohen oder tiefen Pressing oder gar aus einer Mischform?*
- *Lenken wir den Gegner nach innen oder nach außen? Wie sehen unsere Pressingsignale aus?*
- *Wie organisieren wir unsere Restverteidigung, wenn wir im Angriff sind?*
- *Wie positioniere ich meine Spieler, um bei Ballgewinn möglichst optimal zu kontern?*
- *Wie positioniere ich meine Spieler in der Ballbesitzphase, sodass sie bei einem Ballverlust möglichst optimal in die Gegenpressingmomente kommen?*
- *Verteidige ich Standardsituationen mit einer Zonen- oder einer Manndeckung oder eventuell mit einer Mischform?*
- *Möchte ich Spieler beim Eckball gegen uns am Pfosten positionieren und, wenn ja, an welchem oder gar an beiden?*

- *Welche Varianten wähle ich bei offensiven Eckbällen und Freistößen?*
- *Wie möchte ich das Spiel beim Torabstoß konkret eröffnen? Welche Varianten wähle ich?*
- *Was ist die Grundidee bei eigenen Einwürfen? Unterscheidet sich diese Idee je nach dem Ort des Einwurfs?*

18.6 SCHRITT 5: SUBSUBPRINZIPIEN UND POSITIONSPROFILE

Im fünften Schritt werden die Verhaltensweisen aus den Subprinzipien noch genauer auf das konkrete Verhalten in den einzelnen Positionen festgelegt.

- *Wie positionieren sich oder rotieren zum Beispiel die zentralen Mittelfeldspieler im Spielaufbau, wenn der Innenverteidiger den Ball vom Torspieler erhält?*
- *Oder wie sieht konkret die Besetzung im 16-Meter-Raum aus, wenn ein Durchbruch auf die Grundlinie erfolgt ist?*
- *Welcher Spieler läuft welchen Punkt an und welche Positionen sichern hier konkret eine mögliche Kontersituation ab?*

Daraus sollten für eine optimale Umsetzung auch Positionsprofile erstellt werden, was äußerst hilfreich zur allgemeinen Orientierung und für eine einheitliche Denkweise ist und somit auch einen großen Einfluss auf verbesserte Abläufe im Scoutingbereich hat.

Nun wissen nicht nur die vorhandenen Spieler genau, was von ihnen erwartet wird und somit herrscht eine stark verbesserte Kommunikation und eine geregelte Erwartungshaltung. Auch die Scouts können ganz gezielt ihrer Arbeit nachgehen.

Sind diese fünf Schritte definiert, können alle Punkte dann in ein sogenanntes *Playbook* eingearbeitet werden.

Hierbei können die oben beschriebenen Prozesse interaktiv mit Zeichnungen, Bildern und vor allem Videomaterial unterstützt werden. Dazu zählen z. B. Videoclips von Best-Practice-Beispielen, in denen die gewünschten Verhaltensweisen und Prinzipien von internationalen Spitzenteams als Referenzen gezeigt werden.

Dabei sei der Hinweis gegeben, dass bei der Auswahl dieser Clips darauf geachtet werden sollte, dass die gegnerische Mannschaft in der Szene im gezeigten Clip ebenfalls gut organisiert auftritt und dann aufgrund des Spielprinzips geknackt wird. Etwaige „Auflösungserscheinungen" der Mannschaft würden die Referenz verfälschen.

Zudem können auch die passenden Trainingsübungen zur Verbesserung der Prinzipien aus dem Spielmodell dokumentiert und ebenfalls gefilmt werden. Im Idealfall können die umgesetzten Verhaltensweisen der eigenen Mannschaft in diesem Playbook mit einem Videoclip dokumentiert werden, was der Glaubwürdigkeit dieses Prozesses extrem dienlich ist.

Bei der Übungsauswahl ist ebenfalls stark darauf zu achten, dass an einem Trainingstag, an dem z. B. Offensivprinzipien verbessert werden sollen, die Defensive ebenfalls top organisiert ist, da nur so ein Trainingseffekt entsteht.

Dann überladen sich diese beiden Phasen gegenseitig, um so in jedem Training einen Verbesserungseffekt zu erzielen, indem man von 100 Prozent auf 101 Prozent kommt. Im nächsten Training stellen diese dann die neuen 100 Prozent als Ausgangspunkt dar.

Diese Prozesse sind nie perfekt und das eigene Spielmodell mit dem dazugehörigen Playbook muss permanent angepasst und der Situation entsprechend adaptiert werden und wird somit zu einer, auf den Fußball bezogenen, lebenslangen Aufgabe.

Die Erstellung und Visualisierung eines eigenen Spielmodells bildet einen tollen Orientierungsrahmen für die eigene Arbeit, aber dient auch, wie bereits mehrfach bei vielen Trainerkollegen erlebt, als eine wichtige Stütze für eine erfolgreiche Bewerbung.

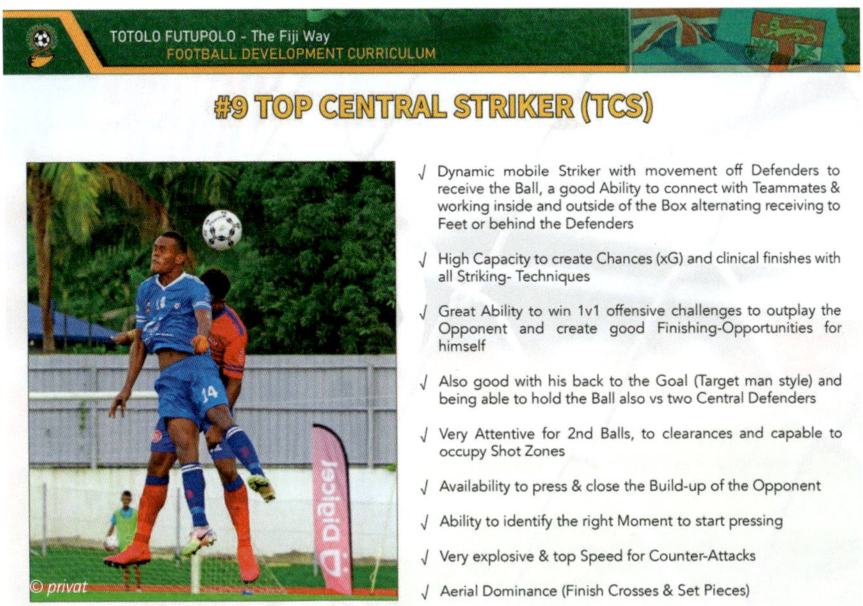

Beispielseite eines Positionsprofils aus „Totolo Futupolo" des Fußballverbandes von Fidschi

19 RICHTIGE INFORMATIONEN IN GUTE PROZESSE INTEGRIERT = SYSTEMATISCHE STÄRKE

„Zuverlässige Informationen sind unbedingt nötig für das Gelingen eines Unternehmens."
Christoph Kolumbus (italienischer Seefahrer und Entdecker, 1451-1506)

Alle statistischen Analysen und KPIs müssen einem Zweck dienen: die Chancen auf Erfolg zu steigern.

Viele Trainer winken beim Thema KPIs und Daten ab, informieren sich aber genauso wie Sepp Herberger bei der WM 1954 schon Tage vor dem Spiel zum Beispiel über die Wetterverhältnisse am Spieltag.

Doch im Grund genommen ist die Ermittlung von Wetterdaten ebenfalls so komplex, wenn nicht sogar komplexer, als statistische Analysen.

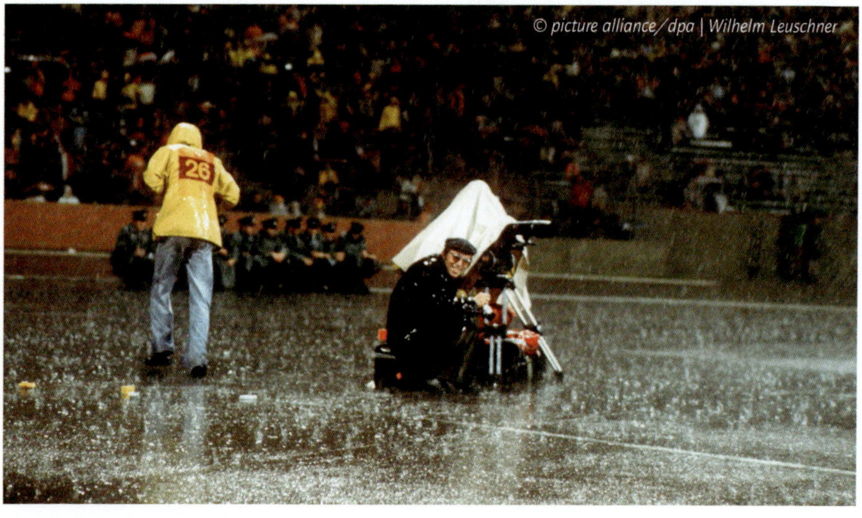

Die Analysen von Wetterdaten sind im Fußball seit langer Zeit fest verankert.

Wenn man also die Wettervorhersagen in seine Planungen miteinbezieht, warum nicht auch Statistiken und Daten?!

Gerade die Kombination aus quantitativen und qualitativen Daten kann dabei extrem hilfreich sein, um Informationen bestmöglich einzusetzen.

Um bei unserem Wetterbeispiel zu bleiben, kann es bei schlechtem Wetter und damit oftmals einhergehenden schlechten Platzverhältnissen durchaus Sinn machen, die Spielidee etwas flexibler und pragmatischer anzugehen, gerade unter Einbezug der Gegneranalyse.

Im Idealfall werden hierfür verschiedene Arten von Analysen und Informationen genutzt, um den bestmöglichen Output zu erreichen.

- Retroperspektive Analysen: Videoanalyse des letzten Spiels.
- Analyse von Statistiken und Daten: *Wie erzielt der Gegner z. B. einen Großteil seiner Tore?*
- Liveanalysen: *Was passiert gerade während des Spiels und wie reagiere ich darauf, um meiner Mannschaft zu helfen, das Ziel zu erreichen?*

Die ersten beiden Punkte, retroperspektive Analyse und die Analyse von Statistiken und Daten, sollten, wie wir gesehen haben, sich immer am Spielmodell und an der Gegneranalyse orientieren, um so der Trainerstaff und dem Cheftrainer mit dem Expertenauge eine bestmögliche Informationsgrundlage zu liefern.

Bei den Analysen aus der Retroperspektive wird, wie es der Name sagt, die Vergangenheit analysiert und mithilfe von Daten und Gegnerbeobachtungen ein Plan entwickelt, wie das kommende Spiel angegangen werden soll, damit die Siegeschancen möglichst hoch sind. Dies ist mehr ein Handwerk als eine Kunst, wie diese Punkte aufbereitet werden und wofür in der Regel mindestens mehrere Tage zur Verfügung stehen.

Die Liveanalyse hingegen ist mehr eine Kunst als ein Handwerk, da der Trainer in der Hitze des Gefechts in der Lage sein muss, das Spiel zu analysieren und Entscheidungen zu treffen. Daher ist der nächste große Trend, der bereits in vollem Gange beim Thema Daten und Statistiken ist, dass die Daten so frisch und schnell wie möglich zur Verfügung stehen sollten.

„The best data is fresh like a good sushi!"

20 DATEN- UND EXPERTENABGLEICH: VON BIG DATA ZU SMART DATA

„Lernen ist Erfahrung. Alles andere ist einfach nur Information."
Albert Einstein (deutsch-amerikanischer Physiker, 1879-1955)

Hier eine kleine Auswahl an berühmten Zitaten vom Weltmeistertrainer Sepp Herberger:

- „11 Freunde müsst ihr sein!"
- „Der Ball ist rund und das Spiel dauert 90 Minuten."
- „Nach dem Spiel ist vor dem Spiel."
- „Fußball ist deshalb spannend, weil niemand weiß, wie das Spiel ausgeht."
- „Das Runde muss in das Eckige."
- „Das nächste Spiel ist immer das schwerste."

Nicht nur ein Fußballnostalgiker, sondern sicherlich auch so mancher Datennerd, der seine Arbeit im Fußball implementieren möchte, wird sich an diesen Zitaten erfreuen. Sie kommen aus dem reichen Erfahrungsschatz eines Erfolgstrainers und können ihm einen großen Aufschluss geben, welche Art von Daten sinnvoll sind.

Denn nur, wenn Daten den Trainer und die Mannschaft dabei unterstützen, die Chance auf einen Sieg zu vergrößern, kann man von **Smart Data** sprechen.

Eine der wichtigsten Hürden beim Thema Big Data im Fußball ist es, die Hürde zu überspringen, dass Daten, richtig angewandt, dabei helfen können, die Siegeschance zu vergrößern.

- *Welcher Trainer möchte das nicht?*

Wie immer, wenn Neues in die Welt kommt, wird es zunächst mit Skepsis betrachtet:

„Jede neue Idee durchläuft drei Entwicklungsstufen: In der ersten wird sie belacht, in der zweiten bekämpft, in der dritten ist sie selbstverständlich."

Arthur Schopenhauer (deutscher Philosoph, 1788-1860)

Ein großes Hindernis ist das extreme Schwarz-Weiß-Denken im Fußball, das im ersten Teil des Buchs genau durchleuchtet wurde, was zu einem Denken in Extremen und zur Abneigung gegen Big Data führt. Dabei zeigen zahlreiche Beispiele im Fußball, welche Erfolgsgeschichten und Wettbewerbsvorteile sich aus einer Kooperation beider Seiten ergeben könnten.

Auch ein Blick in die Historie des Fußballs zeigt, dass Trainer schon immer versucht haben, Objektivität in ihre Analyse zu bringen, um systematischer am Erfolg arbeiten zu können.

Es gibt wohl nur wenige Personen im Fußball, die es für zu abstrakt halten würden, sich nach dem Wetter am Spieltag zu erkundigen. Bereits beim WM-Sieg 1954 hatte Trainer Sepp Herberger antizipiert, dass das Schuhwerk eine entsprechende Bedeutung haben würde. Daraufhin fertigte Adidas spezielle Schuhe an, was laut Aussagen der Spieler eine wichtige Rolle im Finalspiel gegen Ungarn gespielt hat.

Auch heute prüfen vermutlich viele Trainer immer noch die Wetterverhältnisse oder wählen sogar Trainingslager und Trainingszeiten nach Wetterverhältnissen aus.

Genau genommen ist auch dieses Verhalten eine Implementierung von Big Data zu Smart Data und wird sicherlich auch von Trainern verwendet, die sich gegen das Thema Daten im Fußball aussprechen würden.

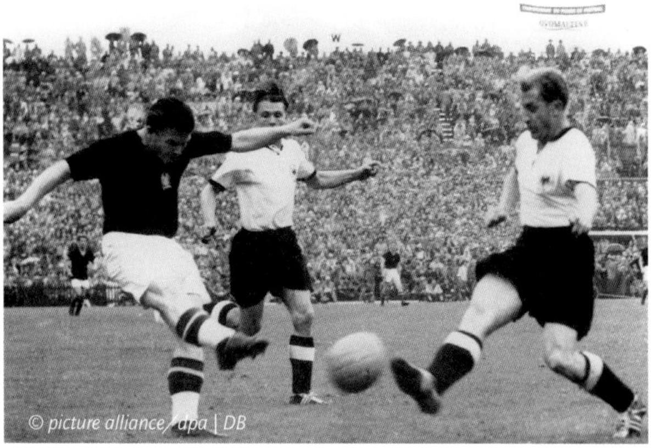

Mit der Implementierung von Smart Data zum WM-Sieg 1954 – Dank neuartiger Stollenschuhe hatten die deutschen Verteidiger, wie hier Werner Liebrich, gegen den Weltklassespieler Ferenc Puskás einen besseren Stand.

21 EREIGNISDATEN UND POSITIONSDATEN

„Without data, you're just another person with an opinion."
William Edwards Deming (amerikanischer Statistiker, 1900-1993)

Für Professor Chris Anderson von der London School of Economics und Autor des Buchs *The Numbers Game: Die Vermessung des Fußballs* gibt es generell zwei verschiedene Arten von Daten im Fußball:

1. Ereignisdaten und
2. Positionsdaten.

Positionsdaten betreffen den Raum und sind schwieriger zu messen. Dazu zählen z. B. die Anzahl der Sprints über 24 Stundenkilometer, die Abstände zwischen einzelnen Mannschaftsteilen, das Bewegungsmuster auf verschiedenen Positionen, die Angriffsmuster usw.

Beispiele für **Ereignisdaten** wären die Zweikampfquote, die Anzahl gespielter Pässe, wie viele Torschüsse aufs Tor kommen, wie viele Einwürfe es pro Spiel gibt etc.

Ereignisdaten wurden seit Beginn des Fußballspiels von Trainern aufgezeichnet, damals natürlich mit Block und Stift.

Der legendäre Walerij Lobanowskyj (1939-2002), der von 1974 bis 1990 Dynamo Kiew trainiert hat und als Inspiration für den Fußball von Ralf Rangnick gilt, nutzte bereits damals Ereignisdaten, um systematisch ein Spielmodell zu entwickeln, das auf Wahrscheinlichkeiten aufbaut, wie man ein Spiel am besten gewinnen kann.

Der studierte Ökonom Arsène Wenger (britischer Fußballtrainer, *1949) war einer der Ersten im Fußball, der Ereignisdaten genutzt hat. Bereits zu seiner Zeit bei AS Monaco Anfang der 1990er-Jahre hat er auf eine Software mit dem Namen *Top Score* gesetzt, mit deren Hilfe die Fußballfähigkeiten und Leistungen von Spielern erfasst wurden.

Diese Idee kam von Wengers Freund, dem ehemaligen französischen Nationalspieler Jean-Marc Guillou, einem weltweit renommierten Talententwickler, der durch die Arbeit mit seiner Fußballschule in Abidjan/Elfenbeinküste Weltklassespieler wie Yaya und Kolo Touré entwickelt hat.

Äußert hilfreich war *Top Score* auch beim Scouting und kann vermutlich auch als Pioniersoftware des Datenscoutings bezeichnet werden, mit dessen Hilfe es Arsène Wenger mit einer extrem hohen Trefferquote gelang, geeignete Spieler an Land zu ziehen.

Manchester United hat 2010 unter Alex Ferguson als erster Verein in der Premier League erfolgreich Positionsdaten genutzt, was sich neben erfolgreichen Resultaten auf dem Platz in erster Linie auch in der niedrigsten Verletzungsquote niederschlug, was ein extrem wichtiger Key-Performance-Indikator ist. Denn wenn eine Mannschaft erfolgreich sein will, muss sie immer mit den besten Spielern trainieren und auch spielen.

Bei der extrem gestiegenen Wettkampfdichte muss die Balance zwischen Trainingsreiz und ausreichender Erholungszeit optimal ausbalanciert werden, wobei Positionsdaten sehr hilfreich sein können.

Durch Positionsdaten kann der Ort, an dem sich die Spieler während eines Fußballspiels befinden, in Echtzeit aufgezeichnet werden. Sie helfen dabei, die Leistungsparameter einer Mannschaft und von einzelnen Spielern sowohl im taktischen wie auch im physischen Bereich durch externen Load zu erfassen.

Positionsdaten können z. B. mit einem „Global Positioning System" oder kurz GPS gemessen werden, die im Idealfall auch durch einen Sensor zur Messung der Herzfrequenz ergänzt werden, um den internen Load zu messen.

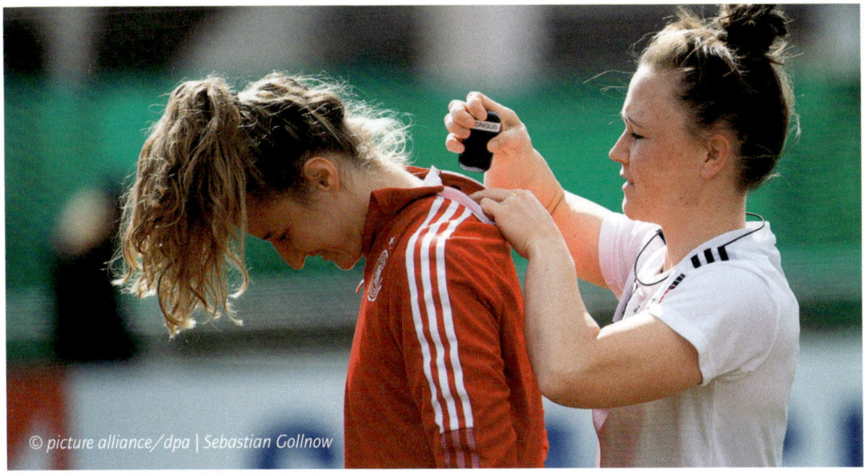

Auch die DFB-Frauen tracken ihre physischen Daten mithilfe eines GPS-Systems zur besseren Trainingssteuerung.

Um den externen mit dem internen Load noch mehr abzugleichen, können auch Tools wie die *Borg-Skala* herangezogen werden, die zur Einschätzung der Belastung weitere Aufschlüsse geben kann (vgl. Löllgen, 2004).

Dies kann auch mit weiteren Fragen ergänzt werden, wie z. B. das generelle Wohlbefinden der Spieler aussieht oder welchen Spaßfaktor die Spieler dem Training geben, was oftmals ein spannender Indikator beim Abgleich mit externen Daten ist.

Der große Vorteil dieser GPS-Tracker ist, dass objektive Daten für die Trainingssteuerung herangezogen werden können, die mit dem bloßen Auge gerade in modernen Trainingsansätzen nicht erkennbar sind. Ein Großteil des Trainings in Spielformen und Übungen wird mit einem taktischen Bezug gestaltet, der nicht immer gleich zu erkennen ist und daher als sehr guter Abgleich zwischen Beobachtung und Daten dient.

Die Investitionskosten für GPS sind mittlerweile sogar auch für viele Amateurvereine erschwinglich und können ein spannendes Tool sein, um sich einen Wettbewerbsvorteil zu erarbeiten.

Zudem können Übungs- und Spielformen mithilfe der Daten aus dem GPS, wie die Anzahl der Sprints, der zurückgelegten schnellen Meter, der Totaldistanz oder wie viele Stop-and-Go-Bewegungen ein Spieler durchgeführt hat, dazu genutzt werden, um Übungen so zu gestalten, dass verschiedene physische Schwerpunkte mehr akzentuiert werden können und Spieler individuell belastet werden können.

Mittlerweile beschäftigen Profivereine Experten, die sich zu 100 Prozent auf die Nutzung von GPS-Daten konzentrieren. Es gibt mittlerweile eine Vielzahl an Daten, die durch GPS-Systeme gesammelt werden können, die folgenden sieben Parameter haben dabei aber übergreifend in der Regel eine sehr hohe Bedeutung:

- die Gesamtdistanz (hat alleine wenig Aussagekraft, ist aber trotzdem wichtig, um Relationen herzustellen);
- die zurückgelegte High-Speed-Distanz über 19,8 Stundenkilometer;
- die Gesamtdistanz/High-Speed-Distanz über 19,8 Stundenkilometer;
- 10 Prozent gelten hier als Topwert, also z. B. 10 Kilometer Gesamtdistanz und 1.000 Meter über 19,8 Stundenkilometer;
- Meter pro Minute oder die Durchschnittsgeschwindigkeit;
- die Anzahl der Beschleunigungen und der Bremsbewegungen;
- die Anzahl an Sprints über 24 Stundenkilometer;
- die maximale Geschwindigkeit.

Kennzahlen wichtiger GPS-Parameter als Orientierungsrahmen für die Belastungssteuerung bei einer ambitionierten Mannschaft mit einem Spiel und vier Trainingseinheiten pro Woche:

		Samstag	Sonntag (MD +1)	Montag (MD +2)	Dienstag (MD -4)	Mittwoch (MD -3)	Donnerstag (MD -2)	Freitag (MD -1)
Variable	Dauer / Position	90 min	30 min Regeneration	90 min Lang intensiv	80 min Kurz intensiv	90 min Maximal intensiv	30 min Regeneration	60 min Explosiv intensiv
Gesamtstrecke (m)	9	9.500-10.500	Aktive Regeneration	5.000-6.000	4.000-5.000	7.000-8.000	Aktive Regeneration	2.000-2.250
	7, 11	11.000-12.000		6.000-7.000	4.500-5.500	8.000-9.000		2.000-2.250
	2, 3	10.500-11.500		5.500-6.500	5.000-6.000	7.500-8.500		2.500-3.000
	6, 8, 10	11.000-12.000		6.000-7.000	4.500-5.500	8.000-9.000		2.000-2.500
	4, 5	10.000-11.000		5.000-6.000	3.000-4.000	7.000-8.000		2.000-2.250
Meter/min	9	105-115	Aktive Regeneration	65-75	65-75	85-95	Aktive Regeneration	40-60
	7, 11	120-130		70-80	70-80	95-105		40-60
	2, 3	115-125		75-85	75-85	90-100		45-65
	6, 8, 10	120-130		70-80	70-80	95-105		40-60
	4, 5	110-120		65-75	65-75	85-95		35-55
Läufe über 19,8 km/h	9	600-800	Aktive Regeneration	200-300	250-350	350-450	Aktive Regeneration	0-100
	7, 11	800-1000		300-400	350-450	500-700		50-150
	2, 3	1000-1200		300-400	350-450	500-700		50-150
	6, 8, 10	400-600		150-250	200-250	350-350		25-125
	4, 5	500-700		200-300	250-350	300-400		0-100
Anzahl Sprints	9	40-50	Aktive Regeneration	15-20	25-35	20-25	Aktive Regeneration	5-10
	7, 11	50-60		20-25	30-40	25-30		5-10
	2, 3	55-65		20-25	30-40	25-30		5-10
	6, 8, 10	30-40		15-20	20-30	20-25		5-10
	4, 5	40-50		15-20	25-35	20-25		5-10
Beschleunigungen	9	30-40	Aktive Regeneration	13-15	15-20	20-30	Aktive Regeneration	5-10
	7, 11	40-50		15-20	20-25	25-35		5-10
	2, 3	50-60		15-20	20-25	25-35		5-10
	6, 8, 10	30-40		13-15	15-20	20-30		5-10
	4, 5	40-50		15-20	20-25	25-35		5-10
Bremsbewegungen	9	40-50	Aktive Regeneration	15-20	20-25	30-40	Aktive Regeneration	5-10
	7, 11	50-60		20-25	25-30	35-45		5-10
	2, 3	60-70		20-25	25-30	35-45		5-10
	6, 8, 10	40-50		15-20	20-25	30-40		5-10
	4, 5	50-60		15-20	20-25	30-40		5-10

Obwohl sich GPS-Systeme rasant weiterentwickeln, sei hier angemerkt, dass die Genauigkeit immer noch nicht bei 100 Prozent ist, weshalb immer mehr Vereine auf ein sogenanntes *Local Position Measurement System*, kurz LPMS, zurückgreifen.

Im Vergleich zum GPS und Videotracking ist das LPMS noch genauer beim Erfassen der Daten, da die Positionen der Spieler bis zu 1.000-mal pro Sekunde auf circa drei Zentimeter genau bestimmt werden können. Dieses System ist auch dementsprechend mit Investitionskosten im hohen sechsstelligen Bereich deutlich kostspieliger.

Ein LPMS wird auf dem Trainingsgelände oder auch in Stadien fest installiert. Es muss eine gewisse Höhe bei der Anbringung eines LPMS gewährleistet sein, um alle Daten genau erfassen zu können.

Trotzdem sei auch hier angemerkt, dass auch beim Einsatz von GPS-Systemen nie Schwarz oder Weiß gemalt werden sollte, sondern ein Abgleich zwischen GPS-System/Datenanalyst und Cheftrainer stattfinden muss.

Ein sehr empfehlenswertes Interview ist das folgende mit Rui Faria, dem langjährigen Assistenten von José Mourinho, der genau auf dieses Zusammenspiel zu seiner Zeit bei Manchester United eingeht. Er erwähnt, wie hilfreich ein GPS in der Trainingssteuerung ist, aber auch, dass trotzdem immer menschliche Faktoren berücksichtigt werden müssen. Z. B. wenn ein Spieler sein 300. Profispiel absolvieren könnte und er deshalb voller Energie und Motivation ist, obwohl die GPS-Daten eine sehr hohe externe Belastung des Spielers anzeigen.

https://trainingground.guru/articles/rui-faria-creating-a-new-era-for-football-with-jose-mourinho

Auch durch Videosysteme kann ein Tracking von physischen Daten vollzogen werden, indem Spieler auf dem Feld erkannt werden und dadurch Laufwege erfasst werden können.

Allerdings gibt es häufig Probleme bei dieser Art des Trackings, vor allem, wenn Spieler sich nah beieinander befinden, wie beispielsweise bei einem Eckball. Deshalb liegt die Genauigkeit dieses Systems hinter dem eines GPS zurück, aber aufgrund der vergleichsweise günstigen Kosten kann es trotzdem eine interessante Alternative sein, die sich qualitativ ständig weiterentwickelt.

Der wichtigste Trend, der bereits in vollem Gange ist, um Key-Performance-Indikatoren noch gewinnbringender einzusetzen, ist, Positionsdaten und Ereignisdaten miteinander intelligent zu verknüpfen, also physische Daten in Relation zum Spielgeschehen zu setzen.

Taktisch relevante Aspekte aus Positionsdaten, wie ein Pressingindex oder das Thema Raumkontrolle, verschmelzen mit quantitativen Daten, wie dem Ballbesitzanteil oder der Intensität eines Sprints, zu einem entsprechenden Zeitpunkt.

Zudem hat sich bei der Datensammlung und -ablage einiges getan. Mussten in den Anfängen die handschriftlichen Notizen noch in Ordnern gesammelt werden, so konnten diese dann später auf einem Computer gespeichert und immer mehr systematisiert werden.

Mittlerweile gibt es große Plattformen, auf denen verschiedene Daten gespeichert werden können und die dabei helfen, diese zu verknüpfen. Dies bietet beispielsweise die nicht nur im deutschsprachigen Raum führende Plattform *Sports One* an, die von der Firma *SAP* entwickelt wurde und die im Fußball durch ihren Miteigentümer Dietmar Hopp, dem Mäzen der TSG Hoffenheim, bekannt ist.

https://www.sap.com/germany/products/technology-platform/sports-one.html

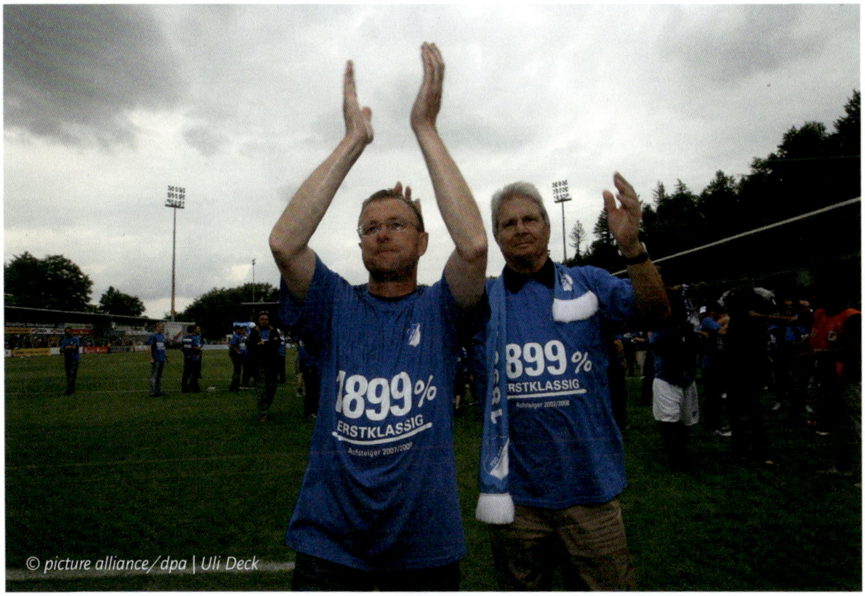

SAP-Gründer und TSG Hoffenheim-Besitzer Dietmar Hopp feiert 2008 den Aufstieg in die 1. Bundesliga mit Trainer Ralf Rangnick und ist ein starker Befürworter für das Nutzen eines datenbasierten Ansatzes.

„Uns haben teilweise Zentimeter gefehlt, teilweise aber auch die Präzision."

Ralf Rangnick

22 CONVERSION RATE: DATEN UND DIE RICHTIGEN FRAGEN

„Es ist wichtiger, Fragen stellen zu können, als auf alles eine Antwort zu wissen."
James Thurber (amerikanischer Schriftsteller, 1894-1961)

Je größer die Datenmenge ist, desto größer ist die Chance auf Verwirrung. Entscheidend, um aus der großen Datenmenge statt Verwirrung Nutzen zu ziehen, ist der Aufbau eines **Datenfilters**.

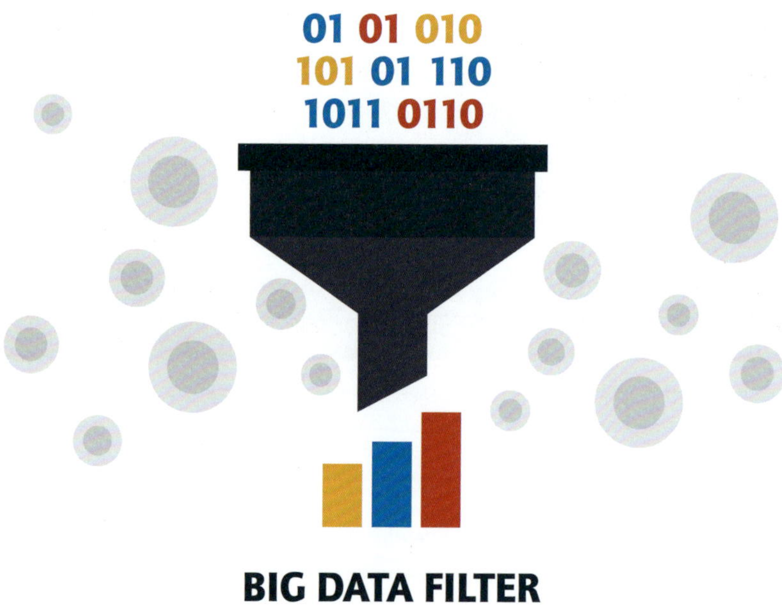

(modifiziert nach https://www.vectorstock.com/royalty-free-vector/big-data-filter-flat-concept-vector-9327307)

„Sie sehen den Wald vor lauter Bäumen nicht."
Christoph Martin Wieland (deutscher Dichter, 1733-1813)

Auch im Fußball wurde und wird nach wie vor beim Thema Big Data zu häufig mit nicht zielführenden Daten um sich geworfen, aus denen kein Nutzen gezogen werden kann.

Das Ziel ist es nicht, Daten zu bekommen, was heute gar kein Problem mehr ist, sondern, wie man die Daten am besten für sich nutzen kann.

Oftmals geben Datenanalysten auch Antworten auf Fragen, die gar niemand gestellt hat.

Eine gute Metapher ist der Witz über einen Statistiker, der die Füße auf den warmen Ofen stellt und den Kopf aber gleichzeitig auf eine Kühltruhe legt, um so die richtige Durchschnittstemperatur einzustellen.

Ein erster Schritt, um aus Big Data Smart Data zu machen, ist das Vorhandensein eines eigenen Spielmodells, das im Idealfall vom Verein und nicht von einem Trainer kommt.

Der Trainer wird im Idealfall vom Verein ausgesucht anhand der Definition des eigenen Spielmodells und wie gut er in der Lage sein wird, dieses umzusetzen. Dabei spielt auch die Kultur eines Vereins und eines Landes eine zentrale Rolle. Wenn man dies bei der Auswahl des Trainers nicht beachtet, können das selbst die besten Daten nicht ersetzen.

Ist das Spielmodell und eine Trainingsmethodologie definiert, dann entwickeln sich dadurch auch entsprechende Positionsprofile. Bereits in diesem Prozess ist es natürlich sinnvoll, Daten zu nutzen, um zu analysieren, wie Spiele wirklich gewonnen werden. Dies sollte im Abgleich damit, wie man selbst gerne spielen würde, geschehen.

Es gilt also, zunächst einmal zu analysieren, welche Faktoren generell wichtig sind, um eine höhere Siegeschance zu erzielen.

Dabei können Best-Practice-Beispiele über einen größeren Zeitraum herangezogen werden, um zu analysieren, was erfolgreiche Vereine richtig machen und zwar über viele Jahre und nicht nur über einen kurzen Zeitraum, wo die Glückskomponente einen zu hohen Anteil aufweisen könnte.

Trainer und Vereine suchen Fragen, die die Erfolgswahrscheinlichkeit steigern können, wie beispielsweise die folgenden:

- *Was machen Mannschaften, die über mehrere Jahre hinweg nur sehr wenige Gegentore erhalten, im Detail?*
- *Welche Vereine können Spielerwerte besonders gut entwickeln?*
- *Wie sieht bei den führenden Teams das Gegenpressing im Idealfall aus?*

- *Wie viele Ballkontakte haben die besten Spieler der Welt im Schnitt auf ihrer Position?*
- *Welche Passmuster sind im Spielaufbau gegen verschiedene Systeme Erfolg versprechend?*
- *Wie lange arbeiten die Trainer bei erfolgreichen Vereinen?*
- *Wie viele Konter gibt es nach einem Eckball?*
- *Gibt es einen idealen Zeitpunkt für Auswechslungen?*
- *Wie sollte man in Unterzahl und wie in Überzahl am besten agieren?*
- *Sind Eckbälle besser, wenn sie vom Tor weg oder mit Schnitt zum Tor geschossen werden!?*
- *Was sind von Zone zu Zone die effektivsten Angriffsmuster, um ein Tor zu erzielen?*
- *Was kann ein Trainerwechsel zu welchem Zeitpunkt bewirken?*
- *Wie sieht der perfekt geschossene Elfmeter aus?*
- *Welche Mannschaften können als Best Practice für Raumdeckung bei Standards herangezogen werden?*
- *Mit welchem Alter eines Spielers werden die höchsten Marktwerte erzielt?*
- *Wie sieht das Peak-Age der Leistungserbringung auf verschiedenen Positionen aus?*
- *Wie sehen physische Parameter für Positionsprofile in verschiedenen Grundordnungen und Spielstilen aus?*
- *Wie hat ein Konter mit einer möglichst hohen Erfolgschance auszusehen?*
- *Welche Grundordnung hat statistisch die größte Erfolgsaussicht gegen ein 1-4-3-3?*
- *Welches sind die wichtigsten Performanceparameter je Position?*
- *Wie würde es aussehen, wenn Qualitätsdaten geliefert werden können, die diese Fragen besser beantworten können und zwar in einer einfachen, verständlichen Fußballsprache, sodass sie ein Fachmann in Prozesse auf dem Platz umsetzen kann?*
- *Etc.*

Idealerweise wird dieser Prozess sogar weitestgehend automatisiert und quantitative Daten, die in den Trichter gegeben werden, kommen als eine qualitative Analyse mit Lösungsvorschlägen heraus, wie geeignete Trainingsübungen für den nächsten Gegner aussehen sollen. Mögliche ideale Aufstellungen werden grafisch gut aufgearbeitet und kommen einfach verständlich am Ende des Trichters heraus.

Es ist nur schwer vorstellbar, dass ein Trainer sich die Antwort auf diese Fragen immer im Kontext zu seinem Spielmodell und den Gegebenheiten nicht anhören würde und darüber nachdenken würde.

Ein einfaches und aktuelles Beispiel ist das folgende, wie viel Potenzial es in diesem Bereich gibt. Zum Beispiel, wenn wir über die Frage nachdenken, wie man die fünf Auswechslungen statt früher drei Auswechslungen erfolgreich nutzen kann

Dazu müsste man zunächst wissen, welche Szenarien sich bei drei Auswechslungen anbieten würden, in Abhängigkeit vom Spielstand, Saisonzeitpunkt, Belastung des Spielers etc.

- *Wie sieht es nun mit fünf Auswechslungen aus?*
- *Was verändert sich?*
- *Wie kann ich diese neue Regelung zu meinen Gunsten nutzen?*

Nur wenige Personen können hier detaillierte und objektive Fakten vorbringen, die man braucht, um Prozesse zu verbessern.

Bei Best-Practice-Analysen sollte unbedingt ein Abgleich stattfinden, um auszuschließen, dass es sich um eine Ausnahme handelt.

Zudem kann eine objektive Analyse nie als Copy-Paste in eine neue Situation eingeführt werden, sondern muss immer subjektiv richtig angewendet werden.

Nach und nach stellen sich beim Abgleich zwischen Best-Practice-Analysen und dem eigenen angestrebten Spielmodell und den zur Verfügung stehenden Spielern Schlüsselfaktoren heraus oder auch neudeutsch Key-Performance-Indikatoren.

Im nächsten Schritt gilt es nun, diese Key-Performance-Indikatoren herauszufiltern und entsprechend zu gewichten (siehe Kap. 16). Der Aspekt der Gewichtung birgt ein großes Potenzial in sich, wie wir beispielsweise später in Kap. 23.16 sehen werden.

Im Schnitt fallen turnier- und ligenunabhängig 30-40 Prozent aller Tore nach Standards. Diese Gewichtung findet jedoch nach wie vor immer noch nicht mal ansatzweise die Beachtung im Trainingsprozess, die ihr zustehen sollte.

Wer den Hafen nicht kennt, in den er segeln will,
für den ist kein Wind der richtige.

Seneca (römischer Philosoph, 4 vor Christi Geburt bis 65 nach Christi Geburt)

23 KEY-PERFORMANCE-INDIKATOREN (KPIS)

„Das Wesentliche ist dem Auge unsichtbar."

Antoine de Saint-Exupéry (französischer Schriftsteller, 1900-1944)

Im bisherigen Buch wurde aufgezeigt, dass Daten dabei helfen können, Fußball besser zu analysieren und zu verstehen und dadurch schnellere und bessere Entscheidungen zu treffen.

Entscheidend hierfür ist die Qualität der Daten, die durch einen Datenfilter mit Bezug auf das eigene Spielmodell gefiltert werden müssen.

Dabei kommen dann sogenannte *Key-Performance-Indikatoren* im Idealfall heraus.

Der Begriff Key-Performance-Indikatoren ist im Fußball immer öfter zu hören, in der Businesswelt jedoch ist er schon seit Jahrzehnten ein fester Bestandteil in der Planung und im Management.

Übersetzt sind Key-Performance-Indikatoren (KPIs) Schlüsselkennzahlen, mit denen der Fortschritt von Zielsetzungen und Prozessen gemessen werden kann.

KPIs werden zudem in **Lagging Indicators** und **Leading Indicators** unterteilt.

Ein **Lagging Indicator** kann nur mit einer Zeitverzögerung gemessen werden, wie beispielsweise anhand der Tabelle nach der Hinrunde. Im Gegensatz dazu steht ein **Leading Indicator**, wie z. B. **Expected Goals**, der rechtzeitig Informationen darüber geben, ob man sich auf dem richtigen Weg befindet. Der „Leading Indicator" hilft also dabei, das Ziel eines „Lagging Indicators" zu erreichen.

„What gets measured gets done."

Peter Drucker (amerikanisch-österreichischer Ökonom, 1909-2005)

Bei der Bestimmung von KPIs sollten folgende Punkte beachtet werden:

- Pareto-Regel: Fokus auf die 20 Prozent des Inputs, der 80 Prozent des Outputs liefert.
- Die gewählten KPIs müssen kontrollierbar sein.
- Die gewählten KPIs müssen effizient wie effektiv und immer zeitgebunden sein.
- Best-Practice-Beispiele und die Konkurrenz genau analysieren.
- Ein permanent objektiv messbarer Nachweis über den Grad der Zielerreichung muss gegeben sein, damit schnell reagiert werden kann.
- Kognitive Verzerrungen mit einbeziehen.
- Die richtige Mischung aus Leading- und Lagging-Indikatoren muss gefunden werden.
- Die Performance sollte immer im Verhältnis zu den verfügbaren Ressourcen gemessen werden, also z. B. mittels einer Tabelle im Fußball, bei der die erreichten Punkte zum verfügbaren Geld in ein Verhältnis gesetzt werden.

KPIs können bei der Bewertung vergangener Events, wie etwa des letzten Spiels, aber auch in der Zukunft bei der Planung für das kommende Spiel verwendet werden.

Auch die interne Leistung in einem Verein kann gut mithilfe von KPIs gemessen werden, wie die Finanzen oder die Trainingssteuerung, aber genauso gut können sie für externe Vergleiche wie Benchmarks und Best Practices herangezogen werden.

Ein wichtiger Punkt ist es, KPIs nicht einfach blind zu kopieren, da jeder Verein eine andere Historie, einen anderen Tabellenplatz oder einen anderen finanziellen Background aufweist, sondern diese immer zielgerichtet an die eigene Situation anpasst.

Von entscheidender Bedeutung bei der Einführung von KPIs ist es, dass die Informationen und Bedeutung transparent von der obersten Managementebene bis in die unteren Ebenen kommuniziert werden und jeder Mitarbeiter versteht, warum und wieso es wichtig ist, die KPIs zu erfüllen.

Einfach verständliche Beispiele aus der Businesswelt mit Fußballbezug könnten das Umsatzwachstum eines Vereins, die Zufriedenheit der Fans bei einem Stadionbesuch sein oder wie hoch der Verbrauch für Verzehr von Speisen und Getränken pro Fan und pro Spiel aussieht. Des Weiteren zählt dazu, wie viele Nachwuchsspieler pro Jahr einen Profivertrag unterschrieben haben und wie weit dann der Marktwert dieses Spielers nach oben entwickelt werden kann.

Auf den Fußball bezogen, bedeutet dies, die Umsetzung des Spielmodells ins Training und am Spieltag besser bewerten zu können.

Ursprünglich kommt der Begriff aus der Betriebswirtschaftslehre und wurde in den letzten Jahren immer öfter erfolgreich in die Welt des Fußballs übertragen.

Welche Bedeutung diesen KPIs zukommt, spiegeln die folgenden beiden Aussagen zweier Topexperten in diesem Bereich wider, die höchst erfolgreich mit KPIs im Fußball arbeiten:

„Anhand dieser Parameter kann man die oberen und unteren Tabellendrittel vorhersagen."

Diese Aussage machte Prof. Dr. Daniel Memmert (*1971) vom Institut für Trainingswissenschaft und Sportinformatik an der Deutschen Sporthochschule Köln, der auch eng mit dem DFB zusammenarbeitet:

https://www.sueddeutsche.de/sport/fussball-drei-neue-parameter-fuer-fussball-scouts-1.3742095

Im Idealfall werden diese KPIs automatisch und in Echtzeit analysiert und können so z. B. bereits während des Spiels und bei der Halbzeitanalyse genutzt werden, um Spieler zu erkennen, die überlastet sind oder ob es besser wäre, den Gegner vermehrt über die andere Seite anzugreifen.

Da Umsetzungsgeschwindigkeit im schnelllebigen Fußballgeschäft ein KPI an für sich ist und um die PS auf die Straße zu bekommen, ist es wichtig, die Mitarbeiter verstärkt miteinzubeziehen. Deshalb wird auch immer mehr auf die im Silicon Valley erfolgreich eingesetzte Zielsetzungsmethode **Objectives and Key Results** kurz OKR, gesetzt, die hier kurz erwähnt werden soll.

In den USA ist die OKR-Methode seit längerer Zeit erfolgreich und wurde in den 1970er-Jahren von Andrew Grove, dem Gründer von *Intel*, entwickelt. Die Methode wird unter anderem aktuell von *Google* höchst erfolgreich angewendet, das wirtschaftlichen Erfolg mit einer hohen Mitarbeiterzufriedenheit optimal zu verbinden scheint.

Objectives sind ambitionierte Ziele, also im Fußball z. B. ein angestrebter Aufstieg. Sie müssen aber auch nicht zwingend messbar sein, so könnte also „begeisternden Offensivfußball zu spielen", ein Ziel sein.

Key Results hingegen sind klar messbare Kennzahlen, wie dieses Ziel erreicht werden soll und mit denen der Erfüllungsgrad auf dem Weg dorthin aufgezeigt wird. Ein Erfüllungsgrad von über 65 Prozent kann im Fußball bereits als sehr gut gewertet werden, da, wie wir gesehen haben, aufgrund der Komplexität und auch des Zufallsfaktors 100 Prozent nicht möglich sind.

Wichtig hierbei ist eine extreme Fokussierung. Und es gilt auch hier: „Klasse statt Masse."

So sollte man die fünf wichtigsten Ziele herausfiltern und diese mit maximal vier Schlüsselkennzahlen versehen.

Ein extrem wichtiges Ziel ist es für jeden Verein, möglichst häufig mit den besten Spielern trainieren und spielen zu können, was als eines der fünf wichtigsten Ziele formuliert werden könnte und dann mit entsprechenden Schlüsselkennzahlen versehen werden könnte:

- Spielerverfügbarkeit im Spiel unter 92 Prozent,
- Spielerverfügbarkeit im Training unter 85 Prozent,
- muskuläre Verletzungen größer als fünf Prozent,
- Körperfettanteil aller Spieler im Kader größer als 10 Prozent,
- individuelles optimales Schlafverhalten kleiner als 80 Prozent.

Diese Kennzahlen werden dann sehr transparent innerhalb der Organisation kommuniziert, sodass jedem Mitarbeiter klar ist, was er genau zum großen Ziel, das erreicht werden soll, beitragen kann. Die Hauptzielgruppe in diesem Beispiel ist der Bereich „Sport Science". Bei einem Verein in der Premier League und bei einem guten Amateurverein wäre es der Physiotherapeut und der Konditionstrainer.

Statt am Ende vom Jahr zu reagieren, ob das Ziel erreicht wurde oder nicht, bietet diese Methode einen Rahmen, um permanent zu tracken, ob man sich auf dem richtigen Weg befindet oder nicht, um dadurch entsprechend reagieren zu können.

Die OKR-Methode ist sehr flexibel und Mitarbeiter werden verstärkt in die Formulierung der Ziele miteingebunden, um ihr Expertenwissen zu nutzen und dadurch einen höheren „Buy-in" und Grad an Selbstorganisation zu erreichen. Dadurch nimmt die intrinsische Motivation stark zu, um schneller auf Schwankungen reagieren zu können und sich kontinuierlich zu verbessern.

„The Head of Data looked at the last 34 teams that had been promoted and came up with 10 KPIs that would enable us to win promotion. We looked at that after every game."

Damien Comolli - Sportdirektor des FC Toulouse der seit vielen Jahren extrem erfolgreich mit einem datenbasierten Ansatz arbeitet.

Auf den folgenden Seiten werden nun verschiedene Themenkomplexe und dazugehörige Key-Performance-Indikatoren vorgestellt, mit dem Ziel, durch einfache Sprache und möglichst viele nachvollziehbare Beispiele einen möglichst großen Praxisübertrag zu schaffen. Jeder Leser, Spieler, Trainer, Sportdirektor oder Fan sollte in der Lage sein, einen möglichst großen Nutzen daraus für seine eigene Arbeit oder auch als Information für gute fachliche Diskussionen ziehen zu können.

Der größte Gewinn, den Sie als Leser beim Nutzen von KPIs und Prozessen erreichen können, ist, dass Sie in eine sehr proaktive Haltung kommen und vorausdenken, statt nachzudenken. Auf diese Art und Weise kann eine oftmals im Fußball vorherrschende operative Hektik durch strategisch intelligente und strukturelle Maßnahmen ersetzt werden.

„Measure what you value rather than what you can measure."

Andy Hargreaves (*1951) Professor Boston College

23.1 MYTHOS CRUNCH TIME

„Wenn man die Daten lange genug foltert, werden sie alles gestehen."

Ronald Coase (britischer Wirtschaftswissenschaftler, 1910-2013)

Im folgenden Beispiel wird aufgezeigt, wie Daten dabei helfen können, falsche Glaubenssätze zu entmystifizieren. Wie es zum Beispiel bei der Aussage, dass der Gefoulte nicht den Elfmeter schießen sollte, der Fall war. Diese Aussage wird mittlerweile, wie allgemein bekannt ist, nicht mehr für richtig gehalten, da die Trefferquote sogar etwas höher ist, wenn der gefoulte Spieler selbst schießt.

Ein weiterer Mythos ist die sogenannte *Crunch Time*. Dieser Begriff stammt aus dem Sportbereich in den USA und beschreibt die letzten Spielminuten, in denen sich entscheidet, welches Team das Ruder noch herumreißen kann.

Auch die Fußballgeschichte ist geprägt durch dramatische Last-Minute-Treffer, die den Fußballfans für immer in den Köpfen bleiben werden.

Die vermutlich bekanntesten Last-Minute-Treffer sind die Tore von Teddy Sheringham und Ole Gunnar Solskjær im Champions-League-Finale 1999 gegen den FC Bayern München, die nach einem 0:1-Rückstand in der 91. Minute das Spiel noch zugunsten von Manchester United wendeten.

Speziell durch diese beiden Tore, aber auch einige späte Treffer in der Premier League bildete sich der Mythos der „Fergie Time“, der besagt, dass Manchester United unter Alexander Ferguson (*1941) in den letzten Minuten des Spiels die Spiele so häufig wie keine andere Mannschaft ähnlich wie im Finale 1999 wenden kann.

In Deutschland ist dieser Mythos, weniger nett beschrieben, unter „Bayern-Dusel“ bekannt.

Gerade bei diesen Mythen ist es spannend, Statistiken heranzuziehen, ob die Tatsachen dem Mythos auch wirklich entsprechen. Man wird sehen, dass dies sowohl im Fall des „Bayern-Dusels“ wie auch der „Fergie Time“ nicht so ist.

Auch wenn sowohl der FC Bayern München wie auch Manchester United sicherlich eine Vielzahl an späten Treffern aufweisen (was bei Spitzenteams, die generell viele Tore erzielen, natürlich öfter der Fall ist), kann der Mythos der herausragenden Stärke der beiden Teams zur Crunch Time statistisch nicht bestätigt werden.

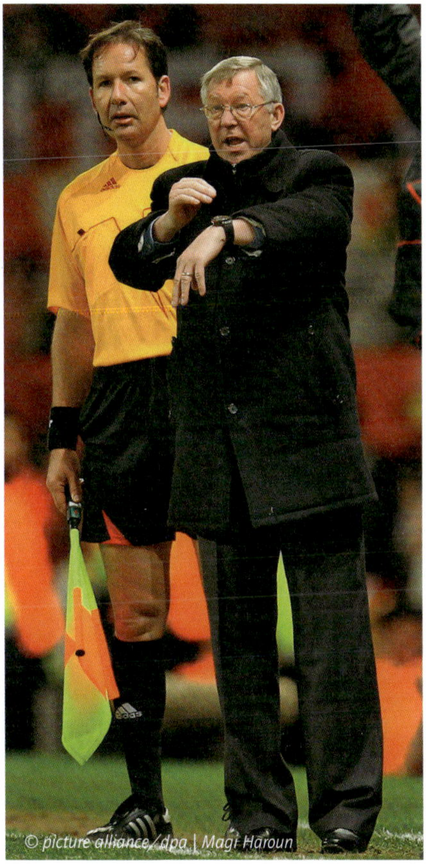

Der Mythos „Fergie Time“ kann durch Statistiken klar entschlüsselt werden.

Schauen wir uns dazu die Statistik der Tore an, die nach der 90. Minute in der Premier League zwischen der Saison 1992/1993 und dem Ende der Amtszeit von Ferguson 2012/2013 erzielt wurden. Man stellt fest, dass gleich vier Mannschaften vor Manchester United liegen:

- FC Liverpool: 24 Last-Minute-Tore
- Arsenal London: 19 Last-Minute-Tore
- Chelsea London: 18 Last-Minute-Tore
- FC Everton: 17 Last-Minute-Tore
- Manchester United: 16 Last-Minute-Tore

Wie an diesem Beispiel schön zu sehen ist, können einfache, statistische Analysen dabei helfen, Licht ins Dunkle zu bringen und dazu beitragen, den Fußball besser zu verstehen, um durch objektive Zahlen bessere Entscheidungen zu treffen.

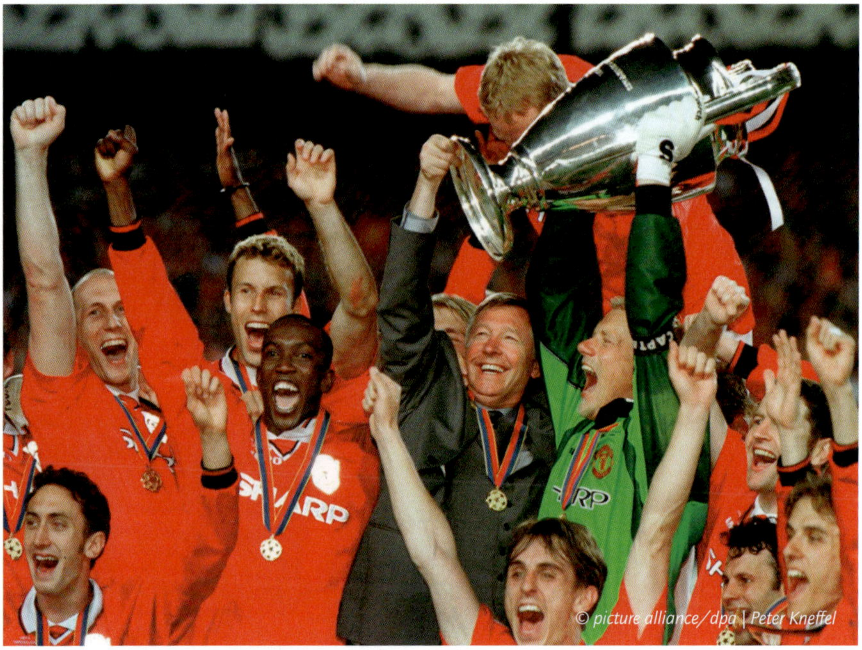

„Noch nie in meinem Leben habe ich für ein Unentschieden gespielt."

Alex Ferguson (englischer Fußballtrainer, *1941)

23.2 DATEN OHNE KONTEXT – DEUTSCHLAND VS. BRASILIEN

„Context is to data what water is to a dolphin."

Dan Simmons (amerikanischer Schriftsteller, *1948)

Um die Problematik und Gefahr von Daten ohne Kontext aufzuzeigen, wollen wir ein Spiel, das in der Geschichte des deutschen Fußballs unvergessen bleiben wird, heranziehen, da es die Komplexität und auch den Zufallsfaktor sehr gut widerspiegelt.

Legen Sie die folgenden Spieldaten zweier Mannschaften einem Trainer vor, der anhand der Daten den Ausgang des Spiels einschätzen soll:

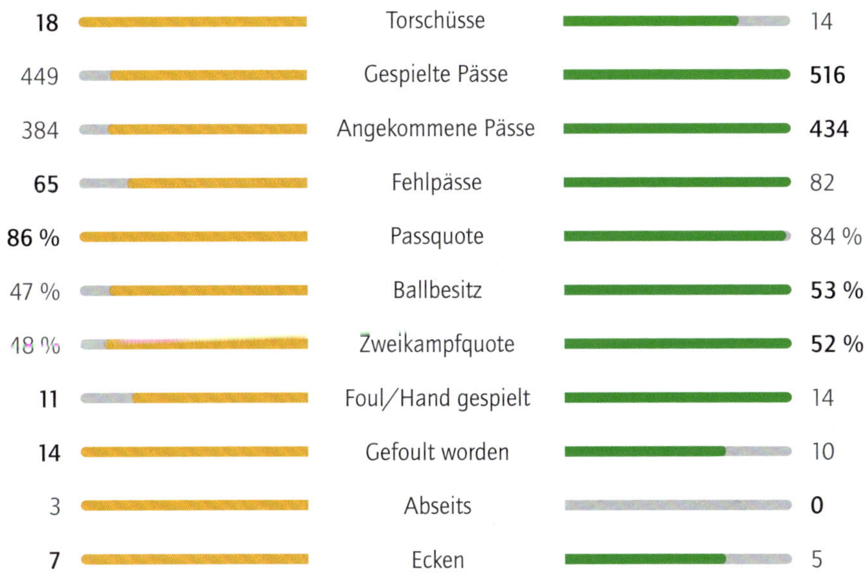

(Modifiziert nach https://www.kicker.de/brasilien-gegen-deutschland-2014-weltmeisterschaft-1417879/spieldaten)

Mannschaft A auf der linken Seite konnte mit insgesamt 18 Torschüssen ganze vier Torschüsse mehr als Mannschaft B auf der rechten Seite vorweisen. Sie hat mehr Ecken, die heute sehr wichtig im Fußball sind und deutlich weniger Fehlpässe gespielt und hat eine höhere Passquote vorzuweisen und hat zudem weniger oft gefoult.

- *Was denken Sie, wie ging dieses Spiel aus?*
- *Was wäre Ihr Tipp aus dem oben gezeigten Datensatz?*
- *Sieg für Mannschaft A, unentschieden oder vielleicht aufgrund fehlenden Spielglücks ein knapper glücklicher Sieg für Mannschaft B?*

Das alles sind die häufigsten Antworten, die Sie vermutlich hören werden. Doch wie ging das Spiel nun wirklich aus? Die Antwort wird jeden Trainer, der eine Abschätzung abgab, sehr überraschen.

> ***"What you see is all there is."***
>
> Daniel Kahneman

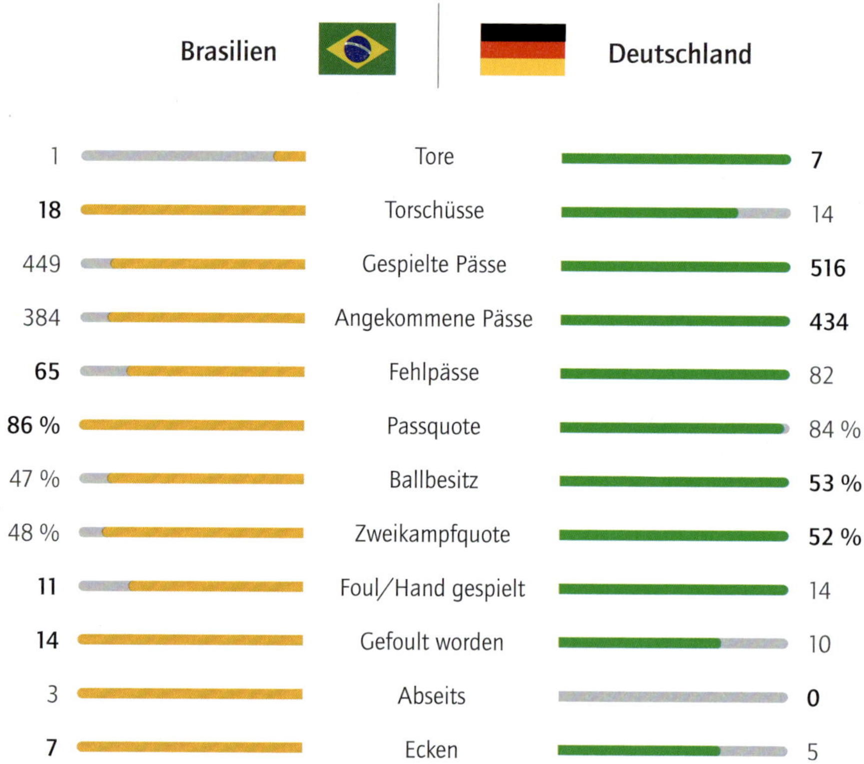

(Modifiziert nach https://www.kicker.de/brasilien-gegen-deutschland-2014-weltmeisterschaft-1417879/spieldaten)

Dies ist ein hervorragendes Beispiel, um darauf aufmerksam zu machen, dass der Punkt Smart Data entscheidend ist im jeweiligen Kontext.

Ein weiteres Beispiel, wie schnell Daten gerade kurzfristig fehlinterpretiert und auch falsch im Kontext eingesetzt werden, ist das folgende:

Im Fernseher wurden folgende Daten nach dem Hinspiel der Champions League am 7. November 2012 zwischen Celtic Glasgow und dem FC Barcelona eingeblendet: Barcelona hat das Spiel dominiert mit 955 gespielten Pässen, 89 Prozent Ballbesitz und 23:5 Torschüssen aufs Tor. Es gewann jedoch Celtic Glasgow das Spiel mit 2:1! Was für eine Genugtuung für alle Gegner des Ballbesitzfußballs, die sich bestätigt sahen!

Fünf Jahre später trafen der FC Barcelona und Celtic Glasgow erneut aufeinander:

https://www.uefa.com/uefachampionsleague/match/2019286–barcelona-vs-celtic/

Dieselben Daten wie die Anzahl der Torschüsse, der Ballbesitz, die total gespielten Pässe sahen erneut dominant aus, jedoch lange nicht so dominant wie bei der 2:1-Niederlage vor fünf Jahren. Jedoch gewann dieses Mal der FC Barcelona mit 7:0! Was für eine Freude für alle Befürworter des Ballbesitzfußballs!

Match stats

Performance

67	Possession (%)	33
91	Passing accuracy (%)	84
852	Passes attempted	324
772	Passes completed	272
104.12	Distance covered (KM)	102.49

Attacking

7	Goals	0
15	Total attempts	4
9	Attempts on target	2
3	Attempts off target	1

(Modifiziert nach https://www.uefa.com/uefachampionsleague/match/2019286-barcelona-vs-celtic/)

- *Doch wer wurde nun wirklich durch diese Daten bestätigt?*
- *Wurden die Daten überhaupt im Kontext erklärt?*
- *Welche Erkenntnisse können wirklich daraus gezogen werden?*
- *Hatte eventuell ein vermeintlicher Heimvorteil eine prozentual viel höhere psychologische Gewichtung als alle Spieldaten?*

Genau auf diese Art von Fragen wird im weiteren Verlauf versucht einzugehen und Hintergründe zu liefern.

„There are three kinds of lies: lies, damned lies, and statistics"

Mark Twain (amerikanischer Schriftsteller, 1835-1910)

23.3 DIE TABELLE LÜGT IMMER ...

„The league table always lies."

Rasmus Ankersen (Autor und Manager, * 1983)

Rasmus Ankersen, der smarte Fußballdirektor, der so erfolgreich mit einem datenbasierten Ansatz arbeitet, von dem im Verlauf des Buchs bereits öfter die Rede war, geht in einem spannenden *TEDx Talk* auf einen der größten Glaubenssätze im Fußball ein, der nahezu jedes Wochenende in einer Fußballshow zu hören ist:

- „Die Tabelle lügt nie!"

https://www.youtube.com/watch?v=Sy2vc9lW5r0

Doch Ankersen behauptet das genaue Gegenteil und sagt, dass dieser Glaubenssatz die größte Lüge ist und dass die Tabelle immer lügt und der Tabellenplatz mit Sicherheit nicht der beste Indikator ist, um Erfolg zu evaluieren.

Als Beispiel führt er in seinen Vortrag Newcastle United auf, ein Verein mit einer unglaublichen Tradition, einem Besitzer, der Milliardär ist und ein Verein, der in einem tollen Stadion spielt, das bei jedem Heimspiel mit 50.000 Fans gefüllt ist.

Also müsste der Verein alle Voraussetzungen erfüllen, um auch Resultate zu liefern, doch der letzte Meistertitel wurde 1927 errungen und die Mannschaft ist seitdem fast immer weit weg von vorderen Tabellenregionen.

In der Saison 2011/2012 jedoch wurde Newcastle United sensationell Fünfter in der besten Liga der Welt und das, obwohl alle Experten prophezeit hatten, dass die Mannschaft gegen den Abstieg spielen würde.

Daraufhin reagierte der Verein, wie man es erwarten würde, wenn sich Erfolg in der Tabelle niederschlägt. Dem Trainer wurde ein extrem langer und gut dotierter Vertrag angeboten und die Mannschaft wurde trotz zahlreicher Angebote zusammengehalten und die Lohnstruktur nach oben geschraubt.

Es lag die Vermutung natürlich nahe, dass man so in der neuen Saison noch weiter oben angreifen kann, sich eventuell sogar für die Champions League zu qualifizieren. Das würde alles wieder einspielen, doch in der Saison darauf kam alles ganz anders, als erhofft.

Der Erfolg stellte sich nicht ansatzweise ein und Newcastle United beendete die Saison auf einem für sie enttäuschenden Platz 16 und entging sogar nur knapp dem Abstieg.

- *Wie konnte eine Mannschaft, die im Kern zusammengeblieben ist, von einer Saison auf die andere Saison so stark in der Tabelle abrutschen?*

Die wesentliche Begründung, wie man diesen Absturz erklären kann, liefert Ankersen in seinem Vortrag.

Durch seine Zusammenarbeit mit dem Besitzer des FC Brentford, Matthew Benham, einem professionellen Wettanbieter, lernte Ankersen, dass die Tabelle immer lügt und zwar aus folgendem Grund. Fußball ist ein „Low-Scoring-Sport", oder, einfach gesagt: Je weniger Tore es in einem Sport gibt, desto mehr spielt der Zufall eine wesentliche Rolle, wodurch die bessere Mannschaft weniger häufig gewinnt.

Nach 10 Spielen lügt die Tabelle mehr als nach 20 Spielen, aber auch bei 38 Spielen in der Premier League lügt die Tabelle immer noch stark, weshalb man sich auf andere Indikatoren konzentrieren sollte.

Es gibt sogar professionelle Zocker, die es für möglich halten, dass eine Mannschaft rein aufgrund des Zufälligkeitsfaktors im Fußball ganze 15 Punkte mehr oder weniger pro Saison haben kann, ohne dass besser oder schlechter gespielt wurde. Dies wirft vor allem die Frage auf, wie sinnvoll die häufigen Trainerwechsel sind.

Ein wesentlich bedeutenderer Indikator ist beispielsweise die Tordifferenz. Sie hat eine wesentliche höhere Aussagekraft über die Performance als die eigentliche Tabelle.

Als Newcastle den fünften Platz erzielte, steht eine Tordifferenz von lediglich +5 zugute, was selbst im Vergleich zu Platz 6 und Platz 7 eine deutlich schlechtere Tordifferenz ist.

Tordifferenz in der Premier League 2011-12

	Team	GP	GD	Pts
1	Manchester City	38	+64	89
2	Manchester United	38	+56	89
3	Arsenal	38	+25	70
4	Tottenham	38	+25	69
5	Newcastle	38	+5	65
6	Chelsea	38	+19	64
7	Everton	38	+10	56

Wettexperten, die im Fußball ihr Geld verdienen, gehen sogar davon aus, dass die Tordifferenz im Mittel nur zu circa 30 Prozent durch den Zufall bestimmt wird. Deshalb sollte die Tordifferenz zwingend eine wichtige Rolle einnehmen in der Analyse von Key-Performance-Indikatoren.

Ein guter Analyst kennt auch den Key-Performance-Indikator **Goal Distribution**, mit dem erklärt wird, dass nicht jedes Tor gleich viel wert ist. So könnte eine Mannschaft einmal mit 1:0 gewinnen und dann mit 1:6 verlieren, was drei Punkten aus zwei Spielen bei einer Tordifferenz von 2:6 entspricht.

Genauso könnte eine Mannschaft aber auch zweimal hintereinander mit 1:3 verlieren, was derselben Tordifferenz von 2:6 entspricht, bei allerdings null Punkten. Daher hat das Tor beim 1:0-Sieg eine höhere Bedeutung, als der Anschlusstreffer bei einer 1:6-Niederlage.

Newcastle gewann 2011/2012 ganze achtmal mit nur einem Tor Differenz und dreimal wurde mit mehr als drei Toren Differenz verloren. Statistisch betrachtet, war es sehr unwahrscheinlich, dass damit noch einmal eine solche Punkteausbeute wiederholt werden kann.

Ein weiterer Indikator, der berücksichtigt werden muss, ist, dass die besten Mannschaften sich über einen gewissen Zeitraum die besseren und klareren Torchancen erspielen.

In Fachkreisen wird dieser Indikator als **Shot Differential** bezeichnet, der die Anzahl der Torschüsse des Gegners den eigenen Torschüssen gegenüberstellt. Schaut man sich diesen Indikator in der Saison, in der Newcastle den fünften Platz belegte, an, ist klar zu erkennen, dass der fünfte Platz viel mehr dem Zufall, als der tatsächlichen Performance geschuldet war.

Shot Differential in der Premier League 2011/2012

	Team	Zuhause	Auswärts	Total
1	Manchester City	+12,3	+5,3	+8,8
2	Manchester United	+8,5	-1,2	+3,6
3	Arsenal	+9,5	+3,1	+6,3
4	Tottenham	+10,4	+2,1	+6,2
5	Newcastle	+3,5	-6,3	-1,4
6	Chelsea	+8,8	+2,8	+5,8

Die negative Bilanz von Newcastle gerade in Bezug auf die Konkurrenz, die sich unter den ersten sechs Tabellenplätzen befindet, zeigt klar auf, dass Newcastle nicht zu den Top Sechs gehört, wenn man die tatsächliche Performance ohne den Zufallsfaktor betrachtet.

Eine Tordifferenz von +5 im Vergleich zum negativen Indikator „Shot Differential" zeigt auf, dass Newcastle in der Chancenauswertung völlig überperformt haben muss.

Vor allem der Senegalese Papiss Cissé sticht dabei ins Auge, der eine Conversion Rate von 33 Prozent aller Torschüsse vorzuweisen hat. Das sind ganze 13 Prozent mehr als die Conversion Rate von Lionel Messi, dem besten Fußballer der Welt, mit 20 Prozent, was bereits eine sehr hohe Quote für diesen Indikator ist.

Zusammengefasst hatte der fünfte Platz von Newcastle United mehr mit dem Zufallsfaktor statt mit der tatsächlichen Performance zu tun.

Rasmus Ankersen ist davon überzeugt, dass mit einem datenbasierten Ansatz deutlich klarer gewesen wäre, wie es um die tatsächliche Leistung gestanden hätte. Das hätte dem Verein jede Menge Geld und eine falsche Erwartungshaltung erspart.

Hätte Newcastle United beispielsweise auf einen weiteren Indikator, wie die **Expected Points**, zurückgegriffen, der aufzeigt, welche Anzahl an Punkten ein Team erzielt, wäre anhand der Wertung der eigenen und gegnerischen Tormöglichkeiten zu erkennen gewesen, dass die Leistung über das ganze Jahr in der Erfolgssaison 2011/2012 vergleichbar mit der nächsten Saison gewesen wäre, wo die Mannschaft nur knapp dem Abstieg entging, aber einfach weniger Glück hatte.

„Faktor Spielglück" – Performance vs Resultat

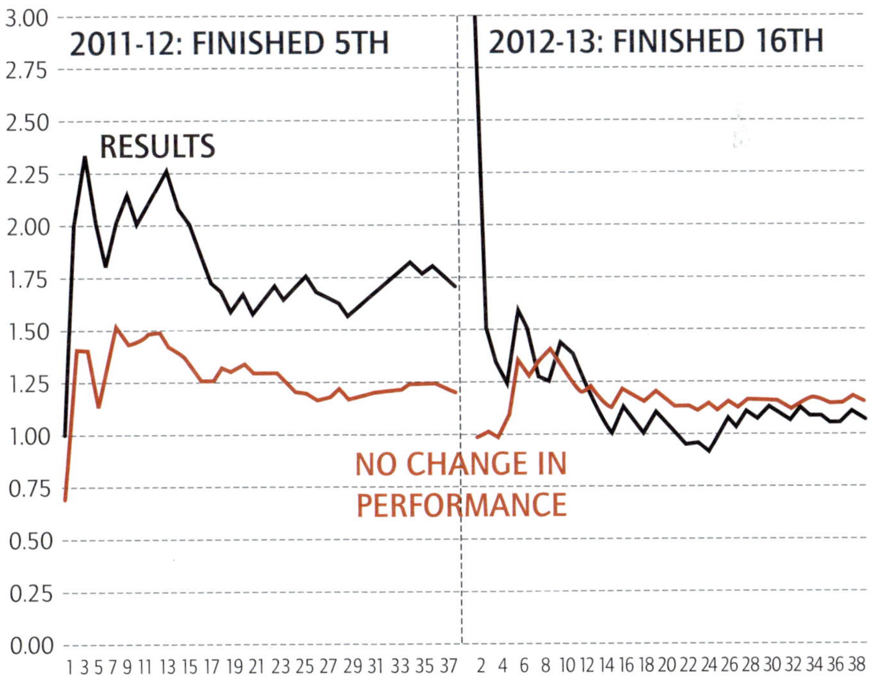

Das grundlegende Problem ist laut Ankersen der sogenannte *Outcome Bias* oder auf Deutsch als *Rückschaufehler* bezeichnet. Dieser weist darauf hin, dass Entscheidungen zu oft nach Ergebnissen und nicht nach Entscheidungsprozessen bewertet werden. Dies ist wahrscheinlich auch bei Newcastle United der Fall gewesen ist, wo erwartet wurde, dass das erfolgreiche Ergebnis einfach wiederholt werden kann.

Erfolgreiche Organisationen sollten laut Ankersen mehr wie ein professioneller Zocker arbeiten, der darauf geschult ist, Erfolg und Misserfolg mit derselben Skepsis zu analysieren.

- *Warum waren wir wirklich erfolgreich?*
- *Wie unterscheidet man Glück von Fähigkeiten?*
- *Und die Tabelle lügt eben doch!*

„Success turns luck into genius."
Rasmus Ankersen

23.4 DIE BEDEUTUNG DES 1:0

„Es ist besser, zehnmal 1:0 zu gewinnen, als einmal 10:0."
Vahid „Vaha" Halilhodžic (ehemaliger jugoslawischer Fußballspieler und -trainer, *1952)

Der *Technische Report 2021/2022* der UEFA Champions League bestätigt die große Bedeutung des ersten Tors.

Die Mannschaft, die 2021/2022 das erste Tor erzielte, spielte von 117 gespielten Spielen in 88 Prozent der Fälle unentschieden und in 72 Prozent der Fälle gewann die Mannschaft sogar, die den ersten Treffer erzielte!

Lediglich Champions-League-Gewinner Real Madrid gelang es zweimal, im Achtelfinale gegen Paris Saint-Germain und im Halbfinale gegen Manchester City, das Spiel nach einem Rückstand noch zu drehen.

Lediglich ein einziges Mal gelang es mit Benfica Lissabon einer Mannschaft, einen Rückstand von zwei Toren noch aufzuholen, als Benfica im Viertelfinale einen 1:3-Rückstand noch ausgleichen konnte.

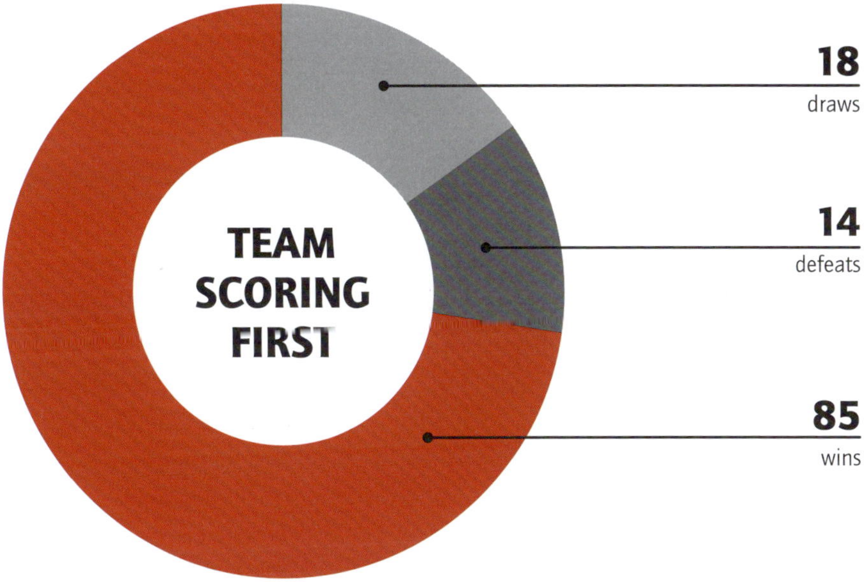

(modifiziert nach https://uefatechnicalreports.com/ucl-2022)

Des Weiteren kommt hinzu, dass seit mehreren Jahren 70 Prozent der Spiele in den „Top-Fünf"-Ligen in Europa mit lediglich einem Tor Differenz gewonnen werden.

Siehe u.a.: *https://www.bundesliga.com/de/bundesliga/news/top-fact-wie-wichtig-ist-das-erste-tor-fuer-den-spielverlauf-blmd19v.jsp*

Aus diesen statistischen Analysen ist klar zu erkennen, dass ein Key-Performance-Indikator mit einer extrem hohen Bedeutung ist, dass eine Mannschaft so häufig wie möglich das 1:0 erzielt.

Hierfür ist es logischerweise im Umkehrschluss wichtig, keinen Gegentreffer zu erhalten, der die Chancen auf einen Sieg extrem sinken lässt.

Der Prozess beginnt damit, zunächst sich selbst und dann den Spielern die Tatsache zu verdeutlichen, dass, wenn sie das 1:0 erzielen, eine Chance haben, in fast neun von 10 Fällen mindestens unentschieden zu spielen und in sieben von 10 Fällen zu gewinnen, um das Beispiel aus der Champions League zu nehmen.

Allein, dass das Bewusstsein für diese hohe Bedeutung des ersten Treffers da ist, kann bereits einen großen Unterschied machen.

Unter anderem aus diesem Grund ist es sehr wichtig, im Spielmodell für alle Spielphasen Lösungen zu haben und eine ausgewogene Balance zwischen Offensive und Defensive herzustellen.

Erzielt man das 1:0, ist es, statistisch gesehen, gerade bei einer frühen Führung wichtig, weiterhin das Offensivelement im Spiel zu erhalten, wenn man die Führung verteidigen möchte. Das mag auf den ersten Blick etwas widersprüchlich erscheinen, aber ist durch Daten deutlich belegt.

Auch die häufig zu sehenden Auflösungserscheinungen der Defensivstrukturen gegen Spielende bei einem Rückstand mit einem Tor sollte man analysieren.

- *Warum hat man nicht von Spielbeginn an so gespielt, als es noch 0:0 stand, wenn man die Chancen mit dieser Variante so hoch einschätzt, gegen Spielende noch einen Treffer zu erzielen?*

Aber auch hier sollte das Bauchgefühl nicht unberücksichtigt bleiben. Denn die Power der eigenen Fans im Rücken, die die Mannschaft noch einmal nach vorne peitschen bei einem Heimspiel, in dem die Mannschaft mit einem Tor zurückliegt, kann nur schwer gemessen werden.

„Das Beste, was man machen kann, ist, das 0:0 zu halten, bis man ein Tor erzielt."

Martin O'Neill (irischer Fußballspieler und -trainer, * 1952)

23.5 TORWICHTIGKEIT

„Wenn du in der ersten Minute das 1:0 machst und in der letzten das 2:0, kann dir nichts passieren."

Rudi Assauer (Fußballspieler und -manager, 1944-2019)

Zudem gibt es Tore mit unterschiedlicher Wichtigkeit. Dies ist ein Ansatz, der oftmals übersehen wird und mit dem Vereine sowohl Geld sparen können als auch die Chancen steigen, Fehlgriffe durch Fehlinterpretationen zu vermeiden.

Die Tore lassen sich in drei Kategorien einteilen:

Kategorie A/Tore mit höchster Bedeutung

- Das Tor zur 1:0-Führung;
- jeder weitere Führungstreffer;
- der entscheidende Siegtreffer;
- der Ausgleichstreffer zum Endstand;
- das Tor, das zum Weiterkommen beiträgt, z. B. aufgrund einer benötigten Tordifferenz.

Kategorie B/Tore mit mittlerer Bedeutung

- Tore, die den Abstand um zwei Tore vergrößern, z. B. der Treffer zum 2:0 oder der Treffer zum 3:1;
- unmittelbare Anschlusstore, z. B. das Tor zum 1:2 oder zum 2:3.

Kategorie C/Tore mit geringer Bedeutung

- Jedes Tor, das keine wesentliche Bedeutung für den Ausgang eines Spiels hat, z. B. der letzte Treffer zum 5:0-Sieg oder der Anschlusstreffer bei einer 1:4-Niederlage.

Die Torwichtigkeit spielt eine große Rolle beim Thema **Datenscouting**, auf das wir noch eingehen werden.

Einen Stürmer zu verpflichten, der bei einer Spitzenmannschaft als Einwechselspieler 12 Tore aus der Kategorie C erzielt, heißt noch lange nicht, dass er dieselbe Anzahl Treffer oder noch mehr Treffer als Stammspieler erzielt, bei einem Verein, der weniger Geld zur Verfügung hat.

Spannender wäre es vielleicht, den Stürmer vom gleichen Verein zu verpflichten, der in derselben Spielzeit sogar nur sechs Treffer erzielt hat, diese aber alle aus der Kategorie A kommen.

Diesen statistisch belegten Ansatz kann man heutzutage bis in untere Amateurligen anwenden, wo die Torschützen online aufgeführt sind, genauso, wie zu welchem Zeitpunkt sie ihre Tore erzielt haben.

23.6 HEIMVORTEIL – DIE MACHT DER FANS

„Man kann mit Fug und Recht behaupten, dass der Heimvorteil heute nicht mehr so bedeutsam ist wie früher."
UEFA-Präsident Aleksander Ceferin (*1967)

Die Bedeutung des Heimvorteils ist bei vielen professionellen Gamblern, die mit Fußballwetten ihr Geld verdienen, ein heiß diskutiertes Thema.

- *Gibt es so etwas wie einen Heimvorteil wirklich?*
- *Und, wenn ja, wie groß ist der Heimvorteil?*

Schaut man auf die Geschichte des Fußballs, ist der Heimvorteil vor allem mit einem Blick in die Vergangenheit stark ausgeprägt.

Doch nicht nur bei Vereinen, auch bei Turnieren scheint es so etwas wie einen Heimvorteil zu geben. Gleich sechsmal, nämlich 1930, 1934, 1966, 1974, 1978 und 1998, konnte der Gastgeber die Fußball-Weltmeisterschaft im eigenen Land gewinnen.

Schaut man auf die Historie der deutschen Fußball-Bundesliga seit 1963/1964 zurück, kann man statistisch vereinfacht festhalten, dass im Schnitt von vier Spielen zweimal ein Heimsieg eingefahren wird. Je einmal wird unentschieden gespielt und lediglich einmal von vier Spielen gewinnt die Auswärtsmannschaft.

Rein historisch betrachtet, lag gerade zu Beginn des professionellen Fußballs der Heimvorteil sogar noch höher, was unter anderem an den sehr unkomfortablen Reisen gelegen haben muss und daran, dass auch nur wenige eigene Fans zu einem Auswärtsspiel mitreisen konnten.

Im Laufe der Zeit hat der Heimvorteil nicht nur in der deutschen Fußball-Bundesliga leicht abgenommen. Im Schnitt gewinnen fast ligaunabhängig die Auswärtsmannschaften von 100 Spielen nun nicht ganz 30 Spiele, was eine leicht erhöhte Tendenz ist.

Auch im *Technischen Report* der UEFA Europa League 2021/2022 ist vermerkt, dass es 57 Heimsiege gab im Vergleich zu 42 Auswärtssiegen. Dieser Wert hat sich in den Finalrunden sogar mit 17 Heimsiegen im Vergleich zu 13 Auswärtssiegen weiter zugunsten der Auswärtssiege entwickelt.

Trotzdem bleibt festzuhalten, der Heimvorteil ist immer noch existent und die oben beschriebene Quote mit 50:25:25 ist nach wie vor relativ konstant.

Im Fußball gibt es mit einem Sieg, einem Unentschieden und einer Niederlage drei verschiedene Möglichkeiten für einen Spielausgang. Statistisch gesehen, müsste sich die Wahrscheinlichkeit über einen langen Zeitraum und mit einer entsprechend großen Datenmenge, die vorliegt, auf eine Eintrittswahrscheinlichkeit von 33,33 Prozent zubewegen. Dies ist, wie wir gesehen haben, bei Weitem nicht der Fall, was ein weiterer statistischer Beweis ist, dass es den Heimvorteil gibt.

Für Prof. Daniel Memmert von der Sporthochschule Köln könnte es ein Ansatz sein, den Heimvorteil damit zu erklären, dass Schiedsrichterentscheidungen von lautstarken Heimfans unbewusst beeinflusst werden, da sie z. B. im Schnitt 0,5 mehr Gelbe Karten an die Auswärtsmannschaft vergeben.

Durch die Schulung der Schiedsrichter und durch den VAR scheint aber auch diese Tendenz sich wieder einzupendeln, da sich die Schiedsrichter dieser Problematik bewusst sind und dementsprechend geschult werden und auch Videounterstützung erhalten.

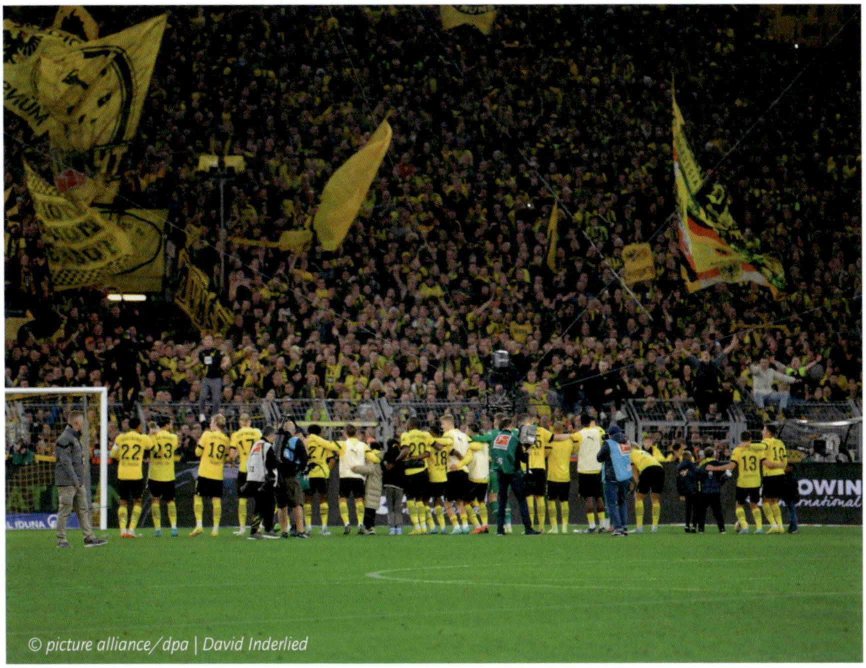

Borussia Dortmund: Heimvorteil durch „die gelbe Wand"

Zudem ergab sich durch die Coronazeit ein spannender Beobachtungsansatz, nämlich, was passiert mit dem Heimvorteil, wenn ohne die eigenen Fans gespielt wird.

Die Auswertung von Statistiken zeigt auf, dass der Heimvorteil selbst auch bei Geisterspielen bestehen bleibt, jedoch in 17 von 21 Ligen weniger geworden ist, seit ohne Fans gespielt wird.

https://kurt.digital/2022/03/21/8-fakten-zum-heimvorteil-waehrend-corona/

Der wesentlichste Faktor neben kürzeren Anfahrtswegen oder der Vertrautheit mit dem eigenen Stadion mit verschiedenen Rasenbelägen und auch Abmessungen sind also die Fans für den Heimvorteil. Sie können die Schiedsrichterentscheidungen beeinflussen, den Gegner nervös werden lassen und der eigenen Mannschaft Energie geben.

Gerade Vereine in den Top-fünf-Ligen mit vielen Fans im Rücken hatten einen tieferen Punkteschnitt im heimischen Stadion. Interessant ist die Beobachtung, dass Ligen wie die Seria A oder die Premier League, in denen viel über das Thema Intensität geht und eine Fankultur herrscht, die mit dem Verein so extrem verbunden ist wie nur in wenigen anderen Ligen, stärker von den Geisterspielen betroffen waren, als kleinere Ligen ohne eine große Fanszene, wie beispielsweise die Liga auf Malta.

Zu guter Letzt sei zum Thema Heimvorteil die Information festgehalten, dass statistisch eine leicht erhöhte Siegeschance für das Auswärtsteam vorliegt, wenn die Anreise nicht sehr weit ist. Das hat zum einem mit der besseren Möglichkeit für die Unterstützung durch die eigenen Fans zu tun, für die es leichter ist, zahlreich zu einem Auswärtsspiel zu kommen.

Zum anderen zeigt sich, dass das Thema Reisestrapazen eine negative Auswirkung auf die Performance hat, weshalb sich Vereine Gedanken machen sollten, wie man diese möglichst minimieren kann.

23.7 KADERSTRUKTUREN

„No eggs – no omelettes!
It depends on the quality of the eggs.
In the supermarket you have class one, two or class three eggs
and some are more expensive than others and some give you better omelettes.
So when the class one eggs are in Waitrose and you cannot go there,
you have a problem."

José Mourinho (portugiesischer Fußballtrainer, *1963)

Das Zitat von José Mourinho verdeutlicht die Wichtigkeit, einen Kader mit Spielern zur Verfügung zu haben, die eine entsprechende Qualität haben und zur Spielidee des Vereins bzw. Trainers passen.

- *Wie aber sieht ein ideal strukturierter Kader aus?*
- *Wie kann man die Qualität eines Spielers messen?*
- *Welche Statistiken und Daten sind auf welcher Position besonders wichtig?*
- *Gibt es Key-Performance-Indikatoren, an denen man sich orientieren kann?*
- *Wie kann man das Thema Datenscouting auf- und ausbauen?*

Zunächst einmal sollte der Ausgangspunkt aller Überlegungen immer darauf beruhen, ob diese oder jene Aktivität innerhalb eines definierten Prozesses dabei hilft, dass eine Mannschaft mehr Spiele gewinnen kann oder man im Nachwuchs mehr Spieler in die eigene erste Mannschaft bringt.

Wie wir ebenfalls gesehen haben, ist ein eigenes, definiertes Spielmodell ein weiterer entscheidender Ausgangspunkt, ohne den ein Kader nicht optimal zusammengestellt werden kann.

Genauso benötigt man ein klar definiertes Spielmodell mit dazugehörigen Positionsprofilen, um zielgerichtet zu scouten.

Wie das Spielmodell, die Spielprinzipien und die dazugehörigen Spielerprofile aussehen, muss jeder Verein und jeder Trainer für sich definieren. Deshalb macht es wenig Sinn, an dieser Stelle ein einzelnes Spielmodell herauszupicken. Es ist auf jeden Fall sinnvoller, generelle Hinweise zu geben, die durch Best-Practice-Beispiele, statistische Analysen und Daten belegt sind.

Bevor sich ein Verein genauere Gedanken über die Kaderstrukturen macht, muss er zuerst definieren, in welche der vier Kategorien eines Fußballclubs er sich aktuell einordnet oder welche Kategorie das erklärte Ziel ist. Dies impliziert entsprechende unterschiedliche Maßnahmen bei der Kaderplanung.

Kategorie 1

„Internationale Spitzenmannschaft."

Kategorie 2

„Challenger." Internationaler Wettbewerb. Je nach Liga „Top 3" bis „Top 5".

Kategorie 3

„Gesichertes Mittelfeld."

Kategorie 4

„Überlebenskampf"/permanenter Abstiegskampf.

Jedes Unternehmen und jeder Verein strebt danach, die höchstmögliche Produktivität zu den geringstmöglichen Kosten zu erlangen. Der Killer Nummer eins ist das Gegenteil und zwar extrem hohe Kosten und eine sehr geringe Produktivität.

Dies ist ein wichtiges grundlegendes Gedankenkonstrukt, wenn man von Kaderstrukturen im Fußball spricht, auf die, prozentual gesehen, die meisten Kosten entfallen und die gleichzeitig der wichtigste Produktivitätstreiber sind.

Ein Spieler erreicht heutzutage mit circa 24 bis 25 Jahren 98 Prozent seines maximalen Marktwerts, da er bereits seine Klasse in vielen Spielen bewiesen hat. Jedoch hat er noch mehr gute Fußballjahre auf höchstem Niveau vor sich, wobei die steigende Erfahrung auf weiterhin körperliche Fitness treffen wird.

An diesem Richtwert kann man auch Entwicklungen in kompletten Ligen deuten, wie z. B. in der deutschen Fußball-Bundesliga: In der Saison 2002/2003 lag das Durchschnittsalter noch bei 27,1 Jahren; in der Saison 2017/2018 nur noch bei 24,5 Jahren, was genau am Alter des maximalen Marktwerts liegt.

Generell macht es Sinn, den Kader mit möglichst vielen Spielern zu besetzen, die ihren Leistungshöhepunkt vor sich haben. Das hilft, Resultate und gleichzeitig hohe Marktwertsteigerungen zu erzielen.

Ausnahmen bilden dabei wie immer die Regel und bleiben oft den 0,1 Prozent mit viel finanzieller Unterstützung vorenthalten wie den Königlichen von Real Madrid, die mit einem Durchschnittsalter von 27,3 Jahren 2022 die Champions League gewinnen konnten.

Generell gibt es jedoch keine Daten, die einen klaren Zusammenhang zwischen Altersdurchschnitt und Erfolg im Fußball beweisen. Als Richtwert kann jedoch die Zahl von 26,5 Jahren dienen, was das Durchschnittsalter aller Titelgewinner der besten fünf Ligen in Europa seit 2009 ist.

Gerade das zentrale Mittelfeld um Casemiro (30 Jahre), für den Manchester United übrigens viel zu viel Geld bezahlt hat, wenn man das Peak Age miteinbezieht, Toni Kross (32 Jahre) und Luka Modric mit 36 Jahren bildete das Herzstück des Erfolgs.

Hinzu kam hier das gute Bauchgefühl von Ancelotti, der sehr pragmatisch gerade im Pressing spielen ließ. Gerade im Finale ließ er aus einem tiefer stehenden Block agieren, wodurch die hohen Laufintensitäten im Mittelfeld gedrosselt wurden, was dem nicht mehr ganz so jungen Mittelfeld sicherlich entgegenkam.

Zu dieser Thematik muss erwähnt werden, dass es neben dem Peak Age für den Marktwert auch einen etwas höheren Peakwert gibt, was die Performance betrifft.

Das Peak Age für Performance sieht für verschiedene Positionen unterschiedlich aus. Auf Positionen, auf denen gleichermaßen eine hohe Maximalgeschwindigkeit wie hohe läuferische Intensitäten gefragt sind, wie bei den Außenverteidigerpositionen in einem eher offensiv ausgelegten Spielmodell, ist ein Spieler oftmals mit Ende 20 auf dem Zenit.

Interessant ist die Entwicklung auf der Position des zentralen Stürmers. Karim Benzema gewann mit bald 35 Jahren den Ballon d'Or. Cristiano Ronaldo wechselte bereits vor einigen Jahren vom Flügel auf die zentrale Position und zählt dort mit 37 Jahren nach wie vor zu den Besten seines Fachs.

Genauso wie Robert Lewandowski, der mit 34 Jahren zum FC Barcelona wechselte und kein bisschen von seinem Torhunger eingebüßt hat. Und dann natürlich nicht zu vergessen Zlatan Ibrahimovic, der mit 40 Jahren noch einmal die Meisterschaft mit dem AC Mailand gewinnen konnte und nichts von seiner Torgefährlichkeit eingebüßt hat.

Ein Kader kann zudem zu klein sein, aber es besteht auch oft die Gefahr, diesen zu groß zu gestalten. Statistische Auswertungen in den Topligen in Europa zeigen auf, dass in den häufigsten Fällen ein Pool von 14-16 Spielern über 90 Prozent der Spielzeit bekommt.

Es scheint also ein guter Richtwert zu sein, dass circa 15 gestandene Spieler ausreichen und es besser ist, dahinter junge, hungrige Herausforderer zu positionieren. Das spart zum einen Geld und zum anderen wird für eine bessere Stimmung gesorgt.

Die Kaderstabilität ist ein weiterer wichtiger KPI, wenn ein Verein Erfolg haben will. Wie auch bei jedem Unternehmen ist eine hohe Fluktuation Gift für konstant gute Resultate.

Als Richtwert sollte maximal jeder vierte Spieler nach einer Saison getauscht werden, das wären bei einem Kader von 20 Spielern maximal fünf Abgänge und Neuzugänge. Alles darüber senkt die Chancen auf Erfolg extrem.

Der Kader erfolgreicher Mannschaften in der neuen Saison besteht meistens zu mehr als 75 Prozent aus denselben Spielern der Vorsaison. Als Musterbeispiel kann hier Tottenham Hotspurs genannt werden, das mit 100 Prozent Kaderstabilität aus der Vorsaison das Finale der UEFA Champions League erreichte.

Wechsel in der Winterpause sind fast nie nachhaltig. In den letzten 10 Jahren in der Premier League spielten über 50 Prozent der in der Winterpause neu verpflichteten Spieler nicht einmal die Hälfte der möglichen Spielminuten. Es ist also aus mehreren Gründen deutlich besser, zu Saisonbeginn seine Hausaufgaben zu machen.

Ähnlich verhält es sich, statistisch belegt, auch mit den Debüts junger Spieler gegen Ende der Saison. Sie führen oft zu weniger guten Optionen für den Debütspieler im Anschluss an die Saison, da das Debüt nicht von langer Hand nachhaltig geplant war.

Oft ist es der Tatsache geschuldet, dass eine Mannschaft sich tabellarisch am Ende der Saison nicht mehr bewegen kann und nun schnell noch ein paar junge Spieler bringt. Ligenübergreifend spielen Spieler, die nach der Winterpause ihr Debüt geben, in der folgenden Saison 40 Prozent weniger.

In Kap. 23.17 und den dazugehörigen KPIs wird ausführlicher auf das Thema **Spielerverfügbarkeit** eingegangen. Aber es sei hier bereits vorweggenommen, dass die Spieler in einem Kader zu über 80 Prozent im Training und zu über 90 Prozent der Spiele zur Verfügung stehen sollten, was sich ansonsten stark negativ auf die Ergebnisse auswirken wird.

Es ist also z. B. äußerst wichtig, bei Neuverpflichtungen diese Werte zu prüfen und auch über Verletzungshistorien genau Bescheid zu wissen.

Top Teams in Europa: Wie oft wurden in der eigenen Akademie ausgebildete Nachwuchsspieler in der Profimannschaft eingesetzt

1.	SK Sigma Olomouc (CZE)	79,9 %	[23/09]
2.	Athletic Club Bilbao (ESP)	79,1 %	[17/09]
3.	FC Nitra (SVK)	78,8 %	[20/09]
4.	Debreceni VSC (HUN)	63,6 %	[23/09]
5.	Real Sociedad de Fútbol (ESP)	62,8 %	[24/09]
6.	MFK Zemplín Michalovice (SVK)	61,4 %	[16/09]
7.	FC Nordsjælland (DEN)	61,0 %	[08/09]
8.	1. FC Slovácko (CZE)	60,7 %	[09/09]
9.	JJK Jyväskylä (FIN)	56,0 %	[15/09]
10.	SV Mattersburg (AUT)	55,7 %	[23/09]
11.	Silkeborg IF (DEN)	53,4 %	[23/09]
.	FK Vorskla Poltava (UKR)	53,4 %	[09/09]
13.	Halmstads BK (SWE)	53,3 %	[23/09]
14.	MŠK Žilina (SVK)	53,2 %	[09/09]
.	AZ Alkmaar (NED)	53,2 %	[10/09]
16.	NK Celje (SVN)	52,1 %	[23/09]
17.	Bnei Sakhnin FC (ISR)	50,2 %	[09/09]
18.	Aalborg BK (DEN)	50,1 %	[11/09]
19.	1. FC Tatran Prešov (SVK)	49,9 %	[24/09]

(modifiziert nach https://football-observatory.com/)

Je nach dem Ziel eines Vereins, wie stark der eigene Nachwuchs gewichtet wird, ist es wichtig, Zielwerte festzuhalten, wie viele Spieler aus dem eigenen Nachwuchs in der ersten Mannschaft spielen sollen. Dabei spielt es eine Rolle, nicht zu benennen, wie viele Spieler sich im Kader befinden sollen. Was bringt es, wenn ich fünf Spieler aus dem Nachwuchs im Kader habe, diese aber nicht eine Minute spielen?

Aus diesem Grund bietet es sich an, zu definieren, wie viel Prozent der Spielminuten durch sogenannte *Homegrown Players* abgedeckt werden, wie es AZ Alkmaar, eine absolute Topadresse, macht. Der Verein hat für sich selbst als KPI definiert, dass 50 Prozent der Spielminuten durch ihre Akademiespieler bestritten werden sollen. Aber gleichzeitig mit dieser Vorgabe um Titel zu spielen, was natürlich sehr ambitioniert ist. Es kann sich aber auch extrem positiv auf den Return on Investment auswirken.

Um Identität zu stiften, könnte es auch Sinn machen, KPIs zu definieren, wie viele einheimische Spieler sich im Kader befinden sollten oder zumindest wie viele die Liga bereits kennen.

Ein weiterer kritischer Erfolgsfaktor beim Aufbau einer guten Kaderstruktur ist es, die optimale Gehaltsstruktur festzulegen. Schwarz-Weiß-Denken wäre entweder, alle Spieler verdienen exakt dasselbe oder einzelne Spieler verdienen fast so viel wie der Großteil des Kaders zusammen.

Es gilt auch hier, einen guten Mittelweg zu finden, wobei wiederum statistische Analysen und Richtwerte helfen können, die dann jeder Verein für seine spezifische Situation zu einem KPI entwickeln kann.

Aufbauend auf den Forschungen der Firma *21st Club*, bietet folgende Struktur einen guten Anhaltspunkt:

- 40 Prozent des zur Verfügung stehenden Geldes für die besten fünf Spieler;
- 25 Prozent für die nächste Spielergruppe 6-10;
- 15 Prozent für die nächsten fünf Spieler 11-15;
- 12 Prozent für die nächsten fünf Spieler 16-20;
- acht Prozent für die letzte Gruppe 21-25.

https://www.twentyfirstgroup.com/

Zu guter Letzt sind einige der in diesem Kapitel aufgezeigten Ideen einfach heruntergebrochen in ein Schaubild integriert:

Hierbei wird von einer Kadergröße von 20 Feldspielern und drei Torhütern ausgegangen und die Spieler werden in die vier Kategorien so eingeteilt, dass ein Großteil der erwähnten Punkte sich in der Anzahl der Spieler in diesen Kategorien widerspiegelt.

KATEGORIE MARKT-WERT	„FUTURE" 16 bis 20 Jahre ↗	„ASSETS" 21 bis 25 Jahre ↑	„STRUKTUR" 26 bis 30 Jahre ↘	„KULTUR" Über 30 Jahre ↓
20 + 3	**6 Spieler**	**10 Spieler**	**4 Spieler**	**3 Spieler**

Wichtig wäre, nun noch auf Punkte wie die Kaderstabilität zu achten und dass man im Idealfall Spieler aus der Kategorie „Assets" verkauft und diese dann durch Spieler aus der eigenen Akademie ersetzt.

Wenn diese 21 Jahre alt sind, werden sie durch junge Akademiespieler ersetzt. Zudem sollte darauf geachtet werden, Spieler kurz vor ihrem Peak-Performance-Alter möglichst gewinnbringend abzugeben. Wenn dies alles umgesetzt wird, ist bereits ein großer Schritt gemacht, um Key-Performance-Indikatoren gewinnbringend einzusetzen.

Wie bereits angesprochen, ist die Kaderstabilität ein wichtiger KPI, auf den es zu achten gilt, weshalb man im Idealfall Spieler aus der Kategorie „Assets" verkauft, sobald der Marktwert sein Maximum erreicht.

Schlüsselspieler mit einer extremen Verbundenheit zum Verein, die als Identifikationsfiguren aufgebaut werden können, sollten aus dem Bereich „Assets" gezielt langfristig in die nächsten beiden Kategorien „Struktur" und „Kultur" hineinwachsen.

Spieler im Kreis „Kultur" sind zudem prädestiniert, später in andere Aufgabenfelder im Verein hineinzuwachsen, zum Beispiel als Nachwuchstrainer oder im Management.

Idealerweise wachsen ständig neue Nachwuchsspieler in den Bereich „Future" nach und Spieler aus dem Bereich „Future" entwickeln sich wiederum in die Kategorie „Assets", wodurch langfristig leistungsstabile Mannschaften entwickelt werden, mit einer hohen Identifikation für Fans und andere wichtige Stakeholder und somit wird die Grundlage für einen Verein, der nachhaltig wirtschaftlich gesund ist, gelegt.

23.8 DATENSCOUTING

„In den meisten Firmen verbringen die Personen zwei Prozent ihrer Zeit mit dem Recruiting und 75 Prozent ihrer Zeit mit dem Managen der Fehler des Recruitings."

Richard Fairbank, CEO von *Capital One*
(amerikanischer Milliardär und Geschäftsmann, Gründer von *Capital One*, *1950)

Zu viele Vereine bauen immer noch fast ausschließlich auf ein Lifescouting vor Ort oder auf ein Videoscouting oder haben immer noch eine hohe Abhängigkeit von Spielerberatern, die für sie nach geeigneten Spielern schauen.

Diese drei Faktoren haben sicherlich nach wie vor ihre Berechtigung und sind Teil des Scoutingprozesses, da Soft Skills eines Spielers am besten direkt beurteilt werden können. Dazu zählt das Verhalten unmittelbar nach einem schweren Training oder das Verhalten gegenüber Mitspielern und dem Trainer, um zwei Beispiele zu nennen, die bislang nicht mit Daten erfasst werden können.

Durch den Einbezug des datenbasierten Scoutings wird dieser Prozess jedoch unendlich effektiver und effizienter, da eine Vorauswahl getroffen werden kann.

Keine Scoutingabteilung der Welt kann alle spannenden Spieler live im Stadion oder per Video scouten, weshalb mithilfe von Datenscouting aus einer viel größeren Vorauswahl die besten Profile ausgewählt werden können, um diese dann von Expertenaugen mit Liveanalysen abzugleichen.

Umgekehrt helfen die Daten natürlich, um eine Empfehlung aus dem Livescouting entsprechend abzugleichen.

Wie bereits mehrfach im Buch beschrieben, spielt das Spielmodell die zentrale Rolle beim erfolgreichen Einsatz eines datenbasierten Ansatzes. Dieser Punkt ist so wichtig, dass er immer wieder erwähnt wird, so auch beim Thema Datenscouting.

Die Spielidee kann durch KPIs messbar gemacht werden, genauso verhält es sich bei der Definition von Spielerprofilen, die mit 5-10 Kriterien versehen werden sollten und die Qualitäten unterstreichen sollen, die ein Spieler braucht, um auf seiner Position zur Spielidee beizutragen.

Der Fußballverband von Wales hat dabei einen tollen Job gemacht und seine Spielerprofile sogar veröffentlicht.

https://www.fawtrust.cymru/nationalsyllabus/

Um Best-Practice-Beispiele zu analysieren, was die auf ihren Positionen jeweils besten Spieler machen, steht z. B. der *Technischen Report* der UEFA Champions League zur Verfügung mit vielen spannenden Ideen und Richtwerten.

https://uefatechnicalreports.com/ucl-2022

Ein weiteres Beispiel für einen oftmals auch an Stammtischen diskutierten Punkt sind gewisse körperliche Merkmale auf verschiedenen Positionen, gerade auf der Position des Torhüters und des Innenverteidigers.

Auch wenn es immer wieder Ausnahmen gibt und die den Fußball ja gerade ausmachen, können durch Datenscouting bereits auch körperliche Gegebenheiten, die auf entsprechenden Positionen für wichtig erachtet werden, beim Datenscouting mit einbezogen werden.

https://twitter.com/CIES_Football

Durchschnittsgröße nach Position

der 31 besten Ligen in Europa laut CIES:

Torhüter	189,95 cm
Innenverteidiger	187,44 cm
Außenverteidiger	179,25 cm
Defensive Mittelfeldspieler	180,36 cm
Offensive Mittelfeldspieler	177,75 cm
Stürmer	180,65 cm

Nun können im nächsten Schritt diese Kriterien auf jeder Position mit dazugehörigen KPIs versehen werden und die Werte der Spieler aus dem Kader bestimmt werden. Dies ist hier in einer weiteren tollen grafischen Aufbereitung der Firma *StatsBomb* am Beispiel von Benjamin Pavard mit KPIs für einen Innenverteidiger zu sehen.

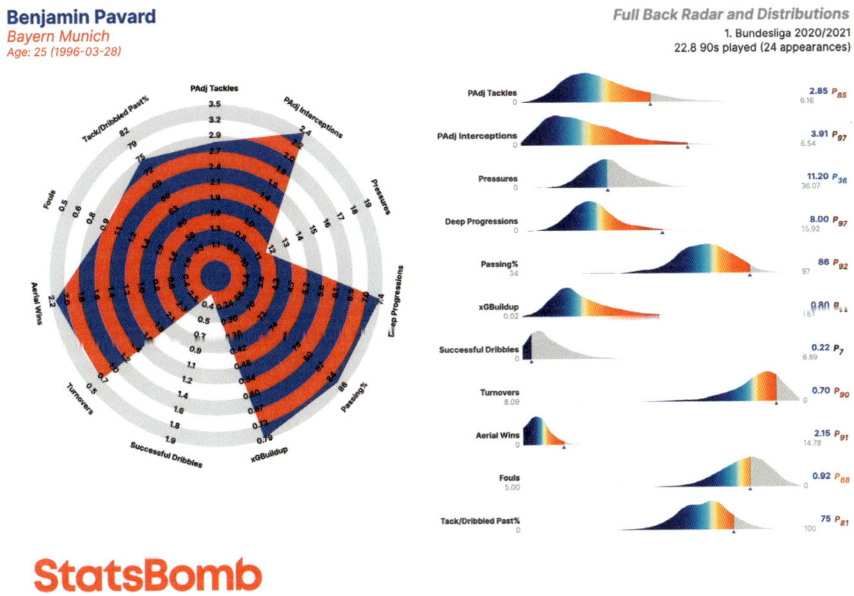

https://statsbomb.com/articles/soccer/understanding-statsbomb-radars/

Dieser Abgleich mit Best-Practice-Beispielen ist gerade zu Beginn sehr hilfreich als Orientierungswert.

Sieht man im Kader auf Positionen Defizite, die man für so wichtig hält, dass sie behoben werden müssen, um KPIs zu steigern, besteht Handlungsbedarf. Man kommt zu der Einschätzung, dass das selbst durch Zusatztraining nicht möglich ist, dann fängt man im nächsten Schritt mit dem Datenscouting an.

Man sucht folgerichtig natürlich nach Spielern, die über bessere Werte bei den KPIs verfügen, als der bisherige Spieler, den man im Kader hat. Man muss natürlich auch Abwägungen treffen in Bezug auf die erbrachten Werte bei den KPIs in Relation zur Spielidee. Und man muss prüfen, ob die Werte auf den Spieler, den man mit den Daten gescoutet hat, zutreffen. Auch Themen wie die Höhe des Gehalts in Relation zu den erbrachten KPIs müssen genau analysiert werden.

„Your goal shouldn't be to buy players. Your goal should be to buy wins. In order to buy wins, you need to buy runs."

Peter Brand/Szene aus *Moneyball*

23.9 TRAINERSCOUTING UND TRAINERSTAFF

„So I know all about the ups and downs of football,
I know that one day I will be sacked."

José Mourinho (portugiesischer Fußballtrainer, *1963)

Die weltweite Lebensdauer eines Profitrainers liegt statistisch nachgewiesen zwischen 18 und 19 Monaten, in manchen Ländern etwas mehr, in vielen Ländern deutlich weniger.

Siehe u.a. hierzu: https://www.kicker.de/von-drei-bis-24-die-18-bundesligisten-und-ihre-trainer-anzahl-seit-2007-945206/slideshow

In Zypern beträgt die Verweildauer sogar gerade einmal sieben Monate und ist deshalb für Trainer, die strategisch arbeiten wollen, vermutlich kein empfehlenswerter Schritt.

- *Wie sinnvoll ist es, bei diesem Fakt als Verein einem Trainer alle Schlüssel in die Hand zu drücken, vom Ändern des Spielmodells, dem Mitbringen einer kompletten Trainerstaff, bis zu großem Einfluss auf Transfers für Spieler, die seinem Spielmodell entsprechen etc.?*

Der Trainer spielt eine extrem wichtige Rolle und sollte viel mehr respektiert werden. Doch wie nachhaltig ist ein Konzept, das komplett auf einer einzelnen „Schlüsselperson" beruht, nach deren Abgang spätestens nach 19 Monaten sich wieder alles ändert?!

Das Schlüsselwort im Fußball heißt Nachhaltigkeit. Genauso wie im Idealfall bei einem guten Trainerscouting sollte auch nachhaltig auf den Trainer gesetzt werden.

Betrachtet man die deutsche Fußball-Bundesliga, wird man feststellen, dass praktisch jeder Verein, jeder Trainer und jeder Fan positiv über den SC Freiburg spricht, weil dieser Verein als einer der ganz wenigen sehr, sehr nachhaltig arbeitet.

Mit einem Trainer Christian Streich, der seit Januar 2012 nun schon über 10 Jahre als Cheftrainer beim Sportclub tätig ist und mit diesen zwischenzeitlich abstieg, aber auch wieder aufstieg und nun schon bereits mehrfach in internationale Wettbewerbe einziehen konnte. Dank dieser Nachhaltigkeit ist der SC Freiburg extrem solide aufgestellt und konnte sogar ein neues, hochmodernes Stadion bauen.

Dies bildet jedoch in der Bundesliga die absolute Ausnahme, da es in der Bundesliga pro Saison 14-15 Trainerwechsel gibt. Das bedeutet nichts Geringeres, als dass ein Trainer im Schnitt nach 15 Monaten den Verein wieder verlassen muss. Damit gehört die Bundesliga weltweit zu den Ligen mit einem extrem hohen Trainerverschleiß.

Laut *https://twitter.com/twentyfirstgrp* wird in Mexiko pro Saison 73 Prozent der Trainer gewechselt, in der Bundesliga 68 Prozent, in der Premier League zu 65 Prozent und in der MLS zu 60 Prozent.

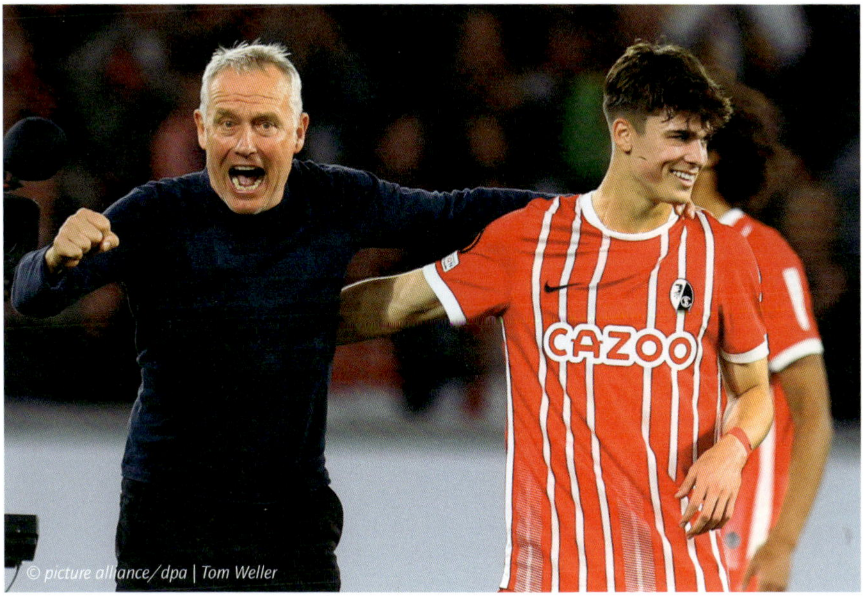

Musterbeispiel für Nachhaltigkeit und Bodenständigkeit – der SC Freiburg und sein Trainer Christian Streich

Hinzu kommt, dass ebenfalls statistisch belegt ist, dass Trainerwechsel über einen etwas längeren Zeitraum im Schnitt keinen positiven Effekt haben und sich Vereine sehr viel Geld für Abfindungen sparen könnten. So wie beispielsweise der FC Schalke, der in der Abstiegssaison 2020/2021 zeitweise gleich vier verschiedene Trainer bezahlen musste, um dann am Ende doch abzusteigen.

Andreas Heuer, ein Professor für Physikalische Chemie an der Universität Münster und Experte für die Theorie komplexer Systeme, hat zusammen mit dem Sportpsychologen Bernd Strauss in einer Studie über 46 Bundesligasaisons alle Trainerwechsel nach dem 10. und vor dem 23. Spieltag untersucht. Insgesamt gab es in diesem Zeitraum mehr als 150 Trainerentlassungen und es konnte kein sichtbarer positiver Effekt festgestellt werden.

Interview: https://11freunde.de/artikel/trainer-wechsel-sind-meist-ohne-effekt

Diese Fakten sind alle sehr wichtig, um KPIs auf der Trainerposition zu bestimmen.

Grundsätzlich geht es erst einmal darum, sich von einer kurzfristigen Denkweise in eine langfristige, nachhaltige Denkweise zu bewegen. So viele Trainerwechsel machen absolut keinen Sinn. Genauso wenig ist es zielführend, dem Trainer, wie es gerade oft in Drucksituationen der Fall ist, eine „Carte Blanche" auszustellen, wo z. B. dann die Trainerstaff beliebig ein- und ausgetauscht werden darf.

Die folgende Frage eines Instruktors bei einem Trainerkurs vor vielen Jahren ist mir bis heute im Gedächtnis geblieben:

- *„Ist die Mannschaft so gut trotz des Trainers oder wegen des Trainers?"*

Eine äußerst spannende Frage, der viel zu wenig nachgegangen wird.

- *Wie kann man den Einfluss eines Trainers überhaupt messen?*
- *Wie viele Punkte mehr kann ein guter Trainer wirklich bringen?*
- *Wie viel bringt ein Trainerwechsel?*
- *Wie sollte sich eine Trainerstaff zusammensetzen?*
- *Wie viele Staffmitglieder kann ein Trainer bei einem Wechsel mitbringen?*
- *Usw.*

Um diese Fragen zu beantworten, muss man zunächst einige Punkte definieren.

Zwei wichtige Fragen, die es vorab zu klären gibt, sind die folgenden:

1. *Was sind die zentralen Aufgaben eines Trainers?*
2. *Wie sollte eine gute Organisationsstruktur in einem Trainerteam aussehen?*

Generell gibt es drei Wege, wie ein Trainer Einfluss auf seine Mannschaft ausüben kann und wie er diese verbessern kann.

A) Mit seinem Know-how mitzuhelfen, die Mannschaft durch Transfers und die Integration von Nachwuchsspielern zu verbessen.

B) Die vorhandenen Spieler maximal zu entwickeln und den Marktwert zu steigern.

C) Die Leistung der kompletten Mannschaft am Spieltag zu verbessern durch taktische Maßnahmen und die Weiterentwicklung des Spielmodells, das idealerweise vom Verein in den Grundzügen fix definiert ist.

Hat man diese Punkte geklärt, sollte im nächsten Schritt, darauf logisch aufbauend, die Struktur in der Trainerstaff bestimmt werden.

Für Punkt A sollte unbedingt, wie bereits mehrfach angesprochen, ein Spielmodell vorliegen, das vom Verein definiert wurde. Damit soll das zu Beginn des Kapitels angesprochenen „Schlüssel-Personen-Risiko" umgangen werden und um nicht nach jedem Trainerwechsel mehr oder weniger wieder von vorne zu beginnen.

Bei vielen gut geführten Vereinen arbeiten für den Punkt A ein Kaderplaner und ein Technischer Direktor eng in einer Abteilung zusammen, um die Identität des Vereins, das entwickelte Spielmodell und das Scouting gemeinsam voranzutreiben. Dies geschieht natürlich in enger Zusammenarbeit mit dem Trainer, aber es wird immer die Spielidee und die Strategie berücksichtigt.

Für Punkt B sollte es eine oder mehrere Personen geben, die vom Verein definiert werden und unabhängig vom Cheftrainer die langfristige Spielerentwicklung vorantreiben. Dies könnte ein Talentmanager oder ein „Head of Coaching" sein. Sie sollten, wer auch immer der Cheftrainer ist, an der Spielerentwicklung arbeiten.

Genauso sollte die medizinische Abteilung, die Konditionstrainer und die Spielanalysten vom Verein gestellt werden. Diese Personen und ihre Profile sollten sehr sorgfältig ausgewählt werden und auch permanent weiterentwickelt werden müssen.

Bei Punkt C kommt der Cheftrainer ins Spiel, der die Verantwortung für die Umsetzung der Spielidee hat und für die Performance von Spiel zu Spiel verantwortlich ist.

Analysiert man nachhaltige, gesunde Vereine, die auch je nach ihrer Zielsetzung performen, trifft man Strukturen in dieser Form an.

Neben dem Spielerscouting spielt auch immer mehr das Trainerscouting eine wesentliche Rolle. Vereine haben erkannt, dass der Trainer aufgrund der vom Verein definierten Spielidee und des Spielerkaders sowie aufgrund Kultur und Strategie des Vereins passend gescoutet werden muss.

Beim ersten Gespräch sollte der Verein dem Trainer das Spielmodell und die Ideen vorstellen und aufzeigen, warum man denkt, dass der ausgewählte Trainer ideal dazu passen würde.

Bei der Analyse eines geeigneten Trainerkandidaten ist nachfolgend eine beispielhafte Liste mit KPIs aufgeführt, die dabei helfen können, den bestmöglichen Trainer zu scouten, der dabei hilft, den Verein und die Mannschaft weiterzuentwickeln:

- Abgleich der Spielidee des Vereins mit der Spielidee des Trainers;
- Performance bei definierten KPIs, z. B. xG, PPDA, Erfolg bei Standards etc.;
- Handhabung von Ein- und Auswechslungen;
- Kadergröße;
- Durchschnittsalter;
- Kaderstabilität;
- Stabilität in der Trainerstaff;

- prozentuale Verteilung im Kader 18-21 Jahre und 21-24 Jahre;
- Spielerverfügbarkeit;
- Prozent der Spielzeit für neu transferierte Spieler;
- Einbezug der Nachwuchsakademie;
- Debüts pro Saison;
- Debütspieler mit mehr als 10 Spielen von Beginn an;
- Transfer von U23-Spielern;
- Performance im Verhältnis zum verfügbaren Budget;
- Marktwertsteigerung des Kaders;
- Soft Skills, z. B. Persönlichkeitsprofil erstellen lassen;
- usw.

23.10 NACHWUCHSARBEIT

„Die Zukunft kann man am besten voraussagen, wenn man sie selbst gestaltet."
Alan Kay (amerikanischer Informatiker, * 1940)

Die Transferbilanz der „Top-fünf-Ligen" zwischen 2010 und 2019 gibt ein trauriges Bild ab. Bis auf Frankreich sind die anderen vier Ligen in Deutschland, Italien, Spanien und England extrem defizitär und könnten sich ohne reiche Besitzer oder hohe TV-Gelder nicht selbst tragen.

Gerade die Premier League weist in den Jahren von 2010 bis 2019 eine negative Transferbilanz von unglaublichen 6.488 Millionen Euro auf, wohingegen die Ligue 1 in Frankreich im selben Zeitraum mit einem Plus von 359 Millionen Euro glänzt.

Genauere Hintergründe sind in folgender pdf zu finden:

https://digitalhub.fifa.com/m/600fc98d0bd6e410/original/jcpqqnyhlcuqwlveqw8b-pdf.pdf

Es gibt im Fußball kaum ein nachhaltigeres Modell, als ein hauseigenes Profitcenter aufzubauen, wodurch Vereine die große Chance haben, wieder selbstbestimmter zu agieren.

Schaut man sich auf *www.transfermarkt.de* die Entwicklung der 200 teuersten Transfers von Spielern unter 21 Jahren zwischen der Saison 2010/2011 mit einem Volumen von 48 Millionen Euro und der Saison 2019/2020 vor Corona mit einem Volumen von 1,038 Milliarden Euro an, wird klar, welches enorme Potenzial der Aufbau eines hauseigenen Profitcenters bietet.

Solch ein Profitcenter kann entweder aufgebaut werden, indem man eine Top-Nachwuchsakademie betreibt mit einem klaren Plan, wie diese Spieler in die erste Mannschaft integriert werden. Oder man hat eine extrem gute Scoutingabteilung und eine entsprechend attraktive Plattform, um talentierte Spieler unter 21 Jahren in die erste Mannschaft zu locken, mit einer hohen Chance, sofort einzuschlagen.

Und im Idealfall mischt man beide Formen, wie es zum Beispiel Borussia Dortmund, AZ Alkmaar oder Red Bull Salzburg perfekt aufzeigen.

Nachfolgend die Top-drei-Transfers von Borussia Dortmund und Red Bull Salzburg, um zu zeigen, was für Resultate möglich sind:

Borussia Dortmund Top-drei-Transfers unter 21 Jahren

Ousmane Dembelé für 140 Millionen Euro zum FC Barcelona;

Jadon Sancho für 85 Millionen Euro zu Manchester United;

Christian Pulisic für 64 Millionen Euro zu Chelsea London.

Red Bull Salzburg Top-drei-Transfers unter 21 Jahren

Brenden Aaronson für 33 Millionen Euro zu Leeds United;

Karim Adeyemi für 30 Millionen Euro zu Borussia Dortmund;

Naby Keita für 30 Millionen Euro zu RB Leipzig.

Interessant ist, dass neben Adeyemi auch Erling Haaland für die festgeschriebene Ablöse von 20 Millionen Euro zu Borussia Dortmund wechselte, um von dort dann für 60 Millionen Euro zu Manchester City weiterzuziehen.

Diese sechs aufgezählten Spieler sind Beispiele für externe Transfers von Spielern unter 21 Jahren, denen eine Plattform auf hohem Niveau gegeben wird, wodurch der Marktwert hochgepusht wird und die Vereine die Investition um ein Vielfaches wieder reinholen.

Der höchste Profit kann jedoch mit Spielern aus dem eigenen Nachwuchs erzielt werden, für die keine Ablösesumme bezahlt werden musste und wo die Investitionskosten vergleichsweise gering sind.

Das wohl extremste Beispiel neben Ajax Amsterdam in jüngster Zeit ist Benfica Lissabon.

João Felix, der aus dem eigenen Nachwuchs von Benfica zu den Profis kam und dann für fast 130 Millionen Euro zu Atletico Madrid transferiert wurde, ist wohl der Spieler mit dem größten Profit für einen Verein in der Geschichte des Fußballs.

Aber auch Ruben Diaz, der für 70 Millionen Euro zu Manchester City wechselte oder Renato Sanchez, der für 35 Millionen Euro zu Bayern München gewechselt ist, zeigen das enorme Potenzial auf höchstem Niveau auf, was möglich ist, wenn man konsequent in den eigenen Nachwuchs investiert.

Noch beeindruckender ist vermutlich sogar das dritte Beispiel AZ Alkmaar, da dieser Verein bislang nicht regelmäßig in der Champions League spielt.

Profitcenter AZ Alkmaar

- Alireza Jahanbaksh wurde für 1,8 Millionen Euro gekauft und für 19 Millionen Euro an Brighton in die Premier League verkauft.
- Wouth Weghorst wurde für 1,5 Millionen Euro gekauft und für 10,5 Millionen Euro an den VfL Wolfsburg verkauft.
- Oussama Idrissi wurde für zwei Millionen Euro gekauft und für 12 Millionen Euro an den FC Sevilla verkauft.
- Torhüter Marco Bizot kam sogar ablösefrei und wurde nur wenige Jahre später für fünf Millionen Euro an Stade Brest verkauft.

  → Macht zusammen 41,2 Millionen Euro Nettoverkäufe alleine mit diesen vier Beispielen.

Interessant ist, dass der AZ Alkmaar alle Top-fünf-Ligen bedient, was zeigt, dass seine Spieler und seine Spielidee spannend für viele Märkte sind, die das nötige Geld haben, um Spieler zu kaufen.

Gleichzeitig betreibt AZ Alkmaar weltweit eine der besten und profitabelsten Nachwuchsabteilungen. Hier einige Beispiele:

- Guus Til für 18 Millionen Euro zu Spartak Moskau;
- Myron Badu für 17 Millionen Euro zu AS Monaco;

- Calvin Stengs für 15 Millionen Euro zu OGC Nizza;
- Teun Koopmeiners für 14 Millionen Euro zu Atalanta Bergamo;
- Owen Wijndal für 10 Millionen Euro zu Ajax Amsterdam.

→ Macht zusammen 74 Millionen Euro mit nur fünf Spielern aus dem Nachwuchs.

Alleine mit diesen neun Spielern konnte AZ Alkmaar in den letzten fünf Jahren über 115 Millionen Euro durch sein Profitcenter einspielen, es lohnt sich also, sich genauer damit zu beschäftigen.

Aber auch für Amateurvereine wird sich eine gute Nachwuchsarbeit langfristig immer ausbezahlen, da nichts identitätsstiftender ist, als Spieler aus dem eigenen Nachwuchs in die erste Mannschaft zu integrieren.

Nun sollte man annehmen, dass seit 2010 immer Vereine in den eigenen Nachwuchs investieren, da das Ablösevolumen für Spieler unter 21 Jahren so gestiegen ist. Jedoch das Gegenteil ist der Fall, wie eine Analyse des *CIES* zeigt:

Anzahl der im eigenen Verein ausgebildeten Spieler (%)

(mindestens drei Jahre im Verein zwischen dem 15. und 21. Lebensjahr) in den 31 besten Ligen Europas laut *CIES*:

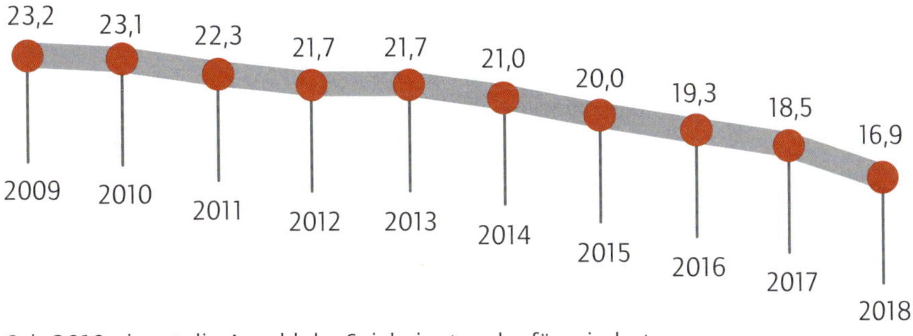

Seit 2010 nimmt die Anzahl der Spielminuten der für mindestens drei Jahre im Verein ausgebildeten Spieler kontinuierlich ab.

(Modifiziert nach https://football-observatory.com/)

Auch dies ist ein Beispiel, wie Statistiken und Daten einem Verein dabei helfen können, Trends und Entwicklungen zu verfolgen, um entsprechend reagieren zu können.

Nun stellt sich die Frage, ob es allgemeine wissenschaftliche Fakten, Daten oder KPIs gibt, die eine wichtige Rolle beim Aufbau eines Profitcenters spielen.

Ein viel diskutierter Punkt ist das Eintrittsalter in eine Akademie, bei dem die allgemeine Tendenz ist, ja nicht zu früh in eine Akademie zu gehen. Hierbei zeigen objektive Daten, wenn man von Spielern spricht, die für das absolute Topniveau ausgebildet werden sollen, einen ganz anderen Trend auf.

Nehmen wir die vier Halbfinalisten der WM 2018: Belgien, England, Kroatien und Frankreich. Schauen wir, in welchem Alter die Spieler in eine professionelle Akademie eingetreten sind und wie alt sie waren, als sie ihr Profidebüt gegeben haben, sehen wir Folgendes:

Belgien

Alter bei Eintritt in eine professionelle Akademie: 9,6 Jahre

Alter bei Debüt im Profifußball: 17,6 Jahre

England

Alter bei Eintritt in eine professionelle Akademie: 9,5 Jahre

Alter bei Debüt im Profifußball: 17,7 Jahre

Kroatien

Alter bei Eintritt in eine professionelle Akademie: 10,0 Jahre

Alter bei Debüt im Profifußball: 18,1 Jahre

Frankreich

Alter bei Eintritt in eine professionelle Akademie: 11,6 Jahre

Alter bei Debüt im Profifußball: 18,2 Jahre

Ein anderer Trend, der seit Längeren beobachtet werden kann, ist, dass Spieler immer jünger ihr Debüt geben. Deshalb gilt für viele Profitcenter mittlerweile der Leitspruch: „18 ist das neue 23!", was die Statistik der WM-Teilnehmer klar bestätigt.

Auch die Zahlen der Europameisterschaft 2020 sprechen eine klare Sprache:

Durchschnittsalter aller Spieler der Europameisterschaft 2020 bei Eintritt in eine Nachwuchsprofiabteilung

England	7,86
Wales	9,50
Spanien	9,65
Russland	9,82
Belgien	9,92
Tschechische Republik	10,04
Slowakei	10,14
Türkei	10,33
Niederlande	10,38
Deutschland	10,54
Portugal	10,92
Ungarn	11,08
Schweiz	11,13
Schweden	11,36
Dänemark	11,52
Kroatien	11,68
Schottland	11,73
Österreich	11,79
Italien	11,92
Ukraine	12,83
Frankreich	12,85
Finnland	13,32
Nordmazedonien	13,50
Polen	14,20

(Modifiziert nach https://futsalfinn.wordpress.com/2021/07/27/analysis-what-did-euro-2020-tell-us-about-player-development/)

Analysiert man die besten jungen Spieler in den „Top-fünf-Ligen" in Europa, wird man ebenfalls feststellen, dass Spieler wie Matthijs de Ligt, Trent Alexander Arnold, Jadon Sancho, Achraf Hakimi, Joáo Felix, Ansu Fati, Phil Foden usw. alle bereits zwischen 5-10 Jahre alt waren, als sie in eine Top-Nachwuchsakademie eingetreten sind.

Statt möglichst spät in eine Akademie zu gehen, zeigen die Fakten genau das Gegenteil. Es müsste eher heißen: „Start early or die soon."

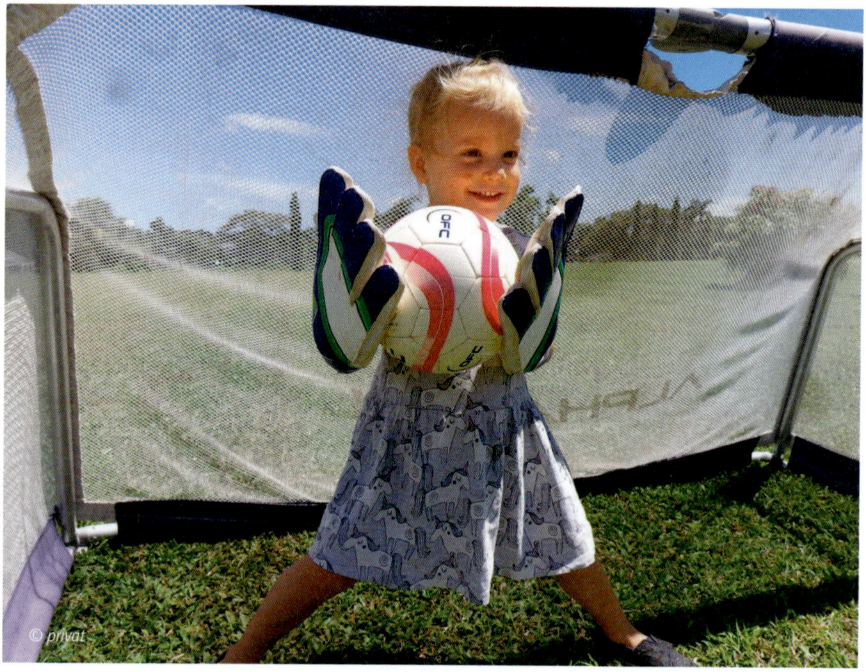

Statistische Analysen und Expertenauge belegen klar: Topspieler müssen „jung anfangen oder sie werden früh sterben".

Diesen Satz nutzt Rasmus Ankersen in seinem Buch *Der Goldminen-Effekt*, in dem er beschreibt, wie er ein halbes Jahr lang in den größten Talentschmieden der Welt gelebt und trainiert hat. Dazu zählen beispielsweise Langstreckenläufer in Kenia und Sprinter in Jamaika und diese hatten alle miteinander gemeinsam, dass diese späteren Weltklasseathleten sehr jung sehr gut trainiert haben.

Der ehemalige Jugendverein von Rasmus Ankersen, der FC Midtjylland, der, wie im Buch beschrieben, extrem faktenorientiert arbeitet, wird sich in Zukunft sogar noch stärker auf die Altersklassen U9 und jünger konzentrieren und einen gegenläufigen Trend einschlagen.

Ein weiterer wichtiger KPI in einer guten Nachwuchsarbeit ist die Beständigkeit der Trainer im Nachwuchs. Sie sollten echte Altersspezialisten sein, denn es herrscht eine hohe Fluktuation im Nachwuchs. Schlägt sich das negativ auf die Entwicklung nieder, was gute Profitcenter wissen und aus diesem Grund werden auch die Trainer in den jüngeren Alterskategorien sehr gut bezahlt, da jede Altersstufe in diesem Prozess wichtig ist.

Ein weiterer KPI, der gegenläufig zum aktuellen Mainstream ist, ist die Anzahl der Spiele auf hohem Niveau, die ein Spieler bestreiten sollte, wenn er sich maximal entwickeln will.

Pedri vom FC Barcelona spielte bereits mit 18 Jahren ganze 75 Spiele in der Saison 2020/2021, wenn man die Spiele aus La Liga, Copa del Rey, U21- und A-Nationalmannschaft, Olympia etc. zusammenzählt:

https://www.fcbarcelona.com/en/football/first-team/news/2248271/by-the-numbers-pedris-first-year

Nachwuchsakademien, die sich als Profitcenter etabliert haben, bereiten ihre Nachwuchsspieler von einem jungen Alter an systematisch auf diese hohen Anforderungen vor.

Ein U19-Spieler, der 30 Spiele im Nachwuchs pro Jahr bestreitet, wird diese Herausforderung unmöglich bestreiten können, was sich entsprechend negativ auf seinen Marktwert und auf einen Transfer zu einem Topverein, der international spielt, auswirken wird.

Diese Akademien bestreiten zudem eine hohe Anzahl an internationalen Spielen und Turnieren, um sich mit den Besten messen zu können. Das oberste Prinzip der Trainingslehre ist das Gesetz der Superkompensation: die Besten mit den Besten gegen die Besten.

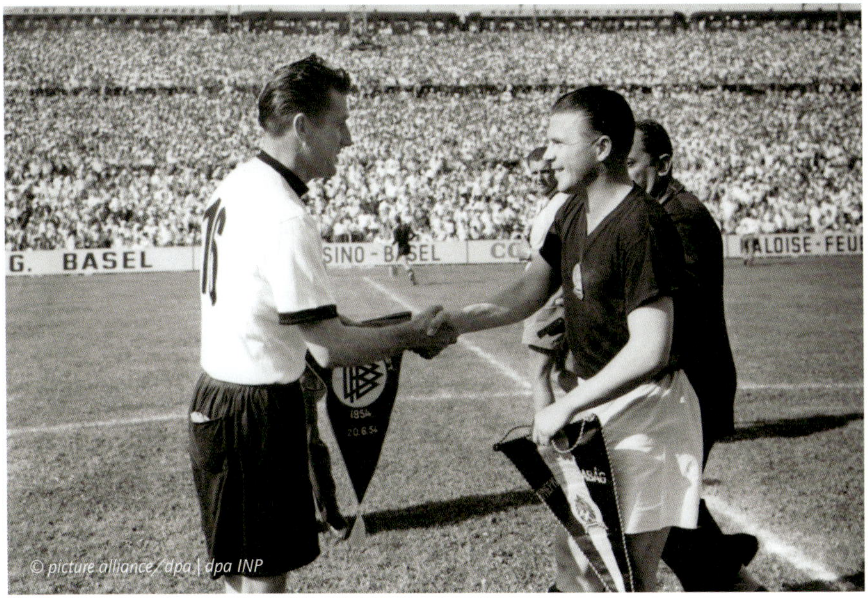

© picture alliance/dpa | dpa INP

„Laufe mir nach und lerne."

Ferenc Puskás (ungarisch-spanischer Fußballspieler und -trainer, 1927-2006)

Zudem werfen stabile Profitcenter die jungen Spieler nicht ungeplant ins kalte Wasser, sondern verfolgen einen klaren und langfristigen Plan, wann die jungen Spieler welchen Schritt machen. Dies gilt vom ersten Training mit den Profis, über Testspiele bis hin zum Debüt und zeichnet diesen Prozess klar mit definierten Meilensteinen und KPIs auf.

23.11 SPIELERBEWERTUNG UND SPIELERPROGNOSE MITHILFE VON KPIS

„Talent ohne harte Arbeit bedeutet gar nichts."
Cristiano Ronaldo (portugiesischer Fußballspieler, *1985)

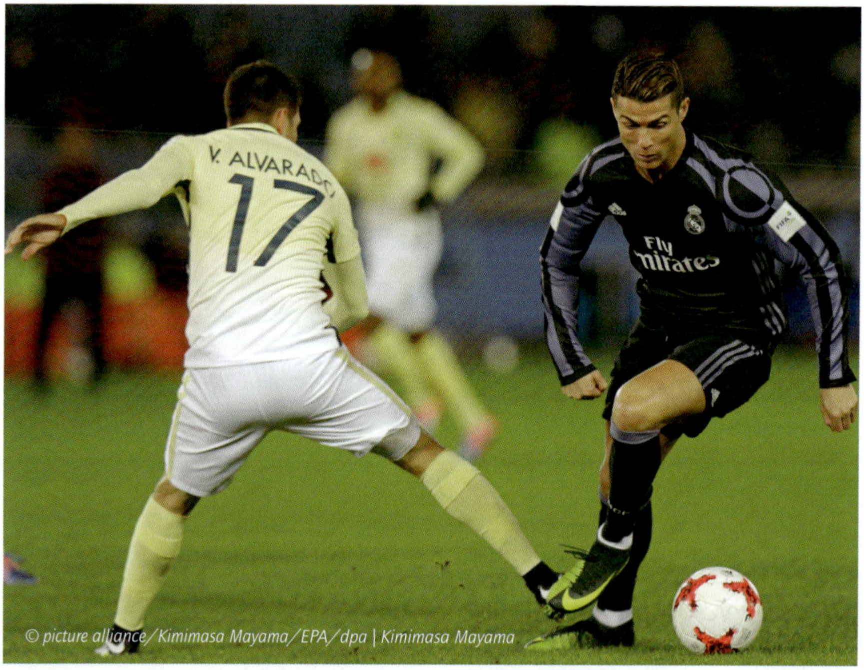

© picture alliance/Kimimasa Mayama/EPA/dpa | Kimimasa Mayama

Mit dem **Talent Development Scheme** hat es sich die FIFA zum Ziel gemacht, weltweit jedem Talent eine Chance zu geben und hat hierfür eine globale Analyse erstellt, wie es um Talentidentifikation und Spielerentwicklung in jedem Land bestellt ist.

Das erklärte Ziel der FIFA ist es, eine Fußballwelt aufzubauen, in der jedes Land die Chance hat, sich für eine Weltmeisterschaft zu qualifizieren und in der jeder talentierte Junge und jedes talentierte Mädchen auf der Welt entsprechende Fördermöglichkeiten erhält.

Der Fußballverband auf Fidschi, bei dem ich aktuell als Technischer Direktor tätig bin, erhält wie alle anderen Landesverbände eine enorme Unterstützung für die Förderung junger Talente von Seiten der FIFA und es ist klar zu sehen, wie ernst das Anliegen der FIFA ist - egal wo auf der Welt - ob in Deutschland oder auf Fidschi - „jedem Talent eine Chance zu geben" und dadurch die Wettbewerbsfähigkeit im Fußball global zu steigern.

„Mit der Lancierung des FIFA-Talentförderprogramms haben wir einen weiteren wichtigen Schritt getan, damit jedes Talent eine Chance hat, wann und wo es auch immer geboren wurde. Mit diesem Programm, von dem alle rund um die Welt profitieren, können wir für Chancengleichheit unter den Spielern aller sechs Konföderationen und aller 211 FIFA-Mitgliedsverbände sorgen."

FIFA Head of Football Development, Arsène Wenger

Mehr Informationen über dieses spannende Projekt gibt es hier:

https://www.fifa.com/de/football-development/news/fifa-lanciert-bahnbrechendes-talentfoerderungsprogramm

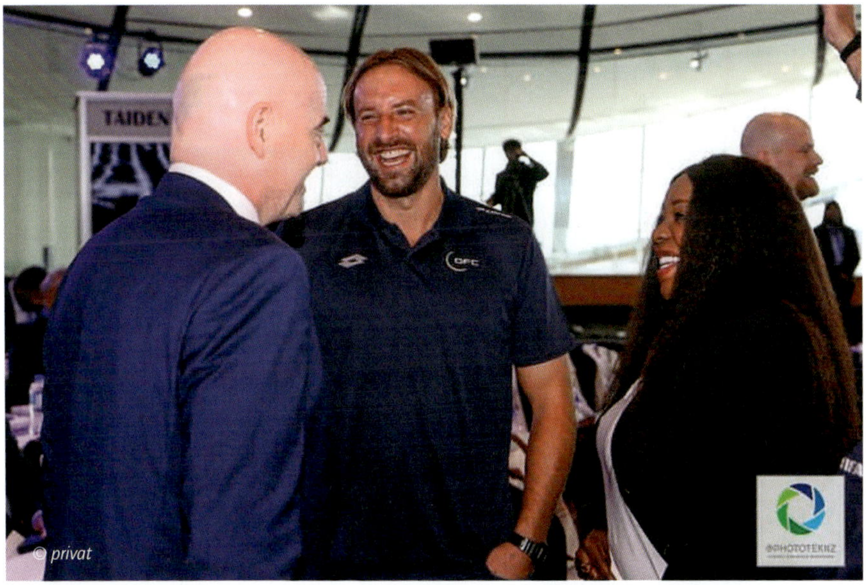

Der Autor mit FIFA-Präsident Gianni Infantino und der Generalsekretärin der FIFA, Fatma Samoura, im Gespräch über das FIFA-Talentförderungsprogramm, für das Fidschi als eines von acht Ländern der Welt für ein Pilotprojekt ausgesucht wurde.

In der vermutlich größten weltweiten Analyse, die jemals über eine Sportart getätigt wurde, fand man überraschenderweise heraus, dass Geld und die Einwohnerzahl nicht die wichtigsten Indikatoren für den Erfolg in der Spielerentwicklung sind, sondern die Qualität der Talentförderung. Denn viele der besten Spieler der Welt kommen sowohl aus Ländern mit wenig Geld, z. B. aus Brasilien oder aus dem Senegal oder aus verhältnismäßig kleinen Ländern, wie Uruguay oder auch Dänemark.

Jedem Mitgliedsverband wurde im Anschluss zusätzlich zur globalen Analyse ein sogenannter *Country Report* zur Verfügung gestellt mit detaillierten Hintergründen und Empfehlungen, wie ein Fußballverband sich im Bereich der Talentförderung weiterentwickeln kann.

Zudem fand die FIFA in dieser globalen Analyse heraus, dass es nur sehr wenige Datenbanken gibt, auf denen die talentiertesten Spieler systematisch erfasst werden. Ein großer Teil der talentierten Mädchen und Jungs bleibt oftmals unentdeckt aufgrund mangelnder Planung, nicht existenter oder gut entwickelter Prozesse in der Talententwicklung und wegen einer mangelhaften Qualität in der Ausbildung.

In den größten Landesverbänden dieser Welt ist die Professionalisierung im Bereich Spielerentwicklung auf einem absoluten Toplevel mit Details wie Ernährungsberatern, Kältekammern für eine bessere Regeneration, Individualtrainern für jede Position oder wie der bereits vorgestellte „Footbonaut".

Im Gegensatz dazu wird in über 70 Prozent der Nachwuchsakademien weltweit noch nicht einmal ein System für eine gute Videoanalyse eingesetzt, ganz zu schweigen davon, dass es oftmals selbst an ausreichendem Trainingsmaterial und Fußballschuhen mangelt.

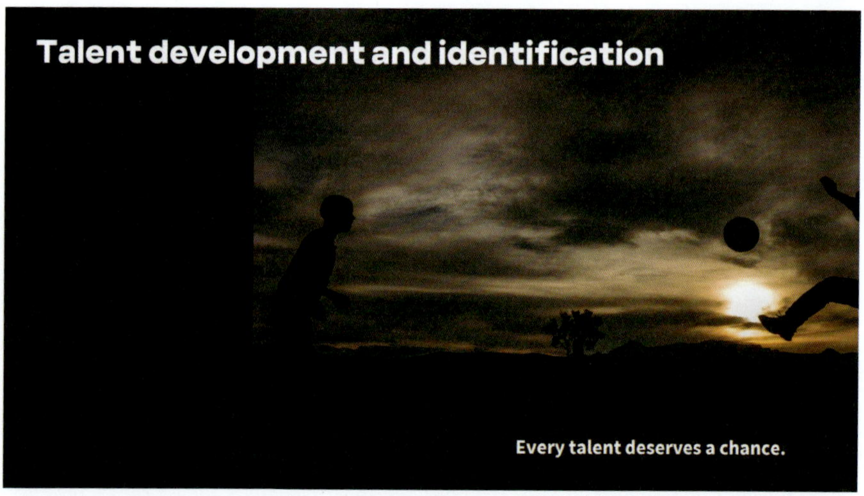

„Jedes Talent verdient eine Chance." Das wunderschöne Motto des FIFA-Talentförderungsprogramms
Quelle: https://www.fifa.com/de/football-development/news/fifa-lanciert-bahnbrechendes-talentfoerderungsprogramm

Wie bereits erwähnt, ist eine Schlüsselaussage dieses Reports, dass es nicht in erster Linie um Geld und um die Größe eines Landes geht, sondern um gute Prozesse und um den Aufbau von Strukturen, wie Talente landesweit systematisch nach einheitlichen Kriterien erfasst werden können.

Wir wollen uns passend zur Thematik des Buchs auf das Thema Talent-ID und dazugehörige KPIs beschränken. Damit die richtigen Spieler erfasst werden, ist es im ersten Schritt wichtig, dass ein Spielmodell, das auf die Stärken eines Landes oder Vereins zugeschnitten ist, mit entsprechenden Spielerprofilen entwickelt wurde (siehe Kap. 23.8).

Sind das Spielmodell und die Spielerprofile ausgearbeitet, ist es im Bereich der Talent-ID und der Spielerentwicklung wichtig und eine hohe Kunst, das Spiel der Zukunft vorherzusagen.

- *Wie wird der Fußball in 13 Jahren aussehen, wenn das Talent, das mit 11 Jahren gescoutet wurde, 24 Jahre alt ist und seinen maximalen Marktwert erreicht hat?*
- *Welche Qualitäten werden dann gefragt sein?*

Diese Frage zeigen erneut auf, wie eng Big Data und erfahrene Experten zusammenarbeiten sollten, um die Chance auf eine bestmögliche Prognose zu haben.

Sind neben dem Spielmodell und den Spielerprofilen auch Zukunftsprognosen, wohin sich der Fußball und einzelne Positionen entwickeln werden, definiert, geht es nun darum, ein möglichst effektives und effizientes Spielerbewertungssystem aufzubauen.

Das wohl weltweit bekannteste System für eine Spielerbewertung ist *T.I.P.S.*, das von Ajax Amsterdam entwickelt wurde, was seit Jahrzehnten eine der wohl besten Nachwuchsabteilungen der Welt hat.

T steht dabei für **Technik**, *I* für **Intelligenz**, *P* für **Persönlichkeit** und *S* für **Schnelligkeit**. Mit diesem guten und einfachen System ist es vermutlich selbst Laien möglich, Toptalente zu erkennen, die in allen vier Bereichen herausragend sind.

Schwieriger wird es, die Spieler zu erkennen, die eventuell nur in einem Bereich top und in den anderen drei Bereichen aktuell durchschnittlich sind.

- *Wie stehen die Chancen, dass sich diese Spieler in den anderen drei Bereichen noch entwickeln können?*
- *In welchem Alter oder auf welcher Position sollten welche Fähigkeiten wie ausgeprägt sein?*

Um dies einschätzen zu können, sollten gute Scouts und selbst Datenanalysten sich mit der Trainingsmethodologie eines Vereins und der Trainingslehre auseinandersetzen. Sie sollten bewerten können, wie groß beispielsweise die Chancen sind, die mangelnde Schnelligkeit eines Spielers noch zu entwickeln und ob eventuell die kognitiven Fähigkeiten so gut ausgeprägt sind, dass der Spieler dort gar keinen Topwert benötigt, was natürlich immer im Zusammenhang mit der Wahl der Spielidee und der Position steht.

Eine spannende Thematik für eine detailliertere Spielerbewertung, mit der sich viele Strategen und Analysten im Fußball beschäftigen, ist das **Elo-Schema** aus dem Schach.

Arpad Emrick Elo (1903-1992) war ein amerikanischer Physiker und Statistiker ungarischer Herkunft, der seit 1959 ein Wertungssystem für Schachspieler austüftelte, das bis zum heutigen Tag genutzt wird und auf dem das Ranking der weltweit besten Schachspieler basiert.

Dabei wird den Spielern anhand einer statistischen Analyse der bisher gespielten Turniere die „Elo-Zahl" zugeordnet, mit der die aktuelle Spielstärke bewertet wird und zudem Zukunftsprognosen über die Erfolgschancen gegen andere Schachspieler mit einer erstaunlich hohen Trefferquote gestellt werden.

In seinem Buch *The rating of chessplayers. Past and present* nutzte Arpad Elo seine Formel auch dazu, um die Spielstärke von Schachgroßmeistern der Vergangenheit zu ermitteln.

Gerade die jüngeren Leser denken beim Lesen der letzten Zeilen eventuell bereits an die FIFA-Spielereihe von *EA Sports* und die dort aufgeführten „Player-Ratings", bei denen die Spieler aufgrund sechs verschiedener Key-Performance-Indikatoren bewertet werden.

Dies ist ein tolles Beispiel, was aufzeigt, dass bei der jüngeren Spieler- und Trainergeneration bereits ein sehr gutes Bewusstsein und eine relativ hohe Affinität für Daten im Fußball vorhanden ist.

Für alle, die nicht genau wissen, um was es sich bei der Spielereihe FIFA handelt: Die Spielereihe FIFA ist das meistverkaufte Sport-Franchise aller Zeiten und seit mehreren Jahren gibt es sogar professionelle Spieler, die beim digitalen Fußballspielen an der Playstation oder am Computer ihr Geld verdienen und der Trend ist unaufhaltsam.

EA Sports schätzt, dass ihr digitales Fußballspiel über neun Millionen Nutzer hat und über sieben Millionen digitale Teams zusammengestellt wurden und bereits über 460 Millionen Spiele gespielt wurden. Aufgrund von Schwarmintelligenz, auf die wir später noch zu sprechen kommen, ergeben sich interessante Rückmeldungen für die Profispieler aus dem echten Leben!

https://www.ea.com/de-de/games/fifa/fifa-22/news/fifa-22-player-ratings-bundesliga

Nun stellt sich die Frage, welche Key-Performance-Indikatoren für die Bewertung von echten Spielen und Spielern relevant sind und die dabei helfen können, eine gute Grundlage für Spielerbewertungen und Spielerprognosen zu bilden und die auch auf das Thema Talent-ID heruntergebrochen werden können.

Bereits 2012 wurde unter der Führung von Michael Hughes ein tolles wissenschaftliches Paper mit dem Titel *Moneyball and soccer - an analysis of the key performance indicators of elite male soccer players by position* erstellt:

https://rua.ua.es/dspace/bitstream/10045/23161/6/jhse_Vol_VII_N_II_402-412.pdf

Die Ideen dieser Arbeit liefern eine tolle Grundlage und auch Ideen für Key-Performance-Indikatoren, mit denen Spieler individuell und auch im Spielkontext bewertet werden können.

Nachfolgend einige der wichtigsten KPIs, aufbauend auf den Ideen von Michael Hughes, die für die Entwicklung eines Spielerbewertungs- und Spielerprognosesystems herangezogen werden können:

- Die Anzahl der Torschüsse im Verhältnis zu den Schüssen, die aufs Tor gekommen sind und wie viele davon prozentual zu einem Tor geführt haben.
- Die Anzahl der Torschüsse, klassifiziert nach Abschlussposition (z. B. innerhalb oder außerhalb des 16-Meter-Raums) und der Abschlussart (z. B. Kopfball, rechter Fuß, linker Fuß, nach einem Dribbling etc.).
- Die Anzahl der gespielten Pässe und wie viel Prozent davon angekommen sind.
- Wie viele Pässe wurden prozentual kurz und wie viele prozentual lang gespielt?
- Die Anzahl der Pässe, die in eine entsprechende Zone (z. B. in den 16-Meter-Raum, auf den Flügel, zurückgespielt etc.) gespielt wurden.
- Wie viele Pässe führten zu einem Torerfolg und wie oft wurde der vorletzte Pass gespielt, der zu einem Torerfolg führte?
- Wie viele Dribblings wurden erfolgreich bestritten und wie viel Raum wurde durch das Dribbling gewonnen?
- Die Anzahl der totalen Ballkontakte und Ballkontakte an verschiedenen Orten, z. B. im gegnerischen 16-Meter-Raum.
- Die durchschnittliche Ballkontaktzeit.
- Wie oft ist der Spieler direkt in eine Kontersituation involviert?
- Wie oft bietet sich der Spieler zwischen den Linien an und wie oft kann er dabei angespielt werden und sich offen zum Spiel auf das gegnerische Tor drehen?
- Wie oft läuft ein Spieler ins Abseits?
- Die Anzahl der Duelle und wie viele davon prozentual gewonnen wurden.

- Wie viele Duelle wurden in der Luft und wie viele Duelle wurden am Boden gewonnen?
- In welchen Zonen wurden prozentual gesehen wie viele Duelle gewonnen, z. B. im eigenen 16-Meter-Raum?
- Die Anzahl der begangenen Fouls und an welchem Ort (Standard für den Gegner, der entsprechend gefährlich werden kann).
- Wie viele gegnerische Pässe wurden abgefangen und wie oft blieb die Mannschaft danach in Ballbesitz?
- Etc.

Ein weiterer Punkt, der immer besser durch Daten widergespiegelt werden kann und Raum für spannende Überlegungen bietet, ist, dass der individuelle Beitrag im Verhältnis zum Erfolg der ganzen Mannschaft gemessen werden kann.

Eventuell helfen Daten dabei in Zukunft so auch, um den besten Spieler der Saison, eines Turniers oder sogar den Weltfußballer objektiver zu ermitteln. So könnte ermittelt werden, dass ein Spieler zwar 40 Treffer in einer Saison erzielt hat, was sicherlich eine der wichtigsten Qualitäten überhaupt ist. Die Daten könnten jedoch aufzeigen, dass ein Spieler mit lediglich der Hälfte der Treffer insgesamt noch mehr zum Erfolg seiner Mannschaft beigetragen hat.

Abschließend ist nachstehend ein praktisches Beispiel zu sehen, wie eine Spielerbewertung und eine Spielerprognose mithilfe von KPIs zu meiner Zeit als Ausbildungschef beim Schweizer Rekordmeister Grasshopper Club Zürich gestaltet wurde.

Mit diesem „Prognosetool" war es das Ziel, ähnlich wie mit dem „Elo-Schema", ein auf möglichst objektiven Faktoren aufgebautes Spielerbewertungstool zu entwickeln, das ähnlich wie das „Player-Rating" von FIFA *EA Sports* einen Index bildet.

Dieser Index setzte sich aus über 100 verschiedenen Faktoren zusammen, die auf fünf große Kategorien verteilt wurden, wie beispielsweise die athletischen Komponenten (30-Meter-Sprint, GPS-Werte, Sprungkraftwerte, Sprintkapazität etc.) oder die technischen Merkmale (First Touch, Beidfüßigkeit, Kopfballspiel etc.).

Auch die Umsetzung gewisser Spielprinzipien sollte objektiv messbar gemacht werden. Wie zum Beispiel für das Spielprinzip „vorwärts denken – vorwärts schauen – vorwärts spielen" wurde für einen offensiven zentralen Mittelfeldspieler definiert, dass er pro Spiel mindestens 10-mal in der gegnerischen Hälfte den Ball spieloffen im Fuß mit Blick zum gegnerischen Tor empfangen sollte. Damit sollte er eine entsprechende Bestnote auf der jeweiligen Altersstufe erhalten.

In einem unten stehenden Screenshot der ersten Seite, die auch für Spieler- und Elterngespräche diente, ist der ehemalige Nachwuchsspieler Fabio Fehr zu sehen, der mittlerweile als Profi beim FC Vaduz spielt. Der Club konnte sich in der Saison 2022/2023 erstmals für die Europa-Conference-League-Gruppenphase qualifizieren, wobei Fabio eine wichtige Rolle spielte.

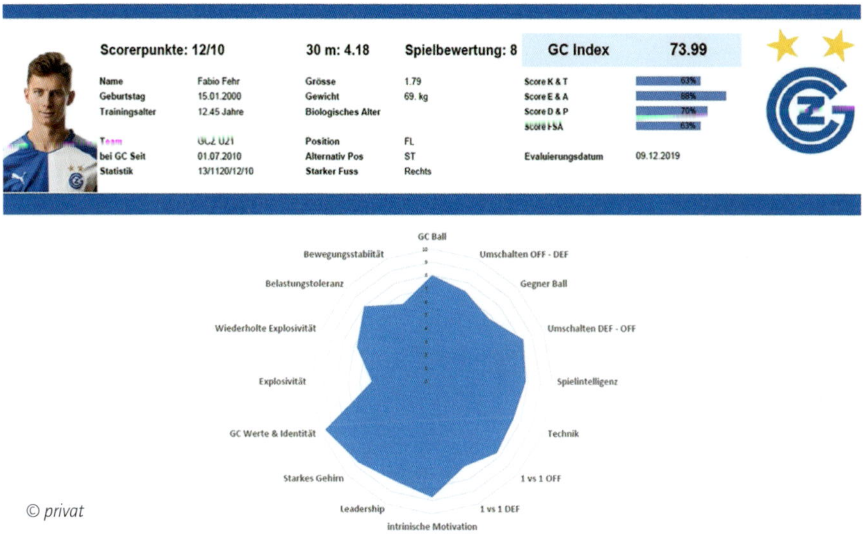

© *privat*

Aufgrund des für sein damaliges Alter sehr hohen GC-Indexes von 73.99 (Maximalwert ist 100) wurde der Spieler mit gutem Gewissen für ein Debüt in der Profimannschaft empfohlen, was am Ende des Tages immer noch sehr komplex vorherzusagen ist. Wie der Spieler wirklich unter Druck reagiert, weiß man nicht. Es wurde jedoch alles unternommen, dass die Chancen möglichst gut sind, den Spieler optimal für den Profifußball vorzubereiten, was das Ziel von auf statistischen Analysen aufgebauten Prozessen ist.

Ein interessanter Punkt bei dieser Arbeitsweise ist, dass mit jedem Datensatz und jedem Debüt der Index aussagekräftiger wird. Spieler, die im Profifußball bleiben, bieten Vergleichswerte, wie das Profil des Spielers in einer entsprechenden Altersstufe aussah.

So ist am Beispiel von Fabio Fehr spannend, dass dieser ein biologischer Spätentwickler war, der ohne solche aufgesetzten Prozesse aufgrund der physischen Voraussetzungen im U16- und U17-Alter vermutlich bei vielen Vereinen durch das Raster gefallen wäre.

Insgesamt spielen mittlerweile bereits weit über 30 ehemalige Nachwuchsspieler aus lediglich fünf verschiedenen Jahrgängen im Profifußball, die zur damaligen Zeit mithilfe der Prozesse aus diesem Prognosetool gescoutet und entwickelt wurden. Dies ist, wenn man Best-Practice-Beispiele heranzieht, ein weit überdurchschnittlicher Wert, der auf transfermarkt.de eingesehen werden kann, was die Idee und Umsetzung eines solchen Tools in der Praxis unterstreicht.

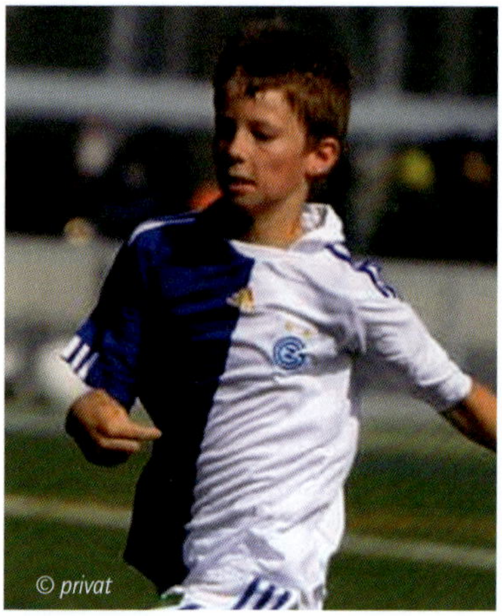

Vom Talent zum Profi dank strukturierter Prozesse und Strukturen – Fabio Fehr, der aktuell als Profi beim FC Vaduz spielt.

23.12 SCHWARMINTELLIGENZ UND KOLLEKTIVE BEWEGUNGEN

„Alles, was gegen die Natur ist, hat auf Dauer keinen Bestand."
Charles Darwin (britischer Naturforscher, 1809-1882)

In einem prozessorientierten Ansatz, bei dem Smart Data eingesetzt werden soll, spielen der optimale Mix aus statistischen Analysen und das Bauchgefühl und die Erfahrungen von Experten die entscheidende Rolle.

Ein weiterer wichtiger Punkt sind, wie bereits beschrieben, wissenschaftlich belegte Studien und Ansätze, die man versucht, passend auf den Fußball zu übertragen.

Ein sehr interessanter Aspekt, der vor allem immer wieder von Ralf Rangnick aufgegriffen wird, ist das Thema der **Schwarmintelligenz**.

Der Begriff der **Schwarmintelligenz** kommt aus der Biologie und beschreibt zum Beispiel das Schwarmverhalten von Fischen, Vögeln oder Ameisen, was wir sicher alle schon einmal in der einen oder anderen Form wahrgenommen haben.

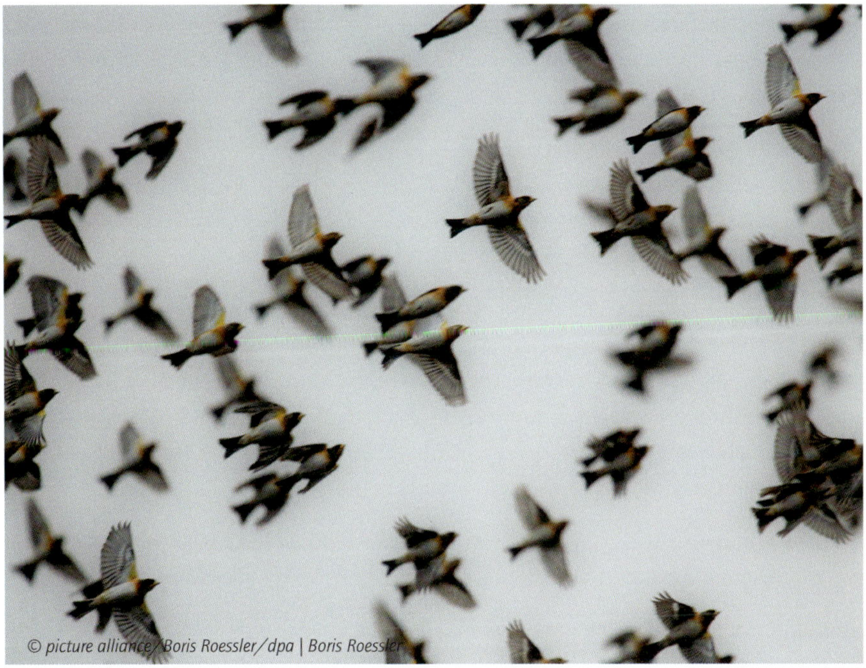

Schwarmintelligenz von Vögeln

Aber auch im Bereich der Philosophie und Systemtheorie wird der Begriff des Schwarmverhaltens verwendet, dort auch oft unter dem Begriff der **kollektiven Intelligenz**.

Hier ein einfaches und historisch belegtes Beispiel, wie Gruppenintelligenz genutzt werden kann:

Francis Galton, der ein Cousin von Charles Darwin war, besuchte 1906 einen Viehmarkt, auf dem das ganze Publikum gefragt wurde, wie viel der vor ihnen stehende Ochse auf die Waage bringen würde.

Das erstaunliche Ergebnis, das Galton beobachtete, war, dass das von der Gruppe geschätzte Gewicht mit 1.197 Pfund um weniger als 0,1 Prozent vom tatsächlichen Gewicht des Ochsen von 1.198 Pfund abwich!

100 Jahre später wird diese Schwarmintelligenz auch in Suchmaschinen verwendet oder hilft uns dabei, den schnellsten Weg bei verstopften Straßen zu finden.

Auch das Beispiel des **Player-Ratings**, das im Computerspiel FIFA angewendet wird und das von über neun Millionen Spielern gespielt wird sowie auch zahlreiche Einträge in Fanforen, können aufgrund der Schwarmintelligenz extrem spannende Faktoren sein, um Tendenzen rechtzeitig zu erkennen und zu überprüfen.

Der Fußball-Oberligisten WTSV Concordia Hamburg wagt ein spannendes Projekt rund um das Thema der Schwarmintelligenz. Dort können die Fans gegen eine monatliche Gebühr über verschiedene Entscheidungen mitbestimmen, unter anderem auch über Aufstellungen oder Spielerwechsel.

Da wir in den folgenden Kapiteln auf KPIs in den verschiedenen Spielphasen eingehen werden, möchte ich das Thema der Schwarmintelligenz und die damit einhergehenden kollektiven Bewegungen noch in einem anderen Kontext diskutieren. Insbesondere Ralf Rangnick benutzt die Vorstellung der Schwarmintelligenz für seine Spielidee.

In der Spielidee des ballorientierten Vorwärtsverteidigens mit aggressivem Ansprinten im Kollektiv, mit schnellem Vorwärtsspielen bei Ballgewinn und schnellem Gegenpressing nach Ballverlust spielen Erkenntnisse aus der Schwarmtheorie eine sehr wichtige Rolle. Die Daten zeigen auf, dass das synchrone Bewegen im Kollektiv das entscheidende Grundelement ist.

Aber auch in der Analyse von offensiven Strategien sind diese kollektiven Bewegungen ein interessanter Ausgangspunkt für die Analyse eines Spiels oder einer Mannschaft.

So könnte man zum Beispiel analysieren, wie viele Spieler einer Mannschaft, die sich vor dem Spieler am Ball befinden, sich gleichzeitig bewegen und sich aufeinander abgestimmt in verschiedene Räume bewegen.

Generell ist festzustellen, dass, je höher das Spielniveau einer Mannschaft ist und je besser und gefestigter eine Spielidee ist, desto höher ist die Anzahl der kollektiven Bewegungen der Spieler auf dem Platz. Unabhängig davon, ob es sich dabei um sofortiges Gegenpressing handelt, bei dem die Spieler den Gegner am Ball von mehreren Seiten gleichzeitig ansprinten oder um das ballorientierte Schieben im Block, bei dem jeder Spieler mit einem anderen wie durch ein unsichtbares Netz verbunden ist.

Das führt bei Ballgewinn zu einer Konteraktion, bei der mehrere Spieler gleichzeitig perfekt aufeinander abgestimmt in die richtigen Zielräume sprinten und der Rest der Mannschaft sofort nachrückt.

Testen Sie die These selbst, wenn Sie das nächste Mal ein Fußballspiel anschauen und dabei auf die kollektiven Bewegungen innerhalb einer Mannschaft achten. Erkennen Sie dabei eine Art Schwarmintelligenz?

Bevor wir zu den nächsten Kapiteln kommen, bei denen KPIs in den Bereichen eigener und gegnerischer Ballbesitz sowie in den Umschaltphasen, bei Standards und im Bereich der Fußballfitness aufgezeigt werden, ist es wichtig, zu erwähnen, dass im heutigen Fußball die Mannschaften die größte Chance haben, ihre Ziele zu erreichen, die in allen Phasen des Spiels top sind.

Als sehr guter KPI kann hierbei die Tordifferenz herangezogen werden. Erzielt eine Mannschaft mindestens doppelt so viele Treffer, wie sie Gegentreffer erhält, kann selbst durch diesen einfachen Richtwert von einer sehr guten Balance und Spielkontrolle in allen Phasen gesprochen werden. Insbesondere, wenn dabei häufiger in den Spielen zu null gespielt wurde.

Ein schönes Beispiel, wie selbst internationale Spitzenteams immer mehr in allen Spielphasen Kontrolle erlangen, ist der FC Liverpool, der beim Sieg der Champions League 2019 die höchste Anzahl an gespielten Pässen aller Teilnehmer aufweist, noch vor Mannschaften wie dem FC Barcelona.

Daran erkennt man sehr gut die Weiterentwicklung der Spielidee von Jürgen Klopp, die ihre herausragenden Stärken vor allem in der Arbeit gegen den Ball und in den Umschaltmomenten hatte.

23.13 KPIS IN BALLBESITZ

„Die beste Verteidigung im Fußball ist der Ballbesitz."

Johan Cruyff (niederländischer Fußballspieler und -trainer, 1947-2016)

Jede Mannschaft im Fußball braucht Ballbesitz, da es ohne Ballbesitz nicht möglich ist, das Ziel des Spiels zu verfolgen, nämlich Tore zu erzielen.

Auf dem Weg zum Tor gibt es jedoch viele verschiedene Möglichkeiten, wie man den Ballbesitz interpretiert.

Dabei sollte Ballbesitz nie ein Selbstzweck sein, sondern immer ein Mittel, um Tore zu erzielen.

Hier gibt es verschiedene Varianten, wie zum Beispiel den auf Ballbesitz angelegten Fußball von Pep Guardiola, der auf einem guten Positionsspiel und schnellen Ballzirkulationen beruht, um den Gegner aus dem Gleichgewicht zu bringen.

Auch Trainer wie Arsène Wenger, Marcelo Bielsa, Maurizio Sarri, Roberto De Zerbi oder Thomas Tuchel tendieren beim Ballbesitz von ihrer Denkweise her zu diesem Ballbesitzfußball à la Guardiola, wenn auch schon mit vielen verschiedenen Details in ihrer Struktur, der Positionierung und Raumaufteilung.

Was sie alle gemeinsam haben, ist, dass das Anforderungsprofil für diese Art des Fußballs sowohl, was die individuellen Anforderungen wie auch, was das Kollektiv betrifft, extrem hoch ist.

Durch eine möglichst gute Raumaufteilung mit vielen Linien, Positionswechseln und schnellen Ballrotationen wird versucht, den Gegner so in Bewegung zu bringen, dass sich wichtige Zielräume öffnen, auf die wir von Zone zu Zone genau eingehen werden.

Auch das 1 gegen 1 spielt eine entscheidende Rolle, da es im Fußball darum geht, aus der Gleichzahlsituation im 11 gegen 11 vorteilhafte +1-Situationen zu kreieren. Das funktioniert nicht nur durch die oben beschriebenen Möglichkeiten, sondern auch höchst effektiv und effizient im 1 gegen 1.

Deshalb hat Guardiola immer Spieler in seinen Mannschaften auf dem Platz, die überragende Fähigkeiten im 1 gegen 1 haben, wie Messi bei Barcelona, Robben und Ribéry bei Bayern München oder wie es jetzt bei Kevin De Bruyne oder Jack Grealish bei Manchester City der Fall ist. Die Daten belegen klar und deutlich, wer die besten Dribbler in der Premier League sind.

https://lchunhang.medium.com/player-analysis-jack-grealish-the-villains-hero-11378428d587

Am anderen Ende sind Mannschaften zu finden, die den Ball sehr geradlinig nach vorne spielen, wie zum Beispiel die von Sam Allardyce äußerst erfolgreich betreuten Teams in der Premier League wie Bolton Wanderers oder Westham United.

Ein anderes, sehr erfolgreiches Beispiel für das gezielte Spiel mit schnellen, langen Bällen ist die Nationalmannschaft von Norwegen unter Egil Olsen, der Norwegen acht Jahre lang zwischen 1990 und1998 betreut hat. Egil Olsen ließ damals schon statistische Analysen und wissenschaftliche Ansätze in seine Arbeit einfließen.

Dabei war ihm klar, dass, wenn Norwegen bessere Teams schlagen wollte, sie auf einen pragmatischen Ansatz zurückgreifen mussten. Hierfür nutzte er überwiegend eine Spielweise, die auf einer extrem starken Defensive, schnellen Kontern, super Standards und gezielten, langen Bällen im 1-4-5-1 auf den großen Jostein Flo aufbaute. Dieser war zudem als ehemaliger Hochspringer (Bestleistung 2,08 Meter) mit einer überragenden Sprungkraft perfekt als Zielspieler geeignet. Er konnte die Bälle gekonnt auf die nachrückenden Spieler ablegen.

Diese Methode war so erfolgreich, dass Norwegen 1994 und 1998 an der Fußballweltmeisterschaft teilnehmen konnte und dabei 1998 sogar Brasilien bezwang und erst im Achtelfinale knapp mit 1:0 gegen Italien ausschied. Zwischen Oktober 1993 und August 1995 befand sich Norwegen zudem auf dem zweiten Platz in der FIFA-Weltrangliste!

Auch Island mit gerade einmal etwas mehr als 200.000 Einwohnern konnte mit einer ähnlichen Strategie bei der Europameisterschaft 2016 im Achtelfinale England mit 2:1 bezwingen.

Diese beiden Beispiele zeigen erneut klar auf, dass im Fußball viele Wege nach Rom führen und auch das Thema Ballbesitz deshalb von allen Seiten durchleuchtet werden muss.

Pep Guardiola und Egil Olsen verfolgen auch bei Ballbesitz dasselbe Ziel, nämlich Tore zu erzielen, was sie unterscheidet, ist der Weg dorthin. Es ist aber davon auszugehen, dass einige der folgenden Key-Performance-Indikatoren in Ballbesitz für beide Trainer wichtig sind. Aber die Schlüsselwerte, die sie erreichen wollen, sind abhängig von der jeweiligen Spielidee:

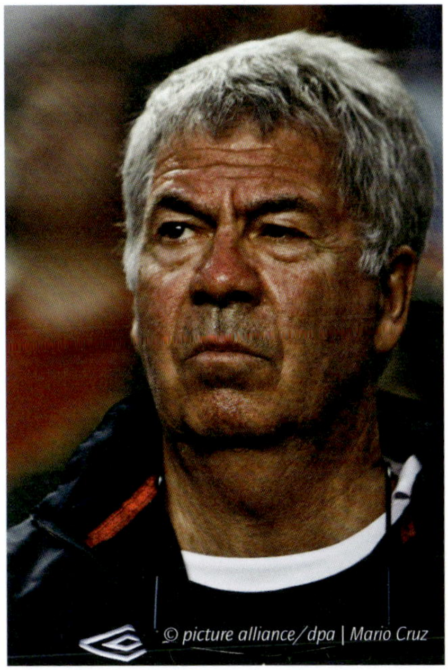
© picture alliance/dpa | Mario Cruz

Extrem erfolgreich mit langen Bällen – Norwegens Nationaltrainer Egil Olsen

- prozentualer Ballbesitz;
- Dauer des Ballbesitzes bis zu einem Torabschluss;
- die Anzahl der Pässe bis zu einem Tor;
- die Anzahl der Torabschlüsse und in Bezug auf entsprechende Orte, wie z. B. im 16-Meter-Raum;
- Prozent an Ballbesitz in der eigenen und in der gegnerischen Hälfte;
- Ballkontaktzeit pro Spieler;
- Prozentanteil an kurzen Bällen und an langen Bällen;
- etc.

Zunächst stellt sich die Frage, ob der prozentuale Anteil an Ballbesitz pro Spiel, der nahezu in jeder Berichterstattung im TV und in den Medien zu finden ist, per se ein relevanter Key-Performance-Indikator ist.

Nehmen wir als Beispiel die Zahlen des Champions-League-Finales 2022 zwischen dem FC Liverpool und Real Madrid, bei dem Liverpool auf 56 Prozent Ballbesitz kam und Real Madrid lediglich auf 44 Prozent. Real Madrid konnte jedoch mit 1:0 gewinnen.

LIVERPOOL		REAL MADRID
0	GOALS	1
56	POSSESSION (%)	44
24	TOTAL ATTEMPTS	4
9	ON TARGET	1
6	OFF TARGET	2
9	BLOCKED	0
0	WOODWORK	0
2	CORNERS	6
1	YELLOW CARDS	0
0	RED CARDS	0
592	PASSES ATEMPTED	514
524	PASSES COMPLETED	425
114,33 km	DISTANCE COVERED	110,97 km

(Modifiziert nach https://uefatechnicalreports.com/ucl-2022)

Auch bei der Betrachtung des Ballbesitzes der Gewinner der letzten drei Weltmeisterschaften fällt der Wert von 2010, bei der Spanien mit 61 Prozent Ballbesitz im Schnitt gewann, bereits vier Jahre später auf 57 Prozent, 2018 sank der Wert sogar auf unter 50 Prozent, als Frankreich Weltmeister wurde und im Halbfinale der WM 2022 hatte Argentinien beim 3-zu-0-Sieg gegen Kroatien lediglich 34 Prozent Ballbesitz:

https://www.fifatrainingcentre.com/media/native/world-cup-2022/report_128080.pdf

Auch im Finale der U20-WM 2019 hatten die beiden Finalisten Ukraine und Korea im Schnitt 45 Prozent und weniger Ballbesitz.

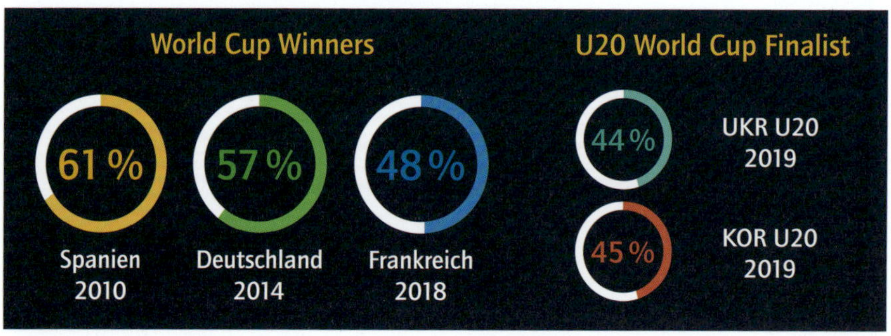

(Modifiziert nach https://digitalhub.fifa.com/m/1d678e43d27d040e/original/q73smx8gf7e7zphzc672-pdf.pdf)

Daraus zu schließen, dass der Ballbesitz tot sei, ist natürlich genauso falsch, wie den Ballbesitz überzubewerten. Auch hier stellt sich folgende Frage:

- *Was ist am Ende des Tages die Wahrheit und gibt es eventuell andere statistische Analysen, die eine höhere Aussagekraft haben?*

Analysiert man den reinen prozentualen Ballbesitz aller 18 Bundesligavereine nach einigen Spieltagen, wird man feststellen, dass, bis auf wenige Ausnahmen, die oftmals die Spitzenteams mit den stärksten finanziellen Mitteln bilden, sich nahezu alle weiteren Mannschaften mehr oder weniger bei 50 Prozent Ballbesitz befinden. Einige wenige Teams, oftmals mit finanziell schlechteren Voraussetzungen, bewegen sich in Richtung 40 Prozent Ballbesitz.

Ballbesitz

Verein	Ø-BB Heim	Ø-BB auswärts	Ø-BB gesamt
FC Bayern München	65,4 %	65,9 %	65,6 %
RasenBallsport Leipzig	54,6 %	62,5 %	58,6 %
1. FC Union Berlin	42,3 %	46,9 %	44,6 %
SC Freiburg	48,8 %	47,0 %	47,9 %
Eintracht Frankfurt	50,8 %	51,7 %	51,2 %
Borussia Dortmund	50,9 %	59,9 %	55,4 %
VfL Wolfsburg	54,7 %	44,7 %	49,7 %
Borussia Mönchengladbach	54,7 %	50,6 %	52,6 %
SV Werder Bremen	55,5 %	45,9 %	50,7 %
TSG 1899 Hoffenheim	51,0 %	52,4 %	51,7 %
Bayer 04 Leverkusen	55,9 %	45,5 %	50,7 %
1. FSV Mainz 05	52,5 %	43,6 %	48,0 %
1. FC Köln	58,3 %	47,3 %	52,8 %
FC Augsburg	42,6 %	38,9 %	40,8 %
Hertha BSC	41,2 %	43,1 %	42,1 %
VfB Stuttgart	50,4 %	42,5 %	46,5 %
VfL Bochum	41,8 %	45,1 %	43,5 %
FC Schalke 04	45,2 %	38,6 %	41,9 %
	50,9 %	**49,1 %**	**50,0 %**

(Modifiziert nach https://www.transfermarkt.de/1-bundesliga/ballbesitz/wettbewerb/L1)

Diese Verteilung sieht mit leichten Abweichungen auf der ganzen Welt ungefähr gleich aus.

Es scheint also, dass Ballbesitz, der über 60 Prozent liegt, zunächst einmal als eine Strategie für finanzstarke Spitzenteams spannend ist, was auch die folgenden Zahlen eines Reports von *CIES* wiedergeben:

% Ballbesitz europäischer Meisterschaftsgewinner zwischen 2016 und 2018

1.	Manchester City 2017/2018	68,6 %
2.	Bayern München 2016/2017	67,4 %
3.	Celtic FC 2016/2017	67,2 %
4.	Celtic FC 2017/2018	66,7 %
4.	Shakhtar Donetsk 2016/2017	66,7 %
6.	Shakhtar Donetsk 2017/2018	66,1 %
7.	Bayern München 2017/2018	64,5 %
8.	Paris Saint-Germain 2017/2018	64,1 %
9.	Barcelona 2017/2018	61,7 %
10.	GNK Dinamo 2017/2018	61,5 %
10.	Red Bull Salzburg 2017/2018	61,5 %
12.	HJK 2017	61,3 %
13.	Hapoel Be´er Sheva 2016/2017	61,1 %
14.	AEK Athen 2016/2017	60, 8 %
14.	Benfica 2016/2017	60,8 %

(Modifiziert nach https://football-observatory.com/-Reports-)

Wie uns allen klar ist, sagt jedoch Ballbesitz alleine noch nichts über die wichtigen Details aus, da Ballbesitz an für sich nie ein Selbstzweck sein kann, sondern immer ein Mittel, um Tore zu erzielen.

Ballbesitz ist zudem auch von Spielverläufen abhängig, zum Beispiel, wenn eine Mannschaft früh in Führung geht und dann eventuell einen Spieler durch eine Rote Karte verliert.

Interessanterweise ist, durchschnittlich gesehen und wie wir am Beispiel von Liverpool im Champions-League-Finale gesehen haben, der Ballbesitz bei der Mannschaft, die verliert, höher, als bei Mannschaften, die gewinnen, da die Mannschaft unter Zugzwang ist, Chancen zu kreieren.

Auch bei Auswärtsspielen gilt fast auf der ganzen Welt ein reduzierter prozentualer Ballbesitz, wobei dieses Phänomen nicht auf die Topteams zutrifft.

Diese Fakten unterstreichen erneut die Wichtigkeit, dass Mannschaften für alle Spielphasen und Situationen gewappnet sein müssen, da der Spielstatus einen großen Einfluss ausübt.

Eine spannende Expertenbeobachtung ist es zudem, darauf zu achten, wie häufig eine Mannschaft nach Ballgewinn in der Lage ist, mehr als vier Pässe zu spielen. Dies scheint ein weiterer spannender KPI zu sein, der die Spreu vom Weizen trennt.

Spitzenmannschaften wie Bayern München haben im Schnitt über 4,5 Pässe pro Sequenz. Die Wichtigkeit dieses KPIs hängt sicherlich auch mit einem wichtigen KPI bei Ballverlust, dem Gegenpressing, zusammen. Bei diesem ist es das Ziel, innerhalb weniger Sekunden den Ball zurückzuerobern. Schaffen es Mannschaften, mehr als vier Pässe zu spielen, ist in den häufigsten Fällen das Gegenpressing gebrochen.

In den folgenden Abschnitten wollen wir uns von Zone zu Zone vom eigenen Tor bei einem Abstoß über die wichtigen Zielräume und Details bis hin zum gegnerischen 16-Meter-Raum bewegen. Wir analysieren mithilfe der KPIs, welche wichtigen Anhaltspunkte es auf diesem Weg gibt, die wir für unsere eigene Arbeit heranziehen können.

Starten wir also in Ballbesitz beim eigenen Torabstoß, bei dem eine interessante neue Regeländerung seit 2019/2020 eingetreten ist. Sie erlaubt es nun, den ersten Ball nach einem Torabstoß auch innerhalb des eigenen Strafraums anzunehmen. Dabei dürfen die gegnerischen Spieler erst nach dem gespielten Pass den 16-Meter-Raum betreten.

Hier stellt sich die Grundsatzfrage für viele Trainer, ob es Erfolg versprechender ist, einen kurzen Abstoß auszuführen, was in der Regel Distanzen unter 40 Meter betrifft oder eben einen langen Abstoß über 40 Meter ausführen zu lassen.

Generell kann vor allem aufgrund des modernen Torhütertrainings weltweit festgestellt werden, dass sich die Passgenauigkeit der Torhüter sehr positiv entwickelt und auch die Anzahl der gespielten Pässe gerade seit der oben beschriebenen Regeländerung zunimmt und zum Erfolg führt.

Wir können also zunächst einmal festhalten, dass es, statistisch betrachtet, Sinn macht, zumindest Varianten zu üben, um das Spiel auch kurz eröffnen zu können. Ohne dabei auf die unzähligen Möglichkeiten einzugehen, was jeder Trainer für sich in seiner Spielidee definieren muss.

In der folgenden Grafik von *Statsperform* wird die Entwicklung aufgezeigt, welche Mannschaften in der Premier League seit der Änderung der Abstoßregel vermehrt auf kurze Abstöße zurückgreifen:

Kurze Abstöße* in der Premier League –

English Premier League | Saison 2018/19 vs. 2019/20

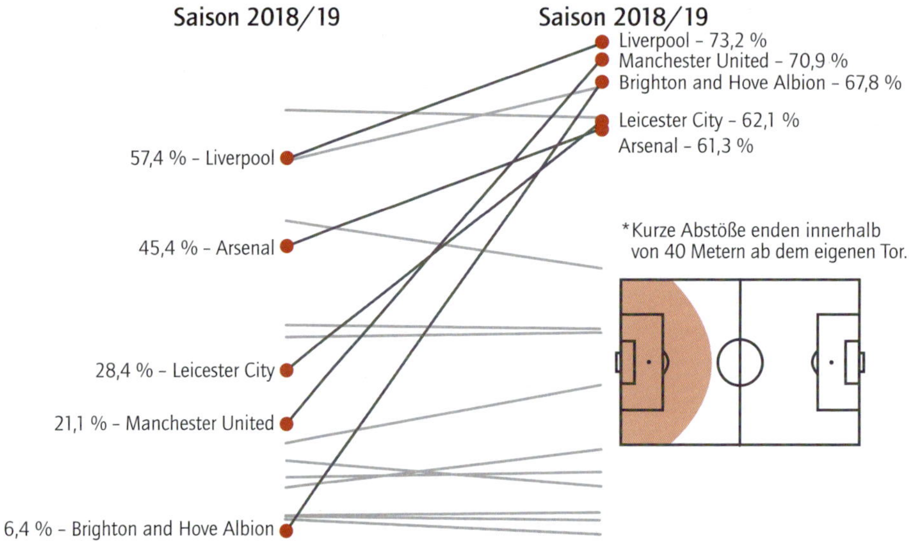

(Modifiziert nach https://www.statsperform.com/resource/the-exploration-of-space-through-goal-kicks/)

Gehen wir davon aus, dass sich der Ball nach Torabstoß idealerweise noch in den eigenen Reihen befindet. Nun stellt sich folgende Frage:

- *Was sind, unabhängig von verschiedenen taktischen Konzepten und Spielideen, interessante KPIs?*

Eines der Prinzipien von Julian Nagelsmann ist das sogenannte *Zwei-Kontakte-Prinzip*, dessen Bedeutung er wie folgt beschreibt:

„Über allem steht bei mir aber das Zwei-Kontakte-Prinzip, also Annahme und Pass. Das will ich immer sehen, ob der Gegenspieler attackiert oder nicht. Ich habe mir viele Topspiele angesehen und selbst der FC Barcelona spielt im vorderen Angriffsdrittel ganz wenig direkt, und deren Prinzipien gehören immerhin zu den besten auf diesem Planeten. Die Spielbeschleunigung durch einen direkten Pass wird oft dadurch kaputtgemacht, dass ein Pass nicht sauber gespielt wird."

Gleicht man dieses Prinzip mit den eigenen Beobachtungen von einem Spiel auf höchstem Niveau ab, wird man sehr schnell feststellen, wie viel in diesem so scheinbar einfachen Prinzip steckt.

Dieses Prinzip geht eng einher mit der Ballkontaktzeit, die in letzten 20 Jahre eine extreme Entwicklung gemacht hat:

„Während die deutsche Nationalmannschaft beim Confed Cup 2004 noch eine durchschnittliche Ballkontaktzeit von 2,8 Sekunden aufwies, waren es bei der WM 2010 in Südafrika nur noch 1,1 Sekunden."

https://www.sueddeutsche.de/sport/tsg-1899-hoffenheim-wie-schnelles-denken-im-fussball-trainiert-wird-1.3772770

Mittlerweile kommen Spitzenteams sogar auf unter 1,0 Sekunden. Der Hintergrund ist logisch, der Ball ist schneller als jeder Spieler. Je kürzer die Ballkontaktzeit ist, desto mehr Stress kann auf den Gegner ausgeübt werden.

Kommen wir zurück auf Nagelsmanns „Zwei-Kontakte-Prinzip". Analysiert man die Daten zu den Ballkontakten pro Spieler in der Champions League, bestätigt sich dieses Prinzip. Die Spieler der besten Teams haben im Schnitt 1,7 Kontakte, was auch die Bedeutung des Direktspiels zeigt, aber mit 1,7 näher an zwei Kontakten ist, als am Direktspiel und deutlich weit von drei oder mehr Kontakten entfernt ist.

Mit diesem Prinzip vermittelt man also den Spielern die Bedeutung kurzer Ballkontaktzeiten, aber gleichzeitig die Wichtigkeit der Passgenauigkeit, die bei zwei Kontakten größer ist als beim Direktspiel.

Ein weiterer KPI, der spannend ist, ist das Tempo, mit dem Pässe gespielt werden. Ein guter Richtwert von guten Mannschaften mit einem guten Passtempo sind Pässe, die im Schnitt mit über 15 Stundenkilometern unterwegs sind. Mittlerweile gibt es bereits die ersten erschwinglichen Systeme, wie das Start-up *Playmaker* aus Israel, die viele neue Möglichkeiten, KPIs in diesem Bereich zu messen, kreieren werden.

https://playermaker.tech/smart-sensor/

Dieser Trend der steigenden Spieldynamik mit immer schnelleren Passgeschwindigkeiten und sinkender Ballkontaktzeit wird sich weiter nach oben entwickeln.

Hinzu kommt, dass dies gleichzeitig im Idealfall mit einer reduzierten Fehlerquote und einer Vielzahl von Pässen mit einer hohen Wertigkeit einhergeht.

Der KPI Ballkontaktzeit gibt noch nicht an, ob das Ziel erreicht wird, den Ball in die torgefährlichen Räume in Richtung gegnerisches Tor zu tragen. Deshalb ist es also wichtig, einen KPI zu definieren, der misst, wie sich eine Mannschaft in Ballbesitz nach vorne entwickelt.

Die Begriffe **Line-Breaker-Pässe** oder **Packing** sind dabei in aller Munde. Im deutschsprachigen Raum hat sich die Firma *Impect* einen tollen Ruf erarbeitet, vielversprechendes Datenmaterial zu liefern, mit dem die Anzahl der überspielten Spieler gemessen wird, was unter dem Begriff „Packing-Rate" fällt:

https://www.impect.com

Mitgründer der Firma Impect ist der ehemaligen Bundesligaprofi Stefan Reinartz (Bayer Leverkusen, Eintracht Frankfurt), der auch drei Länderspiele für Deutschland absolvierte. Das zeigt erneut die erfolgreiche Konstellation vom Bauchgefühl eines Experten, wie in diesem Fall eines langjährigen Bundesligaspielers, und objektiven Daten auf.

Die Firma hat mittlerweile über 150 Mitarbeiter und beliefert u. a. Chelsea London und Newcastle United mit Datenanalysen.

Der Gegner kann dabei auf vier verschiedene Arten überspielt werden:

- mit einem Flachpass zwischen den Linien hindurch;
- hoch über die Linie hinweg;
- um den Gegner herum durch einen Seitenwechsel;
- durch ein gewonnenes Dribbling.

Je nach Spielidee oder auch Altersstufe, wenn zum Beispiel in einem gewissen Alter das 1 gegen 1 stimuliert werden soll, können hier verschiedene Richtwerte definiert werden.

Ein weiterer wichtiger Punkt, der hier bei der Bewertung eines KPIs festgehalten werden sollte, ist, eine Gewichtung zu definieren. Es ist natürlich Erfolg versprechender und schwieriger, die letzte Linie des Gegners zu überspielen, als die erste Pressinglinie, wo fast immer eine klare Überzahlsituation für die eigene Mannschaft herrscht.

Im Detail können hier auch Werte pro Spieler ermittelt werden, die für das Datenscouting oder die Spielerentwicklung spannend sind. Zum Beispiel kann ermittelt werden, wie viel Druck ein Spieler im Schnitt mit seinen Pässen ausübt.

Zudem kann dieser „Line-Breaker-Wert" auch ins Verhältnis dazu gesetzt werden, wie oft eine Mannschaft mit dem Ball Linien durchbrochen hat und wie oft sie selbst überspielt wurde: eigenes PACKING/gegnerisches PACKING.

So war bei der WM 2018 anhand von Daten klar zu erkennen, dass ein möglichst positiver Nettowert bei diesem KPI ein sehr wichtiger Erfolgsindikator sein kann.

„Vorwärts immer, rückwärts nimmer."

Erich Honecker (ehemaliger Staatsratsvorsitzender der DDR, 1912-1994)

Nun könnte man im nächsten Schritt analysieren, welche Art von Pässen generell Erfolg versprechend ist. Erfolg versprechend heißt, dass es schwierig für den Gegner ist, diese Pässe zu unterbinden, aber sich der Ball gleichzeitig vielversprechend in Richtung des gegnerischen Tors bewegt.

Auch hier bestätigen die Daten den logischen Denkansatz und zwar den der diagonalen Bälle.

Diagonal gespielte Bälle sind eine Mischung aus einem vertikal und horizontal gespielten Ball, was dazu führt, dass der Gegner sich sowohl horizontal als auch vertikal verschieben muss. Dies ist, wie wir alle wissen, sehr viel schwieriger, als wenn eine Mannschaft sich den Ball quer hin- und herspielt.

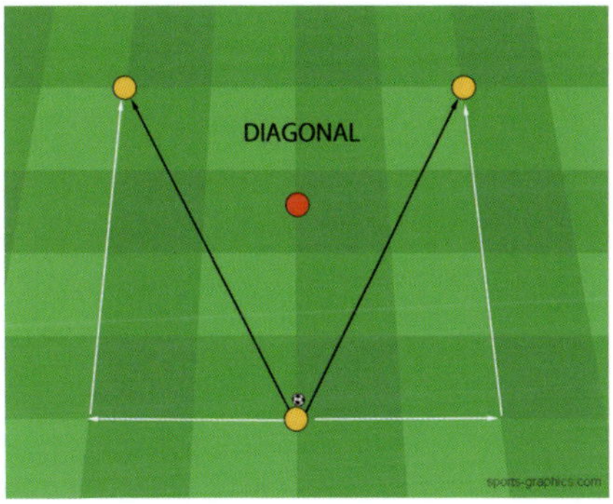

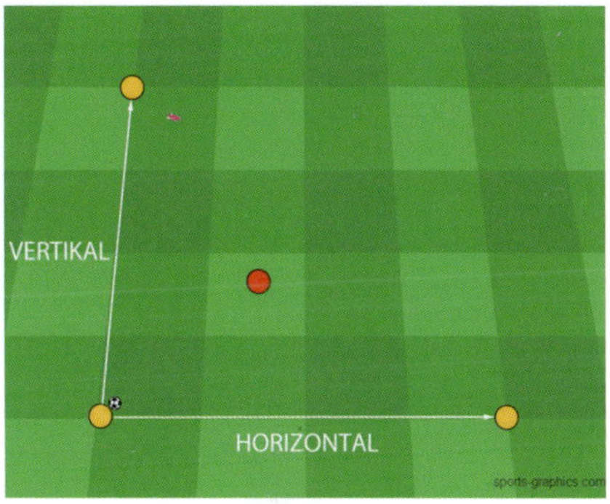

Im Verhältnis zu der beim vertikal gespielten Ball stark erhöhten Gefahr, den Ball zu verlieren, ist dies bei diagonal gespielten Bällen deutlich geringer und trotzdem wird dabei der Ball nach vorne in Richtung gegnerisches Tor gespielt.

Von Thomas Tuchel ist bekannt, dass er dieses Prinzip gerne in einer impliziten Trainingsform anwendet, bei dem das Spielfeld diagonal gestaltet wird, wodurch automatisch diagonal gespielt werden muss:

https://twitter.com/RNBVB/status/761283547541991424?s=20&t=rzdtPOo5KRZHssjN3wWtug

- *Was für Voraussetzungen braucht man auf individueller Ebene, damit es Mannschaften gelingt, möglichst viele Linien und Spieler zu überspielen und dass dann ein Spieler den Ball im Idealfall spieloffen in Richtung gegnerisches Tor erhält?*

Hierzu müssen sich Spieler möglichst häufig in eine spieloffene Position zwischen die Linien begeben.

Ein tolles Prinzip hierzu ist das von Pep Guardiola entwickelte **Drei-Eckfahnen-Prinzip**, das besagt, dass ein Spieler sich immer so positionieren soll, dass er in der Lage ist, drei der vier Eckfahnen auf einem Fußballplatz zu sehen, was ihn automatisch in eine spieloffene Position bringen wird.

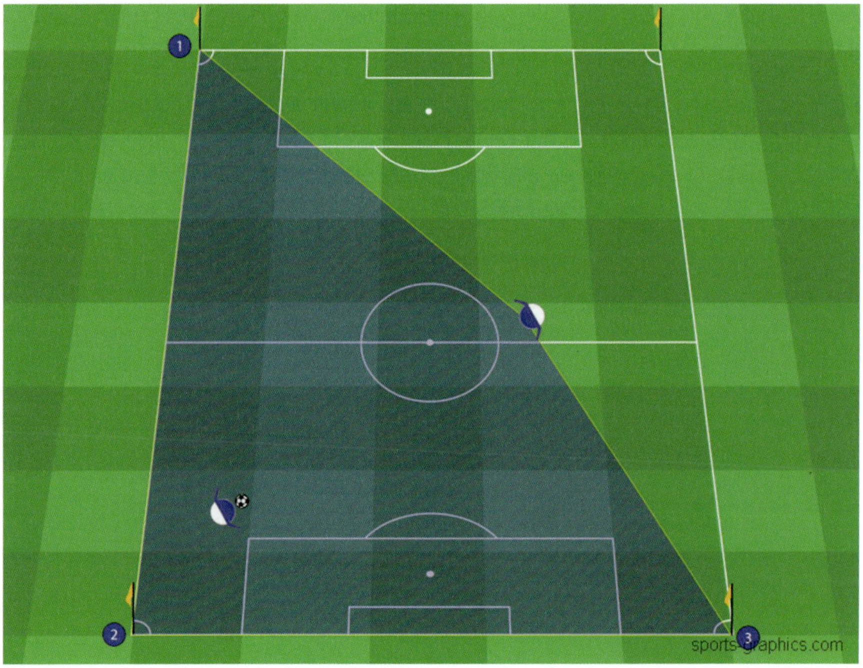

Um nun eventuell sogar noch die vierte Flagge zu sehen und möglichst viele Informationen über Zeit, Raum, Mit- und Gegenspieler zu erhalten, sollte der Spieler auch den Raum im Rücken permanent analysieren.

Studien aus der Premier League zeigen auf, dass die besten Spieler den Raum um sich herum im Schnitt mit 0,6 Blicken pro Sekunde analysieren, also im Schnitt wird alle zwei Sekunden ein Schulterblick vollzogen (siehe Jordet, Bloomfield & Heijmerikx, 2013).

Bei einer Spielanalyse von Xavi beim FC Barcelona kam heraus, dass Xavi in einem Spiel 804-mal einen Schulterblick vollzogen hat, also neunmal pro Minute oder runtergebrochen auf die 50 Minuten Nettospielzeit aus diesem Spiel 16-mal pro Minute.

Prof. Geir Jordet gilt dabei als Vorreiter, diesen „Scanningprozess" zu durchleuchten und zu analysieren, wie sich die weltbesten Spieler in diesem Bereich verhalten.

Prof. Geir Jordet fand in dieser Studie heraus, dass Spieler, die weniger häufig einen Schulterblick ausüben, in der eigenen Platzhälfte eine Passquote von 60 Prozent haben. Spieler, die sich häufig vororientieren, mit einer erfolgreichen Passquote von 83 Prozent in der eigenen Hälfte agieren.

In der gegnerischen Hälfte, wo weniger Raum und Zeit zur Verfügung steht, sind die Zahlen sogar noch deutlicher:

Lediglich 38 Prozent Passquote bei den Spielern, die sich wenig umsehen und 73 Prozent bei den Topspielern, die sich häufig umsehen.

„In football, the worst blindness is only seeing the ball."

Nelson Falcão Rodrigues (brasilianischer Schriftsteller, 1912-1980)

Ein weiterer wichtiger KPI, den es zu analysieren und definieren gilt, ist, herauszufinden, welche Zielräume besonders Erfolg versprechend sind, um eine möglichst hohe Chance zu erhalten, das Endziel zu erreichen. Die Spieler sollen in eine möglichst Erfolg versprechende Torabschlussposition gebracht werden.

Generell ist durch Daten klar belegt, dass die Chancen auf Erfolg steigen, je mehr Aufenthaltszeit oder Ballkontakte eine Mannschaft tief in der gegnerischen Hälfte hat, gerade was das letzte Angriffsdrittel betrifft.

Dabei spielen immer wieder, durch Daten belegt, die sogenannten *Halbräume* eine wichtige Rolle.

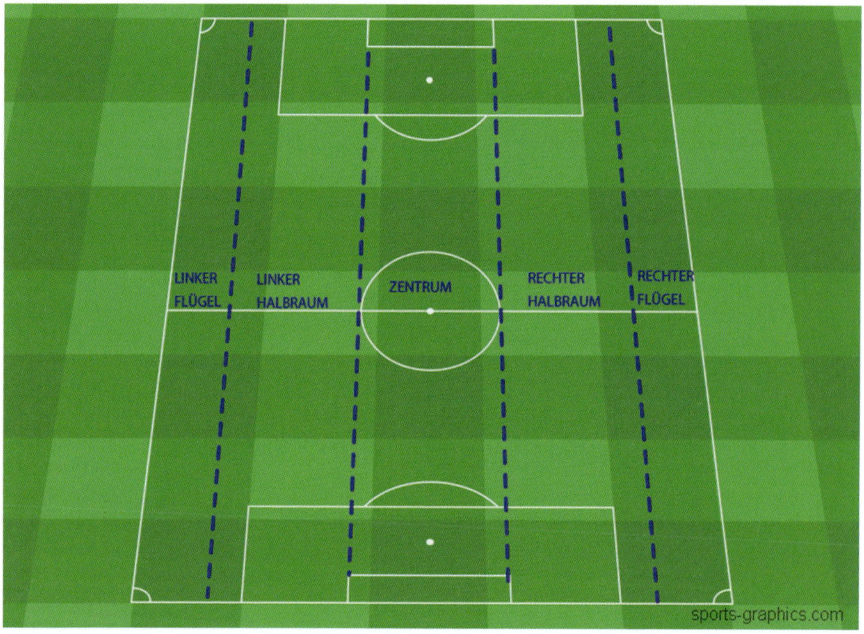

Da das Tor in der Mitte steht, wird jeder Gegner alles daran setzen, das Zentrum möglichst kompakt zu schließen, was es besonders schwer macht, den Ball durchs Zentrum zu spielen. Das ist natürlich immer dann die beste Variante, da man sich bereits in der Spur, in der das Tor steht, befindet.

Um den Gegner aus dem Zentrum zu locken, bieten sich die Flügel an, die ein probates Mittel sind, um einen kompakten Block in Bewegung zu versetzen.

Der Nachteil der Flügel ist, dass sie am weitesten vom Tor entfernt sind, weshalb sich also die Halbräume als eine vielversprechende Lösung anbieten.

Auch der aufgezeigte Zusammenhang mit der Wichtigkeit von diagonalen Pässen zeigt die Bedeutung des Halbraums auf.

Daten belegen klar, dass es, statistisch gesehen, sehr vielversprechend ist, wenn gerade der vorletzte Pass aus dem Halbraum in der Hälfte des Gegners nach vorne gespielt wird, da der Gegner aus dem Zentrum verschieben muss und bereits eine gewisse Nähe zum Tor vorliegt.

Aus Gründen, über die man bislang nur mutmaßen kann, ist es, statistisch betrachtet, noch etwas besser, den linken Halbraum anzuvisieren.

Viele bekannte Trainer setzen dabei auch in ihrem Training auf Gedankenstützen und definieren Räume und Zonen, die sie für ihr Spielmodell als vielversprechend erachten, wie untenstehendes Beispiel einer Spielfeldeinteilung zeigt, die Pep Guardiola mit seinen Mannschaften nutzt.

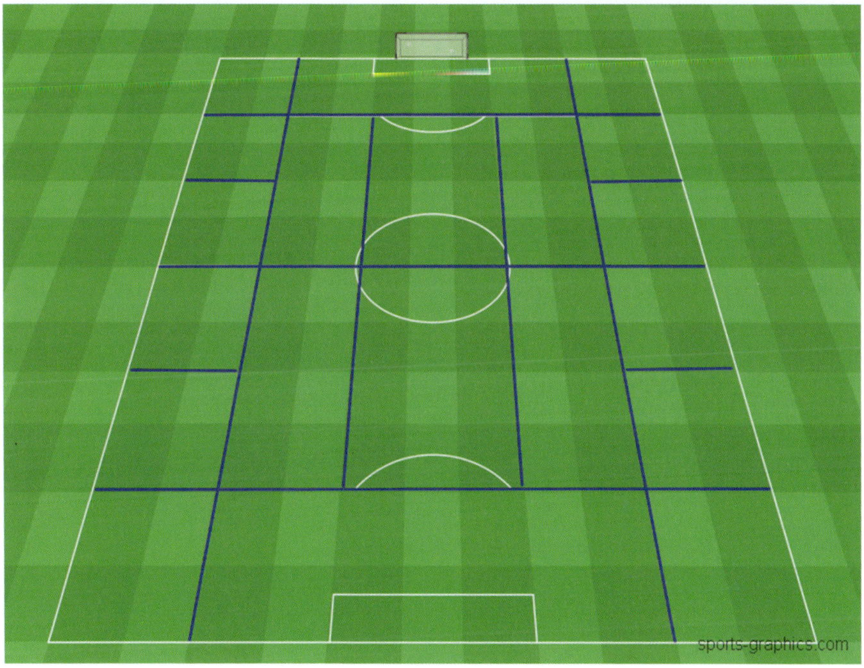

„If you have the ball you must make the field as big as possible, and if you don't have the ball you must make it as small as possible."

Johan Cruyff (niederländischer Fußballspieler und -trainer, 1947-2016)

Neben den Halbräumen ist die sogenannte *Zone 14*, basierend auf statistischen Auswertungen, äußerst wichtig.

Unterteilt man das Feld in 18 gleich große Felder, ergibt sich zentral vor dem 16-Raum-Raum die „Zone 14":

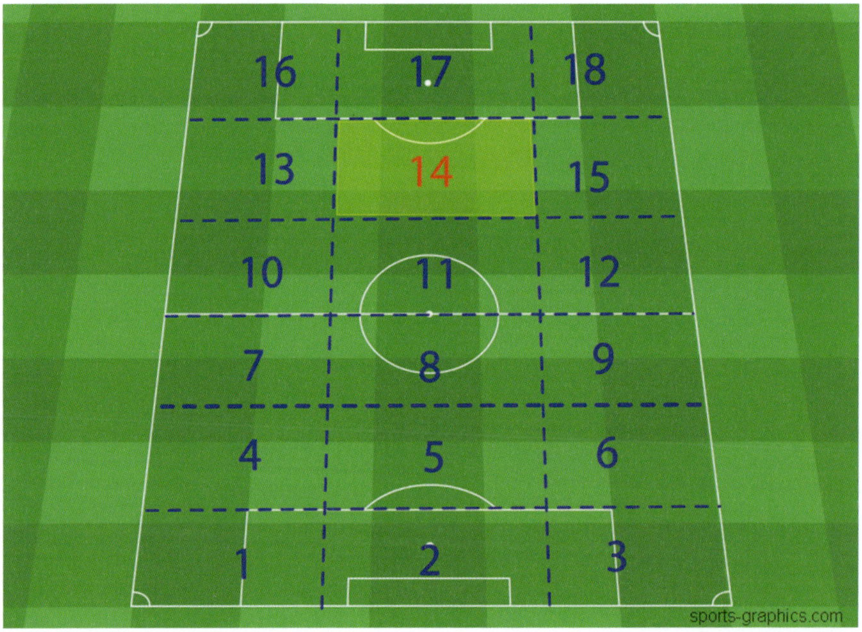

Das Buch *Die Kunst des Krieges* von Sunzi, einem chinesischen Militärstrategen und Philosophen, das in etwa um 500 vor Christi Geburt entstand, ist bis in die Moderne eines der wichtigsten Bücher zum Thema Strategie. Es bietet genauso wie etwa das Schachspiel einen spannenden Blick über den Tellerrand mit vielen Inspirationen für den Fußball.

Genauso wie im Schach ist es für Sunzi strategisch sehr wichtig, sowohl das Zentrum in der Nähe zum verwundbarsten Punkt des Gegners (im Fußball der 16-Meter-Raum-Tor und das Tor) zu dominieren, wie auch möglichst gleichzeitig die Flügel, sodass der Gegner zu einer Entscheidung gezwungen wird, um diese dann flexibel ausnutzen zu können.

Die Studie von Herold et al. (2019) belegt, dass ein Pass von der „Zone 14" in den 16-Meter-Raum zu mehr hochwertigen Torchancen führt als von irgendeiner anderen Zone. Sogar wenn man beide Flügel zusammenzählt, ist es, statistisch betrachtet, immer noch wesentlich spannender, in die „Zone 14" zu kommen.

Denken wir zurück an Egil Olsen, den erfolgreichen Nationaltrainer von Norwegen, der mit langen Bällen auf einen großen, kopfballstarken Zielspieler agierte, der sich oft genau in der „Zone 14" befand.

Jedoch zeigen die Daten auch auf, dass die Qualität bedeutsamer als die Quantität ist. Im Idealfall kommt ein Spieler in einer spieloffenen Situation in der „Zone 14" an den Ball mit Blick Richtung Tor, nicht mit dem Rücken zum Tor, wie es häufig bei langen Bällen in diese Zone der Fall ist.

Im Zusammenhang mit wichtigen Zonen und Räumen sei auch das Thema Raumkontrolle erwähnt. **Raumkontrolle** ist ein KPI, der von Prof. Memmert entwickelt wurde. Dabei kann durch Computersimulationen ermittelt werden, welche Räume ein Spieler während eines Spiels kontrolliert, was gerade interessant für das finale Angriffsdrittel oder den 16-Meter-Raum ist.

Ein wichtiges Prinzip im Fußball ist das Herstellen von Überzahlsituationen, um den Gegner aus der Struktur zu bringen, da somit mehr Lösungsoptionen zur Verfügung stehen. Die angesprochenen gefährlichen Zonen werden freigeräumt und sind besser bespielbar.

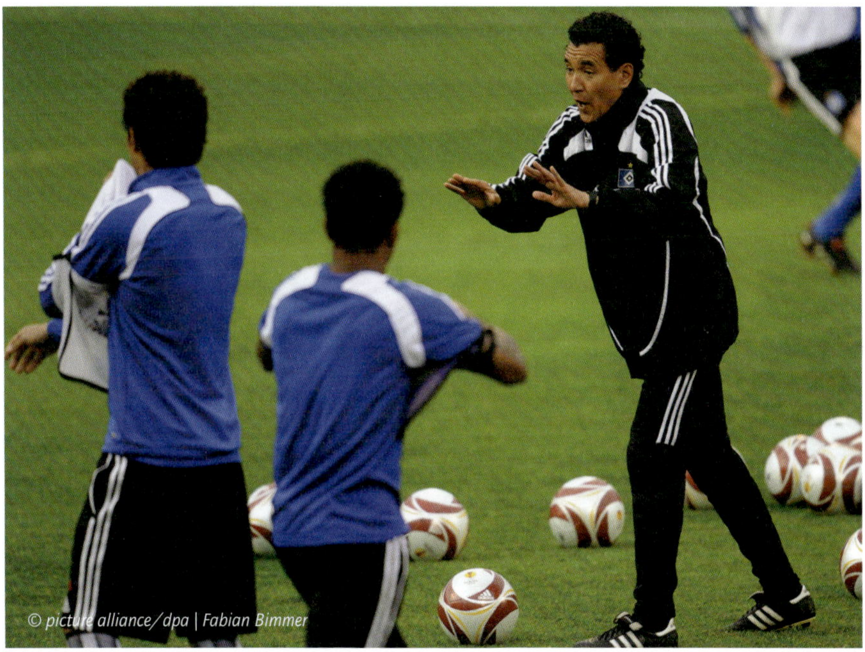

„The 1 vs 1 decides the success of a team."

Ricardo Moniz (niederländischer Fußballtrainer, *1964)

Einer der besten Wege, um dies zu erreichen, ist ein gewonnenes Duell im 1 gegen 1. Aus diesem Grund ist ein weiterer wichtiger KPI idealerweise, Spieler in der Mannschaft zu haben, die Gegner im Dribbling überspielen können.

Am Beispiel eines *StatsBomb*-Radars von Lionel Messi in der Saison 2018/2019 ist der KPI **Successful Dribbles** zu sehen.

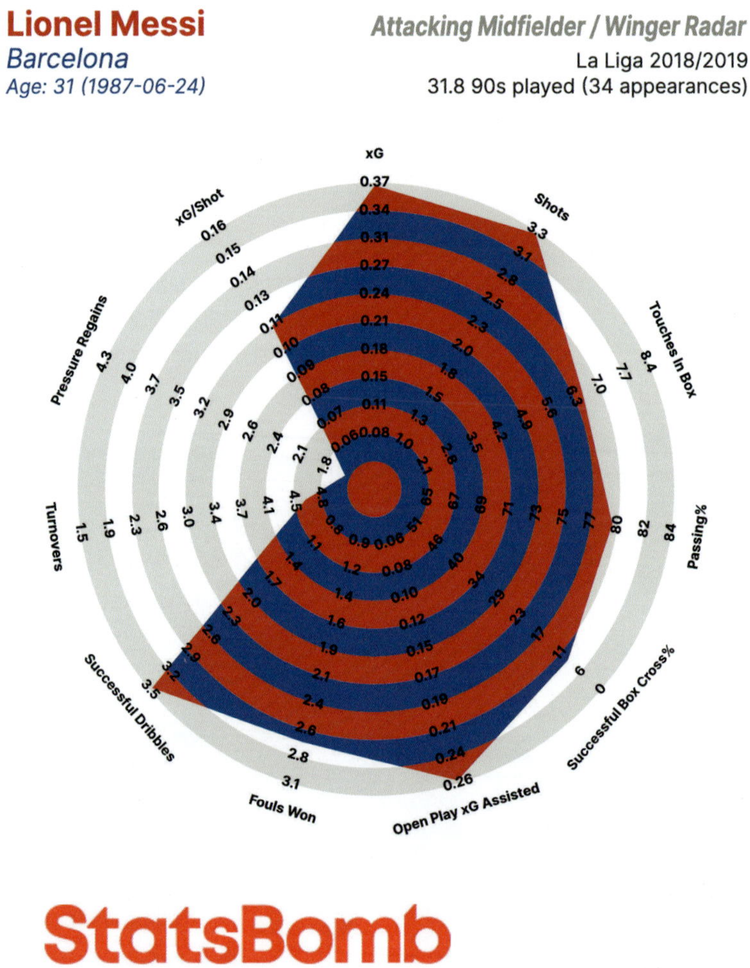

https://twitter.com/statsbomb/status/1141760656825356288

Im folgenden Schaubild werden die besten Dribbler der Welt dargestellt, allen voran Lionel Messi mit den meisten Dribblings, aber auch mit 57 Prozent mit der höchsten Erfolgsquote.

Viele der weltbesten Dribbler weisen eine Erfolgsquote von um die 50 Prozent auf, was im Umkehrschluss auch bedeutet, dass sie jedes zweite Mal den Ball verlieren. Ein Punkt, der uns sehr zu denken geben sollte bei der Ausbildung junger Kinder. Nachdem sie einmal beim Dribbling hängen geblieben sind, sollten sie deshalb auf keinen Fall gleich ermahnt werden, dass es besser ist, abzuspielen, sondern sie sollten viel mehr ermuntert werden, es gleich nochmal zu versuchen.

Dribblings und Erfolgsquoten der 10 weltbesten Dribbler

in den fünf europäischen Topligen seit der Saison 2006 2007

	Fußballer	Dribblings	Erfolgsquote
1	L. Messi	1950	57 %
2	E. Hazard	1220	57 %
3	F. Ribéry	945	48 %
4	S. Aguero	838	47 %
5	C. Ronaldo	838	44 %
6	Joaquin	817	51 %
7	Neymar	790	50 %
8	H. Ben Arfa	771	51 %
9	R. Firmino	754	57 %
10	A. Iniesta	739	61 %

(Modifiziert nach https://twitter.com/tpimbw/status/1227350006149124096)

Wichtig ist der Zeitpunkt des Dribblings, das vor allem bei einem Tempogegenstoß und im finalen Drittel ein geeignetes Mittel ist. Hier sind die Risiken, nach einem Ballverlust bestraft zu werden, entsprechend geringer, als wenn ein Innenverteidiger den Ball am 16-Meter-Raum durch ein Dribbling verliert.

Michael Bale, der ehemalige Liverpooler U21-Trainer und der aktuelle Cheftrainer der Queens Park Rangers und Glasgow Rangers, bringt eine weitere wichtige Zahl ins Spiel, was beim Training von 1-gegen-1-Situationen beachtet werden sollte:

„Don't just coach players facing each other. 75 % of 1 vs 1s in the Premier League occur when a player is on your back."

75 Prozent der 1-gegen-1-Situationen in der Premier League finden mit einem Gegenspieler im Rücken statt, was dementsprechend auch im Training beachtet werden sollte.

Nun befinden wir uns in der letzten Phase vor dem Torabschluss und beschäftigen uns dabei mit dem Thema **Expected Goals** (xG) oder auf Deutsch mit den zu erwartenden Toren.

Dabei wird die Aussicht eines Torschusses auf Torerfolg anhand verschiedener Variablen bewertet, wie der Distanz zum Tor, des Winkels, der Schussart oder ob es ein Kopfball war und auch woher und wie der Assist gespielt wurde.

Dafür wurde der KPI **Expected Assists** (xA) entwickelt, der analysiert, wie hoch die Chance ist, nach einem Pass ein Tor zu erzielen. Dabei spielt z. B. die Länge des Passes oder von wo der Pass gespielt wurde, eine Rolle.

Zählt man die „Expected Goals" zusammen, erhält man einen Indikator, wie viele Tore ein Spieler oder eine Mannschaft unabhängig vom Zufallsfaktor erzielen sollte.

Dabei ist es wie immer wichtig, qualitative Daten zu bekommen. Hierbei tut sich erneut die Firma *StatsBomb* hervor, die in ihrer Berechnung des „xG" auch Punkte wie die Positionierung des Torhüters berücksichtigt sowie den Mit- und Gegenspieler.

Kommt ein Spieler beispielsweise zentral auf der Fünf-Meter-Linie zum Torschuss, aber der Torhüter ist direkt vor ihm, um den Ball zu blocken, hat dieser Schuss eine andere Torwahrscheinlichkeit, als wenn der Torhüter fünf Meter entfernt auf der Torlinie steht und der Angreifer frei zum Abschluss kommt.

Auch die Schusshöhe oder ob der Schuss nach einem Dribbling abgegeben wurde, spielt eine Rolle, um den Wert bestmöglich zu bestimmen.

Beim Frauenfußball wird zudem berücksichtigt, dass mehr Tore aus der Distanz fallen, was vermutlich der geringeren Körpergröße der Torhüterinnen geschuldet ist.

Detaillierte Hintergründe zum Thema „xG" gibt es hier:

https://statsbomb.com/de/fussball-metriken/was-ist-xg/

Ein Schuss mit 0,2 xG bedeutet, dass der Schuss in 20 Prozent der Fälle zu einem Torerfolg führt.

Am einfachsten kann der KPI „Expected Goals" am Beispiel des Elfmeters veranschaulicht werden. Ein Elfmeter hat einen Wert von xG = 0,76. Das heißt, ein Elfmeter ist eine 76-Prozent-Chance, ein Tor zu erzielen, es werden also durchschnittlich drei von vier Elfmetern verwandelt.

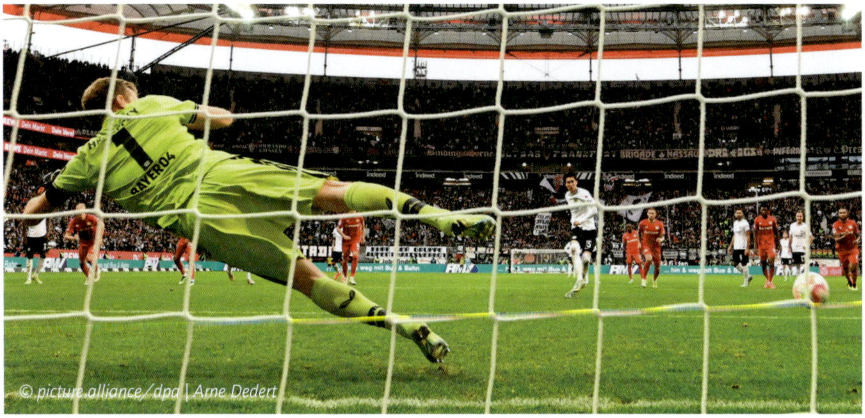

„Drei von vier Elfmetern führen zum Tor." Elfmeter haben einen xG von 0,76.

Nachfolgend einige Beispiele und Wahrscheinlichkeiten für einen Torerfolg:

- ein Tor von 40 Versuchen aus Distanzen von mehr als 27 Meter;
- ein Tor von 25 Versuchen aus Distanzen zwischen 21-27 Meter;
- ein Tor von 10 Versuchen aus Distanzen zwischen 15-21 Meter;
- ein Tor von fünf Versuchen aus Distanzen zwischen 9-15 Meter;
- ein Tor von drei Versuchen aus Distanzen zwischen 0-9 Meter;
- ein Tor von zwei Versuchen aus Distanzen zwischen 0-6 Meter.

Die Daten zeigen also klar auf, dass, je näher der Schuss zum Tor abgegeben wird, desto größer die Chance auf einen Torerfolg ist.

Besonders ins Auge sticht dabei die deutlich größer werdende Chance, einen Treffer zu erzielen, sobald der Torschuss innerhalb des 16-Meter-Raums abgegeben wurde.

Dass das Thema Daten immer mehr in die Köpfe der Vereine und Trainer gelangt ist, ist auch daran zu sehen, dass in der Premier League zwischen 2008 und 2019 eine extrem stark abnehmende Tendenz der Torschüsse außerhalb des 16-Meter-Raums festgestellt werden kann.

Auch beim Vergleich von Fußballweltmeisterschaften ist klar zu erkennen, dass sich immer mehr Trainer und Spieler mit diesen KPIs auseinandersetzen.

Die Schüsse pro Tor haben sich von der WM 2010 über die WM 2014 bis zur WM 2018 von 12,8 auf 9,8 verringert. Genauso wie die Schüsse, die auf das Tor im Verhältnis zu den erzielten Toren abgegeben werden. Dies spricht für eine deutlich effektivere und effizientere Gestaltung und Nutzung im Bereich der Torchancen.

Trotzdem findet immer noch zu häufig das Torschusstraining außerhalb des 16-Meter-Raums statt, bei dem die Chancen nur noch halb so gut sind, einen Treffer zu erzielen.

Auch die „Shot Location" des Weltfußballers des Jahres 2002, Karim Benzema, in der Champions League ist eine weitere Bestätigung dieses KPIs.

https://uefatechnicalreports.com/ucl-2022

Ein anderer Weltklassestürmer wie Lewandowski gab in der Champions-League-Saison 2021/2022 sogar 91,7 Prozent aller seiner Torschüsse im 16-Meter-Raum ab und wird möglichst oft spezifisch in den relevanten Räumen sein Torschusstraining absolvieren.

Vergleicht man den xG-Wert mit den tatsächlich erzielten Toren, erhält man zudem einen guten Abgleich für die individuellen Qualitäten eines Stürmers, der aufgrund seiner individuellen Qualität mehr Tore als erwartet erzielt:

Top Scorer

	Tore	xG-Wert	Schüsse	Torschüsse	Trefferquote	Minuten pro Tor
Karim Benzema	15	8,37	46	23	32,6	73,7
Robert Lewandowski	13	10,27	31	19	41,9	67,4
Sébastien Haller	11	9,38	24	14	45,8	60,7
Mohamed Salah	8	9,01	43	22	18,6	126,1
Riyad Mahrez	7	6,81	37	18	18,9	141
Christopher Nkunku	7	3,83	17	11	41,2	75,9
Leroy Sané	6	4,3	34	14	17,6	133
Arnaut Danjuma	6	5,11	25	14	24	151
Kylian Mbappé	6	5,6	27	15	24	151
Cristiano Ronaldo	6	2,93	22	12	27,3	101,8
Darwin Núñez	6	3,11	17	8	35,3	102,2
Robert Firmino	5	1,79	12	6	41,7	64,4
Sadio Mané	5	4,49	21	8	23,8	164,8
Lionel Messi	5	5,3	26	10	19,2	126
Rodrygo	5	2,81	23	10	21,7	100,8

(Modifiziert nach https://uefatechnicalreports.com/ucl-2022)

Eine Grundsatzfrage, die man sich dabei stellen muss, ist die folgende:

- *Bevorzuge ich acht Schüsse mit xG 0,13 oder 13 Schüsse mit xG 0,08?*

Die „Expected Goals" stellen dann einen sehr guten Indikator dar, wie ein Spiel ohne den Zufallsfaktor in der Regel ausgegangen wäre. So hätte nach der Berechnung dieses xG-Modells Liverpool das Champions-League-Finale mit 2:1 gewinnen sollen, da Liverpool einen xG von 2,19 aufkumuliert hat, im Gegensatz zu Real Madrid, das einen xG von 0,92 in diesem Finale erreichen konnte.

https://twitter.com/xgphilosophy/status/1530663320715307424

Aus den „Expected Goals" lassen sich dementsprechend auch **Expected Points** ableiten, was aufzeigt, auf welchem Platz eine Mannschaft ohne den Zufallsfaktor stehen würde. Sie liefern einen sehr aussagekräftigen Indikator, welche Mannschaft unter- oder überperformt.

Dieser Wert ist also auch sehr hilfreich, wenn es um das Thema geht, die Arbeit eines Trainers zu bewerten.

Vereinfacht gesagt, sollte es das Ziel jedes Vereins und jedes Trainers sein, die Distanz zwischen den „xG for" und „xG against", also der Gegentreffer, möglichst groß zu halten. Dadurch nimmt nach einer gewissen Zeit der Zufallsfaktor ab, was sich immer positiv auszahlen wird.

Umgekehrt können auch glückliche Umstände analysiert werden und wie groß der Zufallsfaktor bei einem Sieg war.

In einer Grafik bei Twitter wird aufgezeigt, wie positiv sich Manchester City nach der Übernahme von Pep Guardiola bei der Gegenüberstellung dieser beiden KPIs entwickelt hat.

https://twitter.com/11tegen11

Auch die Wichtigkeit des Themas **Geduld** ist hier schön abzulesen, denn zunächst verkleinerte sich die Distanz zwischen den beiden Werten, nachdem Guardiola übernommen hatte. Nach einer gewissen Zeit, in der die Spielidee fest implementiert wurde, ist sie stark angestiegen.

Statistiken gehen davon aus, dass die Mannschaften, die die meisten Abschlüsse im 16-Meter-Raum kreieren, im Schnitt 80 Prozent der Spiele gewinnen. In der Saison 2017/2018 erzielte Manchester City alle seine 106 Tore im 16-Meter-Raum!

Die Strategie von Pep Guardiola zielt klar darauf ab, die Spieler in bestmögliche Torschusspositionen zu bringen.

Datenanalysten sprechen dabei sogar von *Pepalytics* und untersuchen, wie die Teams von Guardiola zu diesen hochwertigen Chancen kommen.

Ein wichtiger Punkt dabei ist, es dass Spieler generell ihre Fähigkeit überschätzen, Tore aus spitzen Winkeln zu erzielen.

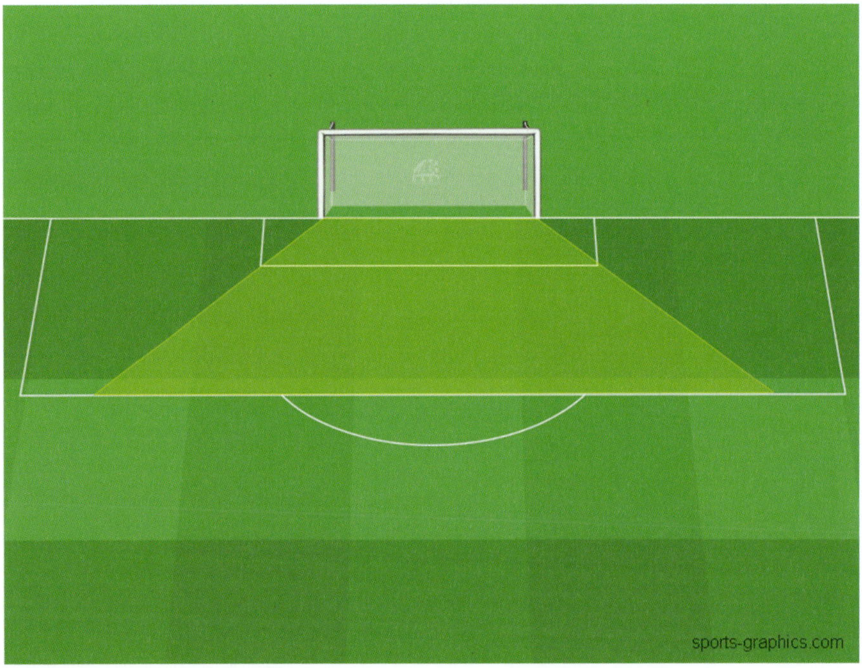

Selbst im 16-Meter-Raum sinken die Chancen auf ein Tor stark, wenn der Schuss außerhalb des gelben Korridors abgegeben wird.

Sergio Agüero, der unter Pep Guardiola bei Manchester City spielte, ist dabei eine der wesentlichen Ausnahmen und erreichte auch sehr gute Werte bei Schüssen aus einem spitzen Winkel.

Doch da Guardiola wie alle guten Trainer versucht, den Faktor Zufall, so weit es geht, zu eliminieren, wurden Erfolg versprechende Strategien entwickelt, wobei sogenannte *Cut Backs* eine wichtige Rolle spielen.

Statistiken belegen, dass Flanken in der Nähe der gegnerischen Eckfahnen keine allzu hochwertigen Torchancen kreieren.

Die Chancen steigen extrem an, wenn der letzte Pass innerhalb des 16-Meter-Raums im Idealfall flach von der Grundlinie zurückgespielt wird, also ein „Cut Back".

Von Thomas Tuchel ist bekannt, dass er mit dem Begriff „PCA = Preferental Crossing Areas" einen Bereich definiert hat, von wo der Ball flach in die Mitte hereingespielt werden soll, was ziemlich genau dem Korridor entspricht, bei dem der Winkel beginnt, sich zuzuspitzen:

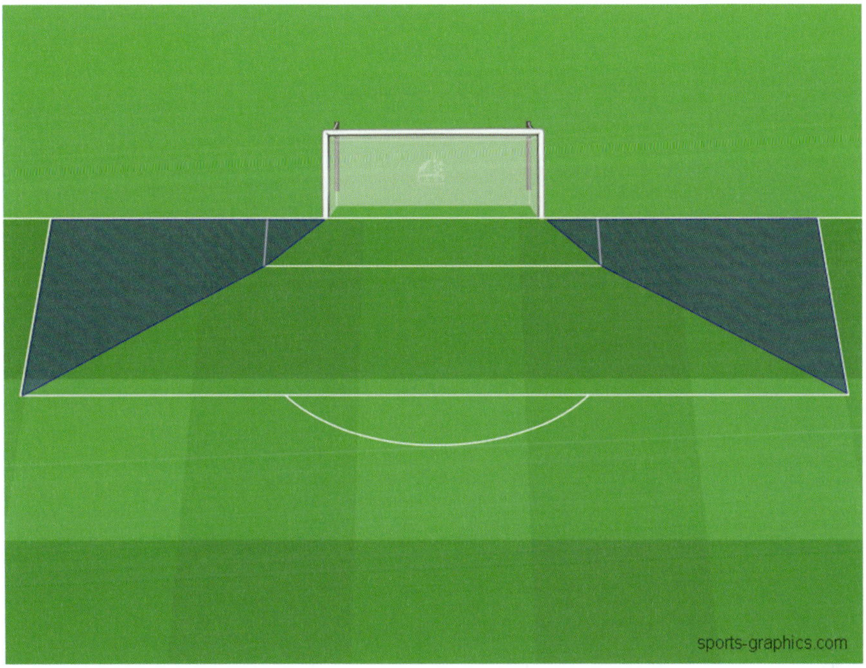

Einen weiteren wichtigen Punkt, den Analysten bei den *Pepalytics* herausgefunden haben, ist das Thema **Extrapass**, das dazu führt, dass sich der xG-Wert durch einen Extrapass noch einmal stark vergrößert.

Im folgenden Beispiel ist zu sehen, wie Spieler A aus „Zone 14" mit einem Pass die letzte Linie überspielt auf den einlaufenden Spieler B.

Dies ist sowohl dem Expertenauge nach wie auch durch Daten belegt, eine extrem vielversprechende Ausgangssituation mit einem hohen xG-Wert von in etwa xG = 0,3. Die Distanz beträgt zwischen null und neun Meter, der gespielte Flachpass kommt aus Zone 14 und lediglich der Torspieler befindet sich noch vor dem Spieler.

Allerdings ist der Winkel bereits ziemlich ungünstig und wird vom Torhüter gut zugestellt.

Spielt B, statt auf das Tor zu schießen, bei dem er von 10 Schüssen dreimal einen Treffer erzielen würde, quer auf den mitlaufenden C, der zentral vorm Tor ohne einen Gegenspieler einschieben kann, vergrößert sich der Wert nach oben und wird den xG von 0,76 bei einem Elfmeter noch deutlich übertreffen.

„Das Tor steht in der Mitte."

Sepp Herberger (deutscher Fußballtrainer, 1897-1977)

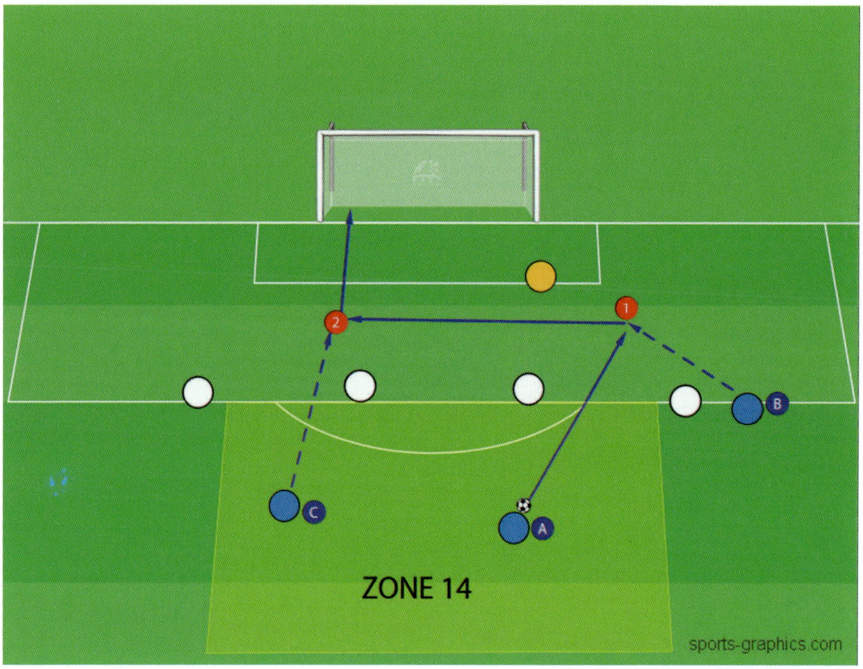

Ein spannender Nebeneffekt dabei ist, dass bei Mannschaften, die diese Strategie umsetzen, es zusätzlich eine erhöhte Anzahl an Elfmetern und Eigentoren gibt.

Schauen wir uns zu guter Letzt noch ein paar Richtwerte für den finalen letzten Ball ins Tor an.

Stürmer Sébastien Haller erzielte für Ajax Amsterdam in der Champions-League-Saison 2021/2022 11 Tore mit lediglich 24 Schüssen, was einer überragenden Quote von 45,8 Prozent entspricht, also nahezu jeder zweite Schuss führt zu einem Tor.

Dies ist ein extremer Wert und als Richtwert für einen internationalen Topstürmer gilt bereits eine sogenannte *Conversion Rate* von 30 Prozent.

Vom ehemaligen Bayern-München-Assistenten Hermann Gerland, der über einen extrem reichen Erfahrungsschatz verfügt und bekannt für die individuelle Arbeit mit den Spielern ist, kommt der Hinweis, dass ein Stürmer immer das lange Eck anvisieren sollte. Ein guter Torhüter wird immer die kurze Ecke schließen, was ihm auch als Fehler angekreidet wird, sollte er dies nicht tun.

Für die Umsetzung im Training ist es zudem wichtig, zu wissen, dass 60 Prozent aller Tore direkt erzielt werden und mittlerweile deutlich mehr Tore am zweiten Pfosten als am ersten Pfosten erzielt werden.

Auch im Amateur- und Nachwuchsbereich, bei denen die oben genannten KPIs nicht einfach über eine Plattform abrufbar sind oder ein Datenanalyst zur Verfügung steht, der die Daten aufbereitet, ist es mit etwas Kreativität möglich, einen großen Nutzen aus den vorgestellten KPIs zu schlagen.

Zum einen werden die vorgestellten KPIs und Überlegungen in die Spielidee und in die Trainingsmethodologie in die jeweilige Situation integriert, aber auch bei der Erfassung und Evaluierung.

Nachfolgend ein paar einfache Beispiele, wie man bei der Videoanalyse gleichzeitig einige der oben genannten KPIs erfassen kann.

Dabei macht es generell Sinn, das Spiel in Abschnitte zu unterteilen, zum Beispiel in sechsmal 15 Minuten und dabei die folgenden Werte der eigenen Mannschaft mit denen des Gegners zu vergleichen:

- Die Passratio erfassen, zum Beispiel 1:5, was bedeutet, dass spätestens nach fünf Pässen ein Pass nach vorne gespielt werden muss.
- Die Anzahl der Sequenzen von mehr als vier Pässen in Folge erfassen.
- Die gewonnenen Dribblings zählen.
- Wie oft kann ein Spieler in der gegnerischen Hälfte den Ball spieloffen mit Blickrichtung Tor kontrollieren?
- Die Anzahl der Pässe aus der Zone 14 oder im 16-Meter-Raum zählen, die zu einem Torabschluss führen.
- Die Anzahl der Torschüsse insgesamt erfassen.
- Die Anzahl der Torschüsse im 16-Meter-Raum zählen.
- Prozentsatz an Torschüssen, die auf das Tor geschossen wurden, vermerken.

Selbst grafische Aufbereitungen sind heute kein Hexenwerk mehr. So wurden im folgenden Beispiel bei der U21 des Grasshopper Clubs Zürich vom damaligen Cheftrainer Stephan Helm nach jedem Spiel die Orte der Assists und die Orte, an denen die Tore erzielt wurden, erfasst. Das lässt sich auch grafisch sehr gut visualisieren und kann eine gute Orientierung bieten hinsichtlich der angesprochenen KPIs.

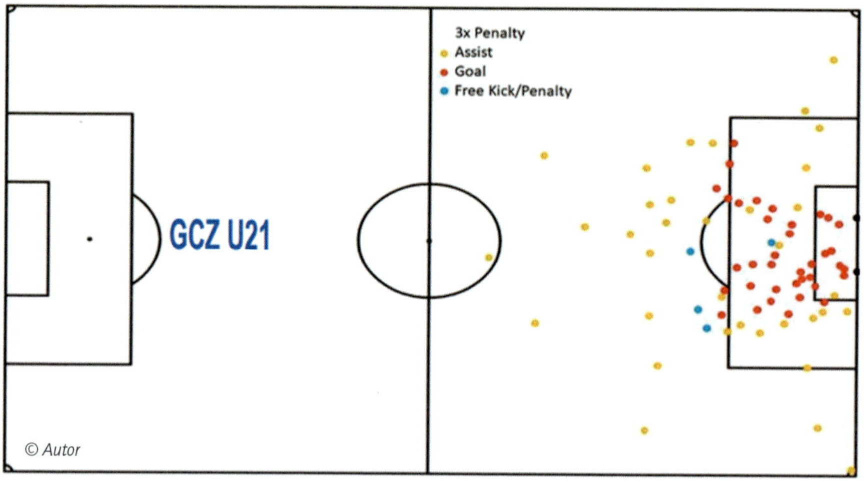

„Eine einzige Situation kann ein ganzes Spiel verändern."
Christopher Clemens (Head of Scouting and Spielanalyse DFB, *1972)

23.14 KPIS IN DER VERTEIDIGUNG

„Die Offensive gewinnt Spiele, die Defensive gewinnt Meisterschaften."
Sprichwort aus dem US-Sport

Offensive Daten und KPIs sind wesentlich leichter zu erfassen als defensive Daten, da es deutlich schwieriger ist, etwas zu messen, was im Idealfall gar nicht passiert ist.

Im *Technischen Report* der FIFA über die WM 2018 wird ein wesentlicher Punkt angesprochen, der in der Weiterentwicklung der defensiven Spielphase ein Key-Performance-Indikator ist, und zwar die Kompaktheit einer Mannschaft und die Distanzen zwischen einzelnen Mannschaftsteilen und zwischen einzelnen Spielern.

„Space between the lines was practically non-existent at this World Cup."

Carlos Alberto Parreira (brasilianischer Fußballtrainer, *1943)

https://digitalhub.fifa.com/m/649e84967b086928/original/evdvpfdkueqrdlbbrrus-pdf.pdf

In diesem Report kam heraus, dass es bei der WM 2018 in Russland 32 Prozent weniger Raum zwischen den einzelnen Linien einer Mannschaft gab als noch 2010.

Da wir im Fußball auf hohem Niveau auch nach den kleinsten Verbesserungen im Ein-Prozent-Bereich suchen, zeigt diese gewaltige Zahl eine extreme Entwicklung auf.

Vergleichen wir die im *FIFA-Report* gemessene Kompaktheit in der Defensive, so sehen wir, dass diese bei Weltmeister Frankreich im Schnitt 542 Quadratmeter betrug und bei Finalteilnehmer Kroatien sogar lediglich 437 Quadratmeter.

https://digitalhub.fifa.com/m/649e84967b086928/original/evdvpfdkueqrdlbbrrus-pdf.pdf

Andere große Nationen, wie Deutschland mit 590 Quadratmetern und Brasilien mit sogar 679 Quadratmetern, verfügten über eine bedeutend geringere Kompaktheit. Dieser Faktor ist in der Defensive ein absoluter Schlüssel-KPI und eine Grundvoraussetzung, um die KPIs, die in Ballbesitz angesprochen wurden, zu unterbinden.

Bezieht man sogar die Daten von 2006 mit ein, wo sich ein Block im Durchschnitt noch bei 50 mal 35 Meter als kompakt herausgestellt hat, lag die Zahl 2018 bei 30 mal 25 Meter.

Schaut man sich zusätzlich die besten Vereinsmannschaften in Europa in diesem Bereich an, wie Atletico Madrid, sieht man sogar eine Entwicklung, die über die 30 mal 25 Meter hinausgeht.

„If you're attacking, you don't get as tired as when you're chasing."

Kyle Rote (amerikanischer Footballspieler, 1927-2002)

Neben einer sehr hohen Sprintkapazität ist das Thema der **Ablenkungsresistenz** entscheidend, um eine solch extreme Kompaktheit über ein komplettes Spiel zu gewährleisten. Jeder Spieler im modernen Fußball muss in diesem Bereich seinen Beitrag leisten.

Neben der Kompaktheit spielt der Begriff **PPDA** eine gewichtige Rolle. PPDA steht dabei für **Passes Allowed Per Defensive Action**.

Dieser KPI gibt Rückschlüsse auf die Aggressivität des Pressings.

Dabei wird gemessen, wie viele Pässe eine gegnerische Mannschaft spielen kann, bis eine Defensivaktion mit Druck auf den Ball und Gegner ausgeübt wird.

PPDA = die Anzahl der Pässe des Gegners/die Anzahl der eigenen Defensivaktionen.

Je höher der Wert ausfällt, desto mehr Pässe konnte der Gegner ohne Druck spielen.

Wichtig zu wissen ist, dass der Bereich, in dem der PPDA-Wert gemessen wird, sich über die vorderen 60 Prozent des Spielfelds vom Anspielkreis bis zur gegnerischen Grundlinie erstreckt, da man mit dieser Metrik etwas über proaktives Verhalten wiedergeben möchte.

Zudem gibt der Wert mehr Aufschluss über den Spielstil einer Mannschaft sowie die Intensität des Pressings als über die Qualität und wie erfolgreich das Pressing gespielt wird.

Hier ist ein Beispiel des PPDA-Werts aus dem U20-WM-Qualifikationsspiel Tonga gegen Fidschi zu sehen.

Tonga ließ in diesem Spiel im Schnitt 13,1 Pässe von Fidschi zu, was auch damit zu tun hatte, dass sie in diesem Spiel sehr tief agierten. Fidschi hatte einen PPDA-Wert von 4,3, da es wichtig war, in diesem Spiel den Ball gegen einen tief stehenden Gegner unmittelbar in dessen Hälfte so schnell wie möglich wieder proaktiv zurückzuerobern.

Defence		
Sliding tackles	2	1
Interceptions	52	39
Clearances	18	15
Passes allowed per def. action (PPDA)	13.1	4.3

Ein hoher PPDA-Wert sagt jedoch nicht per se aus, wie hoch oder aggressiv eine Mannschaft presst, sondern sollte unbedingt immer im Kontext gesehen werden. Zum Beispiel kann der Wert sehr tief sein, da eine Mannschaft in Ballbesitz so dominant ist und den Gegner tief in die eigene Hälfte drückt.

Der FC Liverpool, der bekannt ist für eine intensive Spielweise, kam in der Saison 2019/2020 auf einen PPDA-Wert von 8,01.

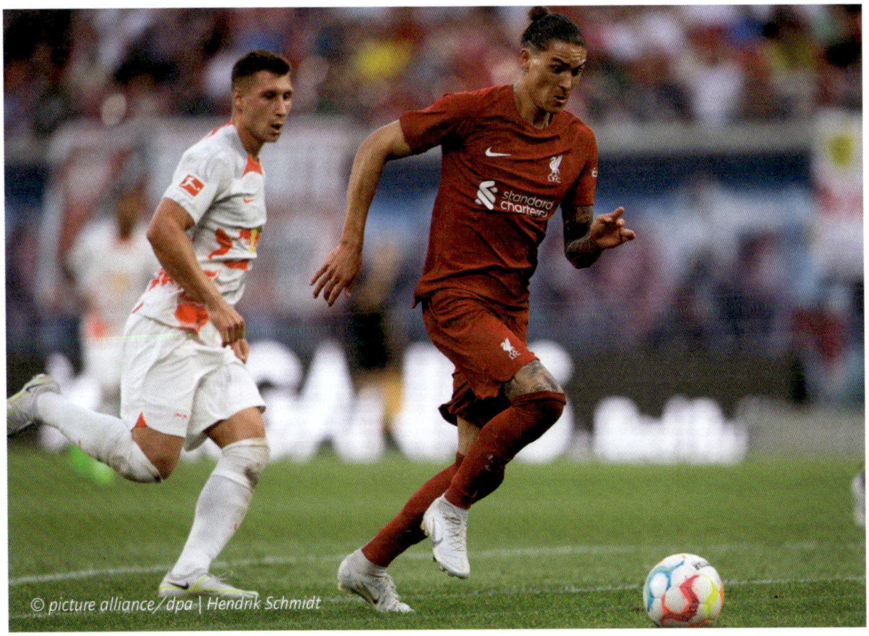

Der neue Liverpool-Stürmer Darwin Nunez hat nicht nur extreme Stärken im Torabschluss, sondern auch in der aggressiven Arbeit gegen den Ball, was die perfekte Kombination für einen Stürmer unter Jürgen Klopp ist.

Interessant ist es, sich den PPDA-Wert der „Top-fünf-Ligen" in Europa anzuschauen. Man kann sehen, dass die spanische LA Liga mit 10,3 den geringsten Wert aufweist, gefolgt von der Serie A mit 11,2 und der französischen Ligue 1 und der deutschen Fußball-Bundesliga, die fast gleichauf bei 11,6 liegen. Die englische Premier League weist einen Wert von über 12 im Schnitt aller Teams auf.

Interessant ist es, den PPDA-Wert und die Anzahl der Gegentore gegenüberzustellen. Mannschaften mit einem hohen PPDA-Wert von über 15, die trotzdem viele Gegentore erhalten, sollten in Betracht ziehen, den PPDA-Wert zu verringern und den Gegner weiter weg vom Tor unter Druck zu setzen.

Auch wenn eine hohe Anzahl an torgefährlichen Standards bei einem hohen PPDA-Wert vorliegt, ist dies ein guter Ausgangspunkt, um die Auswirkungen auf diese Thematik durch einen veränderten PPDA-Wert zu beobachten.

Zusätzlich könnte die Anzahl erfolgreicher Konteraktionen, die zum Torabschluss geführt haben, im Zusammenhang mit dem PPDA-Wert untersucht werden. Eventuell lässt sich diese Quote steigern, wenn ein niedriger PPDA-Wert ausgewiesen werden kann.

Ein weiterer Punkt, der als KPI definiert werden kann, ist, die Höhe der letzten Defensivlinie zu messen und diese gleichzeitig in einen Zusammenhang mit einem Wert wie PPDA zu bringen, wodurch auch Rückschlüsse auf die Kompaktheit getroffen werden können.

In der Champions-League-Saison 2021/2022 hatte der FC Liverpool die am höchsten stehende Defensivlinie mit 43,6 Metern im Schnitt, vor dem FC Bayern München mit 44,4 Metern.

In einer Grafik aus dem hervorragend aufgearbeiteten *Report* werden zudem Teams auf vier Quadranten aufgeteilt, in Abhängigkeit von der Höhe der letzten Pressinglinie und von der Anzahl der Pressingversuche in der gegnerischen Hälfte.

Hierbei ist zu erkennen, dass die Mannschaften, die die Kombination einer tiefen letzten Linie wählten und nur wenige Defensivaktionen in der gegnerischen Hälfte vorweisen konnten, auch keine Resultate aufweisen konnten.

https://uefatechnicalreports.com/ucl-2022

Jedoch ist auch in dieser Grafik zu sehen, dass viele Wege zum Erfolg führen, da Real Madrid im Vergleich zum Finalgegner Liverpool eine tiefere letzte Linie wählte mit deutlich weniger Pressingaktionen in der gegnerischen Hälfte, was ebenfalls zum Erfolg geführt hat.

Es ist also wichtig, solche KPIs, wie bereits hoffentlich mittlerweile häufig genug erwähnt, aufbauend auf der vorliegenden Spielidee und den zur Verfügung stehenden Spielern zu entwickeln.

Eine weitere grafische Darstellungsmöglichkeit sind **Heat-Maps**, die aufzeigen, wo und wie stark Real Madrid Druck auf den FC Liverpool ausgeübt hat.

Beispiel unter: *https://uefatechnicalreports.com/ucl-2022*

> ***„A lack of pressure on the man with the ball is the main factor that results in shots on goal. That is the number-one reason for goals being conceded in football and it won't change any time soon."***
>
> Carlos Alberto Parreiro (brasilianischer Fußballtrainer, *1943)

Zu den besten Pressingteams können fast generell immer die Mannschaften von RB Leipzig und Red Bull Salzburg und deren ehemalige Trainer Julian Nagelsmann, Roger Schmidt, Jesse Marsch oder auch Peter Zeidler, der ehemalige Co-Trainer von Ralf Rangnick, der seit mehreren Jahren mit einem hohen und intensiven Pressing in der Schweizer Super League sehr erfolgreich ist, gezählt werden.

Auf einer weiteren tollen grafischen Darstellung von *StatsBomb* sind die defensiven Aktivitäten von RB Leipzig nach neun Spieltagen der Bundesliga in der Saison 2019/2020 aufbereitet, was Aufschlüsse darüber gibt, in welchen Räumen wie häufig gepresst wird.

An der Grafik kann man erkennen, dass zum Beispiel die beiden roten Felder links, ausgehend vom gegnerischen Tor, auffallend öfter für defensive Aktionen genutzt wurden, als die Felder mittig und rechts vom gegnerischen Tor.

Der Hintergrund wird vermutlich sein, dass RB Leipzig den Torwart nach links außen lenkt, was, statistisch betrachtet, in den allermeisten Fällen der schwächere Fuß des gegnerischen Torhüters ist.

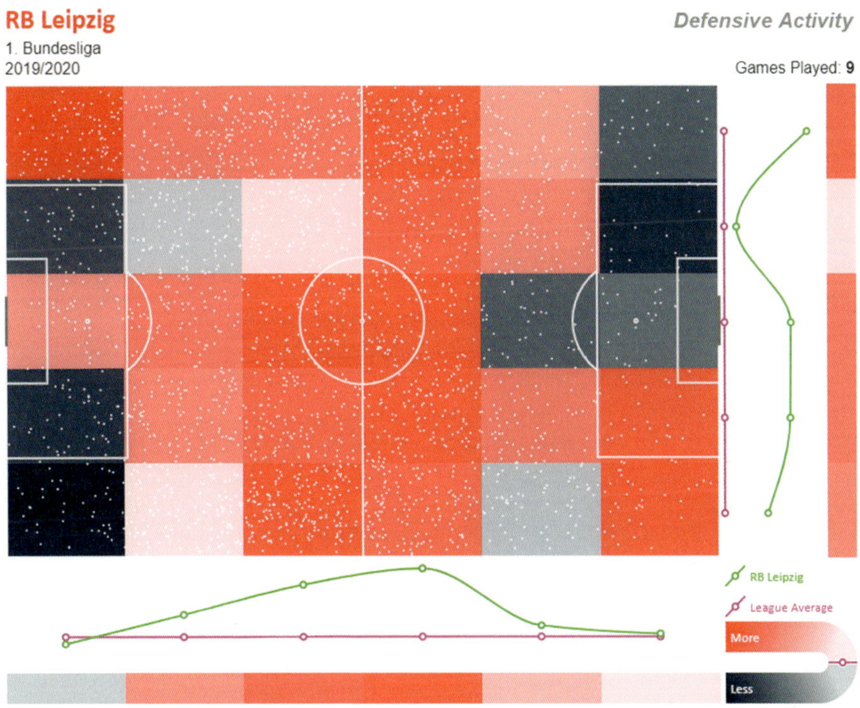

StatsBomb

https://statsbomb.com/articles/soccer/the-incredible-tactical-rb-leipzig-machine-part-two-defensive-cogs-in-need-of-repair/

Bei einer objektiven Überlegung, wohin man den Gegner steuern könnte, liefern **Positions & Passing Networks** einen guten Ausgangspunkt.

Hierbei werden Muster aufgezeigt, welche Spieler häufig miteinander Pässe spielen, was im Beispiel unter folgenden Link durch einen entsprechend dickeren Pfeil dargestellt ist:

https://twitter.com/11tegen11/status/960081079108538368

In diesem Beispiel vom Spiel Manchester United gegen FC Huddersfield ist zu sehen, dass der rechte Innenverteidiger Chris Smalling häufig auf den linken Innenverteidiger Marcos Rojo spielt, dieser umgekehrt aber nur sehr selten auf Smalling. Nemanja Matic ist zudem im Aufbauspiel der Schlüsselspieler und er bekommt viele Bälle von Rojo. Aus diesem Grund könnte es Sinn machen Chris Smalling im Pressing so anzulaufen, dass dieser nach rechts gelenkt wird um die Wahrscheinlichkeit zu verringern, dass dieser auf Rojo spielt, der dann häufig Matic sucht.

Natürlich müssen hier wie immer mehrere Spiele analysiert werden um ein Muster zu erkennen und natürlich müssen auch Aspekte wie die eigene und gegnerische Grundordnung analysiert werden, aber die Positions- & Passnetzwerke liefern einen guten objektiven Ausgangspunkt für den Aufbau des Pressings.

„Der klügste Krieger ist der, der niemals kämpfen muss."

Sunzi aus *Die Kunst des Krieges*

Solch eine Aktion wird als **Interception** bezeichnet, wohingegen ein Zweikampf meistens unter der Rubrik „Tackling" läuft.

Die Anzahl der „Interceptions" und „Tacklings" ist sehr spannend, gerade wenn in der Analyse Folgeaktionen mit berücksichtigt werden.

Bei den Zweikämpfen sollte unbedingt analysiert werden, wie sich diese Quote auf gewonnene Zweikämpfe am Boden und bei Luftduellen aufteilt, um zum Beispiel je nach Spielstil des kommenden Gegners entsprechend reagieren zu können.

„If I have to make a tackle then I have already made a mistake."
Paolo Maldini (italienischer Fußballspieler, *1968)

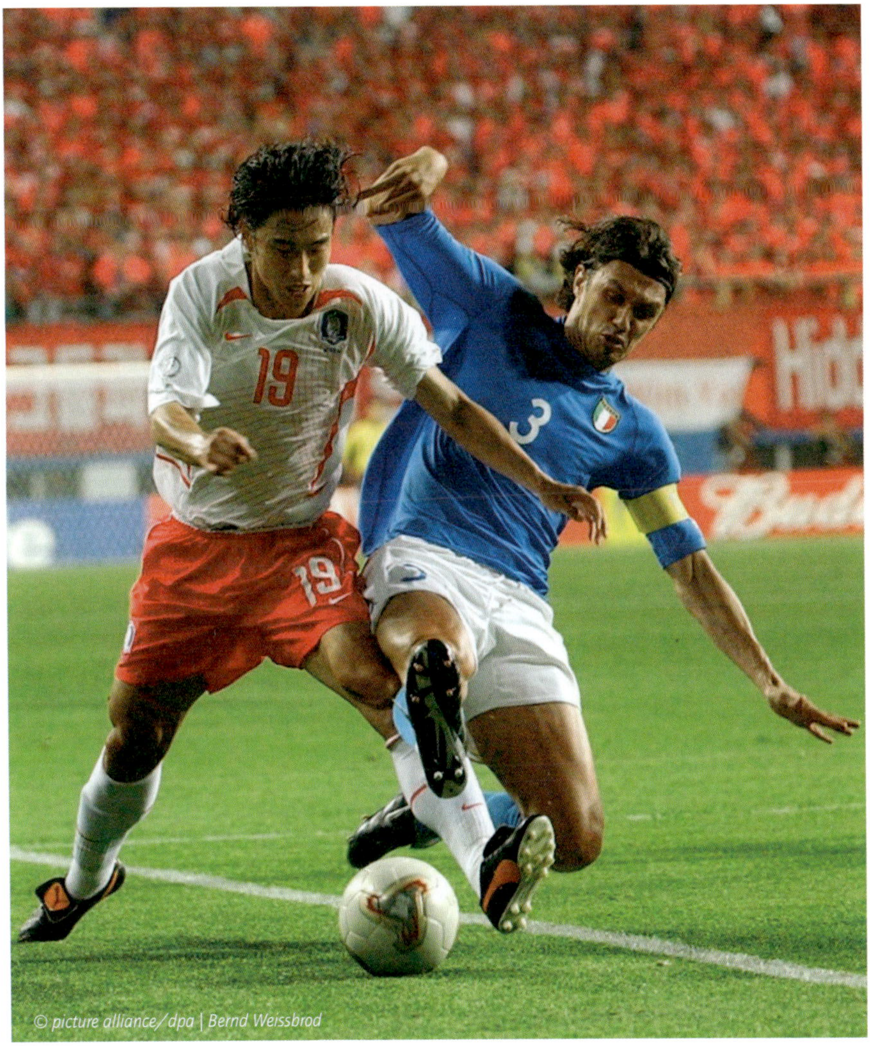

Meister des Defensivduells: Paolo Maldini

Eine weitere wichtige Fähigkeit ist, das „Blocken" von Torschüssen zu versuchen.

Hier kann gemessen werden, wie häufig ein Spieler in der Defensive Schussversuche im 16-Meter-Raum geblockt hat.

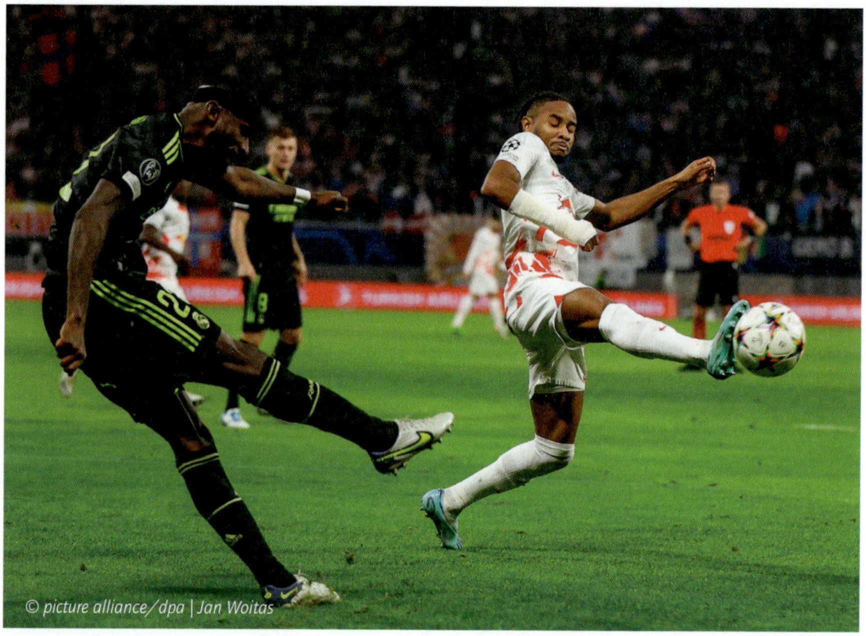

Das sogenannte Blocken von Bällen und Torschussversuchen ist eine wichtige Komponente und Qualität im Spiel gegen den Ball.

Generell ist es ein wichtiger Wert, gerade für Mannschaften, die nicht um die Spitzenplätze mitspielen, pro Spiel weniger als 10 gegnerische Torschüsse zuzulassen, um somit den KPI „xG against" möglichst tief zu halten.

Historische Daten zeigen auch auf, dass Mannschaften, die um den Abstieg spielen, statistisch gesehen, sehr gut beraten sind, eine defensive Strategie zu wählen.

Abschließend sind nachstehend einige Optionen aufgeführt, wie selbst ohne Zugang zu Datenanbietern wichtige Faktoren gemessen werden können, die einige der vorgestellten KPIs abbilden:

- die Anzahl der gegnerischen Torschüsse;
- die Anzahl der gegnerischen Torschüsse im 16-Meter-Raum;
- die Anzahl der gegnerischen Torschüsse auf das Tor;
- die Anzahl der gegnerischen Pässe in der eigenen Hälfte und im letzten Drittel;

- die Anzahl der Balleroberungen in der gegnerischen Hälfte.
- Wie häufig steht der Gegner im Abseits?
- Die Anzahl der geblockten Torschüsse;
- die Anzahl der gewonnenen Zweikämpfe in der Luft und am Boden;
- die Anzahl der gegnerischen Eckbälle.

„0-0 is the perfect result because it is the expression of total balance between the attack and the defence of the two teams."
Annibale Frossi (italienischer Fußballspieler und -trainer, 1911-1999)

23.15 KPIS IN DEN UMSCHALTPHASEN

„You need to dictate the game with and without the ball, not through individuals . . . use transitions, switch quickly . . . to think and find the right solutions quickly . . . and shoot within 10 seconds of winning the ball back."
Ralf Rangnick (deutscher Fußballtrainer, *1958)

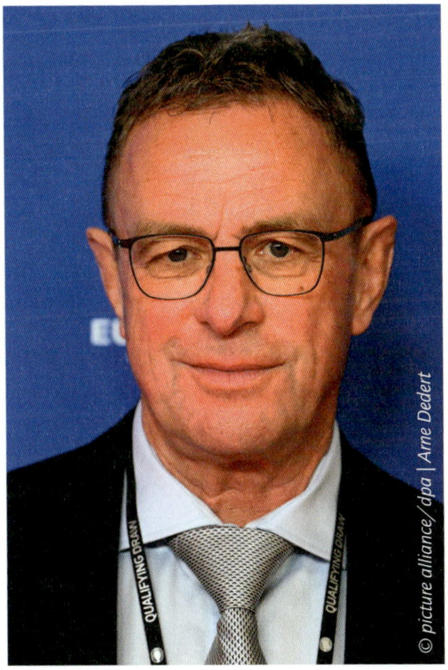

Ralf Rangnick, der Meister des Umschaltspiels

Spätestens seit den Erfolgen und dem enormen Einfluss von Ralf Rangnick, der andere Trainergrößen wie Julian Nagelsmann oder Thomas Tuchel stark inspiriert hat, ist jedem bekannt, dass ein erfolgreiches Gestalten der Umschaltphasen höchste Ergebnisrelevanz aufweist.

Die beiden Umschaltphasen können in das Verhalten nach Ballverlust und Ballgewinn unterteilt werden und für die wir nachfolgend einige relevante Ideen für KPIs vorstellen.

Fangen wir an mit dem Verhalten bei Ballverlust. Hier ist das Zauberwort **Gegenpressing**.

Das Zitat von Jürgen Klinsmann erläutert perfekt, was man unter Gegenpressing versteht:

> ***„Wir wollen eine Spielweise aufbauen, den Ball dort zurückzugewinnen, wo wir ihn verloren haben. Wir wollen uns nicht mehr fallen lassen und uns neu ordnen."***
>
> Jürgen Klinsmann (deutscher Fußballspieler und -trainer, * 1964)

Das Gegenpressing ist deshalb so wichtig, weil dadurch im Idealfall dem Gegner die Chance genommen werden soll, die andere Umschaltphase eines schnellen Konters einzuleiten oder zu verhindern, dass sich der Gegner für die Phase in Ballbesitz positionieren kann.

Ein erfolgreiches Gegenpressing beginnt jedoch bereits mit der Struktur im eigenen Ballbesitz.

Im Ballbesitz geht es darum, das Feld aufzufächern, um es dem Gegner entsprechend zu erschweren, den Ball zu erobern und das Feld auseinanderzuziehen.

Sind die Abstände jedoch zu groß, erschwert dies den Moment des Gegenpressings, wofür ein gutes Mittelmaß gefunden werden muss.

So hält der DFB in seinen Leitlinien fest: „So hoch wie möglich und so breit wie nötig."

Auch von Pep Guardiola ist bekannt, dass er nicht mehr als 15 Meter Passlänge auf dem Feld haben möchte, was ansonsten das Gegenpressing extrem erschweren würde.

Ein weiterer Aspekt, um auf das Thema Gegenpressing und Konterunterbindung entsprechend vorbereitet zu sein, ist das Thema **Restverteidigung**.

Dabei belegen Daten und Expertenwissen, dass bei Ballbesitz immer eine Struktur vorhanden sein sollte, die trotz des Ballbesitzes an die nächste Umschaltphase und defensive Phase denkt.

Im Idealfall denken inklusive Torhüter weitere vier Personen defensiv, die sich als ein defensives T mit einem „Bodyguard" vor einer Dreierkette wie in der unten stehenden Grafik positionieren sollten.

Je nach Stärke des Gegners und Spielsituation kann aus diesem 3 plus 1 auch ein 3 plus 2 werden.

Hauptaufgabe ist die Absicherung des Ballbesitzes, um zum einen den Spielern in den vorderen Linien das Wissen zu vermitteln, dass diese sechs Spieler den Ball beim Gegenpressing „jagen" können. Oder je nach Ort selbst so schnell wie möglich ins Gegenpressing eingreifen und den Konter absichern können.

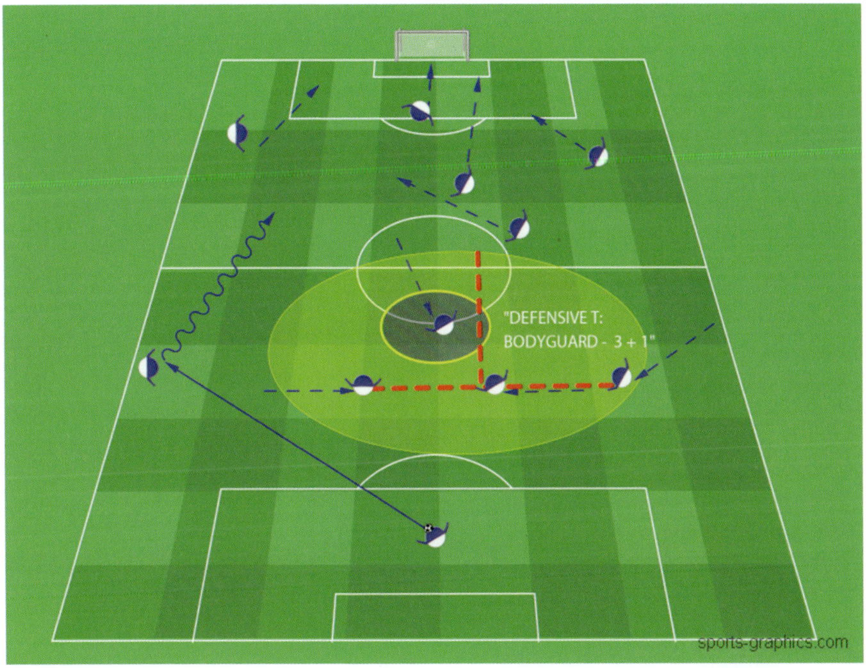

In der Regel stehen hierfür 4-6 Sekunden zur Verfügung. Wurde der Ball innerhalb dieses Zeitraums nicht zurückerobert, ist es sinnvoller, zurück in die nächste Spielphase in einen kompakten Block zu fallen.

Zusätzlich ist es wichtig, Räume und Zonen zu definieren, in denen man ins Gegenpressing gehen wird und gleichzeitig festzulegen, wo dies je nach Spielidee und Struktur im Spielaufbau und auch situativ weniger Sinn macht.

Zahlreiche Analysten schätzen die erhöhten Siegeschancen auf 5-7 Prozent ein, wenn eine Mannschaft im Gegenpressing dominant ist.

Aktuell erfolgen circa 75 Prozent aller Ballrückgewinne innerhalb der ersten fünf Pässe, was aufzeigt, dass dieser KPI ein absolutes Muss im modernen Fußball ist.

Eine interessante Variante, wie das Gegenpressing im Training getriggert werden kann, zeigt Pepijn Lijnders, der Co-Trainer des FC Liverpool, auf. Bei einem 5-gegen-2-Rondo hat er als einfache Zusatzregel definiert, dass die beiden Spieler in der Mitte gemeinsam das Feld verlassen können, wenn sie den Ball innerhalb der ersten sechs Pässe erobern.

Eine weitere gute Möglichkeit, diesen KPI im Training permanent zu reizen, ist es, so häufig wie möglich mit Kontertoren zu arbeiten, wodurch die Mannschaft in Ballbesitz ein unmittelbares Feedback bekommt, ob das Gegenpressing erfolgreich war.

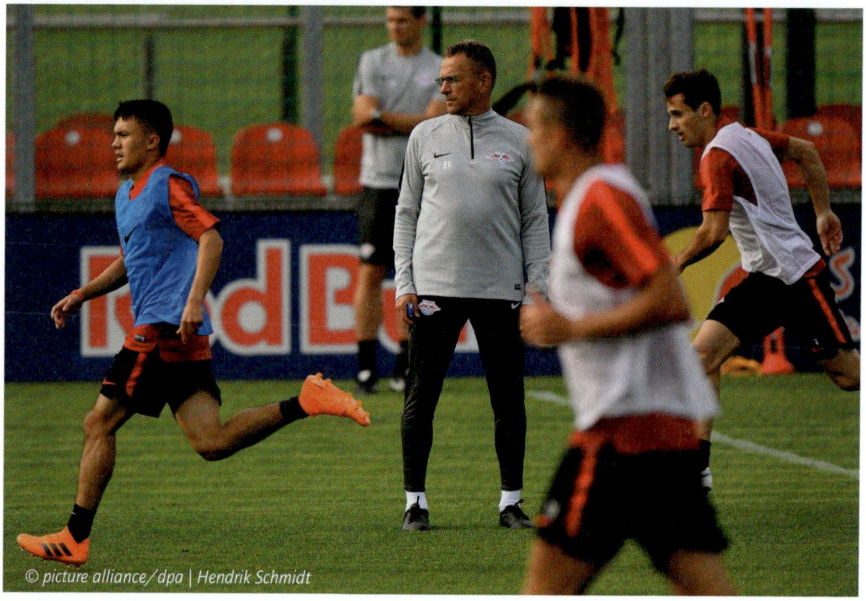

„Ein bisschen Pressing ist wie ein bisschen schwanger. Entweder man ist schwanger oder nicht. Entweder will man Pressing spielen oder nicht. Aber bitte nicht ein bisschen Pressing."
– Ralf Rangnick

Unter folgendem Link ist ein kurzer Videoclip zu sehen, wie Ralf Rangnick zu seiner Zeit als Trainer von RB Leipzig bei einem 8 gegen 5 gleich vier Kontertore einsetzt. Das hat sichtbar den weiteren Vorteil, dass die Spieler in der Mitte noch motivierter sind, den Ball zu erobern, da sie im Erfolgsfall die Chance haben, einen Treffer zu erzielen.

https://twitter.com/albinsheqiri/status/1464293917612986376

„The best moment to win the ball is immediately after your team just lost it. The opponent is still looking for orientation where to pass the ball. He will have taken his eyes off the game to make his tackle or interception and he will have expended energy. Both make him vulnerable."

Jürgen Klopp (deutscher Fußballtrainer, *1967)

„It's a very proactive style of football.
We like to press high, with a very intense counter-pressure.
When we have the ball, we do not like any square or back passes.
It is a fast, proactive, attacking, counter-attacking, counter-pressing,
exciting and entertaining football."

Ralf Rangnick (deutscher Fußballtrainer, *1958)

Der andere wichtige Umschaltmoment beschreibt das Verhalten bei Ballgewinn.

In dieser Kontersituation ist es wichtig, festzuhalten, dass Konter nicht, wie oftmals angenommen, Unterzahl bedeuten, sondern vielmehr Unorganisiertheit, was ein wichtiger Unterschied ist.

Ist der Gegner nach Ballverlust unorganisiert und es wird zudem eine gewisse Schwelle an Spielgeschwindigkeit überschritten, so kann man von einer **Konteraktion** sprechen.

In der Analyse von Ralf Rangnick zum Thema Umschalten nach Ballgewinn wird die Bedeutung dieser Spielphase klar herausgestellt.

Auf 4-6 strukturierte Positionsangriffe fällt ein Konter.

Dabei fallen den statistischen Analysen von Ralf Rangnick zufolge in etwa 70 Prozent der Tore aus dem Spiel nach einem schnellen Konter.

70 Prozent der Abschlüsse bei einem Konter werden nach lediglich zwei bis maximal vier gespielten Pässen erzielt.

Die Dauer einer erfolgreichen Kontersequenz beläuft sich zwischen 6-8 Sekunden, wobei die Erfolgschance bei über 10 Sekunden Dauer stark abnimmt, da der Gegner sich in diesem Zeitraum reorganisieren kann.

Auch beim Blick auf den *Technischen Report* der Champions League 2021/2022 werden diese Spitzenwerte bestätigt:

Der FC Liverpool brauchte im Schnitt nur drei Passseqenzen innerhalb von 9,5 Sekunden, um so seine Tore zu erzielen.

Noch schneller war wenig verwunderlich RB Leipzig, doch Paris St. Germain mit Neymar, Messi und Mbappé toppte diese beiden Teams mit lediglich 2,5 Pässen und 8,9 Sekunden auf dem Weg zum Torerfolg.

Torsequenzen

Torsequenzen	Durchschnittliche Zeit pro Passsequenz	Durchschnittliche Anzahl Pässe pro Sequenz
Borussia Dortmund	17,6	5,7
Shakhtar Donetzk	17	5
Real Madrid	16,2	5,3
Chelsea	15,3	5,1
Ajax	14,8	4,5
Manchester City	14,6	4,5
Atlético	12,6	3,6
Bayern	12,3	4,1
Juventus	11,8	4
Club Brügge	10,8	3,4
Liverpool	9,5	3
Leipzig	9,3	2,8
Sporting CP	9,1	2
Paris	8,9	2,5
Atalanta	8,8	3

(Modifiziert nach https://uefatechnicalreports.com/ucl-2022)

Wenn man den Fokus auf diesen Umschaltfußball von Ralf Rangnick legt, ist, die Sprint- und repetitive Schnelligkeit eine Grundvoraussetzung.

Selbst die Profis bei RB Leipzig wurden von Rangnick alle paar Wochen zum 30-Meter-Sprinttest gebeten.

Als „lahme Enten" gelten Spieler, die über 4,2 Sekunden für die 30 Meter brauchen.

Nationalspieler und WM-Teilnehmer Lukas Klostermann benötigt lediglich 3,73 Sekunden und ist damit auf den ersten 30 Metern schneller als 100-Meter-Weltrekordmann Usain Bolt, was aufzeigt, welche enormen physischen Werte auf den Fußballplätzen zu finden sind.

Generell gilt bei RB Leipzig als KPI, dass die 30 Meter unter vier Sekunden absolviert werden sollten.

Ein anderer Punkt, der sich aus statistischen Analysen beim Thema Konter ergeben hat, ist, dass die Erfolg versprechendste Ausgangsposition beim Start eines Konters das Zentrum ist und der Spieler dort möglichst lange mit dem Ball am Fuß per Tempodribbling auf die letzte Linie zugehen kann. Dann steckt er aus der Zone 14 den Ball in den 16-Meter-Raum in den zentralen Korridor durch, wo er von einem mitlaufenden Mitspieler mit dem ersten Kontakt verwandelt wird.

Dieser Punkt gibt Anlass dazu, darüber nachzudenken, ob das Pressing nach außen oder nach innen gesteuert werden soll, was natürlich auch hier mit der jeweiligen Spielidee zusammenhängt, jedoch können die Daten einen Orientierungsrahmen bieten.

23.16 KPIS BEI STANDARDSITUATIONEN

„People in football tend to feel that a set-piece goal is not worth as much as a normal goal which is obviously romance."

Rasmus Ankersen (dänischer Autor und Manager, *1983)

Zählt man die Elfmeter hinzu, so fallen im Schnitt in fast allen Ligen in Europa zwischen 30-40 Prozent aller Tore durch Standards.

Vereine, wie der bereits mehrfach erwähnte FC Midtjylland, aber auch Atlético Madrid, die einen speziellen Fokus auf Standards legen, erzielten in einigen Saisons in den vergangenen Jahren sogar über 40 Prozent aller Tore nach Standards.

Bei der Europameisterschaft 2016 benötigten die Teams noch 45 Eckbälle für einen Torerfolg und bei der Weltmeisterschaft 2018 brauchte man nur noch 29 Eckbälle, um ein Tor zu erzielen. Das beweist, dass sich neben Vereinsmannschaften gerade auch Nationalmannschaften mit der Bedeutung von Standards immer auseinandersetzen, da sie nur einen limitierenden Zeitrahmen haben, um sich auf eine EM oder WM vorzubereiten, und Standardsituationen als einen wesentlichen Erfolgsfaktor erkannt haben, der stark beeinflusst werden kann.

Ein Denkfehler, der im Fußball bei Standards jedoch nach wie vor besteht, ist, dass, wie es Rasmus Ankersen im obigen Zitat sagt, für viele Vereine, Trainer und Spieler ein Tor nach Standards gefühlt nicht dieselbe Gewichtung hat wie ein Tor, das aus dem Spiel heraus erzielt wird.

Dabei ist die Chance, statistisch betrachtet, in welcher Liga auch immer und seit vielen Jahren trotz der Evolution im Ballbesitzfußball, deutlich größer, ein Tor nach Standards als nach strukturiertem Ballbesitz zu erzielen.

Ein weiterer Glaubenssatz beim Thema Standards ist, dass Standards eine Strategie für vermeintlich schwächere Teams oder Abstiegskandidaten sind, was, wie folgendes Beispiel beweist, überhaupt nicht der Fall ist.

Je dominanter eine Mannschaft spielt, mit viel nach vorne orientiertem Ballbesitz in der Hälfte des Gegners und Spielern mit Stärken im 1 gegen 1, desto mehr aussichtsreiche Standards wird eine Mannschaft pro Spiel haben. Diese können dann auch noch von Spielern ausgeführt werden mit einer hohen individuellen Klasse.

Das Musterbeispiel für diese genannten Charakteristiken einer Mannschaft ist aktuell sicherlich Manchester City unter Pep Guardiola.

In der Saison 2021/2022 liefert sich Manchester City ein Kopf-an-Kopf-Rennen mit dem FC Liverpool, der ebenfalls eine hohe Gewichtung auf Standardsituationen legt und sogar auf die Dienste eines professionellen Einwurfspezialisten zurückgreift.

Am Ende der Saison gewann Manchester City mit nur einem Punkt Vorsprung die Meisterschaft und auch die Tordifferenz der beiden Teams lag mit +5 für Manchester City sehr nah beieinander.

Die beiden besten Mannschaften

Position	Team	Punkte insgesamt	Tordifferenz	Punkte
1	Manchester City	38	+73	93
2	Liverpool	38	+68	92

(Modifiziert nach https://www.premierleague.com/news/2634641)

Wirft man einen Blick auf die Nettoausbeute der Standards, also der erzielten und erhaltenen Treffer nach Standards, stellt man fest, dass genau dieser Bereich einen Unterschied gemacht hat oder zumindest eine große Rolle für den Ausgang der Meisterschaft zugunsten von Manchester City gemacht hat.

Manchester City stellte in dieser Saison mit einer Differenz von +20 Treffern nach Standards einen nie dagewesenen Rekord in der Geschichte der Premier League auf!

Obwohl der FC Liverpool unter Jürgen Klopp auf ebenfalls starke +13 Treffer bei Standards kommt, werden diese um eine Bilanz von +7 übertrumpft:

Premier-League-Teams

mit der besten Ausbeute nach Standards

Team	Saison	Tore erzielt	Tore kassiert	Unterschied
Manchester City	2021/22	21	1	20
Liverpool	2013/2014	27	11	16
Manchester United	2007/08	22	6	16
Chelsea	2016/17	22	7	15

(Modifiziert nach https://www.premierleague.com/news/2634641)

Dieses Beispiel zeigt also klar auf, dass Standards keine Strategie für Underdogs sind, sondern für jede Mannschaft im heutigen Fußball ein enorm wichtiger Bereich ist, der den Unterschied ausmachen kann, ob eine Mannschaft absteigt oder die Meisterschaft gewinnt.

Ein Tor in der Premier League ist übrigens 2,5 Millionen Pfund wert, was die Investition in einen Trainer, der auf Standards spezialisiert ist, also mehr als rechtfertigt.

Kommen wir zurück auf die im Buch vorgestellte **Pareto-Regel**, die besagt, dass 20 Prozent des Inputs 80 Prozent des Outputs bringt und beziehen dieses mathematische Gesetz auf den Fußball, so wird man nur schwer darum herumkommen, Standardsituationen mit in diese 20 Prozent einfließen zu lassen.

- *Oder, vereinfacht gesagt, wie viel Sinn macht es, 60 Prozent aller torgefährlichen Möglichkeiten ungenutzt zu lassen?!*

Die nächsten Fragen, die man sich stellen sollte, sind die folgende:

- *Wie sieht die Verteilung der Standards aus?*
- *Welche Standards sind besonders Erfolg versprechend?*
- *Wie und wie oft trainiert man Standards, um eine gute Auswirkung auf KPIs in diesem Bereich zu erzielen?*

Ohne Einwürfe, von denen es zum Beispiel in der Premier League 40-60 pro Spiel gibt und auf die wir später noch genauer eingehen werden, gibt es im Schnitt 8-12 Standardsituationen pro Spiel. Diese bieten eine gute bis sehr gute Ausgangsposition, um torgefährlich zu werden. Davon haben im Schnitt ungefähr 5-7 Eckbälle, statistisch betrachtet, eine doppelt so hohe Chance, zu einem Tor zu führen, als ein Freistoß, was ebenfalls entsprechend im Trainingsprozess berücksichtigt werden sollte.

Schaut man sich die Daten beim Thema Eckbälle noch genauer an, findet man heraus, dass Eckbälle, die zum Tor hin geschlagen werden, eine etwas größere Chance auf ein Tor haben, als Eckbälle, die vom Tor weggeschlagen werden.

Ein weiterer wichtiger Hinweis aus der statistischen Analyse von Eckbällen ist die Tatsache, dass es wahrscheinlicher ist, nach einem zweiten Ball, der durch den Eckball entsteht, zu treffen, als direkt nach dem getretenen Eckball.

Generell sollte ein Team, das Ambitionen im Bereich Standardsituationen hat, sich das Ziel setzen, 15 Treffer pro Saison nach Standards zu erzielen. Gleichzeitig sollte es weniger als fünf Gegentreffer nach Standards erhalten, sodass eine Bilanz dabei herauskommt, die +10 beträgt. Wie wir gesehen haben, liegen Topteams sogar deutlich über diesem Wert.

Wenn man einen KPI mit noch mehr Details definieren möchte, bietet sich eine Konvertierungsrate an, bei der man die verschiedenen Standardsituationen unterteilt und zum Beispiel festhält, wie viele Eckbälle man benötigt, bis ein Tor erzielt werden kann.

Daraus ergibt sich eine durchschnittliche Anzahl an Eckbällen pro Spiel und eine prozentuale Konvertierungsrate, wie erfolgreich man bei Eckbällen agiert.

Für diese Werte kann man dann Zielwerte definieren, die den Prozess und die Entwicklung festhalten.

Bei Eckbällen wäre zum Beispiel eine Konvertierungsrate von über acht Prozent Spitze.

Ist so eine Zahl über einen längeren Zeitraum stabil, könnte man sich Gedanken über eine Strategie machen, die zu noch mehr Eckbällen führt, was bei gleichbleibender Konvertierungsrate zu mehr Toren führen wird.

Ein Trainer, der diese Traumquote in all seinen Stationen unter Beweis gestellt hat und der als weltweit führender Trainer von Standardsituationen bekannt ist, ist der Italiener Gianni Vio, der seit der Saison 2022/2023 in der Premier League bei Tottenham Hotspurs tätig ist. Auch dort ist er unmittelbar mit seinem Spezialwissen erfolgreich.

Alleine bei seinen sechs ersten Stationen in der Serie A konnten die Teams, bei denen Gianni Vio (*1955) tätig war, im Schnitt 40,6 Prozent aller Tore nach Standards erzielen.

Als Gianni Vio für Catania unter Diego Simeone tätig war, konnten ganze 50 Prozent aller Tore nach Standards erzielt werden und in der Saison 2011/2012 fielen sogar unglaubliche 57,4 Prozent aller Tore nach Standards und beim AC Florenz unter Vincenzo Montella konnten ganze 29 Tore nach eingeübten Freistößen und Eckbällen erzielt werden.

Genauere Details sind unter folgenden Link zu finden:

https://www.whoscored.com/Articles/MyGaf4tI8EOlA6KpgA41aA/Show/League-Focus-Set-Pieces-Still-Key-to-Success-in-Serie-A

Auch beim EM-Sieg von 2020 spielte Gianni Vio in der Trainerstaff von Roberto Mancini eine entscheidende Rolle. Mit drei Toren nach Standards war Italien führend und konnte sich zudem im Halbfinale gegen Spanien wie auch im Finale gegen England im Elfmeterschießen durchsetzen, wo Gianni Vio ebenfalls einen großen Einfluss gehabt haben dürfte.

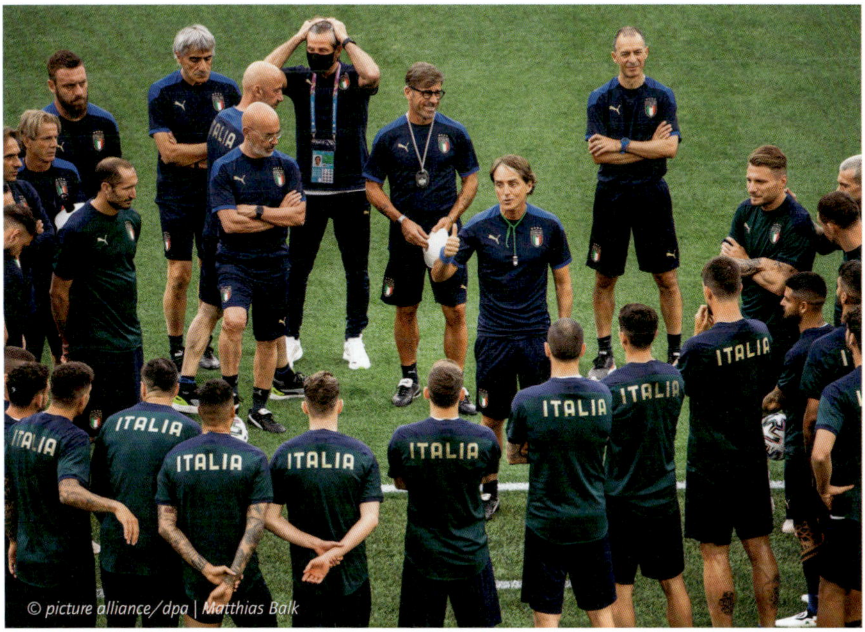

Standardspezialist Gianni Vio – einer der Erfolgsgaranten beim EM-Sieg 2020 von Italien

Nachfolgend sind einige Schlüsselpunkte und Überlegungen aufgelistet, auf die Standardspezialisten wie Gianni Vio achten.

- *30-40 Prozent aller Tore fallen nach Standards, wie viel Zeit pro Woche wird auf dieses Thema verwendet?*

Mit 10 Minuten im Abschlusstraining wird eine Steigerung vermutlich sehr schwierig sein!

Wichtig ist die Kontinuität auch beim Thema Training von Standards. Gianni Vio geht oft auf das Thema **bewusst** und **unterbewusst** ein und wie wichtig es ist, dass man viele regelmäßige Wiederholungen benötigt, damit diese auch im Unterbewusstsein unter Stress perfekt ablaufen.

Es ist immer von Vorteil, bei einem Standard zwei Spieler am Ball zu haben. Bei einem Freistoß muss der gegnerische Torhüter dadurch die Mauer neutraler stellen, als wenn es nur eine Schütze ist, von dem man weiß, dass er mit dem rechten Fuß schießen wird. Deshalb ist es wichtig, die beiden Schützen immer so zu positionieren, dass der Gegner nicht weiß, ob ein Links- oder Rechtsfuß schießt.

Auch beim Eckball ist die Variante mit zwei Spielern, wie sie zum Beispiel auch Manchester City in den meisten Fällen nutzt, immer von Vorteil. Bei einem 2 gegen 0, wo kein Gegner heraustritt, ergibt sich schnell eine Torchance, genauso wie beim 2 gegen 1.

Werden gleich zwei Spieler vom Gegner abgestellt, um die Überzahlsituation auszugleichen, ergibt sich mehr Platz im torgefährlichen Raum.

Gianni Vio spricht beim Thema Standards oft von der Metapher „Schachfiguren essen", weshalb auch clevere Strategien für eine optimale Ausnutzung der Regeln entwickelt werden sollten. So gibt es beim Torabstoß oder bei einem Einwurf zum Beispiel kein Abseits.

Entscheidend beim Ausführen von Standards ist der Schütze! Selbst die beste Idee hilft nur wenig, wenn der Ball nicht in den Zielraum kommt, aus diesem Grund muss die Schusstechnik entsprechend entwickelt werden. Für Standards wird ein Spieler benötigt, der Präzision in den Füßen hat und diese Fähigkeit stabil abrufen kann.

Kann das Ankommen eines Balls in den Zielraum durch ein entsprechendes Training von 50 Prozent auf 70 Prozent gesteigert werden, steigern sich automatisch die Chancen auf einen Torerfolg durch Standards entsprechend mit.

Generell gilt als Zielwert, dass sieben von 10 Bällen genau in den Zielraum kommen sollten, was ein weiterer KPI ist, an dem man sich orientieren kann. Ein gutes Beispiel ist der Torhütertrainer, der in vielen Vereinen sogar im Vergleich mit den Feldspielern über eine bessere Schusstechnik verfügt, da er jeden Tag im Torwarttraining an seiner Schusstechnik arbeitet.

Die Videoanalyse ist ebenfalls ein wichtiges Tool, denn ohne Video realisieren die Spieler nicht komplett, was sie genau gemacht haben in Bezug auf Mit- und Gegenspieler, sowie Zeit und Raum. Dabei ist es wichtig, konsequent bei einem Thema zu bleiben, sodass sich der Ablauf im Unterbewusstsein verankert!

Auch das Verhältnis zwischen Kopfballtechnik und Aggressivität ist eine wichtige Überlegung, wenn es darum geht, die Spieler zu positionieren. Ein Spieler, der in beiden Bereichen top ist, ist der ideale Zielspieler. Ein Spieler mit hoher Aggressivität, aber schlechter Technik, ist immer noch bei Manndeckung vielversprechend.

Ein Spieler, der eine überragende Kopfballtechnik hat, aber nicht aggressiv genug ist, kommt eher für einen frei geblockten Raum infrage. Ein Spieler, der in beiden Punkten nicht top ist, kann zur Absicherung abgestellt werden.

Bei Gegnern, die bei Eckbällen mit Manndeckung agieren, ist es wichtig, zu überlegen, wie man Raum erzeugen kann. Bei Gegnern, die überwiegend mit Raumdeckung agieren, geht es darum, den Raum zu finden!

Direkte Freistöße haben ein großes Potenzial, da aus dem Spiel heraus nur 25 Prozent der Schüsse auf das Tor kommen, bei direkten Freistößen jedoch bereits 32 Prozent, was bereits wesentlich Erfolg versprechender ist, aber immer noch Luft nach oben lässt.

Topspieler, wie ein Kevin De Bruyne, kommen bereits sogar nahe an 50 Prozent heran. Aber auch hier gilt: Übung macht den Meister!

- *Wie viele Spieler trainieren wirklich systematisch ihre Schusstechnik, um diesen Wert nach oben zu schrauben?*

Cristiano Ronaldo, dessen Verhalten bei Freistößen häufig imitiert wird, hat, über seine ganze Karriere verteilt, eine Erfolgsquote bei direkten Freistößen von nur etwas mehr als vier Prozent. Als Topwerte gelten hier Werte über 20 Prozent, wie sie beispielsweise der österreichische Nationalspieler Zlatko Junuzović erreicht hat (23,5 Prozent).

Laut der Erfahrung von Gianni Vio ist die „Ausführungsgeschwindigkeit" der Abläufe entscheidend und nach seiner Erfahrung können Spieler unbewusst nur *einen* Befehl perfekt und schnell ausführen. Kommt ein zweiter Befehl hinzu, kommt bereits das Bewusstsein in Gang, was den Prozess verlangsamen wird und der Vorteil der schnellen Ausführung verschwindet.

Aus diesem Grund gilt auch beim Thema Standards: „Weniger ist mehr." Giannio Vio trainiert deshalb im Training fast immer nur eine Variante mit kleinen Variationen, die abgestimmt auf den Gegner passt. Z. B., ob dieser mit Raum- oder Manndeckung arbeitet. Entsprechend wird im Spiel dann auf diese eine Variante mit ihren Variationen gebaut.

Bei der Methodologie auf dem Platz wird sowohl auf eine dynamische Methode mit hohem Raum-, Zeit- und Gegnerdruck zurückgegriffen wie auch auf eine statische Methode, da die psychischen Anforderungen beim Thema Standards eine große Rolle spielen, die nicht in jedem Training abgerufen werden können. Deshalb wird gerade zu Beginn der Woche sogar vermehrt mit der statischen Methode gearbeitet.

Standards sollten einen Hauptbestandteil des Trainings bilden und werden laut Vio im Idealfall nach dem Warm-up trainiert und sollten nie am Ende oder sogar nach dem Training trainiert werden, da dies nach seiner Erfahrung einen deutlich geringeren Effekt hat.

Dabei sollte laut Vio idealerweise zu Beginn immer mit einer Akquisitionssphase begonnen werden, wo die Standards in Überzahl trainiert werden. Wie zum Beispiel ein 6 gegen 0 oder ein 10 gegen 4, abhängig von der Situation, die für die Standardsituation gefragt ist. Dann sollte immer mehr spielspezifisch trainiert werden mit möglichst spielnahen Situationen mit Bezug zum nächsten Spiel.

Alle diese Fakten müssen im Umkehrschluss natürlich auch bei der defensiven Ausrichtung von Standards oder hier spezifisch bei Eckbällen beachtet werden.

Die Datensätze zeigen beim Defensivverhalten z. B. auf, dass Mannschaften, die an beiden Pfosten einen Spieler beim Eckball abstellen, die meisten Tore erhalten!

Um auf Varianten und die Stärken des Gegners flexibel reagieren zu können, ist es wichtig, dass eine Mannschaft beim Verteidigen von Standards sowohl mit einer Mann- als auch mit einer Raumdeckung oder einer entsprechenden Mischform agieren kann.

Agiert man mit Manndeckung, ist es wichtig, dass der Spieler mit der höchsten Aggressivität und Technik auf den Zielspieler des Gegners trifft.

Bei den direkten Freistößen ist immer mehr zu beobachten, dass sich ein Spieler flach hinter die Mauer legt, was für viele eher belustigend wirkt.

Es ist jedoch nachgewiesen, dass, seit diese Option genutzt wird, es weniger flache Freistoßtore gibt. 33,3 Prozent der drei Optionen, nämlich den Ball über die Mauer zu schießen, den Ball seitlich um die Mauer zu zirkeln oder eben unter der Mauer hindurch, sind bereits stark limitiert dadurch.

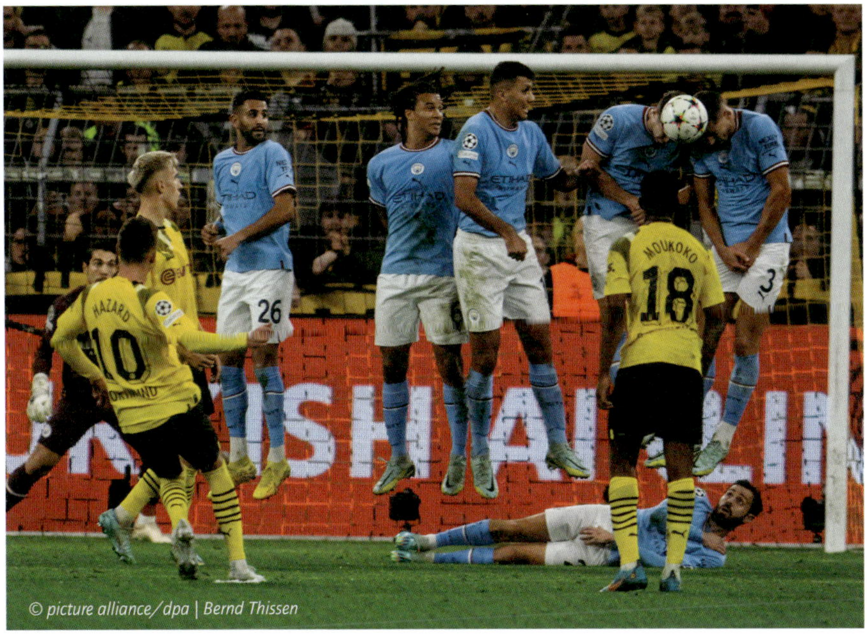

© picture alliance/dpa | Bernd Thissen

Weniger flache Freistoßtore dank statistischem Denken

Als speziellen Unterpunkt wollen wir an dieser Stelle noch auf das Thema Einwürfe eingehen, von denen es zwischen 40-60 Stück pro Spiel gibt. Es wird also häufig mehr als alle zwei Minuten der Ball per Einwurf zurück in das Spiel befördert.

Gleichzeitig geht bei 50-60 Prozent aller Fälle der Ball unmittelbar verloren, also häufiger als jeder zweite Einwurf.

Trotzdem wird dem Thema Einwurf immer noch keine ausreichende Beachtung geschenkt.

Ein Mann, der sich bei diesem Thema einen Namen gemacht hat, ist der ehemalige Spitzenleichtathlet und Weltrekordhalter für den weitesten Einwurf, Thomas Grønnemark.

Durch seine Arbeit beim FC Liverpool hat der Däne mit beachtlichen Verbesserungen auf seine Arbeit als Einwurftrainer aufmerksam gemacht. In der Saison 2017/2018 hatte der FC Liverpool in lediglich 45,4 Prozent der Fälle den Ball noch in seinen Reihen nach einem Einwurf. Nachdem Grønnemark in der Saison 2018/2019 regelmäßig mit den Spielern gearbeitet hatte, steigerte sich der Wert auf 68,4 Prozent!

Ein wichtiger Faktor dabei ist, den Einwurf, wann immer es möglich ist, schnell auszuführen, da bei einem Einwurf lediglich 180 Grad statt 360 Grad zur Verfügung steht, damit dem Gegner so wenig Zeit als möglich gegeben wird, den Einwurf zuzustellen.

Der Bereich der Ballsicherung nach Einwürfen ist jedoch nur ein Aspekt. Viel spannender ist vermutlich der Ansatz, den Einwurf als effektives Angriffsmittel zu nutzen.

Neben schnell ausgeführten Einwürfen im vorderen Angriffsdrittel versprechen auch weite Einwürfe, ein probates Mittel zu sein, um Torchancen zu erarbeiten oder weitere aussichtsreiche Standards zu generieren.

Spätestens seit dem Sieg Islands gegen England bei der EM 2016, bei dem das erste Tor der Isländer nach einem weiten Einwurf erzielt wurde, wurde die Chance, die Einwürfe bieten, erst einmal ein wenig klarer.

Dabei bereitete Rory Delap zu seiner Zeit als Spieler bei Stoke City zwischen 2007 und 2013 bereits ganze 15 Tore durch seine gefürchteten weiten Einwürfe vor.

Als einfacher KPI könnte man dabei festhalten, bei wie vielen Einwürfen man in Ballbesitz geblieben ist. Es könnte definiert werden, wie viele Torschüsse aus weiten Einwürfen entstanden sind.

Zum Ende des Kapitels ist es wichtig, auf das Thema des zweiten Balls oder des Rebounds, wie es beim Basketball heißt, einzugehen.

Mit dem Begriff **Rebound** wird der Moment beschrieben, wenn der Ball für beide Seiten gleichzeitig zugänglich wird, da keine Mannschaft im klaren Ballbesitz ist.

Gerade im Basketball sind Rebounds einer der wichtigsten Key-Performance-Indikatoren, da sich daraus ein Ballgewinn ergibt und in vielen Fällen eine zweite Chance, um einen Treffer zu erzielen. Das ist gerade im Fußball bei Standardsituationen statistisch belegt und wird immer wichtiger.

Gefühlt zieht oftmals auch eine Mannschaft, die im Bereich Rebounds dominant ist, das Spielglück auf ihre Seite.

Der FC Liverpool, der seit Jahren sehr erfolgreich bei Standards ist, positioniert seine Spieler bei Eckbällen zum Beispiel bereits so, dass die Chancen auf den zweiten Ball stark erhöht sind. Dies hängt mit dem Einfall- und Ausfallwinkel zusammen, genauso wie mit einem möglichen Radius, der bei einer Abwehr mit dem Kopf wesentlich limitierter ist als mit dem Fuß.

Als messbarer KPI kann man hierbei zum Beispiel die Anzahl der „freien Bälle" in der gegnerischen Hälfte, die zu einer Folgeaktion der eigenen Mannschaft führen, in seiner Analyse für diesen Bereich aufführen.

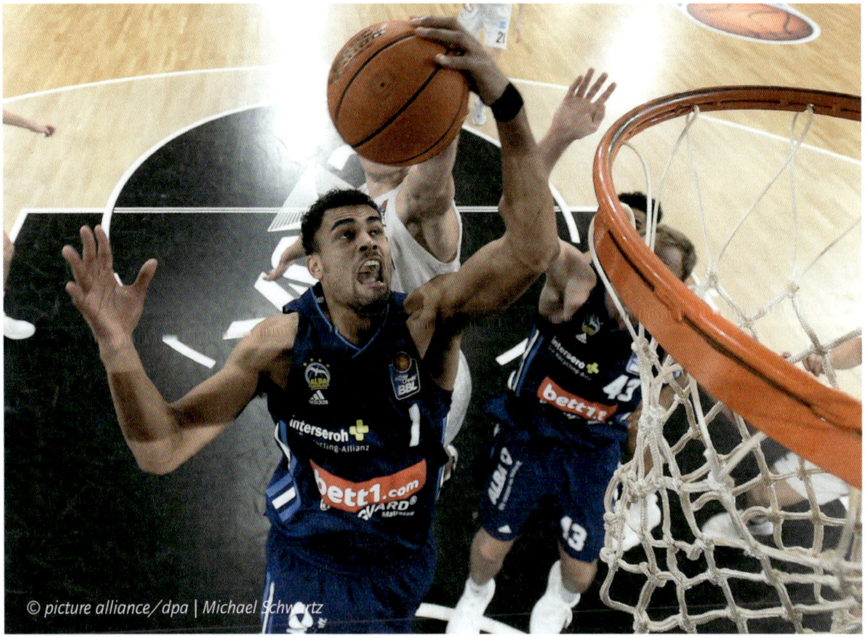

Nicht nur beim Basketball sondern auch beim Fußball spielen die sogenannten „Zweiten Bälle" oder neudeutsch Rebounds eine wichtige Rolle für den Spielverlauf.

„Basketball is a simple game. Your goal is penetration, get the ball close to the basket, and there are three ways to do that. Pass, dribble and offensive rebound."

Phil Jackson (amerikanischer Basketballspieler und -trainer, *1945)

23.17 FUSSBALLFITNESS UND SPIELERVERFÜGBARKEIT

„Heute ist Fitness fast alles im Fußball."

Michael Ballack (Fußballspieler, *1976)

In kaum einem Bereich wird bereits im Fußball so datenbasiert gearbeitet wie im Bereich der Fußballfitness.

Dies hängt in erster Linie damit zusammen, dass es in diesem Bereich wesentlich einfacher ist, Daten zu generieren und aufgrund des längeren Zeitraums der Datenerfassung gibt es zudem sehr gute Vergleichswerte.

Auch die Umwandlung von Big Data zu Smart Data ist leichter zu erreichen aufgrund der deutlich geringeren Komplexität.

Zudem sind die Mechanismen, wie der Körper funktioniert, wissenschaftlich sehr fundiert erforscht. Ganz im Gegensatz zum Bereich des Gehirns, der im Bereich der Fußballfitness aber trotzdem die entscheidende Rolle spielt, was gerade bei der Datenflut nicht vergessen werden sollte.

Schaut man sich auf YouTube z. B. ein Spiel von der WM 1966 an und vergleicht dies mit dem bloßen Auge mit einem Spitzenspiel der Champions League 2022, braucht man zunächst keinerlei Daten, damit auch ein Laie einen extrem großen Unterschied in der Intensität wahrnimmt.

Seit 1960 hat jedoch nicht nur die Intensität des Spiels zugenommen, sondern auch die reine Laufleistung hat sich um fast 50 Prozent gesteigert.

Hier sei festgehalten, dass die reine Laufleistung kein aussagekräftiger Key-Performance-Indikator ist, auch wenn das oftmals so dargestellt wird.

Auch in der U15 und in unteren Amateurligen gibt es Spieler, die pro Spiel 11-12 Kilometer Gesamtdistanz bewältigen. Fußball ist jedoch kein Quantitäts-, sondern ein Qualitätssport, bei dem, je höher das Niveau ist, Zeit und Raum knapper werden, was eine Qualitätskomponente ist.

Selbst wenn man gar nicht so weit zurückgeht, ist der Unterschied Ende der 1980er-Jahre und Anfang der 1990er-Jahre immer noch klar ohne jegliche Art von Daten durch Beobachtung zu erkennen.

Dies hat auch mit der Regelgestaltung zu tun, denn bis 1992 gab es noch die Rückpassregel.

Außerdem ist der Ball im Vergleich zu vor 30 Jahren über 15 Minuten mehr im Spiel, die Nettospielzeit ist also nach oben gegangen.

Der ganz große Unterschied, der sich seit Anfang 2000 nochmals extrem rasant entwickelt hat, ist die Intensität des Spiels.

Vergleicht man selbst nur die WM 2006, als Klinsmann Fitnessspezialisten aus den USA mit zur deutschen Nationalmannschaft brachte, mit der WM 2014, als Deutschland den Titel holte, zeigen die Daten, dass sich der Anteil an Läufen mit höchster Geschwindigkeit, das bedeutet über 28 Stundenkilometer, in diesem Zeitraum mehr als verdoppelt hat, von 6,2 Prozent auf 12,7 Prozent, was im Fußball Welten sind.

Einer der wichtigsten Key-Performance-Indikatoren überhaupt ist die **Spielerverfügbarkeit**. Die einfache Logik dahinter: Wenn die besten Spieler nicht gemeinsam trainieren und spielen können, wird es deutlich schwieriger, zu gewinnen.

Selbst die weltbesten Vereine wie Real Madrid mit einer hohen Anzahl an Spitzenspielern können eine geringere Spielerverfügbarkeit über einen längeren Zeitraum nicht verkraften.

Schaut man sich die Spielerverfügbarkeit aller Champions-League-Teilnehmer zwischen den Jahren 2001/2002 bis 2015/2016 an, liegt diese zwischen 84-86 Prozent.

Jedes Mal, wenn Real Madrid unter diesem Durchschnittswert lag, konnte weder die spanische Meisterschaft noch die Champions League gewonnen werden. Umgekehrt, jedes Mal, wenn die Spielerverfügbarkeit in Richtung 90 Prozent und mehr tendierte, wurde entweder die spanische Meisterschaft oder die Champions League gewonnen!

Auch bei den drei Siegen in der Champions League unter Zidane herrschte eine extrem hohe Spielerverfügbarkeit, wo nahezu in jedem Spiel die bestmögliche Mannschaft auflaufen konnte.

Ein weiteres interessantes Beispiel ist der Überraschungserfolg von Leicester City, das 2015/2016 unter Claudio Ranieri völlig überraschend die Premier League gewinnen konnte.

Alleine, wenn man die Kosten für die am häufig eingesetzten Spieler anschaut, wird deutlich, wie herausragend dieser Erfolg war.

Kosten für die am häufigsten eingesetzten Spieler

in den letzten fünf Jahren der Premier League

Leicester (2015/2016)	23 Mio. Pfund
Chelsea (2014/2015)	200 Mio. Pfund
Manchester City (2013/2014)	174 Mio. Pfund
Manchester United (2012/2013)	158 Mio. Pfund
Manchester City (2011/2012)	194 Mio. Pfund

(Modifiziert nach https://www.skysports.com/football/news/30385/10267972/leicester-win-premier-league-how-they-did-it-differently)

- *Doch wie war das möglich?*
- *Mit welchen KPIs kann dieser Erfolg erklärt werden?*

Eine wichtige Grundvoraussetzung war mit Sicherheit, dass die Mannschaft unter Ranieri auf eine Underdogstrategie setzte und mit Abstand den wenigsten Ballbesitz der Top-fünf-Teams aus dieser Saison hatte. Man setzte auf einen schnellen Konterfußball.

Trotz einer guten Tordifferenz mit wenig erhaltenen Gegentoren und anderen KPIs, die gut erfüllt wurden, gibt es kaum einen Anhaltspunkt zu finden, wie ein KPI diesen Erfolg erklären kann, bis auf die Spielerverfügbarkeit.

In der Premier-League-Saison 2015/2016 gab es insgesamt 620 Verletzungen, die dazu führten, dass Spieler an Spieltagen nicht zur Verfügung standen.

Leicester City war in dieser Kategorie absolute Klasse mit lediglich 12 Verletzungen in der intensivsten Liga der Welt mit den meisten Spielen.

Anzahl Verletzungen in den Topclubs der Premier League

Arsenal	26
Aston Villa	27
AFC Bournemouth	32
Chelsea	29
Crystal Palace	32
Everton	34
Leicester City	12
Liverpool	47
Manchester United	42
Manchester City	51
Newcastle United	48
Norwich City	20
Southampton	15
Stoke City	40
Sunderland	41
Swansea City	19
Tottenham Hotspurs	28
Watford	19
West Bromwich Albion	21
West Ham United	37
Gesamt	**620 Verletzungen**

Schauen wir uns die Zahl der Verletzungen der Teams an, die Platz 2-5 belegten und es wird klar, wie wichtig der KPI der Spielerverfügbarkeit ist:

- Arsenal London: 26 Verletzungen
- Tottenham Hotspurs: 28 Verletzungen
- Manchester City: 51 Verletzungen
- Manchester United: 42 Verletzungen

Der FC Southampton, der ebenfalls eine tolle Saison spielte und Rang sechs noch vor dem FC Liverpool (47 Verletzungen) belegte, hatte mit lediglich 15 Verletzungen ebenfalls einen Topwert vorzuweisen.

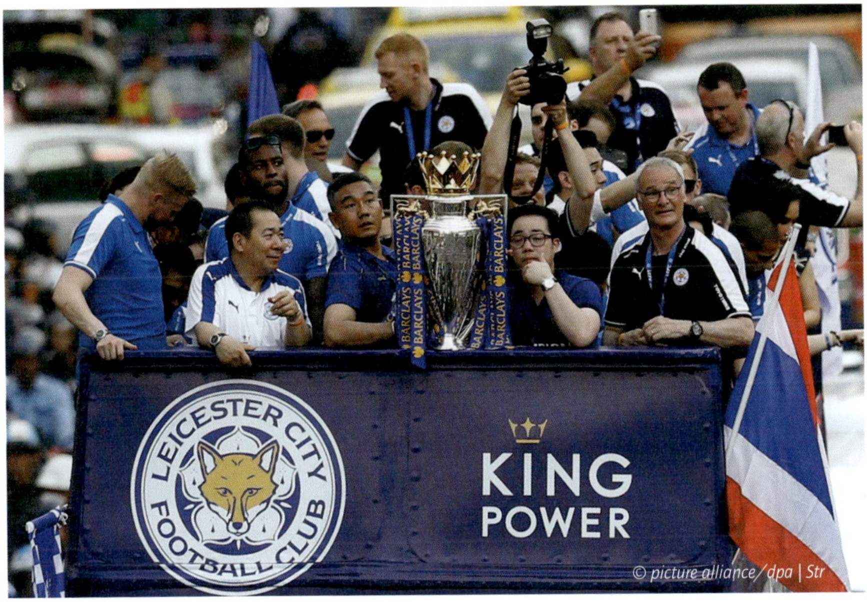

Spielerverfügbarkeit als einer der wichtigsten KPIs überhaupt – Leicester City gewinnt die Premier League.

Außerdem werden durch Verletzungen von Spielern extreme Summen an Geld verloren.

Der Generaldirektor von Shakhtar Donetsk, das viele Spielzeiten in der Champions League verbrachte, geht davon aus, dass, wenn ein Spieler aus der Startelf für einen Monat verletzt ist, dies einen Verein aus der Champions League bis zu 600.000 Euro kosten kann.

Die durchschnittliche Abwesenheit von Spielern aller Vereine, die in der UEFA Champions League antreten, beläuft sich in etwa auf 1.100 Tage. Pro Tag kostet das einen Verein circa 22.000 Euro, was nahezu 22 Millionen Euro macht, die die Vereine durch Verletzungen verlieren.

Nun stellt sich die folgende Frage:

- *Was kann man tun, um diesen KPI mit einem Zielwert von mindestens über 80 Prozent Trainings- und 90 Prozent Spielverfügbarkeit zu erreichen?*

Schaut man sich sowohl fundierte wissenschaftliche Studien, wie z. B. die von Matthew Buckthorpe (2018), an und mixt diese mit eigenen Beobachtungen, ist schnell festzustellen, dass das Thema **Workload Management** oder auch **Belastungssteuerung** der ausschlaggebende Punkt ist.

„Perhaps the most important element of preventing injuries in elite soccer lies in optimally managing player load."

Buckthorpe et al. (2018)

Halten wir fest:

Die Spielerverfügbarkeit ist einer der wichtigsten KPIs für den Erfolg überhaupt und die Belastungssteuerung ist – zusammen mit der Verletzungsprävention - die wohl wichtigste Komponente, mit der dieser KPI beeinflusst werden kann.

Nun stellt sich die Frage:

- *Wer ist für die Belastungssteuerung verantwortlich?*

Immer mehr lautet die Antwort auf diese Frage, dass z. B. der Head of Performance, oder der High Performance Director, der Athletiktrainer, der Datenanalyst, der die GPS auswertet, die Physioabteilung etc. für die Belastungssteuerung verantwortlich ist.

Diese Personen sind alle sicherlich wichtig für den Prozess der Belastungssteuerung, der entscheidend für eine möglichst hohe Spielerverfügbarkeit ist, doch die verantwortliche Person sollte immer der Cheftrainer sein!

Hierbei sind leider auch falsche Jobtitel irreführend. Der Head of Performance oder High Performance Director ist ebenfalls kein anderer als der Cheftrainer, denn er verliert seinen Job, wenn die Performance am Wochenende zu oft hintereinander nicht stimmt.

Bereits diese fundamentale Problematik hat damit zu tun, dass in sehr vielen Vereinen die Spielerverfügbarkeit deutlich zu niedrig ausfällt.

- *Wann besteht das größte Verletzungsrisiko überhaupt?*

Auch hierbei können statistische Analysen und Daten helfen, die relativ schnell klar aufzeigen werden, dass in der Vorbereitungszeit ein sehr hohes Verletzungsrisiko herrscht.

Ein weiteres hohes Risiko besteht in den „englischen Wochen" und auch bei Turnieren gerade dann, wenn weniger als 72 Stunden zwischen den Spielen zur Verfügung stehen.

Oftmals gibt es auf den sozialen Medien Diskussionen, dass Fußballer im Vergleich zu anderen nicht belastbar genug sind und Sportarten wie Handball, Basketball oder Tennis noch weniger Pausen zwischen den Spielen haben.

Auch für diese Art von Diskussionen sind „ZDF" - Zahlen, Daten, Fakten - sehr hilfreich.

Schaut man sich z. B. die durchschnittliche Gesamtdistanz in verschiedenen Sportarten an und vergleicht diese, wird schon sehr schnell auch bei ganz einfachen Werten deutlich, dass im Fußball von ganz anderen Belastungen gesprochen werden muss, als dies in vielen anderen Sportarten der Fall ist, die öfter englische Wochen haben, mit zum Teil weniger Pausen zwischen zwei Spielen:

- Fußball: 11,6 Kilometer Gesamtdistanz
- Rugby: 7,5 Kilometer Gesamtdistanz
- Basketball: 4,4 Kilometer Gesamtdistanz
- Handball: 4,3 Kilometer Gesamtdistanz
- Tennis: 3,75 Kilometer Gesamtdistanz
- American Football: zwei Kilometer Gesamtdistanz

Zudem muss beim Thema Spielerverfügbarkeit immer zwischen Unfällen und Verletzungen unterschieden werden.

Ein **Unfall**, z. B. eine Platzwunde nach einem Kopfballduell, ist nicht zu verhindern. Ein Muskelfaserriss wäre oftmals jedoch sehr gut zu verhindern gewesen, weshalb aus diesem Grund nicht die Unfälle, sondern die **Verletzungen** in die Statistik miteinfließen.

Zwei weitere KPIs, die eine enorm hohe Bedeutung haben und eine Grundvoraussetzung sind, um im modernen Fußball zu performen, ein explosiver Antritt in Kombination mit einem möglichst hohen Speed und eine extrem gut ausgeprägte Sprintkapazität.

Analysiert man, was im Bereich der **Schnelligkeit** in einem Fußballspiel passiert, kommt man auf folgende Orientierungswerte:

- Durchschnittliche Sprintdistanz: 17-22 Meter.
- Alle 35-43 Sekunden passiert eine hochintensive Aktion.
- 73 Prozent der Spielphasen spielen sich unter 30 Sekunden ab.
- Ein Drittel aller Spielsequenzen dauert circa 15 Sekunden.

- Ein Spieler läuft über 900-mal pro Spiel los.
- 50 Prozent der Sprints sind kürzer als 10 Meter.
- 96 Prozent der Sprints sind kürzer als 30 Meter.
- Viele Sprints sind azyklisch und unter sechs Sekunden.
- Und ein Spieler muss ungefähr alle 1,5 Minuten sprinten.

Diese Statistiken geben bereits einen guten Orientierungsrahmen darüber, was spezifisch trainiert werden muss.

Wichtig ist es aber, wie wir gesehen haben, physische Daten mit taktischen Daten zu analysieren.

Wie wir in Kap. 23.15 gesehen haben, fallen heute viele Tore nach einer Kontersituation, die oftmals spielentscheidend sind.

Gerade bei diesen häufig spielentscheidenden Konteraktionen sind die Sprints bis und über 30 Meter gefragt, wo ein maximaler Speed entfaltet wird.

Als einfacher Richtwert, der auf jedem Niveau gemessen werden kann, dient die 30-Meter-Sprintzeit, die heute nahezu positionsabhängig unter vier Sekunden liegen sollte.

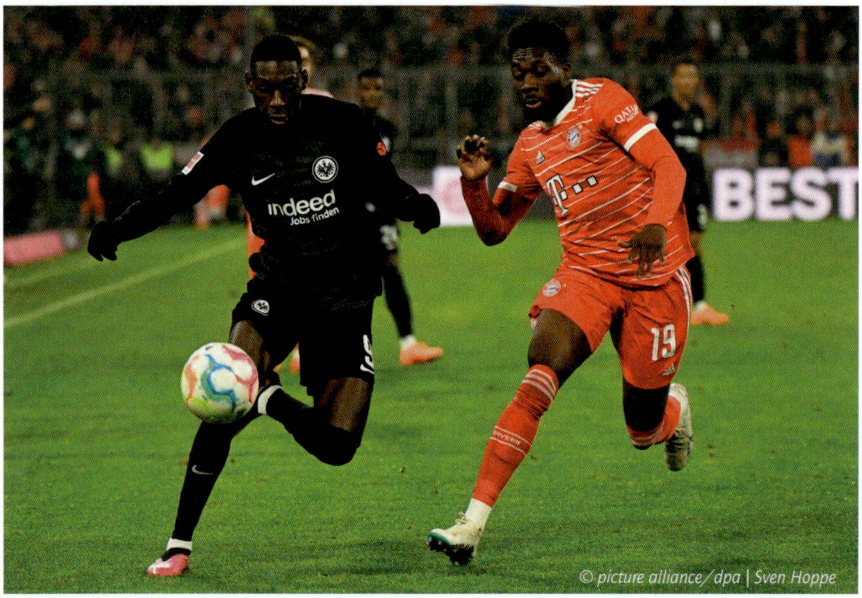

Extrem schnell und extrem hohe Sprintkapazität – Alphonso Davies erfüllt zwei wichtige KPIs wie kaum ein Zweiter.

Der Antritt ist in diese Topzeit bereits integriert, da ohne einen guten Antritt die 30 Meter nicht unter vier Sekunden absolviert werden können.

Auch wenn es immer noch zahlreiche Diskussionen darüber gibt, wie wichtig die Sprintzeiten sind, gibt es kaum einen Spieler, der nicht in der Lage ist, die 30 Meter um die vier Sekunden zu absolvieren.

Die weltbesten Spieler wie Mbappé oder selbst Messi in seinem fortgeschrittenen Alter laufen alle deutlich unter vier Sekunden.

Noch spannender als die 30 Motor Sprintzeit ist der sogenannte *Max Speed* als KPI, denn viele Spieler erreichen im Spiel einen höheren Max Speed als in der 30-Meter-Sprintzeit, was am sogenannten, *wissenschaftlich fundierten Köhler-Effekt* liegt. Dieser besagt, dass erst unter direkter Konkurrenz das maximale Leistungsniveau entfaltet wird.

Aus diesem Grund macht es auch Sinn, das Schnelligkeitstraining im Idealfall immer in Wettbewerbsformen zu trainieren, wo Spieler von einem anderen „gejagt" werden oder „jagen" müssen, da so der Max Speed getriggert wird.

Da im modernen Fußball alle Spieler eine ausgeprägte fußballerische Ausbildung hinter sich haben und nicht nur reine Sprinter sind, wie es eventuell noch vor 10-15 Jahren möglich war, ist es nicht verwunderlich, dass selbst Barcelona-Kapitän Sergio Busquets einen Topspeed von 33,64 Stundenkilometern aufweist.

Dies ist sicherlich nicht so extrem wie bei Kylian Mbappé, der auf fast 38 Stundenkilometer kommt, aber immer noch ein Wert, an den selbst sehr schnelle Amateurspieler nicht herankommen. Außerdem verfügen sie auch nicht über die kognitive Schnelligkeit wie ein Sergio Busquets.

Daher macht es Sinn, auf verschiedenen Positionsprofilen im Bereich der Fußballfitness, neben der Spielerverfügbarkeit als KPI, auch Schnelligkeitswerte zu definieren.

Für das Training der Schnelligkeit gibt es viele verschiedene Methoden, aber alle haben vermutlich gemeinsam, dass sie sich mehr oder weniger auf das Zweite Newtonsche Gesetz, das Aktionsprinzip, stützen, das besagt:

Kraft = Masse x Beschleunigung

Die Sprintschnelligkeit kann nur durch eine dieser drei Komponenten verbessert werden, was heißt:

- mehr funktionelle Kraft,
- weniger Gewicht und ein
- besseres Beschleunigungsvermögen.

Gibt ein Athletiktrainer vor, dass er an der Sprintschnelligkeit der Spieler arbeitet und es ist keiner dieser drei Bereiche zu erkennen, findet mit hoher Sicherheit kein Training zur Verbesserung der Sprintschnelligkeit statt. Es sein denn, man zweifelt an physischen Gesetzen, weshalb diese Formel ein einfacher und sehr guter Richtwert ist.

Da ein Spiel jedoch 90 Minuten dauert und die Spieler nicht nur einmal maximal schnell sein müssen, bedarf es gleichzeitig einer hoch entwickelten repetitiven Sprintfähgigkeit.

Das physische Anforderungsprofil eines modernen Fußballers im Bereich der Sprintkapazität sieht wie folgt aus:

- Durchschnittlich 150 Sekunden während der 90 Minuten ist ein Spieler am Ball.
- Dabei läuft er je nach Position (ohne Torhüter) zwischen 10-13 Kilometer pro Spiel.
- Die Gesamtdistanz hat jedoch nur sehr wenig Aussagekraft und ist kein KPI alleine.
- Ein KPI ist es, die High-Speed-Distanz (über 19,8 Stundenkilometer) durch die Gesamtdistanz zu dividieren und dabei sollten als guter Richtwert über 10 Prozent herauskommen.
- Ein weiterer interessanter KPI ist es, den prozentualen Unterschied von der ersten zur zweiten Halbzeit zu vergleichen, gerade gegen Spielende, in den letzten 15-25 Minuten, da viele Spiele in dieser Phase entschieden werden.
- Die totale Sprintdistanz beträgt (über 24 Stundenkilometer) mit und ohne Ball je nach Position zwischen 300-800 Meter.
- Alle diese Werte müssen immer im Spielkontext gesehen werden, um die bestmögliche Interpretation zu treffen, wie z. B. eine frühe Rote Karte oder eine sehr schnelle deutliche Führung, was einen großen Einfluss auf die physischen Daten hat.

Im WM-Endspiel 2018 zwischen Frankreich und Kroatien ist zu erkennen, dass die gesamte Distanz unter dem Durchschnitt lag, die aber auch nicht wirklich aussagekräftig ist.

Bei der Distanz mit Läufen über 20 Stundenkilometer übertrumpfte der Finalteilnehmer Kroatien die meisten Teams im Durchschnitt mit über 400 Metern mehr, was ein wesentlicher Faktor für die enorme Kompaktheit und Intensität im Spiel der Kroaten war.

https://digitalhub.fifa.com/m/649e84967b086928/original/evdvpfdkueqrdlbbrrus-pdf.pdf

„Wenn du denkst, deine Mannschaft presst gut, weil sie mehr läuft, ist das dasselbe, als wenn du denkst, deine Mannschaft ist gut im Kopfballspiel, nur weil die Spieler hoch springen können."

Sehr gefragte Fachleute im modernen Fußball sind Experten, die Konzepte der taktischen Periodisierung verstehen und gleichzeitig in der Lage sind, physische Kapazitäten, wie einen explosiven Antritt in Kombination mit einem maximalen Speed und eine absolut topentwickelte Sprintkapazität, miteinander optimal in Einklang zu bringen.

Wichtigste Voraussetzung hierfür und womit wir wieder beim Thema vom Beginn des Buchs wären: kein Schwarz-Weiß-Denken, sondern verschiedene Methoden bestmöglich in eine eigene, für die Situation spezifische Methodologie einzubinden und Prozesse aufzubauen, für die KPIs entwickelten wurden und sich an diesen zu orientieren und diese maximal auszubauen.

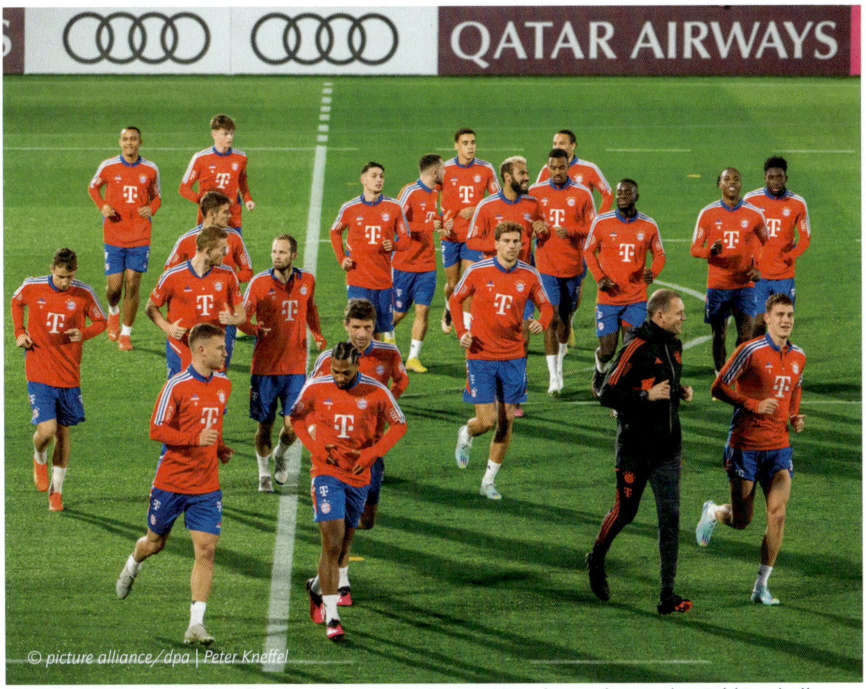

Fitnessexperten wie Dr. Holger Broich vom FC Bayern München nehmen eine Schlüsselrolle ein, um KPIs wie den der Spielerverfügbarkeit zu erfüllen und eine maximale Sprintkapazität aufzubauen.

24 SAM ALLARDYCE UND DIE „FANTASTIC FOUR“

„There are scientists who will tell you that spirit, because it can't be measured, doesn't exist. Bollocks. It does exist."

Sam Allardyce (englischer Fußballtrainer, *1954)

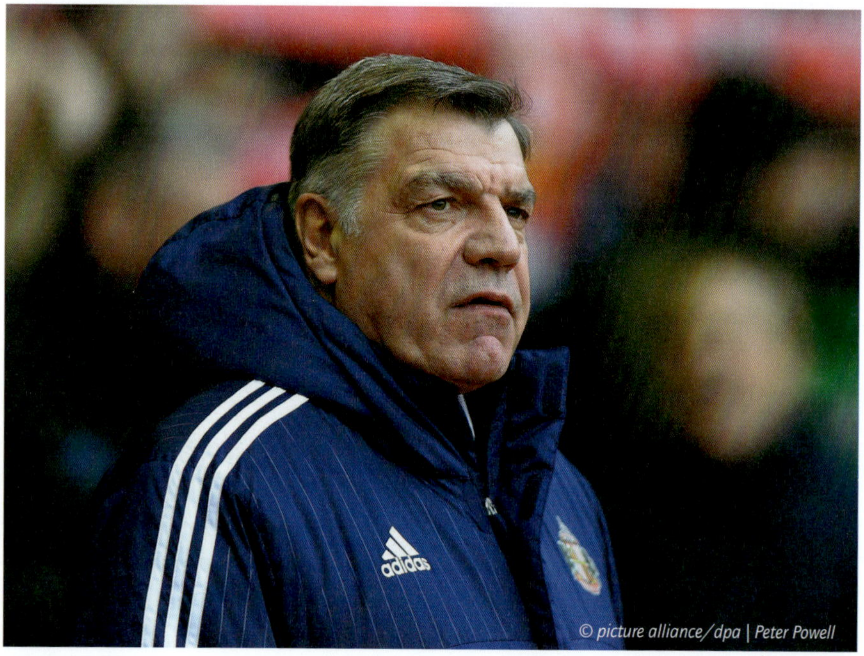

„Survival Specialist" Sam Allardyce bei der Lifeanalyse von Daten während einem Premier-League-Spiel

Der ehemalige Fußballprofi Sam Allardyce, der in seiner Karriere weit über 400 Spiele bestritt, ist in England als „Survival Specialist" bekannt, da er in der Lage ist, auf all seinen Stationen, auf denen der Mannschaft selten gute Resultate zugetraut wurden, zu performen.

Als Spieler bekannt für seine extrem harte Spielweise, setzt Allardyce auch als Trainer auf eine Spielweise mit hoher Stabilität und langen Bällen ganz nach dem Motto „hoch und weit bringt Sicherheit".

Interessanterweise kommt dies jedoch nicht aus seiner Erfahrung als Spieler, sondern daher, dass Allardyce ein großer Fan von Statistiken und KPIs ist und in diesem Bereich sogar als Pionier im englischen Fußball gilt. Neben datenbasierten Konzepten setzt er auch auf Yoga und war einer der ersten Trainer im Fußball, der Statistiker gezielt einsetzte.

Allardyce war auch ein Vorreiter auf dem Gebiet der Standardsituationen, wo er regelmäßig mit seinen Teams in der Offensive und Defensive zusammengenommen Spitzenplätze belegt. Das hat ihm oft dabei geholfen, abstiegsgefährdeten Mannschaften den Klassenerhalt zu sichern.

Dieses datenbasierte Konzept, mit dem sich Allardyce höhere Siegeschancen ausrechnete, brachte bereits einige Trainer in der englischen Premier League zur Weißglut. Ausgerechnet José Mourinho, der ebenfalls ein starker Befürworter von Defensivkonzepten ist, kritisierte Allardyces Spielweise in seiner ersten Amtsperiode bei Chelsea London als Spielweise aus dem 19. Jahrhundert.

Pep Guardiola, dessen Spielweise bekanntermaßen eher am anderen Ende angesiedelt ist und wo ebenfalls klare KPIs gegeben sind, passend zur verfügbaren Spielerqualität und dem Spielmodell, machte Sam Allardyce ein großes Kompliment, indem er ihn als Genie bezeichnet, wenn es darum geht, Vereine in der Liga zu halten.

Sein detailversessenes Arbeiten und der datenbasierte Ansatz brachten ihm sogar den Titel als Nationaltrainer von England ein.

Während seiner Zeit bei den Bolton Wanderers, die er viele Jahre lang betreute und die in fast jeder Saison über den Erwartungen performten, arbeitete er zusammen mit Galvin Fleig und David Fallows, einem Analysten der Firma *Prozone*, ein Konzept aus, das in England als „The Fantastic Four" bekannt wurde.

Es wurden vier Bereiche aufgrund statistischer Analysen definiert, die sie für den Erfolg der Bolton Wanderers für entscheidend erachteten:

1. In 38 Ligaspielen musste man im Minimum in 16 Spielen ohne Gegentreffer bleiben.
2. Erzielt Bolton das erste Tor, haben sie eine Chance von 70 Prozent, das Spiel zu gewinnen.
3. Ein Drittel der Tore sollte aus Standards kommen und Bälle mit Schnitt zum Tor haben eine größere Aussicht auf Torerfolg.
4. Zudem besagten ihre Daten, dass eine Mannschaft zum damaligen Zeitpunkt zu 80 Prozent nicht verlieren würde, wenn jeder ihrer Spieler mit einem Durchschnittstempo von über 5,5 Metern pro Sekunde marschieren würde.

Mit dieser Formel arbeiteten die Bolton Wanderers sehr erfolgreich und neben dem Aufstieg in die Premier League zog man auch in das FA-Cup-Halbfinale ein und qualifizierte sich 2004/2005 sogar für den UEFA Cup.

2007 verließ Allardyce die Bolton Wanderers auf dem fünften Platz nach fast acht Jahren, in denen er es mit einem datenbasierten Ansatz schaffte, jede Saison viele Vereine mit einem höheren Budget auszustechen.

Heute spielen die Bolton Wanderers nur noch in der dritthöchsten Liga, was erneut aufzeigt, wie hoch diese konstante Leistung über viele Jahre zu bewerten ist.

Der Analyst Galvin Fleig, der bei diesen Prozessen eine wichtige Rolle spielte, ist mittlerweile „Director of Talent Management and Development Pathways" der *City Group*, deren Aushängeschild kein geringerer Verein als Manchester City ist, dessen Trainer die Arbeit von Allardyce als genial bezeichnet hat.

Sam Allardyce hat KPIs bereits schon vor 15 Jahren höchst erfolgreich in der Premier League eingesetzt, und dient als ein tolles Beispiel, wie jeder Trainer und Verein für seine spezifische Situation ebenfalls eine Formel wie die „Fantastic Four" von Sam Allardyce entwickeln kann.

Ob dabei dann eine „Fantastic Four" oder „Fantastic Ten" herauskommt, muss jeder Verein und Trainer für sich definieren, da jede einzelne Situation höchst individuell und speziell ist.

Hierfür ist, wie mehrfach im Buch erwähnt, die richtige Mischung aus objektiven Richtlinien, Best-Practice-Beispielen, Spieldaten und statistischen Analysen auf der einen Seite sowie dem Bauchgefühl des Trainers, der Historie und Erwartungshaltung des Verein und externen Faktoren auf der anderen Seite entscheidend.

25 RICHTUNG IST WICHTIGER ALS TEMPO

„Rom wurde nicht an einem Tag gebaut."

Eine der größten Schwächen des Fußballs ist **Geduld**. Dabei weisen neben der Betrachtung der Fußballhistorie auch logische Analysen von Vereinen, Nachwuchsakademien und Verbänden darauf hin, dass man einen längeren Zeitraum braucht, um erfolgreich zu sein. Bei dieser Betrachtung und einem Blick hinter die Kulissen des Erfolgs wird man schnell herausfinden, dass es ganze 10-15 Jahre braucht, wenn man Fußballstrukturen in einem Verein oder in einem Landesverband genau messen und bewerten möchte.

Der Deutsche Fußball-Bund hat 2002 grundlegende Veränderungen in der Struktur vorgenommen und 2014 mit dem WM-Titel in Brasilien die Früchte eingefahren.

Spanien hat 1992 grundlegende Veränderungen in der Spielerentwicklung festgelegt und konnte ab 2004 sowohl auf Vereinsebene mit der Erfolgsgeschichte des FC Barcelona mit vielen eigenen Nachwuchsspielern und der Nationalmannschaft, deren Rückgrat die Spieler bildeten, die aus diesen Strukturen hervorgingen, zahlreiche internationale Erfolge einstreichen.

Selbst Fußballnationen, die wesentlich kleiner als der deutsche und spanische Verband sind, und wo Veränderungen wesentlich schneller vorangetrieben werden können, benötigen Geduld.

Die belgische Nationalmannschaft befand sich 2009 noch auf Platz 66 im FIFA-Ranking, bevor sie sich sechs Jahre später auf Platz eins wiederfand.

Als weiteres Beispiel ist Wales zu nennen, das sich im August 2011 im FIFA-Ranking auf Platz 117 neben Ländern wie Haiti oder Guyana wiederfand und im Oktober 2015 den achten Rang belegte.

Doch auch hinter diesen beiden extremen Erfolgsgeschichten steckt eine jahrelange prozessorientierte Entwicklung. Beide Nationen stehen für eine klare Spielidee, die sich in Key-Performance-Indikatoren, angepasst an ihre Stärken, widerspiegelt.

Topexperten im Bereich Nachwuchsausbildung und Fußballentwicklung gehen davon aus, dass man im Schnitt mindestens sieben Jahre braucht, bis eine in einem Verein oder Verband umstrukturierte Methodologie im Bereich Spielerausbildung, Scouting und Talent-ID oder Umsetzung des Spielmodells erfolgt ist, um auf hohem Niveau und nachhaltig erfolgreich zu sein.

Ein so langer und steiniger Weg zum nachhaltigen Erfolg in einem extrem schnelllebigen Geschäft wie dem Fußball ist nur mit einer prozessorientierten Denkweise zu bestreiten.

Kein Schwarz-Weiß-Denken, mehr Einsatz des Themas Big Data, das zielgerichtet in Smart Data verwandelt wird, die Verbesserung von definierten Key-Performance-Indikatoren und ein positiv-kritisches Umfeld, das auf allen Ebenen zusammenhält, bilden die Grundlage für diesen Erfolg.

Dies gilt in abgewandelter Form sowohl für Landesverbände und große Profivereine wie auch für Amateurvereine und Jugendmannschaften.

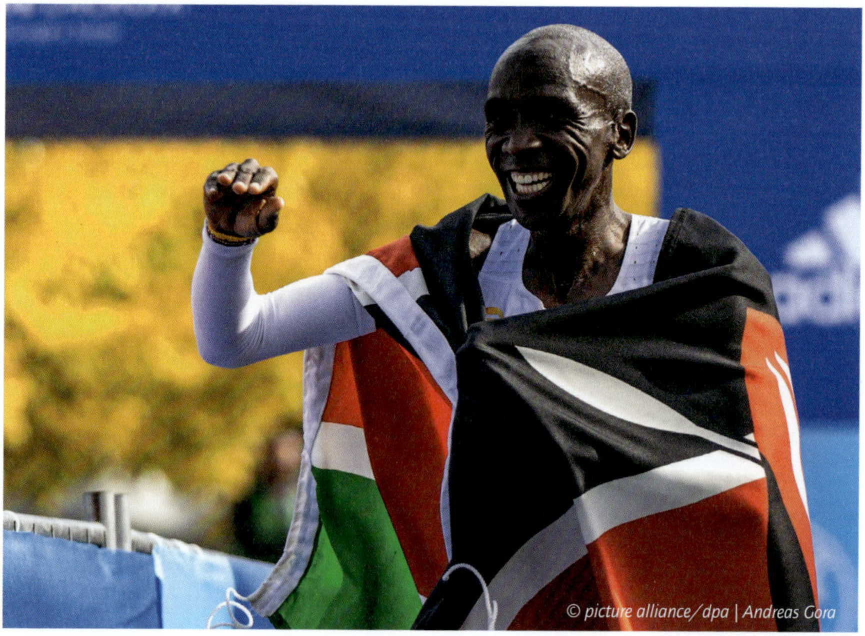

„I'm confident to say that if you want to grow in a profession, consistency is the key."
– Eliud Kipchoge (Weltrekordhalter Marathon)

26 MIT KEY-PERFORMANCE-INDIKATOREN ZUM ERFOLG – ERFOLGREICHE WM-QUALIFIKATION FIDSCHI U19

„Eine Theorie, die nicht praktisch im Leben Anwendung finden kann, ist wertlose Gedankenakrobatik."

Swami Vivekananda (hinduistischer Mönch, 1863-1902)

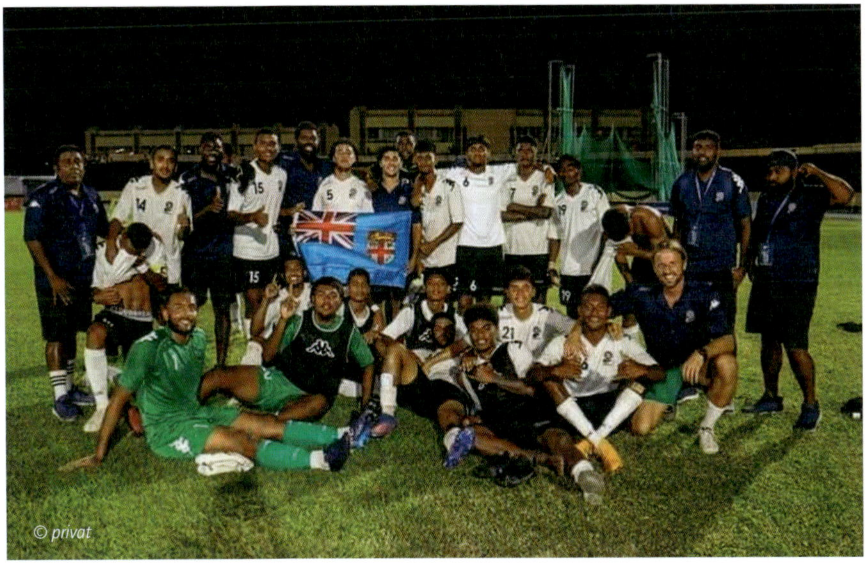

„Talk the Walk" statt "Talk the Talk"

Nachfolgend wird ein Einblick gegeben, wie eine objektive Denkweise mit Key-Performance-Indikatoren systematisch in eine Kultur integriert wurde, die fast ausschließlich vom Bauchgefühl lebt, ohne jedoch diese Kultur zu ersetzen, sondern sie, aufbauend auf ihren Stärken, zu unterstützen.

Anhand dieses praktischen Beispiels soll auch aufgezeigt werden, wie die im Buch vorgestellte Thematik selbst mit wenigen Mitteln und auf eine einfache und pragmatische Weise erfolgreich umgesetzt werden kann.

Hier sei noch einmal betont, dass im Fußball nicht in Schwarz-Weiß-Denkweisen gearbeitet werden soll, was gerade als Trainer in einer völlig anderen Kultur schnell zu Problemen führen wird.

Vorab der Hinweis, dass die Kultur eines Landes oder eines Vereins, in dem man arbeitet, immer den Ausgangspunkt aller Überlegungen bilden sollte. Investiert man nicht ausreichend darin, die Kultur, die Menschen, das Verhalten und die Rituale zu verstehen, wird einem auch das bestmögliche objektive Wissen nicht weiterhelfen.

In meiner Vorbereitung auf meine neue Aufgabe als Technischer Direktor des Fußballverbandes von Fidschi war es zunächst sicher sehr hilfreich, dass ich die Sprache Englisch perfekt beherrsche und ich mit 18 Jahren bereits in Neuseeland in der ersten Liga Fußball gespielt habe und in meiner eigenen Mannschaft und in den gegnerischen Teams bereits etliche Spieler aus den 11 Landesverbänden spielten, die zum ozeanischen Verband gehören, wodurch ich bereits eine gute Vorstellung des Spielniveaus und der verschiedenen Spielertypen hatte.

Im Anschluss an die Saison hatte ich einige Wochen in Vanuatu und Fidschi als Rucksacktourist verbracht und bereits einiges über die Kultur erfahren. Dadurch habe ich auch noch einige Kontakte, die ich per Videocall in meiner Vorbereitung mit zahlreichen Fragen über Besonderheiten der Kultur gelöchert habe.

Zudem war folgendes Tool sehr hilfreich, das ich jedem Trainer empfehlen möchte, der in einem anderen Land arbeitet, aber auch um kulturelle Besonderheiten von Spielern und Eltern mit Migrationshintergrund im eigenen Land besser zu verstehen.

Auf der Webseite des Hofstede Instituts, das seit den 1970er-Jahren systematisch weltweit Daten erfasst, die wertvolle Aufschlüsse über verschiedene Länder und Kulturen geben, kann man einen sogenannten *Ländervergleich* zwischen verschiedenen Ländern wie zum Beispiel Fidschi und Deutschland in Bezug auf sechs verschiedene kulturelle Dimensionen erstellen.

https://www.hofstede-insights.com/country-comparison/fiji,germany/

Vergleicht man hier Deutschland mit Fidschi, sieht man direkt auf den ersten Blick extreme Gegensätze der Kultur, die unbedingt berücksichtigt werden müssen.

Eine Dimension wäre z. B. die „Power Distance", mit der die Wichtigkeit von Hierarchien gemeint ist und die in Fidschi deutlich stärker als in Deutschland ausgeprägt ist. Das gibt wichtige Hinweise auf den Führungsstil, den man wählen sollte, aber auch, wie man sich z. B. Vorgesetzten gegenüber verhalten sollte.

Die größte Differenz ist im Bereich Individualismus zu erkennen, der in Deutschland auch im weltweiten Vergleich sehr hoch ausfällt und für Fidschi sehr niedrig ist. Das Zusammengehörigkeitsgefühl und Werte wie Zusammenhalt und Familie spielen auf Fidschi eine stark ausgeprägte Rolle, die auch ein zentraler Bestandteil für die erfolgreiche WM-Qualifikation war.

Für den Bereich „Long Term Orientation" liegt aktuell leider nur der deutsche weltweit extrem stark ausgeprägte Wert vor: Projekte extrem weit in die Zukunft zu planen und ein ausgeprägtes Sicherheitsbedürfnis.

Auch ohne Daten besteht hier auf Fidschi eine große Differenz zu diesem Wert, wo Menschen sehr gut darin sind, im Moment zu leben. Hierbei spielen auch klimatische Faktoren wie die „Cyclon-Season" mit extrem starken Stürmen, die jederzeit eintreten können und ein ganzes Dorf verschwinden lassen können, eine wichtige Rolle.

Dadurch muss eine entsprechend hohe Flexibilität vorhanden sein, um schnell und optimal reagieren zu können, jedoch wurde auch hier versucht, die Stärken der Kultur, im Moment zu leben und eine langfristige „deutsche" strategische Planung optimal miteinander zu verbinden.

Wie im Buch erwähnt, spielt auch die Analyse von Best-Practice-Beispielen und dass man offen für Neues ist, eine sehr wichtige Rolle. So hatte ich Kontakt mit Ben Ryan aufgenommen, der Fidschi im Rugby 2016 in Rio zu Olympiagold geführt hatte und aktuell im Fußball in der Premier League beim FC Brentford als Elite Performance Director arbeitet.

Durch diese Gespräche konnte ich unheimlich viel mitnehmen, wie in einem Fidschi-Kontext eine High-Performance-Kultur aufgebaut werden kann und welche Fehler man vermeiden sollte.

Zudem ist es spannend, dass nahezu jeder unserer U19-Spieler als Kind und oftmals auch immer noch in ihren Dörfern eine Form des Rugbys spielt, die auf Fidschi „Touch Rugby" genannt wird. Dies ist eine Art in das Rugby integriertes Fangspiel, das oftmals mit Wasser gefüllten Plastikflaschen gespielt wird, weil kein Rugbyball zur Verfügung steht.

Diese Spielform ist sehr spannend für Elemente des Fußballspiels, wie Gegenpressing, Aggressivität ohne Foul, Nacharbeiten bei Überspielen, eine wahnsinnig schnelle Beinarbeit, Teamarbeit und einen Fokus auf Mannorientierung zu haben.

Zudem könnte man sich gut vorstellen, dass es generell sehr schwierig wäre, einen Weltklassefußballer wie Messi, Ronaldo, Neymar oder Mbappé in einem Fangspiel zu fangen, was eine weitere spannende Überlegung ist.

Ben Ryan hat über diesen Erfolg ein tolles Buch *Sevens heaven* geschrieben, das sehr empfehlenswert ist.

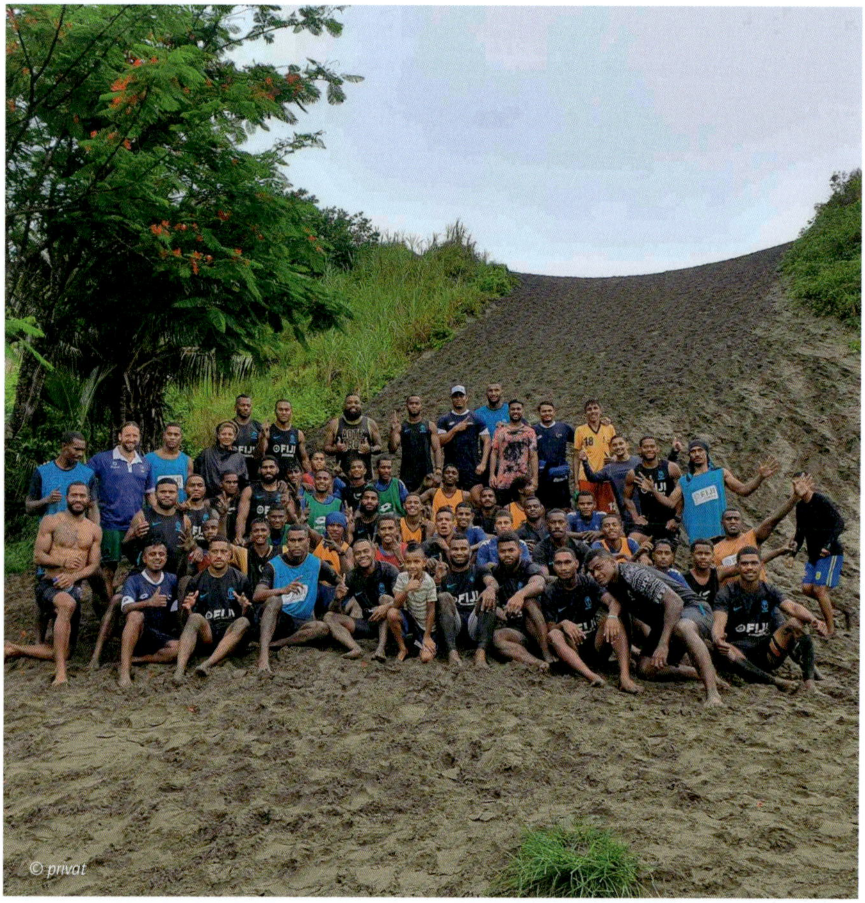

Learn from the Best: Training in den Sanddünen von Sigatoka: Die U17-Fußballnationalmannschaft von Fidschi gemeinsam mit den „Fidschi 7's", die bereits zweimal Gold im Rugby bei Olympia gewinnen konnten.

Ein weiterer Schritt in der Analyse war die aktuell noch fehlende Qualität in der heimischen U19-Liga, weshalb dem Verband die technische Empfehlung unterbreitet wurde, dass jede Mannschaft in den beiden höchsten Spielklassen auf Fidschi zwei U19-Spieler im Kader haben muss, von denen jeweils mindestens einer auf dem Platz steht.

Dadurch wurde der Pool von gerade einmal vier Spielern, die regelmäßig in den höchsten beiden Ligen im Männer-Fußball zum Einsatz kamen und mit den Herren trainierten, auf einen Pool von über 50 Spielern vergrößert.

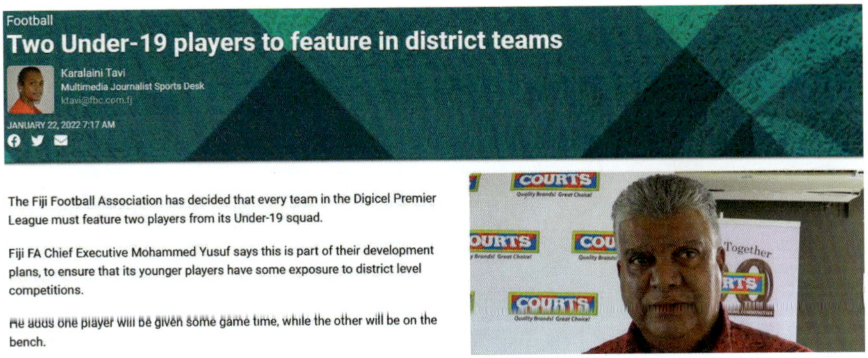

Football

Two Under-19 players to feature in district teams

Karalaini Tavi
Multimedia Journalist Sports Desk
ktavi@fbc.com.fj

JANUARY 22, 2022 7:17 AM

The Fiji Football Association has decided that every team in the Digicel Premier League must feature two players from its Under-19 squad.

Fiji FA Chief Executive Mohammed Yusuf says this is part of their development plans, to ensure that its younger players have some exposure to district level competitions.

He adds one player will be given some game time, while the other will be on the bench.

Die strategische Maßnahme, dass jede Mannschaft in der DPL, der höchsten Liga in Fidschi, mindestens zwei U19-Spieler an jedem Spieltag aufstellen muss, stellte sich als wichtiger Erfolgsfaktor heraus. *© privat und durch Fidschi FA genehmigt*

Zudem wurde systematisch im Ausland nach Spielern mit Wurzeln in Fidschi gescoutet und sie zu einem Probetraining eingeladen, wodurch weitere vier Spieler mit einem entsprechenden Qualitätsgewinn die Mannschaft verbessert haben. Für das Scouting wurden erstellte Positionsprofile genutzt, wie im Idealfall ein Spieler für unsere entwickelte Spielweise „Totolo Futupolo", übersetzt „schneller Fußball", aussehen soll.

Analysen von vermeintlich kleineren Nationen, die sich für eine Nachwuchsweltmeisterschaft qualifizieren konnten, haben aufgezeigt, dass sich diese Mannschaften überwiegend mit über 90-95 Prozent aus Spielern zusammensetzen, die dem älteren Jahrgang angehören, weshalb auch auf diesen Faktor eine Gewichtung gelegt wurde.

Der Relative-Age-Effekt und das biologische Alter sind Punkte, die dem Verband auf Fidschi bewusst sind. Jedoch wurde hier in einem Fußballentwicklungsland, in dem Spieler oftmals bis zu ihrem 16. Lebensjahr keinen strukturierten Fußball gespielt haben, ein pragmatischer Ansatz gewählt, der sich mit den nächsten Generationen und dem Aufbau von Nachwuchsligen sicherlich ändern kann und wird.

Die stark ausgeprägte Verbundenheit, sobald eine Gruppe mit einem gemeinsamen Ziel zusammenkommt, war eine extreme Stärke, die wir unbedingt noch weiter stärken wollten und haben sowohl auf als auch neben dem Platz einen großen Wert auf diesen Punkt gelegt.

Als einzige Mannschaft im ganzen Turnier kam inklusive der drei Torhüter jeder Spieler zum Einsatz, was gerade im kulturellen Zusammenhang mit der WM-Quali ein toller Erfolg war.

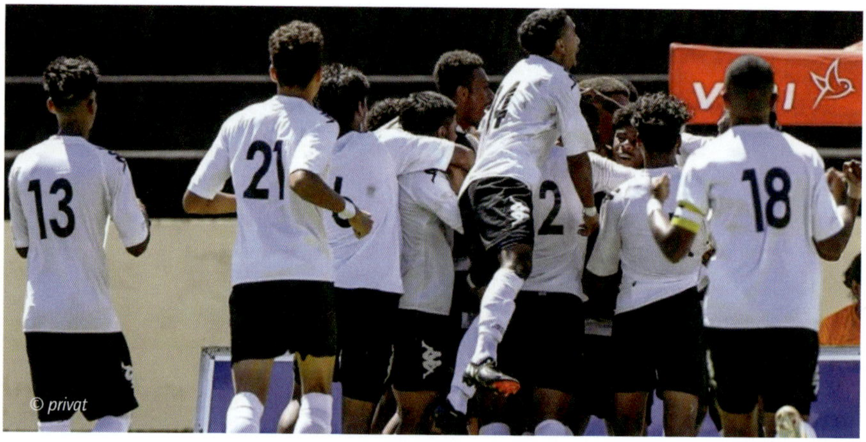

Fidschi U19 – Zusammenhalt und Nähe als Erfolgsfaktoren

Die Wissenschaftler Goldschmidt und Bornstein stellten fest, dass erfolgreiche Teams die größeren Körperkontaktzahlen aufweisen:

https://barcainnovationhub.com/what-does-the-way-in-which-we-celebrate-a-goal-tell-us/

Es gibt mittlerweile etliche fundierte wissenschaftliche Arbeiten darüber, die aufzeigen, dass Mannschaften, in denen die Spieler sich häufig die Hand schütteln oder sich umarmen und gemeinsam jubeln, eine höhere Chance auf Erfolg haben (Kraus et al, 2019):

http://ist-socrates.berkeley.edu/~keltner/publications/kraus.huang.keltner.2010.pdf

Aus diesem Grund wurde z. B. bei der Aktivierung vor dem Spiel unter anderem gemeinsam getanzt und gesungen, was ein weiterer wichtiger Aspekt in der Kultur auf Fidschi ist.

Um die kulturell stark ausgeprägte Hierarchie herum, die sowohl Vorteile wie auch Nachteile haben kann, wurden gezielt Prozesse eingeleitet, in denen die Spieler auf eine spielerische Art und Weise immer mehr ihre eigene Vorstellung miteinbringen konnten.

"I Am Because We Are"

The Philosophy of Ubuntu

So wurde in Gruppenarbeiten von den Spielern ein „Bure" gestaltet, ein traditionelles Haus auf Fidschi, in dem die Spieler im Fundament des Hauses ihre Werte definiert haben und welche Regeln beim Betreten des Hauses gelten.

Diese von den Spielern aufgestellten Regeln wurden sehr ernst genommen und es kam ein toller Prozess in Gang.

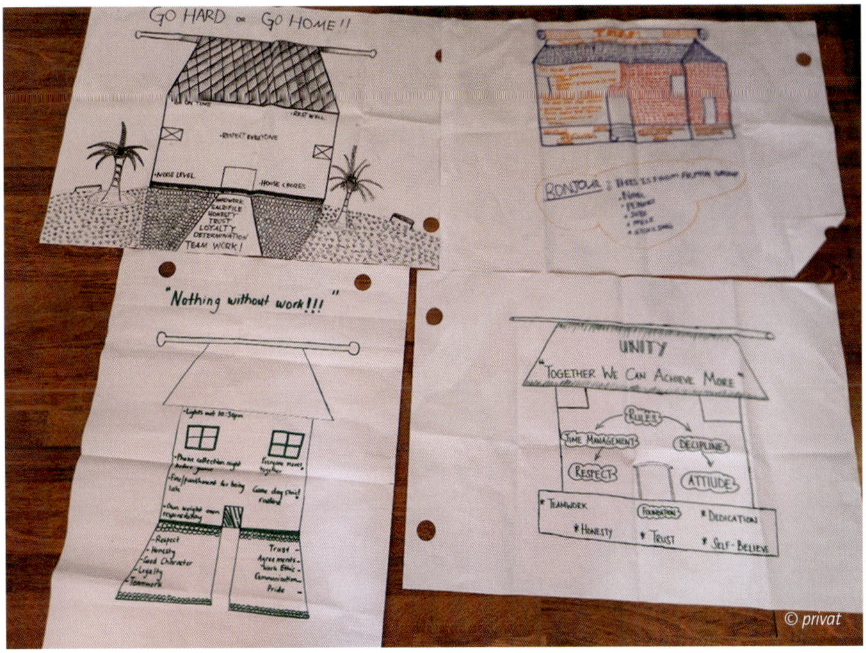

Gruppenarbeit „U19-Bure", um der stark ausgeprägten Hierarchie entgegenzuwirken

Nachdem der kulturelle Faktor mit spezifischen Gegebenheiten analysiert wurde, wurde, darauf aufbauend, ein Spielmodell entwickelt, das auf den spezifischen Stärken der Menschen auf Fidschi und auf deren Fußballkultur aufbaut. In einem Curriculum wurde festgehalten, landesweit eine einheitliche Spielidee und Trainingsmethodologie, aufbauend auf Prinzipien, zu vermitteln immer mit der dazugehörigen Flexibilität.

Mit dem Curriculum „Totolo Futupolo" – auf Deutsch „schneller Fußball" – werden von einem strategischen Plan über eine eigene Spielidee mit dazugehörigen Spielerprofilen sowie über eine Ausbildungs- und Trainingsmethodologie etliche Bereiche der Fußballentwicklung abgedeckt. Key-Performance-Indikatoren, Best Practices und objektive Fakten wurden mit der spezifischen Kultur des Landes und des Fußballs auf Fidschi gemischt.

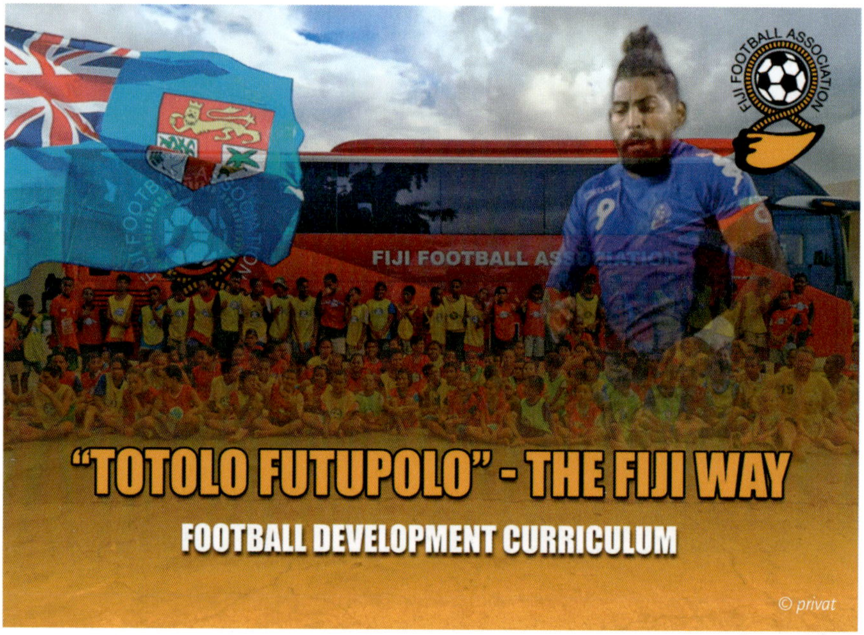

Fiji FA Fußball Curriculum – „Totolo Futupolo"

Ein klar definiertes Spielmodell mit einer flexiblen und realistischen Umsetzung ist ein weiterer, sehr wichtiger Baustein in einem Teambuildingprozess.

Von Beginn an war es ein wichtiges Ziel, diese Spielmodell regelmäßig gegen starke Gegner zu testen. Auf Fidschi wurden vier Spiele gegen die besten Männermannschaften aus der Premier League ausgetragen und in einem Trainingslager in Neuseeland wurde die U19 des OFC Champions-League-Siegers Auckland City mit 4:3 geschlagen und gegen die stärkste Nation in Ozeanien, Neuseeland, wurde 1:1 gespielt.

Insgesamt wurde kein einziges Testspiel verloren, was der Mannschaft immer mehr Vertrauen in das gewählte Spielmodell gegeben hat, da aus der Sicht des Spielers nichts so glaubwürdig ist wie ein Sieg. Trotz dieser langen Serie ohne Niederlage wurde das Spielmodell im Detail immer weiter verfeinert, ohne dabei aber von den wichtigsten Grundpfeilern abzuweichen.

Als Ausgangspunkt für die Entwicklung des Spielmodells wurde ein Leitbild entwickelt, für das wir mit unseren Nationalmannschaften stehen möchten und das die natürlichen Stärken der Spieler widerspiegelt.

Für den U20-Bereich haben wir festgelegt, dass es darum geht, einen pragmatischen, realistischen Ansatz zu finden, der auf den eigenen Stärken aufbaut und mit dem die Chancen möglichst hoch sind, sich für die WM zu qualifizieren, was der Fußballentwicklung im ganzen Land einen riesigen Boost geben würde.

Auf keinen Fall sollte ein erfolgreiches Team einfach blind kopiert werden. Die besten Teams und Prinzipien müssen analysiert werden, aber noch viel wichtiger war es für uns, einen eigenen Weg zu entwickeln, aufbauend auf den natürlichen Stärken der Fidschianer, auf den jeder stolz sein kann.

Fidschi, das gerade einmal 900.000 Einwohner hat, aber über 300 Inseln verfügt, auf denen der Nationalsport bislang Rugby war, kann im Fußball in etwa wie David gegen Goliath betrachtet werden.

Auch aus wirtschaftlicher Sicht kann man einen Großteil der Fußballnationen auf der Welt nicht das Wasser reichen, weshalb es mehr oder weniger die einzige Chance ist, sich auf den Aufbau von guten Prozessen und das Besinnen auf eigene Stärken auszurichten, die sich von anderen Ländern abheben.

Dabei wurden, unter Berücksichtigung der hier im Buch ausführlich dargestellten Pareto-Regel, Überlegungen getroffen, welche 20 Prozent an Erfolgsfaktoren zu 80 Prozent der Ergebnisse führen würden.

Neben einem extrem starken Fitnessfundament und dem ausgeprägten Zusammengehörigkeitsgefühl wurden Faktoren wie eine extrem kompakte Blockbildung mit schnellen Kontern und offensive und defensive Standardsituationen ausgemacht.

Das Leitbild in Zusammenarbeit mit den Spielern, über das wir uns definieren wollten, war, dass wir eine Mannschaft sind, gegen die es sehr unangenehm zu spielen ist, da wir mit enormer Geschlossenheit und Intensität agieren wollen.

Dabei kam uns „Tabu Soro" sehr entgegen, ein Begriff, der tief in der Kultur auf Fidschi verankert ist und so viel bedeutet wie „starkes Gehirn und niemals aufgeben".

Zudem sind die Stärken des Fußballs auf Fidschi in der Arbeit gegen den Ball stark ausgeprägt mit einer hohen individuellen Stärke im Duell.

Das oberste Ziel war es, im Turnier in jedem Spiel kein Gegentor zu kassieren, da dies gerade in Turniersituationen ein extrem wichtiger Key-Performance-Indikator ist.

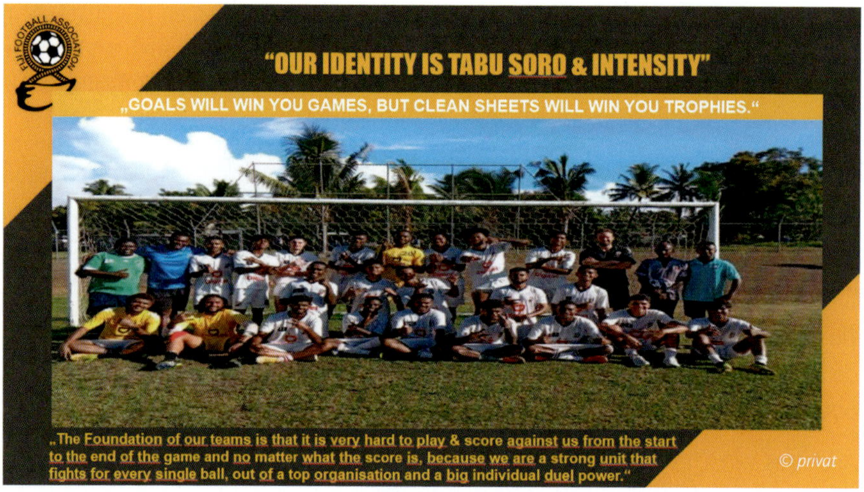

„Tabu Soro und Intensität" – ein Leitbild bildet den Ausgangspunkt für jedes Spielmodell.

Für diese Art des Fußballs ist eine spezifische Fitness unausweichlich, da der Gegner in der Regel mehr den Ball haben wird und durch die permanenten Schiebebewegungen für den kompakten Block ein hohes Volumen erforderlich ist. Genauso ist eine stark ausgeprägte repetitive Sprintkapazität erforderlich, um die Konter, das Nacharbeiten und Gegenpressing konsequent über 90 Minuten oder auch in einer eventuellen Verlängerung bestreiten zu können.

Dabei wurde von Beginn der Vorbereitung an mit verschiedenen bewährten Testmethoden im Bereich der maximalen Schnelligkeit und Sprintkapazität gearbeitet und diese mit internationalen Topwerten abgeglichen und permanent weiterentwickelt.

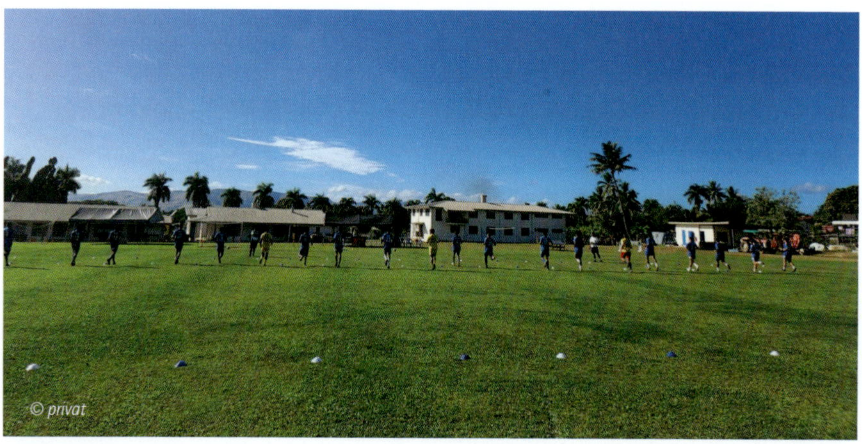

YoYo Intermittent Recovery Test Level 1 als Bestandteil der Testingbatterie, um die Sprintkapazität zu entwickeln

Ein Highlight in der Vorbereitung war ein spezielles Training in den Sandhügeln von Sigatoka, wo bereits die Rugbyspieler für ihre beiden Goldmedaillen den Grundstein für ihre unnachahmliche Fitness gelegt hatten.

Dabei geht es neben der Fitness vor allem um das Verschieben von gedanklichen Grenzen, was ein Körper in der Lage ist, zu leisten.

Zudem wird das Teambuilding in einer traumhaften Umgebung und in totaler Stille mitten in der Natur extrem gestärkt, weil diese Trainingsformen in den Sandhügeln nur im Team zu bewältigen sind.

Wissenschaftlich gibt es sicher einige Argumente, die den Nutzen eines solchen Trainings für den Fußball infrage stellen würden, wo wir jedoch wieder zu Beginn des Buchs beim Schwarz-Weiß-Denken wären.

Gerade durch eine Denkweise, die auf Key-Performance-Indikatoren aufbaut, wird man immer mehr feststellen, dass es Dinge gibt, die man nicht messen kann, aber die entscheidend für den Erfolg sind.

Athleten verschiedenster Sportarten auf Fidschi glauben zutiefst daran, dass dieses Training in den Sandhügeln spezielle Kräfte verleiht. Wer daran zweifelt, kann sich gerne ein Spiel der Fidschi Rugby 7s anschauen, wie sie Gegner, die alle technischen Hilfsmittel zur Trainingssteuerung zur Verfügung haben, gnadenlos überlaufen, da sie felsenfest davon überzeugt sind, dass das Training in den Sanddünen spezielle Kräfte verleiht.

Nachdem das Leitbild und Fundament definiert wurde, ging es im nächsten Schritt darum, die wichtigsten Grundprinzipien festzuhalten, wie wir uns gemeinsam als Team auf dem Platz zeigen wollten.

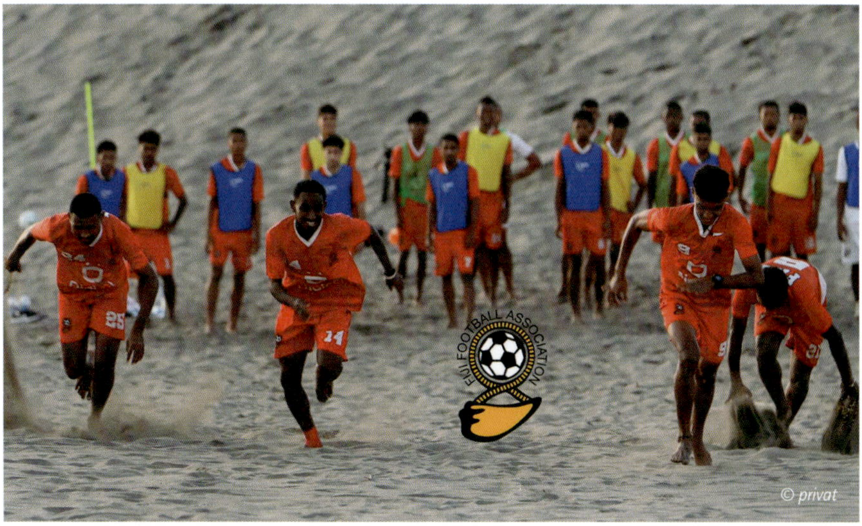

Power und Teambuilding in den Sanddünen von Sigatoka

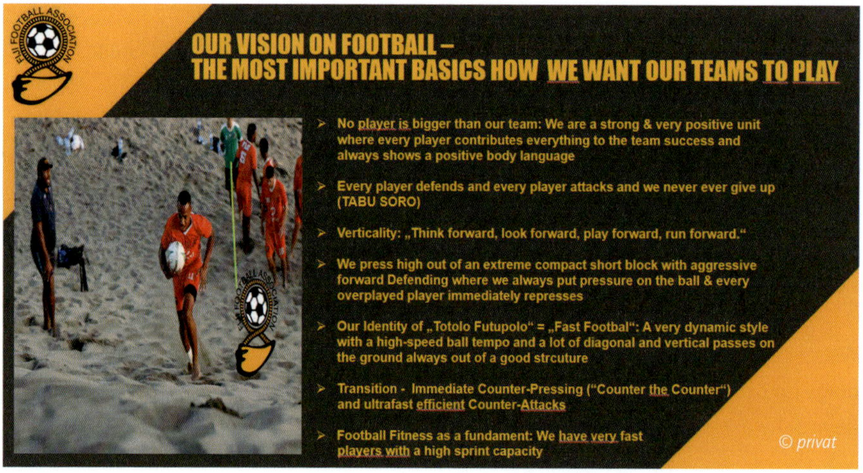

Klarheit bringt Sicherheit – die wichtigsten Basics für das Verhalten auf dem Platz.

Im nächsten Schritt wurden die Prinzipien in den vier Spielphasen definiert und diese den Spielern im Laufe der Turniervorbereitung immer wieder mit Best-Practice-Videoclips vor Augen geführt.

Von den großen Prinzipien ausgehend, wird dann immer mehr im Detail definiert, wie die untergeordneten Prinzipien im gruppen- und individualtaktischen Verhalten aussehen sollten.

Wichtig dabei: Ein Prinzip ist nie eine starre Regel, sondern eine Hilfestellung!

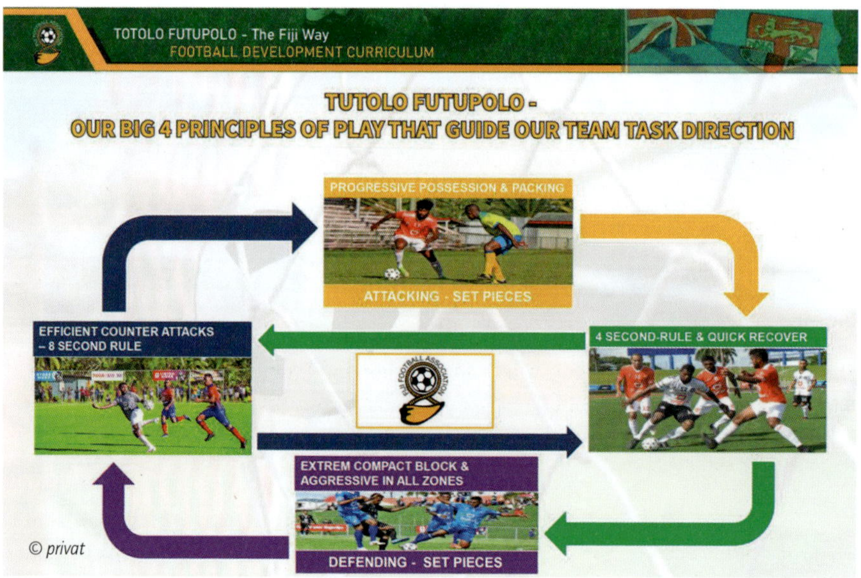

Grundprinzipien in den vier Spielphasen plus Standards

Diese vier großen Prinzipien waren in jeder Trainingseinheit mit verschiedenen Schwerpunkten präsent, wobei der jeweilige Hauptschwerpunkt sich im Laufe des Turniers veränderte. Nachdem die Gegner analysiert waren, wurde sich immer an den eigenen Stärken und an denjenigen des Gegners orientiert. So wurde im Halbfinale im Spiel gegen Neukaledonien, einen sehr spielstarken Gegner, der Schwerpunkt auf ein extrem kompaktes Mittelfeldpressing mit schnellen Kontersituationen über die Flügel gelegt, und genauso fiel dann auch der Siegtreffer.

https://www.youtube.com/watch?v=esv7KtGHdzM

Ein großer Wert wurde in jedem Spiel auf die Restverteidigung gelegt, die ein wichtiger Key-Performance-Indikator ist, da die Restverteidigung eine Schlüsselrolle einnimmt, ob gegnerische Konter unterbunden werden können oder nicht.

Gerade in Ozeanien gibt es viele konterstarke Mannschaften mit extrem schnellen Spielern, die aber oftmals bei der eigenen Restverteidigung Mängel aufweisen.

Dafür war gerade je nach Gegner die Rolle des Spielers oder der beiden Spieler vor der Abwehrkette entscheidend.

„Zeige mir deine 6 und ich sage dir, wie du spielst."

Diese Aussage wird oftmals hauptsächlich auf die offensiven Qualitäten bezogen, in unserem spezifischen Fall war aber zunächst hauptsächlich das defensive Verhalten und die Disziplin auf der Position entscheidend. Außerdem spielte die Qualität, schnell nach Ballgewinn per Tempodribbling Linien zu durchbrechen und den Ball auf die Flügel durchzustecken, eine große Rolle. Also wurde wie auch auf den anderen Positionen nach entsprechenden Spielertypen Ausschau gehalten und diese auch gefunden.

Eine einfache Messgröße für diesen KPI war es, wie oft pro Spiel unsere Restverteidigung blank stand und im Idealfall sollte das nie der Fall sein.

„Best always rest (Verteidigung)."

Eine weitere große Stärke waren die offensiven wie die defensiven Standardsituationen, die ein weiterer großer Key-Performance-Indikator sind.

Die Investition in diesen Bereich mit entsprechender Trainingszeit hat sich bereits alleine im ersten Spiel ausgezahlt, in dem alle drei Tore nach Standards erzielt wurden.

https://www.youtube.com/watch?v=5oHnx3llgEc

Im kompletten Turnier konnte keine Mannschaft ein Tor nach Standards gegen Fidschi erzielen, zudem konnte auf der Habenseite ein weiterer Treffer im Viertelfinale neben zahlreichen weiteren gefährlichen Situationen verbucht werden.

Auch beim Thema Standards geht es nicht darum, etwas völlig Verrücktes zu machen, sondern darum, Lösungen zu finden, bei denen die eigenen Stärken optimal auf die Schwächen des Gegners treffen.

In vielen Fällen wurde folgende, sehr einfache Variante gewählt, wie beispielsweise eine Eckballvariante von der linken Seite, bei der der Ball scharf mit Schnitt zum Tor getreten wurde. Der Zielraum zwischen dem ersten Pfosten und der Mitte des Tors wurde extrem stark überladen, da wir wussten, dass wir im direkten Duell und in der Wucht in den meisten Fällen überlegen sind und viele Torhüter in Ozeanien Schwierigkeiten bei hohen Bällen haben.

Kam der Ball etwas zu kurz, war es das Ziel, diesen gegen die Bewegung des Gegners auf den zweiten Pfosten zu verlängern, wohin sich ein Spieler aus dem Pulk absetzte. Einem weiteren Spieler mit einem extrem gut ausgeprägten Kopfballspiel und Gespür haben wir völlige Freiheiten eingeräumt, wohin er sich bewegen wollte.

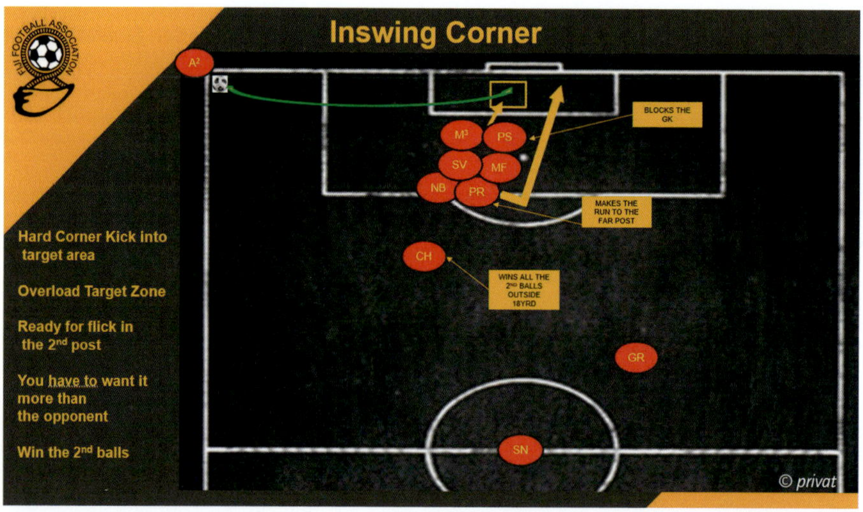

Beispielhafte Variante – Inswing Corner, die zweimal zum Torerfolg geführt hat.

Das Wichtigste ist die Übung der Abläufe und dabei eine Systematik hineinzubringen von passivem bis vollaktivem Gegnerdruck.

Zudem wird oftmals vergessen, dass der Schütze entscheidend ist. Selbst die beste Variante bringt nichts, wenn der Ball nicht in den Zielraum kommt. Deshalb haben wir die beiden potenziellen Schützen für diese Variante zusätzlich nach jedem Training Eckbälle treten lassen, mit dem Ziel, diese direkt vor der Tormitte zu verwandeln, was zu einer klaren Steigerung beim Erreichen des Zielraums im Spiel geführt hat.

Als sehr ambitionierter Zielwert wurde bei dieser Variante festgelegt, dass im Schnitt sieben von 10 getretenen Bällen im Zielraum ankommen sollten und dabei sollten unsere Spieler mehr als die Hälfte von ihnen im Tor versenken.

Nachfolgend werden viele der oben erwähnten Punkte anhand eines „Match Reports" der Firma *wyscout* vom entscheidenden Spiel um die Qualifikation für die U20-Weltmeisterschaften mit Daten bestätigt.

wyscout

MATCH REPORT

Fiji U19 1 – 0 New Caledonia U19

75' N. Begg

Um einen ersten Hinweis zu bekommen, ob der Sieg verdient oder glücklich war, ist der Abgleich mit den „Expected Goals" zum tatsächlichen Spielausgang sinnvoll. In diesem Fall bestätigt dieser mit einem xG von 1,27 von Fidschi zu einem xG von 0,73 von Neukaledonien, dass die bessere Mannschaft gewonnen hat.

General	Fiji U19	New Caledonia U19
Goals	1	0
xG	1.27	0.73
Shots / on target	15/7	15/3
Shots on post / blocked / wide	0/0/8	0/4/8
From penalty area / on target	9/5 56%	3/1 33%
Outside penalty area / on target	6/2 33%	12/2 17%

Außerdem haben wir in diesem Spiel bei der identischen Anzahl von Torschüssen mehr als doppelt so viele davon auch auf das Tor bekommen, wobei neun von 15 Schüssen innerhalb des 16-Meter-Raums abgegeben wurden.

Auf diesen Punkt wurde von Anfang an hingewiesen, dass „neun von 10 Toren im 16-Meter-Raum fallen", da im ozeanischen Raum eine starke Tendenz und Überzeugung herrscht, dass Distanzschüsse ein probates Erfolgsmittel sind. Das zeigen in diesem Fall auch die 12 Torschüsse außerhalb des 16-Meter-Raums von Neukaledonien, von denen nur zwei Schüsse aufs Tor gekommen sind.

Ein weiterer Schlüssel zum Erfolg und eine bereits erwähnte herausragende Stärke, die die Spieler auf Fidschi haben, ist die Power und Geschicktheit im direkten Duell.

Wie anhand der Statistiken zu sehen ist, waren wir in allen aufgeführten Bereichen, die das direkte Duell betreffen, klar überlegen und besonders dominant bei den Luftduellen, bei denen wir 40 von 67 zu unseren Gunsten entscheiden konnten. Das hat auch gleichzeitig die Annahme bestätigt, einen Fokus auf Standardsituationen zu legen.

Duels		
Total duels / won	292/157 54%	292/118 40%
Offensive duels / won	76/28 37%	94/26 28%
Defensive duels / won	94/68 72%	76/48 63%
Loose ball duels / won	55/21 38%	55/20 36%
Aerial duels / won	67/40 60%	67/24 36%
Challenge intensity	8.4	10.2
Dribbles / successful	43/20 47%	34/11 32%

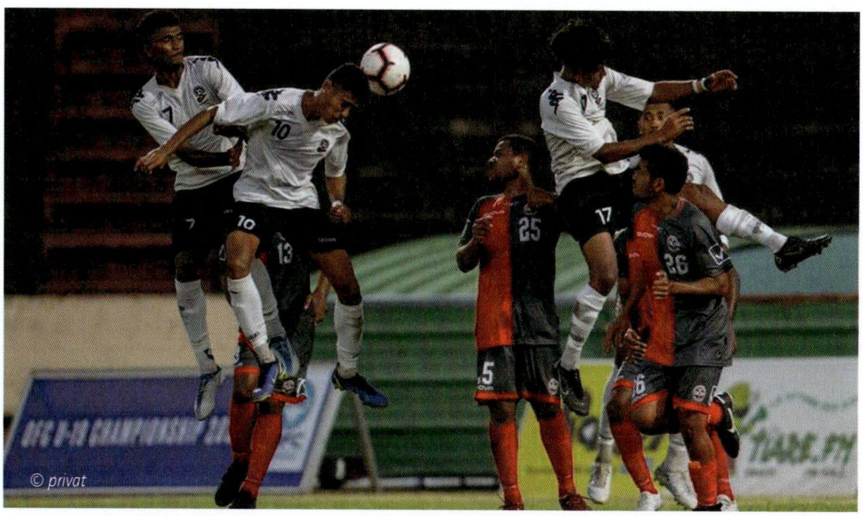

Fidschi-U19-Nationalteam – Standards als wichtiger Key-Performance-Indikator für Erfolg

Einer der zukünftigen Trends im Fußball liegt in einer vermehrten Rückkehr zur mannorientierten Spielweise in der Defensive, was wir bereits beim Turnier erfolgreich angewendet haben. Aus diesem Grund haben wir für das entscheidende Spiel gegen Neukaledonien in der Arbeit gegen den Ball auf ein 1-4-1-4-1 umgestellt. Dadurch sollte gerade gegen das zentrale Mittelfeld des Gegners, der mit einer „Doppel-Sechs" und einem Spielmacher davor antrat, der als Schlüsselspieler ausgemacht wurde, ein klarer Zugriff durch eine Spiegelung der gegnerischen Grundordnung erreicht werden.

4-1-4-1 1' – 46'

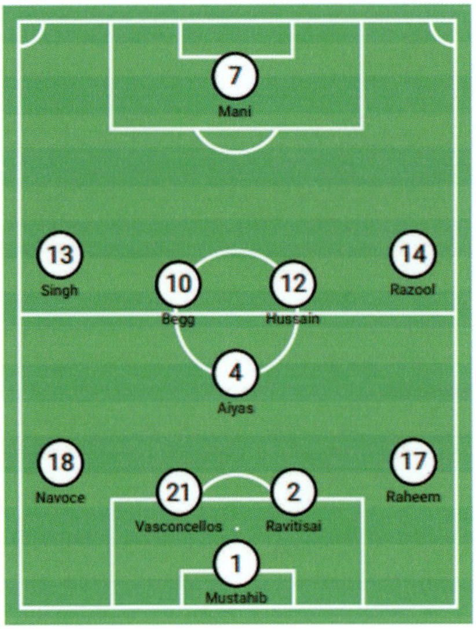

4-1-4-1 46' – 84'

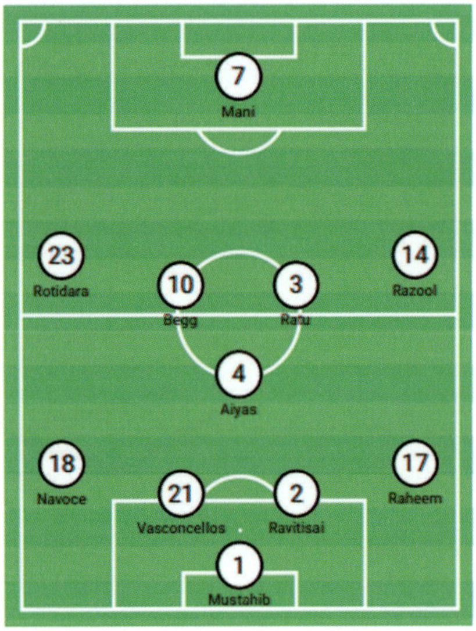

Eine weitere Stärke, die wir immer wieder forciert haben, war das offensive 1 gegen 1, indem mehrere unserer Spieler über eine sehr hohe Qualität verfügen mit einer Mischung aus kreativen Überraschungsmomenten und einem enormen Antritt.

wyscout | MATCH REPORT **DRIBBLES**

Fiji U19

Player			Last 5 matches	
(14) G. Razool	14/9	64%	9.8	58%
(10) N. Begg	6/3	50%	7.8	69%
(7) M. Mani	6/4	67%	2.8	63%
(13) P. Singh	4/1	25%	2.7	25%
Total	**43/20**	**47%**	**28.0**	**52%**

Wie im Buch beschrieben, sind Werte von über 50 Prozent, was erfolgreiche Dribblings anbelangt, sehr hoch einzuschätzen. Dieser Wert wurde in diesem Spiel gleich von drei unserer Spieler übertroffen, wobei der Spieler mit der Nummer 14, Gulam Razool, mit neun von 14 gewonnenen Dribblings herausragt.

Dass dies nicht eine Ausnahmeerscheinung, sondern ein stabiler Wert ist, zeigt die Historie in der rechten Spalte auf.

In Spiel gegen Neukaledonien wurde aus einem Mittelfeldpressing agiert, was sich in einem höheren PPDA-Wert niederschlug:

Pressing intensity (PPDA)

	Total	1st half	2nd half
● Fiji U19	8.3	9.6	6.9
● New Caledonia U19	5.7	4.7	6.9

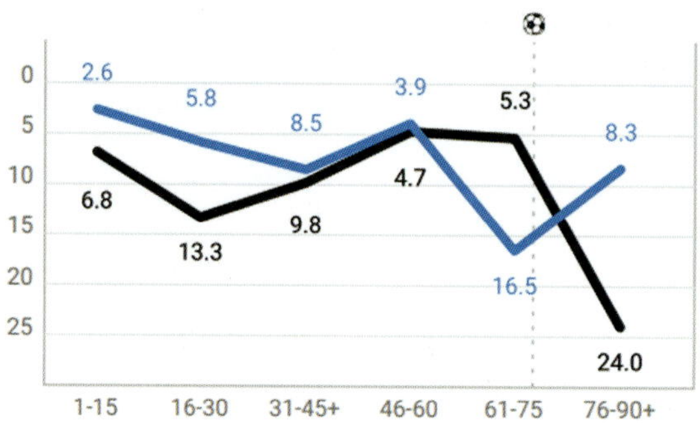

Aufgrund der vielen gewonnenen Duelle gab es jedoch zahlreiche Konteraktionen, bei denen wir vor allem über unsere rechte Seite vermehrt agieren wollten. Dort verfügten wir mit dem Spieler Gulam Razool zum einen über eine enorme Qualität, um gute Konter zu fahren. Der linke Außenverteidiger von Neukaledonien hat das ganze Turnier über extrem hoch agiert und Schwächen im Umschalten gezeigt.

Das nebenstehende Schaubild belegt die gute Umsetzung dieser Strategie, indem von der rechten Seite aus die meisten Situationen entstanden sind, die zu den „Expected Goals" (xG) beigetragen haben.

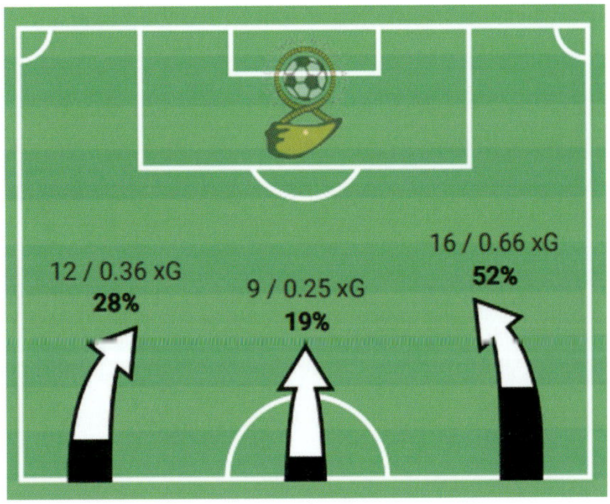

Und genauso fiel dann auch das entscheidende Tor, bei dem ein weiterer Angriff, wie geplant, über die rechte Seite gefahren wurde und der Spieler mit der Nummer 14 wie zigfach im Training mit Finalisierungsschablonen geübt, nicht gleich von außen geflankt hat, sondern in Richtung Grundlinie und 16-Meter-Raum weitergezogen ist, um dort mit einem „Extrapass" einen sehr hohen xG-Moment für Nabil Begg zu kreieren.

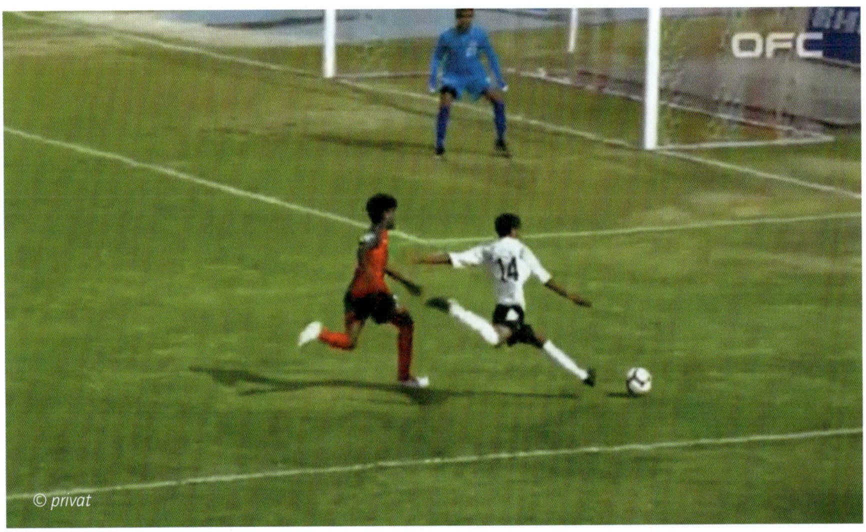

© privat

Dieser ist perfekt getimt in den 16-Meter-Raum auf den zweiten Pfosten nach einer Kreuzbewegung eingesprintet und drückte den Ball aus kurzer Entfernung, ohne einen Gegenspieler oder den Torhüter vor sich, über die Linie, was der entscheidende Treffer für die Qualifikation von Fidschi für die U20-Weltmeisterschaft in Indonesien war.

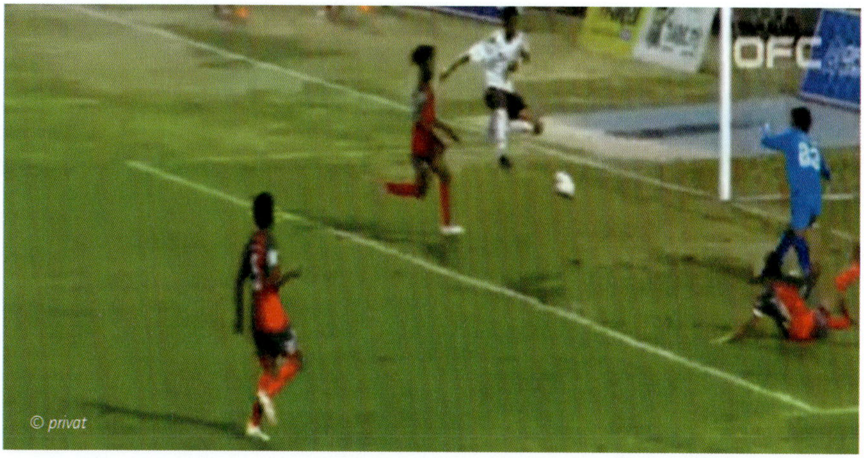

© privat

Diese Mechanismen im finalen Drittel wurden beständig wiederholt und thematisiert. Da es auf Fidschi nur selten Tore gibt und viele Spieler noch nie oder sehr selten Angriffssituationen und Torabschlüsse üben, wurden nach fast jedem Training mit den Offensivspielern mit einfachen Übungen aus unserem Curriculum Bewegungsabläufe automatisiert.

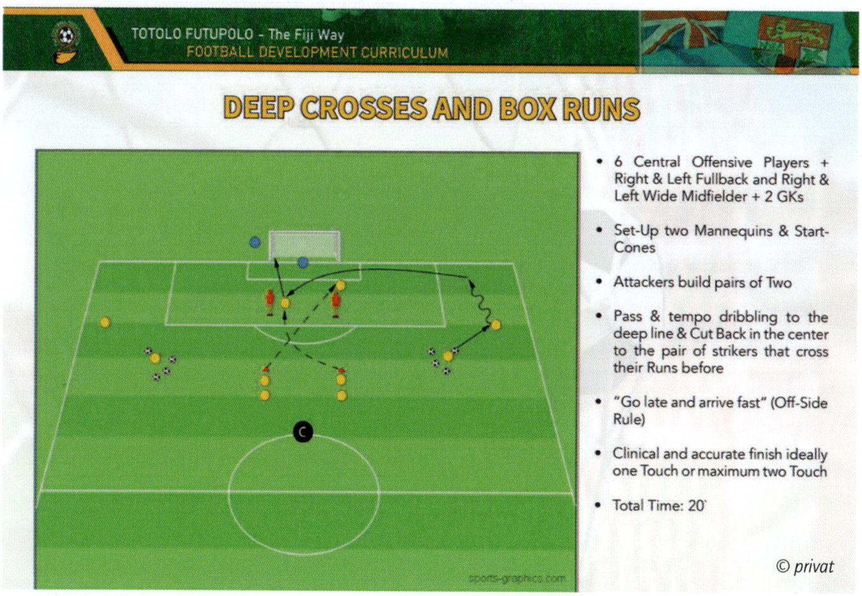

© privat

Gegen Spielende stellte Neukaledonien in den letzten 10 Minuten auf ein offensiveres 1-3-4-3 um:

3-4-3 85' – 90+7'

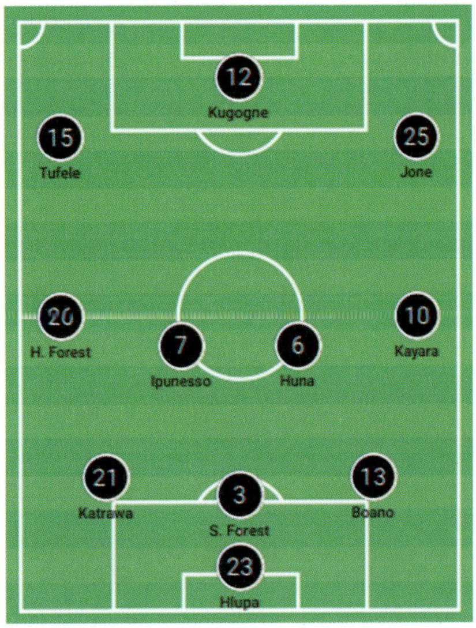

Aber auch dieser Punkt wurde bereits vorab trainiert und im Matchplan definiert, was für Szenarien bei einer möglichen Führung in Kraft treten könnten. Deshalb haben wir in den letzten Minuten, um unsere Stärken in einer vermehrt mannorientierten Spielweise weiterhin auszuspielen, auf ein 1-5-4-1 umgestellt, um „den Kasten erfolgreich sauber zu halten".

5-4-1 87' – 90+4'

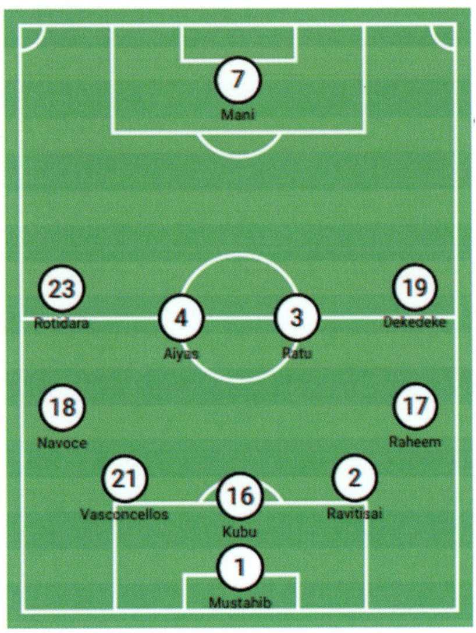

Bei der Methodik wurde ganz bewusst auf den differenziellen Lernansatz in vielen Bereichen zurückgegriffen, den die Spieler hier auf Fidschi unbewusst permanent in ihrer Jugendzeit verwendet haben. Dieser Ansatz hat zu einer extrem guten Koordination geführt und dazu, sich extrem schnell auf neue Muster und Situationen einzustellen.

So wurde in der Aktivierung am Spieltag oder auch beim Auslaufen auf tänzerische Elemente zurückgegriffen, da Musik eine wichtige Rolle im Leben der Fidschianer spielt und dabei das Gehirn stimuliert, um Stress abzubauen, was sowohl vor dem Spiel, aber auch nach dem Spiel ein sehr spannender Ansatz ist.

Fußballtennis und Basketball waren zwei weitere spannende Aktivitäten, die wir als interessante Alternative erachtet haben, um hohe Bälle mit einem Kontakt gezielt zu klären. Das Kopfballspiel wurde verbessert, aber auch gerade beim Basketball das Thema Luftduelle und Rebounds, die eine weitere wichtige Rolle spielen, um den differenziellen Lernansatz zu triggern.

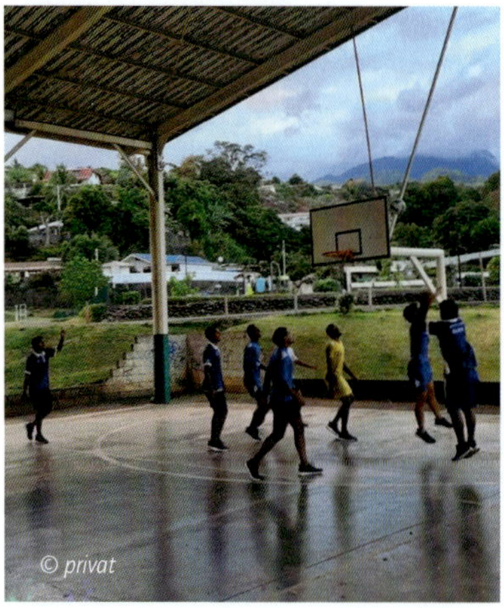

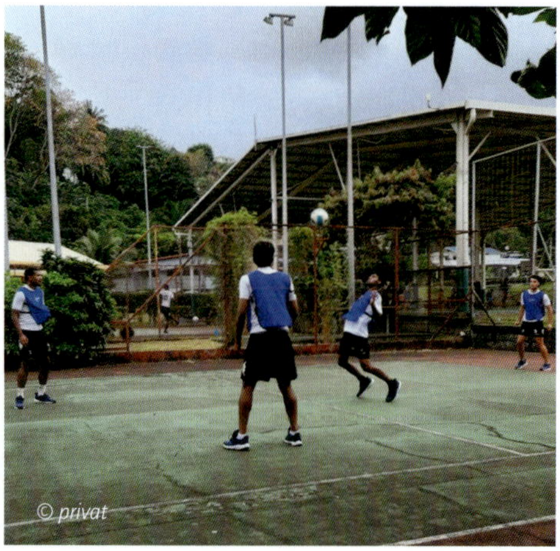

Nutzen des differenziellen Lernansatzes von Prof. Schöllhorn – spezielle Formen des Basketballs und Fußballtennis, um „Rebounds" und Standardsituationen zu verbessern

Wie im Buch gelernt, ist es wichtig, gerade im Erfolgsfall positiv kritisch zu bleiben und die Key-Performance-Indikatoren, die zum Erfolg geführt haben, genau zu untersuchen und zu überlegen, wie diese weiterentwickelt werden. Zu fragen ist, ob manche KPIs auch ersetzt werden müssen oder weitere neue Faktoren hinzukommen. Um den nächsten großen Schritt zu gehen und um in der Lage zu sein, auch bei einer U20-Weltmeisterschaft als vermeintlich kleine Nation wie Fidschi mit den eigenen Stärken, die in Key-Performance-Indikatoren gedacht werden, zu performen.

Doch genau dies ist der große Vorteil einer prozessorientierten Denkweise, die Erfüllung in der Fußballentwicklung bringt:

„Der Weg ist das Ziel."

Konfuzius (chinesischer Philosoph, etwa 551-479 vor Christus)

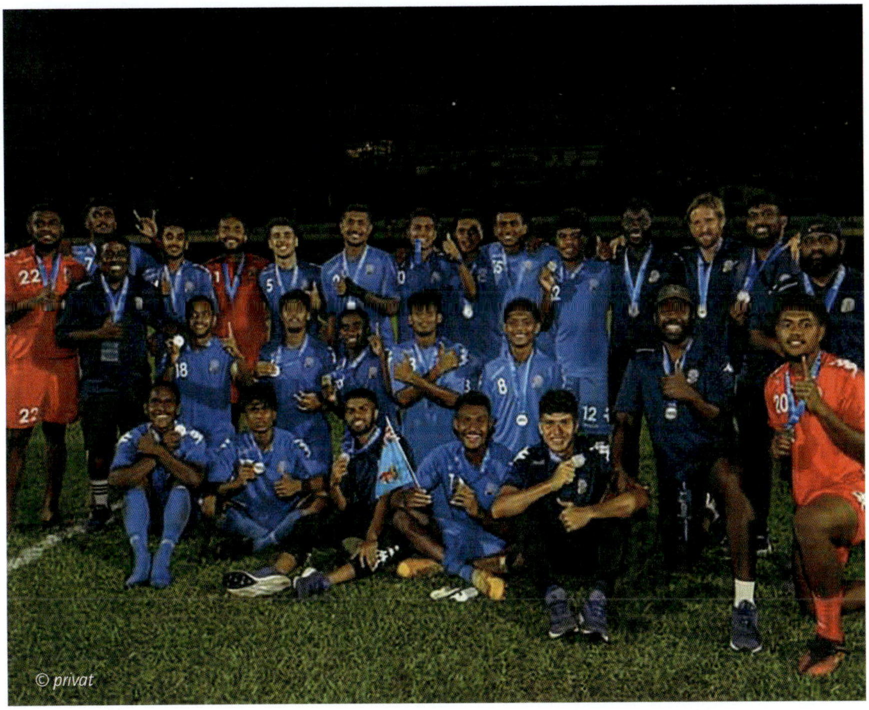

© privat

„Toro cake na ua, toro cake na kolokolo" –
„The waves rise high and the swimmer tries to go higher."
(fidschianisches Sprichwort)

Mit diesem Bericht über die erfolgreiche Qualifikation mit der U19-Nationalmannschaft von Fidschi, die für viele Außenstehende eine große Überraschung war, soll aufgezeigt werden, dass Key-Performance-Indikatoren gerade in der praktischen Umsetzung überhaupt nichts mit verrückten Softwareprogrammen, komplexen Zahlen oder Datennerds zu tun haben.

Vielmehr geht es darum, in alle Richtungen offen zu sein und zu schauen, was man aus dem Themenkomplex Big Data im Fußball für sich herausziehen kann, um die Erfolgschancen in der komplexesten Spielsportart der Welt zu steigern.

Dabei sei noch einmal betont, wie wichtig es ist, Big Data in Smart Data umzuwandeln und wichtige Key-Performance-Indikatoren zu identifizieren, die das eigene Spielmodell verbessern und messbarer machen.

27 ZU GUTER LETZT . . .

„Es ist nicht die stärkste Spezies, die überlebt, auch nicht die intelligenteste, sondern eher diejenige, die am ehesten bereit ist, sich zu verändern."

Charles Darwin

Das Ziel dieses Buchs war es, einen Einblick in das Thema Big Data im Fußball zu geben und wie man das Thema einfach und praktisch handhabbar herunterbrechen kann, um dadurch das Thema auch ein Stück weit zu entmystifizieren, ohne dabei die Bedeutung der Thematik herunterzuspielen.

Seit es Fußball gibt, wird auch mit statistischen Analysen gearbeitet, jedoch sind durch den rasanten Aufschwung der technologischen Möglichkeiten seit ein paar Jahren völlig neue Bereiche entstanden, wie man Daten gewinnbringend nutzen kann.

Ein weiteres Ziel dieses Buchs war es, auch extreme Denkweisen zusammenzubringen, aus diesem Grund war mir das Kapitel „Schwarz-Weiß-Denken" so wichtig. Ich bin davon überzeugt, dass ein datenbasierter Ansatz nur etwas bringt, wenn er von Experten auf dem Trainingsplatz umgesetzt wird, wo auch das Bauchgefühl eine sehr wichtige Rolle spielt.

Daten können im Fußball dabei helfen, Prozesse zu rationalisieren und subjektive und objektive Wahrnehmung miteinander abzugleichen, um so bessere Entscheidungen zu treffen.

Wenn der „Laptoptrainer" mit dem erfahrenen „Trainerfuchs" ins Gespräch kommt, entstehen oftmals tolle Begegnungen und ein Erfahrungsaustausch findet statt, der beide Seiten unheimlich bereichern kann.

Einer der wichtigsten Werte, der durch Fußball vermittelt werden kann, ist Respekt. Respekt vor dem Mitspieler, dem Gegner, anderen Trainern, anderen Kulturen und anderen Meinungen.

Ist dieser Respekt nicht vorhanden und steht der Mensch im Fußball nicht im Mittelpunkt, werden auch die besten Daten absolut keinen Nutzen haben. Ich hoffe, dass ich auch diesen Aspekt deutlich aufzeigen konnte.

Erst das intelligente Verbinden dieser beiden so scheinbar gegensätzlichen Bereiche führt dazu, Prozesse auf subjektiver wie objektiver Ebene in Gang zu bringen, mit denen die Chancen auf Erfolg steigen.

Aus diesem Grund wünsche ich jedem Leser dieses Buchs auf seinem weiteren Weg im schönsten Spiel der Welt die allergrößte Freude beim Einsetzen und Umsetzen von gut strukturierten Prozessen, bei denen die Spieler im Mittelpunkt stehen!

„Die weichen Daten sind immer wichtiger als die harten Daten."

Gerhard Kocher (Schweizer Publizist, *1939)

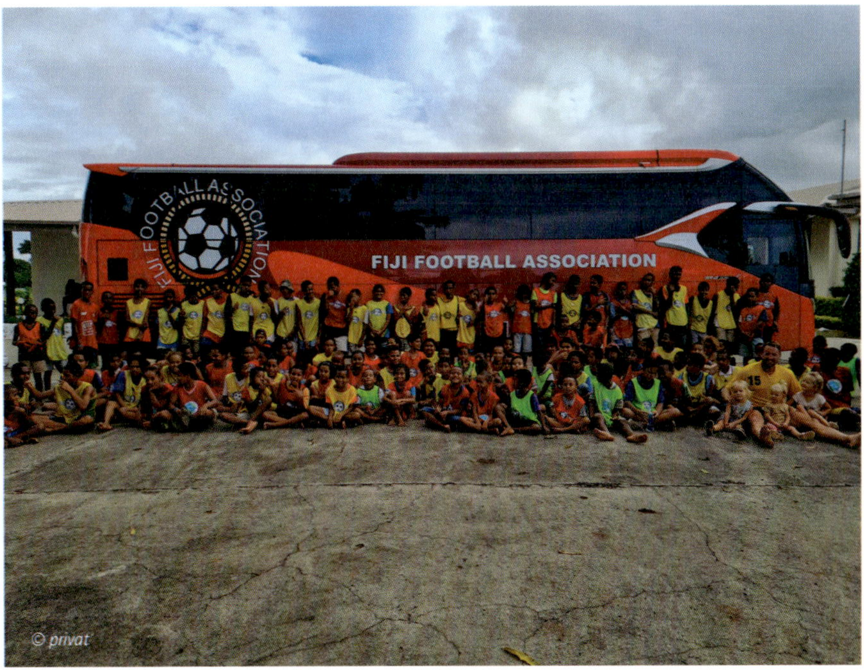

„FOOTBALL IS STILL A PEOPLE BUSINESS!"

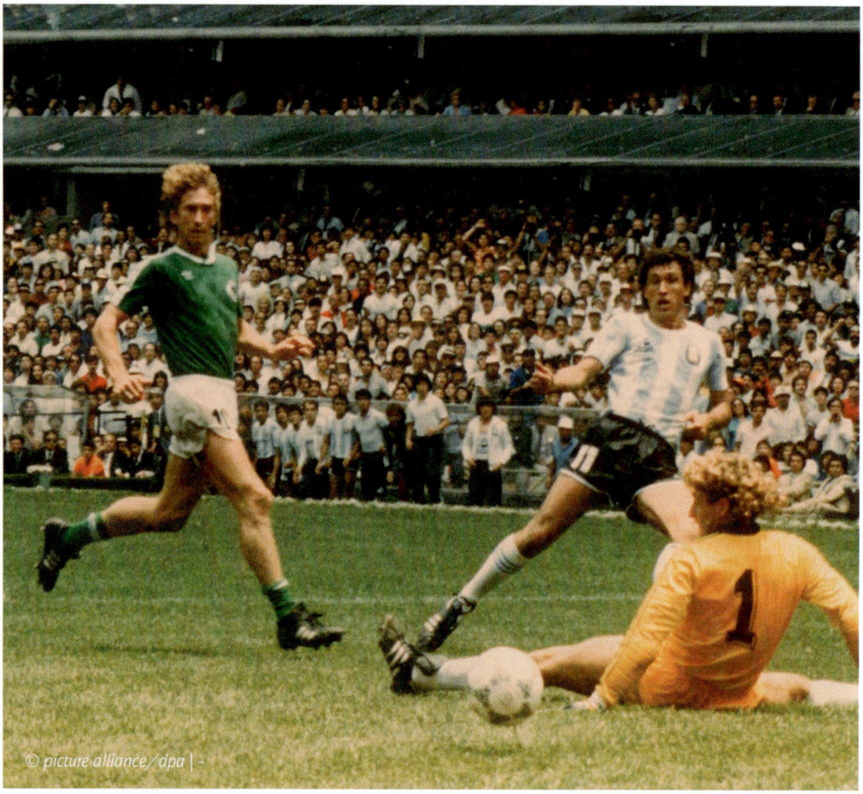

„Denn sollte die Wissenschaft irgendwann das Rezept für erfolgreichen Fußball ermitteln, ist es das Ende des Spiels."

Jorge Valdano (argentinischer Fußballspieler, *1955)

ANHANG

„Ideas belong to everyone and I have stolen as many as I could."
Pep Guardiola (spanischer Fußballtrainer, *1971)

1 LITERATURVERZEICHNIS

Bücher

Allardyce, S. (2016). *Big Sam: My autobiography.* Headline.

Anderson, C. (2013) *The numbers game: Why everything you know about soccer is wrong.* London: Penguin Books.

Ankersen, R. (2015). *Der Goldminen-Effekt.* Icon Books.

Arreguín-Toft, I. (2005). How the weak win wars: A theory of asymmetric conflict. *Cambridge Studies in International Relations, 99.*

Biermann, C. (2018). *Matchplan: Die neue Fußball-Matrix.* Kiepenheuer & Witsch.

Biermann, C. (2010). *Die Fußball-Matrix: Auf der Suche nach dem perfekten Spiel.* Kiepenheuer & Witsch.

Buckthorpe, M. et al. (2018). Recommendations for hamstring injury prevention in elite football: Translating research into practice". *British Journal of Sports Medicine.*

Csikszentmihalyi, M. (1997). *Flow. Das Geheimnis des Glücks.* Stuttgart: Klett-Cotta Verlag.

Clear, J. (2020). *Die 1 %-Methode – minimale Veränderung, maximale Wirkung.* München: Goldmann.

Davidsen, M. (2021). *How hard can it be?* Zuma.

Dobelli, R. (2011). *Die Kunst des klaren Denkens. 52 Denkfehler, die Sie besser anderen überlassen.* München: Hanser.

Elo, A. (2008). *The rating of chess players.* Past & Present. Ishi Press.

Herold, M., Goes, F., Nopp, S., Bauer, P., Thompson, C. & Meyer, T. (2019). Machine learning in men's professional football: Current applications and future directions for improving attacking play. *International Journal of Sports Science & Coaching 14*(6).

Hughes, M. et al. (2012). Moneyball and soccer - an analysis of the key performance indicators of elite male soccer players by position. *Journal of Human Sport and Exercise 7*(2).

Jankowski, T. (2021). *Taktische Periodisierung im Fußball. Die erfolgreichste Methodologie im Fußball.* Aachen: Meyer & Meyer.

Jordet, G., Bloomfield, J. & Heijmerikx, J. (2013). *The hidden foundation of field vision in English Premier League (EPL) soccer players.* MIT Sloan Sports Analytics Conference.

Kahneman, D. (2012). *Schnelles Denken, Langsames Denken.* Sieder Verlag.

Kahneman, D. (2021). *Noise: Was unsere Entscheidungen verzerrt – und wie wir sie verbessern können.* Sieder Verlag.

Kraus, M., Huang, C. & Dacher, K. (2010). Tactile communication, cooperation, and performance: An ethological study of the NBA. *Emotion 10*(5): 745-9.

Lewis, M. (2003). *Moneyball: The art of winning an unfair game.* WW Norton & Co.

Löllgen, H. (2004). Borg-Skala. Standards der Sportmedizin. Das Anstrengungsempfinden (RPE, Borg-Skala). *German Journal of Sports Medicine, 11*.

Memmert, D. (2019). *Revolution im Profifußball: Mit Big Data zur Spielanalyse 4.0.* Springer Verlag.

Ryan, B. (2019). *Sevens heaven: The beautiful chaos of Fiji's olympic dream.* Weidenfeld & Nicolson.

Schon, D. (1995). *Reflective practitioner: How professionals think in action.* Ashgate Publishing Limited.

Sumpter, D. (2016). *Soccermatics: Fußball und die Magie der Zahlen.* Ecowin.

Tippett, J. (2019). *The expected goals philosophy: A game-changing way of analysing football.* Independently published.

Totzauer, F. (2014). *Top-down- und Bottom-up-Ansätze im Innovationsmanagement.* Wiesbaden: Springer Fachmedien.

Tsu, S. (2013). *Die Kunst des Krieges.* Lambert Schneider.

Taleb, N. (2018). *Narren des Zufalls: Die unterschätzte Rolle des Zufalls in unserem Leben.* Pantheon Verlag.

Links

https://www.ardalpha.de/wissen/fussball-digital-analyse-algorithmus-statistik-zahlen-spiel-100.html

https://www.ardaudiothek.de/episode/iq-wissenschaft-und-forschung/spielanalysen-wenn-fussballpfrofis-glaesern-werden/bayern-2/78843468/

https://www.bundesliga.com/de/bundesliga/news/top-fact-wie-wichtig-ist-das-erste-tor-fuer-den-spielverlauf-blmd19v.jsp

https://www.deutschlandfunk.de/kuenstliche-intelligenz-im-fussball-wie-datenanalysen-100.html

https://www.fifa.com/football-development/news/arsene-wenger-we-can-do-something-exceptional

https://www.fifatrainingcentre.com/en/fwc2022/post-match-summaries/post-match-summary-reports.php

https://www.kicker.de/von-drei-bis-24-die-18-bundesligisten-und-ihre-trainer-anzahl-seit-2007-945206/slideshow

https://www.nytimes.com/2014/07/08/science/soccer-a-beautiful-game-of-chance.html

https://rugbydome.com/average-scores-in-rugby/

https://stoopidamerican.com/2013/10/06/how-low-scoring-is-soccer/

https://www.theguardian.com/football/2015/oct/15/brentford-owner-matthew-benham-hates-moneyball

https://www.zeit.de/sport/2020-06/finanzkennzahlen-bundesliga-dfl-fussball/seite-2

https://www.dfb-akademie.de/die-neue-abstossregel-was-hat-sie-gebracht/-/id-11009171

https://www.dfb-akademie.de/einwuerfe-ein-unterschaetztes-angriffsmittel/-/id-11010769

https://www.dfb-akademie.de/toranalyse-zur-europameisterschaft/-/id-11009536

https://www.dfb.de/fileadmin/_dfbdam/265384-Fussballregeln_22_23_GESAMT_online.pdf

https://www.youtube.com/watch?v=iyzayw7jYKk

https://www.cies.ch/en/cies/news/news/article/the-champions-league-among-the-most-unbalanced-competitions/

https://twitter.com/CoachDarian/status/1136587085106896896

https://plus.tagesspiegel.de/sport/fussball-em-2004-als-otto-rehhagel-koenig-von-griechenland-wurde-169557.html

https://rp-online.de/sport/fussball/bundesliga/mehmet-scholl-kritisiert-trainerausbildung-zu-viele-laptop-trainer_aid-22037575

https://www.aier.org/article/deregulation-is-an-anti-racist-policy/

https://www.zazzle.de/yin_yang_fussball_poster-228560818659992069

https://losgatosunited.com/futsal/

https://dls-sports.com/

https://www.jmgfootball.com/un-homme-jean-marc-guillou/

https://www.nytimes.com/2017/04/26/sports/soccer/cybernetics-cesarean-sections-and-soccers-most-magnificent-mind.html

https://sportsbrief.com/football/atletico-madrid/20053-diego-simeone-leaves-atletico-madrid-players-exhausted-murder-hill-training-exercise-preseason/

https://de.wikipedia.org/wiki/Analyse

https://rblive.de/news/soccerbot360-schult-kognitive-faehigkeiten-bei-rb-leipzig-3301445

https://twitter.com/keepitonthedeck/status/1150936233591201792

https://www.researchgate.net/figure/Hard-drive-cost-per-Gigabyte-Source-Komorowski-undated_fig1_341459974

https://www.statista.com/statistics/1190225/average-mobile-speeds-download-and-upload-global/

https://statsbomb.com/de/

https://www.youtube.com/watch?v=XrRT5btA6Rg

https://courses.statsbomb.com/courses

https://wirtschaftslexikon.gabler.de/definition/prozess-45614

https://trainingground.guru/articles/rui-faria-creating-a-new-era-for-football-with-jose-mourinho

https://www.sap.com/germany/products/technology-platform/sports-one.html

https://www.sueddeutsche.de/sport/fussball-drei-neue-parameter-fuer-fussball-scouts-1.3742095

https://trainingground.guru/articles/damien-comolli-how-we-went-from-tou-lose-to-tou-win

https://www.kicker.de/brasilien-gegen-deutschland-2014-weltmeisterschaft-1417879/spieldaten

https://www.uefa.com/uefachampionsleague/match/2019286–barcelona-vs-celtic/

https://www.ted.com/talks/rasmus_ankersen_what_football_analytics_can_teach_successful_organisations

https://uefatechnicalreports.com/ucl-2022

http://kurt.digital/2022/03/21/8-fakten-zum-heimvorteil-waehrend-corona/

https://football-observatory.com/

https://www.twentyfirstgroup.com/

https://www.fawtrust.cymru/nationalsyllabus/

https://statsbomb.com/articles/soccer/understanding-statsbomb-radars/

https://twitter.com/twentyfirstgrp

https://11freunde.de/artikel/trainer-wechsel-sind-meist-ohne-effekt

https://futsalfinn.wordpress.com/2021/07/27/analysis-what-did-euro-2020-tell-us-about-player-development/

https://www.fcbarcelona.com/en/football/first-team/news/2248271/by-the-numbers-pedris-first-year

https://www.fifa.com/de/football-development/news/fifa-lanciert-bahnbrechendes-talentfoerderungsprogramm

https://lchunhang.medium.com/player-analysis-jack-grealish-the-villains-hero-11378428d587

https://digitalhub.fifa.com/m/1d678e43d27d040e/original/q73smx8gf7e7zphzc672-pdf.pdf

https://www.transfermarkt.de/1-bundesliga/ballbesitz/wettbewerb/L1

https://www.statsperform.com/resource/the-exploration-of-space-through-goal-kicks/

https://playermaker.tech/smart-sensor/

https://www.impect.com

https://digitalhub.fifa.com/m/649e84967b086928/original/evdvpfdkueqrdlb-brrus-pdf.pdf

https://statsbomb.com/articles/soccer/the-incredible-tactical-rb-leipzig-machine-part-two-defensive-cogs-in-need-of-repair/

https://twitter.com/11tegen11/status/960081079108538368

https://twitter.com/albinsheqiri/status/1464293917612986376

https://www.whoscored.com/Articles/MyGaf4tI8EOlA6KpgA41aA/Show/League-Focus-Set-Pieces-Still-Key-to-Success-in-Serie-A

https://www.hofstede-insights.com/country-comparison/fiji,germany/

https://barcainnovationhub.com/what-does-the-way-in-which-we-celebrate-a-goal-tell-us/

https://www.youtube.com/watch?v=5oHnx3lIgEc

2 BILDNACHWEIS

Covermotive: Bild Thomas Tuchel: picture alliance/dpa | Sven Hoppe
Bild Jürgen Klopp: picture alliance/dpa | Hendrik Schmidt

Covergestaltung: Dafni Perrou, Annika Naas

Innenlayout: Annika Naas

Bilder Innenteil: dpa: S. 14, 15, 16, 23, 28, 30, 31, 32, 33, 34, 36, 39, 43, 45, 46, 48, 50, 56, 58, 60, 61, 63, 64, 65, 67, 68, 69, 71, 72, 73, 74, 75, 76, 78, 83, 84, 98, 100, 105, 112, 119, 124, 127, 143, 157, 169, 179, 180, 189, 193, 207, 211, 221, 225, 226, 227, 230, 237, 243, 247, 250, 253, 254, 284

Autor: S. 8, 9, 11, 19, 25, 27, 29, 38, 51, 52, 53, 90, 91, 118, 123, 178, 181, 182, 187, 188, 218, 259, 262, 263, 264-272, 274, 277, 278, 280, 281, 283

Statsbomb: S. 94, 95, 96, 97, 98, 167, 208, 223 - mit freundlicher Genehmigung

Adobe Stock: S. 115

Wyscout: S. 220, 273, 275, 276, 277, 279 - mit freundlicher Genehmigung

Easy sports graphics: Alle Grafiken auf den folgenden Seiten wurden mit easy Sports-Graphics (www.easy-sport-software.com) erstellt: S. 201, 202, 204, 205, 206, 214, 215, 216, 229

Nachgebaute Grafiken und Tabellen - siehe Link bei der Grafik: S. 37, 42, 79, 99, 104, 110, 131, 134, 145, 146, 147, 149, 150, 151, 153, 162, 164, 166, 175, 177, 194, 195, 196, 198, 209, 212, 232, 234, 235, 245, 246 - Annika Naas

Nachbau Grafiken und Tabellen: Annika Naas

Satz: www.satzstudio-hilger.de

Lektorat: Dr. Irmgard Jaeger

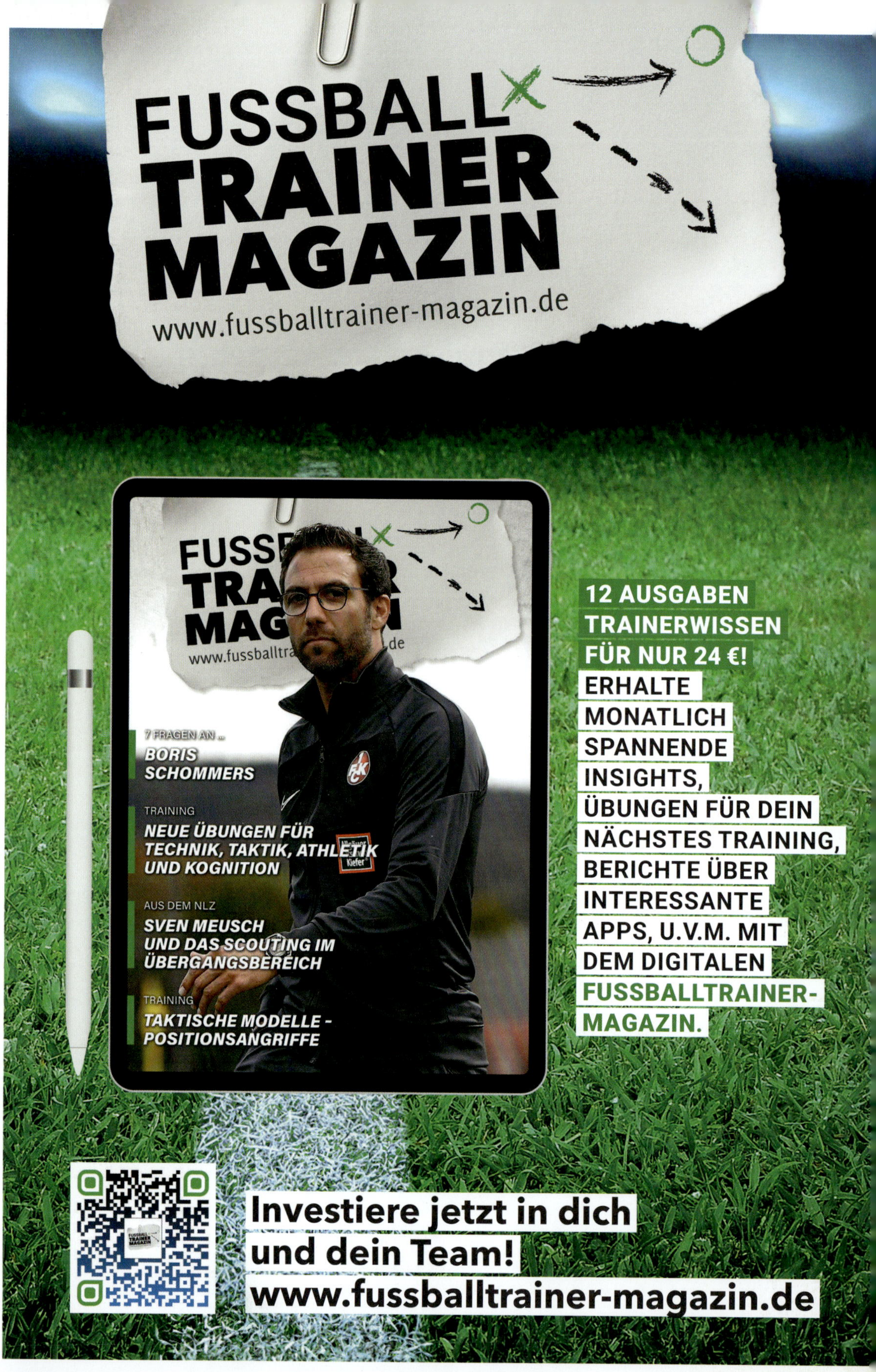
FUSSBALL
TRAINER
MAGAZIN
www.fussballtrainer-magazin.de
7 FRAGEN AN ...
BORIS SCHOMMERS
TRAINING
NEUE ÜBUNGEN FÜR TECHNIK, TAKTIK, ATHLETIK UND KOGNITION
AUS DEM NLZ
SVEN MEUSCH UND DAS SCOUTING IM ÜBERGANGSBEREICH
TRAINING
TAKTISCHE MODELLE - POSITIONSANGRIFFE
12 AUSGABEN TRAINERWISSEN FÜR NUR 24 €!
ERHALTE MONATLICH SPANNENDE INSIGHTS, ÜBUNGEN FÜR DEIN NÄCHSTES TRAINING, BERICHTE ÜBER INTERESSANTE APPS, U.V.M. MIT DEM DIGITALEN FUSSBALLTRAINER-MAGAZIN.
Investiere jetzt in dich und dein Team!
www.fussballtrainer-magazin.de